教育部人文社会科学研究青年项目资助成果(项目名称:社会生态学视域下我国残疾学生体力活动与体质健康促进研究。项目编号:19YJC890008)

社会生态学视域下
我国残疾学生体力活动与体质健康促进研究

窦丽·著

东南大学出版社
SOUTHEAST UNIVERSITY PRESS
·南京·

图书在版编目(CIP)数据

社会生态学视域下我国残疾学生体力活动与体质健康促进研究 / 窦丽著. -- 南京：东南大学出版社，2025.5. -- ISBN 978-7-5766-1787-0

Ⅰ. G806

中国国家版本馆 CIP 数据核字第 202495J9Q1 号

策划编辑：张丽萍　责任编辑：陈　佳　责任校对：张万莹　封面设计：王　玥　责任印制：周荣虎

社会生态学视域下我国残疾学生体力活动与体质健康促进研究

SHEHUI SHENGTAIXUE SHIYU XIA WOGUO CANJI XUESHENG TILI HUODONG YU TIZHI JIANKANG CUJIN YANJIU

著　　者：	窦　丽
出版发行：	东南大学出版社
社　　址：	南京市四牌楼2号　邮编：210096　电话：025-83795842
出 版 人：	白云飞
网　　址：	http://www.seupress.com
电子邮箱：	press@seupress.com
经　　销：	全国各地新华书店
印　　刷：	广东虎彩云印刷有限公司
开　　本：	700 mm×1000 mm　1/16
印　　张：	19
字　　数：	386 千
版　　次：	2025 年 5 月第 1 版
印　　次：	2025 年 5 月第 1 次印刷
书　　号：	ISBN 978-7-5766-1787-0
定　　价：	88.00 元

本社图书若有印装质量问题，请直接与营销部调换。电话(传真)：025-83791830

前　言

随着全球健康观念的转变,体力活动对于提升健康水平、预防慢性疾病的重要性日益凸显。世界卫生组织(World Health Organization,WHO)的权威建议,为儿童和青少年设定了每天至少60分钟中高强度体力活动(MVPA)的健康标准。然而,这一标准对于残疾学生来说,却往往难以企及。残疾儿童和残疾青少年由于身体功能的限制、社会环境的障碍以及心理因素的困扰,其体力活动水平普遍低于普通同龄人,这不仅影响了他们的体质健康,更可能加剧其融入社会的困难。对残疾人健康与福祉的关爱程度,是衡量社会文明程度与包容性的重要标尺。因此,提高残疾学生的体力活动水平,促进其体质健康,已成为一个亟待解决的社会问题。这不仅需要医学、教育学、心理学等多学科的共同努力,更需要社会各界的广泛关注与积极参与。正是基于这样的时代背景与社会需求,教育部人文社会科学青年基金项目(项目编号19YJC890008)课题组撰写了《社会生态学视域下我国残疾学生体力活动与体质健康促进研究》一书。

本书旨在通过社会生态学的理论视角,深入剖析我国残疾学生体力活动与体质健康的现状及影响因素,探寻存在的问题和切实可行的策略,并提出建议,以期为残疾学生的健康促进与干预提供积极的参考。本书首先回顾了国内外关于残疾学生体力活动与体质健康的研究成果,总结了现有研究的贡献与不足,明确了研究的必要性与紧迫性。其次,通过文献梳理、实地考察、问卷调查、深度访谈等多种研究方法,系统分析了我国残疾学生在家庭、学校、社区等不同环境下的体力活动现状,以及这些活动对其体质健康产生的影响。在此基础上,构建我国残疾学生体力活动与体质健康促进的理论模型,并开展运用结构方程模型进行验证的实证研究。最后,在理论探讨与实证分析的基础上,本书进一步提出了基于社会生态学视角的残疾学生体力活动与体质健康促进策略。这些策略涵盖了政策保障、服务支持、环境优化、特殊体育教育、社会参与等多个方面,旨在构建一个全方位、多层次的支持系统,为残疾学生提供更加公平、包容、有利的成长环境,促进其体力活动的增加与体质健康的提升。

本书有以下几个突出的特点:第一,本书的最大亮点在于其理论框架的构建。社会生态学作为一种跨学科的理论框架,为我们理解个体行为与其所处环境之间的相互作用提供了有力的工具。它强调个体行为(体力活动)是在社会、文化、经济等多重因素的共同作用下形成的,而这些因素又相互交织、相互影响,共同构成一个复杂的社会生态系统。在这一理论视角下,残疾学生的体力活动行为不再是一个孤立的现象,而是与其所处的学校、家庭、社区等环境紧密相关。本书从社会生态学的理论视角出发,构建了一个多层次、多维度的分析框架,全面剖析了影响残疾学生体力活动与体质健康的各种因素以及各因素间的相互关系,为我们理解并干预残疾学生的健康行为提供了全新的理论框架。第二,为了验证理论假设并提出切实可行的策略建议,本书还进行了大量的实证研究。通过横断面的调研方法,在部分省市的特殊学校中收集了丰富的数据与资料。这些数据与资料不仅涵盖了残疾学生对体力活动的认知、态度和行为习惯等个体层面的信息,还涉及了学校、家庭、社区等环境层面的支持情况。通过对这些数据与资料的深入分析,发现了学校设施不足、家庭支持不够、社区资源匮乏等环境层面的问题;同时也揭示了残疾学生自身在认知、态度、动机等方面的障碍。这些因素相互交织、相互影响,共同构成了残疾学生体力活动不足的现状。第三,基于实证研究的结果和理论分析的结论,本书提出了一系列具有针对性和可操作性的策略和建议。这些策略和建议旨在通过优化学校、家庭、社区等环境层面的支持环境,共同促进残疾学生体力活动的增加和体质健康的提升。

在《社会生态学视域下我国残疾学生体力活动与体质健康促进研究》的撰写过程中,课题组虽然力求全面深入地探讨残疾学生体力活动与体质健康之间的关系,并提出有效的促进策略,但不可避免地,本研究仍存在一些不足之处,这些局限性和挑战为后续研究提供反思与改进空间。第一,新冠疫情防控期间,社交距离限制等措施的实施,使得课题组难以直接进入特殊学校进行面对面的访谈和观察,原计划的部分现场实验和调研活动也不得不取消或转为在线上进行。这种转变虽然在一定程度上保证了研究的继续进行,但无疑削弱了数据的丰富性和深度,尤其是那些需要通过亲身体验和细致观察才能获得的信息。第二,本研究在地域选择上存在一定的局限性。出于资源、时间以及研究可行性的考虑,课题组主要选取了部分省市的特殊学校作为研究对象,而没有覆盖全国所有地区。这种地域上的局限可能导致研究结果的普适性受到一定影响。不同地区的经济发展水平、教育资源分配、社会文化环境等因素均可能对残疾学生的体力活动参与和体质健康状况产生不同影响。因此，未来研究有必要进一步扩大样本范围，增加地域多样性，以提高研究结果的代表性和适用性。第三，本研究的调研对象主要集中在特殊学校就读的残疾学生，这一选择虽然具有针对性，但也限制了研究结论的广泛适用性。实际上，残疾学生群体不仅存在于特殊学校中，还有许多残疾学生选择在普通学校就读或在家接受教育。这些学生的体力活动参与和体质健康状况可能因环境、政策、支持体系等因素的不同而有所差异。因此，未来研究可以考虑将调研对象扩展至更广泛的残疾学生群体，以更全面地了解他们的体力活动与体质健康现状。第四，本研究虽然提出了一系列促进残疾学生体力活动与体质健康的策略和建议，但由于种种原因，这些策略在实际中的实施与评估并未完全展开。未来研究可以进一步探索这些策略的可行性和有效性，通过设计严谨的干预实验和长期的跟踪评估，验证其在实际应用中的效果，并根据反馈进行不断优化和完善。

《社会生态学视域下我国残疾学生体力活动与体质健康促进研究》一书的出版，不仅是我们对残疾学生健康促进事业的一次积极探索和尝试，更是我们对社会责任和人文关怀的一次深刻践行。残疾学生的健康促进是一个长期而复杂的过程，需要社会各界的共同努力和持续关注。期待本书能够激发更多关于残疾学生健康问题的思考与讨论，共同开启我国残疾学生健康促进事业的新篇章。

最后，衷心感谢教育部人文社会科学项目对本研究的资助与支持！衷心感谢所有参与本书研究、撰写、编辑及出版过程的专家、学者、师生及社会各界人士的鼎力支持与无私奉献！

由于作者水平有限，加之时间仓促，书中不足之处在所难免，欢迎批评和指正。

作者：窦丽
2024 年 8 月

目 录

第一章 绪论 ·· 001
  第一节 残疾学生体力活动与体质健康促进的研究背景 ················· 001
    一、开展残疾学生体力活动和体质健康促进是健康中国的时代诉求 ··· 001
    二、国家政策的颁布为残疾学生体力活动和体质健康促进提供了发展契机 ······ 003
    三、全面有效的残疾学生体力活动促进模式亟待探索 ················· 004
  第二节 残疾学生体力活动与体质健康促进研究设计 ····················· 005
    一、研究目的 ·· 005
    二、研究意义 ·· 005
    三、研究思路 ·· 006
    四、研究内容与方法 ··· 007
  第三节 残疾学生体力活动与体质健康促进相关概念的界定 ············ 009
    一、残疾学生 ·· 009
    二、体力活动 ·· 011
    三、体质健康 ·· 011
    四、体质健康促进 ·· 012
  第四节 残疾学生体力活动与体质健康促进的研究理论 ·················· 012
    一、计划行为理论 ·· 013
    二、社会认知理论 ·· 014
    三、社会生态学理论 ··· 016
    四、社会生态学理论促进残疾学生体力活动行为的理论阐述 ········ 019
    五、我国青少年体力活动促进的社会生态模式研究 ···················· 023
    六、研究展望 ·· 027

第二章 我国残疾学生体质健康的研究进展 ································ 028
第一节 文献检索方法与流程 ·· 028
一、确定研究问题 ··· 028
二、文献检索方案和纳入文献 ··· 028
第二节 我国残疾学生体质健康现状的研究成果 ························ 029
一、我国残疾学生体质健康调研的文献特征 ··························· 029
二、智力残疾学生体质健康水平研究成果 ····························· 031
三、言语、听力残疾学生体质健康水平研究成果 ······················ 033
四、视力残疾学生体质健康水平研究成果 ····························· 036
五、我国残疾学生体质健康现状的研究展望 ··························· 037
第三节 我国残疾学生体质健康评价标准探索与研究成果 ··············· 038
一、我国尚未颁布残疾学生体质健康标准 ····························· 038
二、我国残疾学生体质健康测试指标的探索研究 ······················ 039
三、我国残疾学生体质健康测试替代性指标遴选及验证研究 ·········· 045
四、国外残疾学生体质健康标准与应用研究 ··························· 048
五、我国残疾学生体质健康标准研制研究展望 ························· 049
第四节 残疾学生体质健康水平的影响因素研究成果 ···················· 052
一、个体因素 ··· 052
二、环境限制因素 ··· 055
三、研究展望 ··· 056
第五节 我国残疾学生体质健康促进和干预的研究成果 ·················· 057
一、我国残疾学生体质健康干预的文献特征 ··························· 057
二、智障学生体质健康的运动干预研究 ································ 059
三、聋哑学生体质健康的运动干预研究 ································ 060
四、残疾学生体质健康运动干预的研究展望 ··························· 061

第三章 残疾学生体力活动的相关研究 ······································ 064
第一节 体力活动促进残疾人的长期健康 ································ 065
一、体力活动促进残疾人健康的有力证据 ····························· 066
二、体力活动对残疾人的健康效益 ···································· 067
第二节 残疾学生体力活动的测量方法研究 ····························· 073
一、残疾学生体力活动的测量方法及常用工具 ························· 073
二、评估青少年体力活动强度的不同方法比较 ························· 083

三、研究展望 ………………………………………………………… 087
第三节　残疾学生体力活动水平和行为模式 ……………………………… 088
　　一、残疾学生体力活动水平研究现状 ……………………………… 088
　　二、残疾学生每日中高强度体力活动累积水平不足 ……………… 089
　　三、残疾学生体力活动水平的比较研究 …………………………… 093
第四节　残疾学生体力活动影响因素——社会生态视角 ……………… 098
　　一、个体因素与残疾学生体力活动的相关研究 …………………… 098
　　二、人际因素与残疾学生体力活动的相关研究 …………………… 105
　　三、环境因素与残疾学生体力活动的相关研究 …………………… 108
第五节　残疾学生体力活动的干预研究 …………………………………… 111
　　一、适应性体育运动计划 …………………………………………… 112
　　二、不同运动项目体育活动或训练 ………………………………… 112
　　三、专门运动干预 …………………………………………………… 113
　　四、其他形式干预 …………………………………………………… 116
　　五、研究展望 ………………………………………………………… 117

第四章　国外残疾儿童青少年体力活动促进政策计划及启示 … 118
第一节　促进残疾儿童青少年体力活动的国际政策及行动 …………… 118
　　一、促进残疾儿童青少年体力活动的全球行动呼吁 ……………… 118
　　二、残疾儿童青少年体力活动和久坐指南 ………………………… 122
第二节　美国青少年体力活动和体质健康促进 ………………………… 124
　　一、美国青少年（残疾）体质健康促进政策 ……………………… 125
　　二、美国青少年（残疾）体力活动促进的家庭-社区-学校行动计划 … 126
第三节　英国残疾儿童青少年体力活动和体质健康促进 ……………… 134
　　一、英国首个《残疾儿童青少年体力活动指南》 ………………… 134
　　二、伦敦残疾人运动战略计划 ……………………………………… 135
第四节　其他国家残疾儿童青少年体力活动促进要点、政策或行动 … 139
　　一、加拿大青少年（残疾）体力活动参与及减税政策 …………… 139
　　二、其他国家残疾儿童青少年体力活动政策或行动要点 ………… 142
第五节　发达国家青少年体质健康促进计划的借鉴与启示 …………… 147
　　一、制定全面的国家政策和规划 …………………………………… 147
　　二、青少年行动计划的实施强调合作和评估监督体系 …………… 149
　　三、发挥学校、家庭、社区的协同作用 …………………………… 150

四、实施以学校为基石的残疾青少年体育健康促进与包容性体育教育 …… 152

第五章　我国残疾学生体力活动与体质健康的促进现状 …… 154
第一节　我国残疾学生体力活动与体质健康的现状调研 …… 154
　　一、残疾学生的一般资料 …… 155
　　二、身体形态与体力活动的测量 …… 156
　　三、视力残疾学生轻体力活动、中高强度体力活动、静坐水平 …… 157
　　四、视力残疾学生中高强度体力活动水平与运动自我效能的相关性 …… 159
第二节　我国残疾学生个体认知与体力活动需求 …… 167
　　一、受测残疾学生一般资料与调研过程 …… 167
　　二、残疾学生对体力活动的个体认知 …… 168
　　三、残疾学生对运动技能的掌握 …… 170
　　四、残疾学生参与体育活动的频率和时间 …… 171
　　五、残疾学生体育需求 …… 172
　　六、残疾学生体力活动参与的阻碍因素 …… 180
第三节　特殊教育学校体力活动促进现状 …… 181
　　一、特殊教育学校体育课质量有待进一步改善 …… 182
　　二、特殊教育学校课外体育活动开展内容和形式单一 …… 187
　　三、特殊教育学校体育资源器材配置不足 …… 189
　　四、残疾学生体育活动健康效益的评价标准有待完善 …… 191
第四节　残疾学生家庭体力活动促进现状 …… 192
　　一、残疾学生家长体育素养整体发展薄弱 …… 193
　　二、残疾学生家长主观支持高于客观表率 …… 194
　　三、残疾学生家庭经济与体力活动 …… 196
第五节　社区残疾学生体力活动促进现状 …… 198
　　一、社区无障碍体育设施和场地的缺乏和可达性低 …… 198
　　二、缺乏对残疾人体育活动的专业指导 …… 200
　　三、社区残疾青少年体育活动覆盖率不高 …… 201

第六章　残疾学生体力活动与体质健康促进的社会生态模型构建与验证 …… 206
第一节　残疾学生体力活动影响因子研究假设与概念模型 …… 206
　　一、模型建构步骤 …… 206
　　二、社会生态变量构念 …… 207

三、社会生态各变量与体力活动的理论模型与假设 …………………… 223
第二节　残疾学生体力活动的社会生态因子问卷设计与检验 …………… 224
　　一、初始问卷条目设计 ……………………………………………… 224
　　二、问卷初测与修订 ………………………………………………… 227
第三节　残疾学生体力活动影响因子结构方程模型分析 ………………… 235
　　一、调研对象与样本数据获取 ……………………………………… 236
　　二、调研问卷的信度与效度分析 …………………………………… 238
　　三、残疾学生体力活动水平及其与各因素的相关性分析 ………… 246
　　四、残疾学生体力活动影响因素结构模型分析结果 ……………… 248
第四节　残疾学生体力活动的影响因素及交互关系 ……………………… 253
　　一、个体层面影响因素 ……………………………………………… 255
　　二、人际关系层影响因素 …………………………………………… 256
　　三、组织层影响因素 ………………………………………………… 257
　　四、研究展望 ………………………………………………………… 258
第五节　残疾学生体力活动影响因素的中介效应 ………………………… 259
　　一、运动自我效能的中介效应 ……………………………………… 259
　　二、父母支持的中介效应 …………………………………………… 260
　　三、研究展望 ………………………………………………………… 261

第七章　社会生态视域下残疾学生体力活动和体质健康促进策略 …… 263
第一节　残疾学生体质健康综合促进策略 ………………………………… 263
　　一、PA 促进是提升残疾青少年体质健康水平的根本 …………… 264
　　二、政府、社区、学校和家庭"四位一体"综合促进策略 ……… 264
第二节　残疾学生体力活动促进的优化路径 ……………………………… 266
　　一、政府引领：细化政策，匹配需求，强化实施 ………………… 266
　　二、学校驱动：聚焦活动促体质，教研融合育健康 ……………… 268
　　三、家庭支持：家庭榜样促健康，行为引导强体质 ……………… 271
　　四、社区参与：加强融合与宣传，鼓励参与和支持 ……………… 273
　　五、研究展望 ………………………………………………………… 275

附录 ………………………………………………………………………………… 277

第一章

绪 论

随着全球健康意识的提升,促进积极运动的生活方式已成为各国卫生与健康政策的核心议题。这一趋势不仅反映了人们对生活质量的追求,更体现了对健康、幸福和社会和谐发展的深刻理解。在此背景下,残疾学生作为社会的一个特殊群体,其体力活动(physical activities,PA)和体质健康促进的问题显得尤为重要。残疾学生因身体条件和功能的限制,在参与体育活动和维持健康生活方式方面往往面临更多的挑战。因此,研究如何有效促进残疾学生的体力活动和体质健康水平,不仅是健康中国的时代诉求,也是推动教育公平、实现社会包容的必然要求,具有重要的现实意义。

本章旨在从研究背景与意义、研究核心概念的界定、研究的基本理论、研究方法这几个方面,对残疾学生体力活动和体质健康促进的研究进行框架性的介绍,系统梳理了体力活动与体质健康促进的相关理论和模式构建现状,进一步明确了残疾学生体力活动促进模式构建的合理性和必要性。希望为后续的研究提供坚实的理论基础和明确的研究方向,为推动残疾学生体力活动和体质健康的促进与发展做出积极的贡献。

第一节
残疾学生体力活动与体质健康促进的研究背景

一、开展残疾学生体力活动和体质健康促进是健康中国的时代诉求

"没有全民健康,就没有全面小康。"健康是青少年成长成才和幸福生活的根

基,关乎国家民族未来和亿万家庭福祉,对实现建设健康中国战略目标具有重要意义。根据《"健康中国2030"规划纲要》,健康中国建设成为一项满足人民健康生活和国家健康发展的中国特色行动方案,在健康中国战略的大背景下,残疾学生的体力活动与体质健康问题日益受到社会各界的广泛关注。作为社会的一分子,残疾学生的健康状况直接关系他们的生活质量、社会参与度以及个人发展。要制订适合(残疾)青少年等特殊群体的体质健康干预计划,实施青少年体育活动促进计划,积极有效促进青少年体力活动的参与。然而,由于身体条件的特殊性,残疾学生在参与体力活动和提升体质健康方面面临诸多挑战。

1. 新时代我国残疾学生体力活动的现状与挑战

众所周知,经常参加体力活动可使儿童青少年(包括残疾儿童青少年)从中获益,改善身体成分、增加肌肉力量、预防慢性疾病(如心血管疾病、糖尿病、肥胖)、增强自尊和促进社会交往等[1][2]。与此相对应的是,体力活动不足造成全球6%的死亡,是心血管疾病、癌症、慢性呼吸系统疾病和糖尿病的独立危险因素。我国是世界上儿童青少年残疾人口最多的国家,根据国家统计局发布的数据,截至2022年底,中国残疾人总人数为8591.4万人,占总人口的6.16%,6~14岁学龄残疾儿童青少年为246万人,占全部残疾人口的2.96%,其中63.19%的学龄残疾儿童青少年正在普通学校或特殊教育学校[3]。然而与健全的同龄人相比,残疾儿童青少年参加的体育活动更少,比PA推荐指南的可能性低16%~62%[4],76%~99%的残疾儿童青少年处于静坐的生活方式[5][6],更有可能出现与缺乏运动相关的身体与心理健康问题,如心肺适能水平较差、肌肉耐力水平较低、肥胖、糖尿病、焦虑和抑郁等。

这些挑战不仅源于他们自身的身体限制,还与社会环境、教育资源等多方面因

---

① Jin J, Yun J, Agiovlasitis S. Impact of enjoyment on physical activity and health among children with disabilities in schools [J]. Disability and Health Journal, 2018, 11(1): 14-19.

② Cooper R A, Quatrano L A, Axelson P W, et al. Research on physical activity and health among people with disabilities: A consensus statement[J]. Journal of Rehabilitation Research and Development, 1999, 36 (2): 142-154.

③ 中国残疾人联合会. 2022年中国残疾人事业发展统计公报[R]. 北京:中国残疾人联合会,2023.

④ Ginis K, Ploeg H, Charlie F, et al. Participation of people living with disabilities in physical activity: a global perspective [J]. The Lancet, 2021, 398(10298): 443-455.

⑤ Verschuren O, Peterson M D, Balemans A C J, et al. Exercise and physical activity recommendations for people with cerebral palsy [J]. Developmental Medicine and Child Neurology, 2016, 58(4): 798-808.

⑥ 王超,贺刚,李建忠. 残疾青少年体力活动水平及其与运动自我效能的关系:基于加速度计的初步研究[J]. 首都体育学院学报,2016,28(4):380-384.

素有关。一方面,由于身体功能障碍,他们在参与体育活动时可能遇到诸多困难,如运动技能掌握困难、运动安全难以保障等。另一方面,社会环境和教育资源对残疾学生体育活动的支持不足,如体育设施不完善、专业指导缺乏等,也限制了他们参与体育活动的机会和效果。此外,残疾学生的体力活动还受到心理因素的影响。由于身体残疾带来的自卑感和社交障碍,他们可能对体育活动产生抵触情绪,进一步加剧了体力活动不足的问题。社会对残疾的偏见和不理解也可能成为残疾学生参与体力活动的障碍。他们可能担心在参与体育活动时受到歧视或嘲笑,从而选择避免参与。这种局限性可能导致他们无法全面锻炼身体的各项机能,也降低了他们对体育活动的兴趣和参与度,使其进一步面临体力活动不足的问题,体质健康水平低于同龄健康学生。

2. 体质健康是残疾学生全面发展的重要基础

良好的体质健康水平不仅能提高残疾学生的身体素质和免疫力,减少疾病的发生,还能促进他们的心理健康和社会适应能力。通过参与体育活动,残疾学生可以增强体质、提高自信心、培养社交能力,从而更好地融入社会、实现自我价值。然而,当前残疾学生的体质健康状况并不乐观。由于体力活动不足和生活方式的不健康,许多残疾学生面临着肥胖、心血管疾病等健康问题。这些问题不仅影响了他们的生活质量,也给家庭和社会带来了沉重的负担。我国现阶段对残疾学生体质健康评价体系的缺乏在一定程度上也制约着残疾学生体质健康和体力活动促进的科学开展。我国围绕不同人群制定相关体育健康促进方案,但在残疾青少年群体中体育健康促进实施的效果甚微。

因此,深入研究残疾学生体力活动与体质健康的现状及其促进策略,对于推动健康中国战略的实施、提升残疾学生的生活质量具有重要意义。本研究正是基于这样的时代背景和社会需求,旨在通过科学的研究方法和实践探索,为残疾学生的健康促进提供理论支持和实践指导。

二、国家政策的颁布为残疾学生体力活动和体质健康促进提供了发展契机

党和国家都十分重视和关心残疾儿童青少年的成长和体质健康促进工作,习近平总书记高度重视残疾人健康问题,他指出残疾人是人类大家庭的平等成员,对残疾人要格外关心、格外关注,要实现全民健康"一个都不能少"的目标。在"健康中国"和"全民健康"战略背景下,国家陆续发布了《"十三五"加快残疾人小康进程规划纲要》和《残疾人文化体育工作"十三五"实施方案》,明确提出将残疾人群作为

全民健身计划的重点人群,实施"残疾人体育健身计划",为有体育锻炼需求的残疾人群提供精准的康复和体育服务。2022年3月国务院新闻办发表的《中国残疾人体育事业发展和权利保障》白皮书指出,残疾人体育是残疾人增强体质、康复身心、参与社会、实现全面发展的有效途径,是人们认识残疾人潜能与价值、促进社会和谐共进的独特渠道。中国将残疾人康复健身体育作为实施全民健身、健康中国、体育强国等国家战略的重要组成部分。

在此背景下,关注我国残疾儿童青少年体力活动现状、影响因素以及促进方式显得十分必要。通过深入研究残疾学生的体力活动特点、影响因素以及体质健康的评价方法和干预措施,可以为残疾学生的体育教育、康复训练和生活指导提供科学、有效的支持。同时,这也有助于推动残疾学生体育与健康教育的学科发展,提高社会对残疾学生教育的关注度和支持度。

三、全面有效的残疾学生体力活动促进模式亟待探索

构建一个全面有效的残疾学生体力活动促进模式,对于保障残疾学生的教育权益、提升他们的体质健康水平和生活质量以及社会参与度至关重要。国家政策是发挥宏观层面的纲领和指南,仅为实践工作指明了方向和重点,而真正将政策在实践中落实,则需要一套完整的、系统的、可操作的和可持续实施的模式进行指导,从而保证政策效力发挥。当前,尽管有一些学校和社区开始关注残疾学生的体力活动问题,但现有的促进模式往往缺乏系统性和针对性,难以满足不同残疾类型和程度学生的个性化需求。此外,残疾学生在参与体力活动时还面临着社会认知偏见、资源分配不均、教育支持不足等多重障碍,这使得他们的体力活动参与率和质量普遍偏低。

残疾学生的体力活动需求具有多样性和个性化特点。不同的残疾类型和程度使得他们的体力活动需求和适宜活动方式存在显著差异。因此,一个全面有效的体力活动促进模式必须能够充分考虑残疾学生的个体差异,提供个性化的指导和支持。残疾学生在参与体力活动时面临着社会认知偏见和资源分配不均的问题。这些障碍限制了他们平等参与体力活动的机会和条件。通过构建一个家庭—学校—社区联动的体力活动促进模式,可以打破这些障碍,为残疾学生提供更多的支持和资源,促进他们更好地融入社会。现有的研究和实践大多停留在理论层面或单一层面,缺乏系统性和可操作性。这种局限性使得残疾学生的体力活动促进工作难以取得实质性的进展。

探索一个全面、有效且可操作的体力活动促进模式具有必要性和迫切性,这不

仅能够满足残疾学生的个性化需求,打破社会认知偏见和资源分配不均的障碍,还能够为相关政策制定和执行提供有力的支撑和保障,推动残疾学生体力活动促进工作的全面发展。

第二节
残疾学生体力活动与体质健康促进研究设计

一、研究目的

本书结合社会生态模型对残疾青少年体力活动和体质健康促进进行研究,针对我国残疾青少年体力活动水平普遍偏低的现状,以及系统性干预方案缺乏的现实问题,旨在从社会生态学的视角出发,围绕"理论支撑—国际经验借鉴—现状调查—干预模式构建—发展策略"的基本框架展开,旨在探索适合我国残疾儿童青少年体力活动发展的最佳路径,为进一步开展残疾学生体力活动促进工作提供一定的理论指导与实践参考,同时为我国残疾儿童青少年体力活动相关政策的落地提供可实施的操作路径,从而实现与国际儿童青少年体力活动促进行动的统一。

研究目的主要有以下三点:
① 探讨社会生态学视域下残疾青少年体力活动行为的影响机制。
② 构建符合我国残疾青少年实际的体质健康促进的理论模型。
③ 提出适合我国残疾学生体质健康促进的发展策略。

二、研究意义

残疾青少年作为社会的重要组成部分,其体力活动与体质健康状况关系到个人的生活质量、社会的发展和谐以及国家的未来。在社会生态视域下,关注残疾青少年体力活动与体质健康促进,具有重要的理论与实践意义。

(一) 理论意义

从社会生态学视角,探讨影响我国残疾学生体质健康促进的新变化,建构不同于西方的中国残疾学生体质健康促进的理论模型及影响机制,对丰富和拓展我国残疾群体体质健康促进研究的视野和范式具有重要的理论价值。

对残疾青少年体力活动与体质健康促进策略的研究,有助于丰富残疾青少年体育健身理论,为实际操作提供科学依据,有利于推动我国儿童青少年体力活动促进研究接轨国际。

(二) 实践意义

1. 有利于国家相关部门制定和实施适合残疾学生的体质健康促进政策和干预措施的实施

通过调查与收集残疾儿童青少年体质健康状况、体力活动模式、日常生活体育锻炼行为等相关领域的基础数据,借鉴国外先进的理论与实践经验,构建残疾儿童青少年体力活动促进模型,提出针对残疾青少年的具体体力活动与体质健康促进策略,为政府、学校、家庭等相关部门制定政策提供参考,可以更好地推动我国儿童青少年体力活动促进政策和干预措施的实施。

2. 对加强残疾学生体力活动行为的正确引导、改善和提高残疾学生的体质健康水平具有重要意义

残疾青少年的体力活动与体质健康问题已引起社会各界的广泛关注。随着社会进步和科技发展,人们的生活方式发生了巨大变化,体力活动逐渐减少,加之残疾青少年自身条件的限制,使得他们面临更大的体质健康挑战。因此,探讨残疾青少年体力活动与体质健康促进的策略和方法,更好地保障残疾青少年的体质健康权益,对于改善他们的生活质量和健康状况具有重要意义。

残疾青少年体力活动与体质健康问题涉及多个方面的因素,包括个体因素如年龄、性别、身体状况等,环境因素如家庭、学校、社区等,以及社会政策因素如体育健身设施的普及、体育教育政策的推行等。因此,从社会生态视域出发,全面分析影响残疾青少年体力活动与体质健康的各种因素,有助于我们更全面、更深入地理解这一问题。

三、研究思路

我国残疾学生体力活动与体质健康促进研究主要围绕"理论解析—经验借鉴—现状调查—模式构建—促进策略与建议"的基本思路来展开研究。第一,对残疾学生体力活动和体质健康促进的相关理论进行分析,根据其指导性和应用性,为模式构建奠定坚实的理论基础,形成框架脉络,做到有本有原;第二,梳理发达国家体力活动促进基本政策、行动计划、研究现状,了解国际先进体力活动促进工作的基本特征,总结国际经验;第三,以社会生态学为理论基础,探讨残疾学生体力活动的影响因素,在通过对华东地区残疾学生体力活动和体质健康促进现状进行调查的基础上,借鉴美国残疾学生体力活动促进计划的经验,构建适合我国残疾学生实际的体力活动影响机制和体质健康促进的理论模型，通过 AMOS 结构方程模型对理论模型进行验证，探索我国残疾学生体力活动发展的路径，并提出具体的发展策略。

四、研究内容与方法

（一）研究内容

第一章至第三章主要论述青少年体质健康促进的社会生态学理论基础，在对国内外残疾青少年体质健康、体力活动研究进展进行文献综述的基础上，建立了残疾青少年体力活动影响因素的社会生态系统，从理论层面详细分析了微观、中观以及宏观系统因子给残疾青少年体力活动带来的影响。

第四章主要介绍发达国家青少年健康行动计划的经验与启示，对美国现行多个健康体能促进计划中有关残疾学生体质健康促进的计划进行提炼与总结，得出有益的启示与借鉴。

第五章主要对我国部分地区的残疾学生的体质健康、体力活动、影响残疾学生体力活动因素进行调查研究，主要从微观因素如家庭、同伴、功能限制等，中观因素如教育、建成环境等（障碍与便利条件），宏观因素如政策法规、行动计划等维度实证分析了影响我国残疾学生体力活动的社会生态因子结构，探讨社会生态学视域下残疾学生体力活动行为的影响机制。

第六章是整个研究的核心部分，主要结合管理学、健康促进等理论，在调查结果的基础上，从社会生态学层面个体（自我效能、个性心理）、人际（父母支持、同伴支持、教师支持）、环境（学校体育建成环境等）构建了我国残疾学生体质健康和体力活动促进社会生态理论模型。运用 AMOS 结构方程模型，对我国残疾学生体质健康和体力活动促进社会生态理论模型进行验证的实证研究，探讨残疾学生体力活动行为影响机制和路径。

第七章根据模型验证结果，结合国外启示与经验，提出适合我国残疾学生体质健康促进的发展策略，从政策保障、服务支持、建成环境和体育教育四个方面结合现状调查以及已建构的理论模型，提出适合我国残疾学生体质健康促进的具体策略。

（二）研究方法

1. 文献资料法

查阅有关普通学生和残疾学生体力活动与体质健康促进的相关文献，收集美国现行残疾学生体适能促进计划资料并进行分析与总结,目的是探索残疾学生体质健康促进模型构建的基本要素。国内文献以对残疾学生体力活动和体质健康促进的相关研究与国家性政策为主,在中国知网、百度学术、读秀学术平台等文献检索平台以"社会生态""残疾青少年""残疾学生""体力活动""体力活动""体质健康""体质健康促进"等为关键词进行检索,并查阅国家体育总局青少司、中国残疾人联合会、教育部体育卫生与艺术教育司等相关部门网站,收集相关政策与行动。国外文献以 Web of Science 等工具以"social ecology""physical activity""health promotion""adolescent with disability""sports for the disabled""healthy promotion policy"等为关键词进行检索,并查阅相关部门出台的政策文件及其制定的体力活动指南等。对所收集到的文献资料进行整理、分析、归纳、加工和提炼,使其成为本研究的论据。

2. 逻辑分析法

广泛阅读相关文献和理论著作,了解残疾学生体力活动和体质健康促进的研究现状和理论基础,将不同领域的理论进行整合和融合,构建适用于本研究的理论框架。基于理论框架和实际情况提出合理的研究假设,通过逻辑推理和演绎过程验证假设的合理性和有效性。

3. 访谈法

对残疾学生和家长、特殊体育教师、残疾相关部门工作人员进行无结构访谈,了解残疾学生体质健康需求以及进行体力活动的感受与期望,了解目前残疾学生体质健康促进现状,为制定具体和有针对性的发展策略提供基础。

4. 问卷调查

设计包括特殊体育教师、家长参与的关于残疾学生体力活动以及特殊体育教育等方面的问卷问题。采用抽样调查的方法对我国部分地区残疾学生体力活动和体质健康促进的现状进行问卷调查,对问卷数据进行描述性统计分析,了解残疾学生体力活动和体质健康促进的现状。

5. 数理统计法

采用因子分析法与多元回归分析法确定影响残疾学生体力活动参与的影响因素;基于理论假设和文献回顾构建残疾学生体力活动促进的理论模型,采用结构方程模型和合适的量表,并利用收集到的数据对模型进行检验和修正,确保其拟合度和有效性,对残疾学生体力活动促进的理论模型进行实证分析,对模型结果进行解释和讨论,提出针对性的发展策略和建议。

第三节
残疾学生体力活动与体质健康促进相关概念的界定

一、残疾学生

残疾学生指处于学生阶段的残疾人,应当同时符合"学生"与"残疾人"两个基本属性,界定残疾学生离不开对"残疾人"与"学生"两个概念的理解。

(一) 残疾的定义

世界卫生组织颁布的《国际功能、残疾和健康分类》(International Classification of Functioning, Disability and Health, ICF)提供了一种统一的、标准化的理论架构与方法,用以描述包括残疾在内的健康状况[①]。采用《国际功能、残疾和健康分类》(ICF)作为理论架构,该分类定义"残疾"(disability)为一种涵盖损伤、活动受限和参与局限在内的概括性术语。残疾指的是有某些健康状况(如脑瘫、唐氏综合征、抑郁症)的个体与个人因素和环境因素(如消极态度、使用公共交通设施和进入公共建筑障碍以及有限的社会支持)之间相互作用的消极方面。

《中华人民共和国残疾人保障法》[②]规定,残疾人是指在心理、生理、人体结构上,某种组织、功能丧失或者不正常,全部或者部分丧失以正常方式从事某种活动能力的人。按不同残疾分为视力残疾、听力残疾、言语残疾、肢体残疾、智力残疾、精神残疾、多重残疾。《残疾人残疾分类和分级》(GB 26341—2010)是残疾评定国家标准[③]。各类残疾按残疾程度分为四级,分别为残疾一级、残疾二级、残疾三级和残疾四级。残疾一级为极重度,残疾二级为重度,残疾三级为中度,残疾四级为轻度。

(二) 残疾学生

相较于"残疾人",对"残疾学生"进行界定较为困难。学生,通常指在各级学校、教育机构或研究机构等接受教育的人群。学生的范畴可以从多个维度进行界

---

① 王茂斌.更新观念:关于"国际功能、残疾和健康分类(ICF)"[J].中华物理医学与康复杂志,2002,24(4):196-198.
② 全国人民代表大会常委会.中华人民共和国残疾人保障法[J].湖南政报,2008(9):6.
③ 叶奇.残疾人残疾分类和分级国家标准实施手册[M].北京:华夏出版社,2013.

定,根据教育阶段的不同,学生可以被划分为幼儿园儿童、小学生、中学生以及高等教育阶段的学生(包括大学生、硕士研究生和博士研究生等)。根据残疾和学生的界定,"残疾学生"这一概念通常指的是在心理、生理或人体结构上存在某种组织、功能丧失或不正常,致使从事某项或多项特定活动能力全部或部分丧失的需要接受特殊教育服务的学生。残疾学生涵盖了多个类别,包括但不限于视力残疾、听力残疾、言语残疾、肢体残疾、智力残疾、精神残疾以及多重残疾等。具体到教育领域中,残疾学生又可以细分为肢体残疾学生和特殊残疾学生两大类。肢体残疾学生指的是那些身体某部分存在功能障碍,但病情稳定、不影响所报专业学习,能够报考普通高等院校的学生。而特殊残疾学生,如盲、聋、哑学生,则由于他们的残疾状况影响到与他人的正常交流,通常只能报考特殊教育学院。

　　本研究中残疾学生是指特殊学校就读的残疾儿童青少年,不同国家、地区以及不同研究内容对"儿童青少年"年龄段划分有所不同。世界卫生组织(WHO)最新定义,将儿童青少年年龄段界定为0~19岁[①]。《中国儿童青少年体力活动指南》将6~17岁定义为儿童青少年[②]。金梅等以青少年时期的主要任务是接受教育为前提,结合残疾青少年的实际认知情况,以就读于特殊教育学校中段为年龄下限,以完成大学教育为年龄上限,确定10~25岁为残疾青少年[③]。张庆凤等以青少年身心发展规律与我国的学制为界定标准,将残疾青少年的年龄界定在11~16岁[④]。吴鹏飞认为,残疾儿童青少年是指在视力、听力语言、智力、肢体等某一方面存在残疾的18岁以下儿童和少年,还包括患有精神病残疾或多重残疾的儿童和少年[⑤]。结合上述概念,按九年制义务教育规定年满6周岁入学的标准,本研究中的"残疾学生"界定为年龄处于6~18岁具有一定运动能力的残疾人,主要研究和调查在特殊学校学习的小学和中学阶段的残疾学生群体,具体为就读于特殊学校的包括盲、聋、哑、智力残疾学生。鉴于国内外有较多文献使用"残疾儿童和青少年"这一表述,在本书中部分章节主要是文献回顾和介绍国外经验,也会使用残疾儿童和青少年。

---

① World Health Organization (WHO). Global accelerated action for the health of adolescents (AA-HA): Guidance to support country implementation [R]. Geneva: World Health Organization, 2017.
② 张云婷,马生霞,陈畅,等.中国儿童青少年体力活动指南[J].中国循证儿科杂志,2017,12(6):401-409.
③ 金梅,杜海燕,徐倩漪,等.城市残疾青少年体育参与状况研究[J].体育文化导刊,2013(2):32-34.
④ 张庆凤,韩奇.江苏省残疾青少年体育活动情况及其干预措施探究[J].体育科技,2017,38(5):70-71.
⑤ 吴鹏飞.论残疾儿童特别照顾权的实现[J].法律科学(西北政法大学学报),2016,34(1):112-121.

二、体力活动

体力活动(physical activities,PA)又称为体力活动,其概念最早由 Caspersen 等人提出,是指由骨骼肌肉产生的需要消耗能量的任何身体动作[1],它既包括在闲暇时间动员大肌肉群、为增进或维持身体健康而进行的有计划、有组织的重复性的体育锻炼(如跑步、打球等),也包括较小的身体移动(如使用电脑等)和日常生活中各类非运动性、休闲性及一般生活性的活动(如步行、做家务、搬东西等)。体力活动是由职业类、交通类、家务类和休闲类四类体力活动组成的。PA 与人的健康息息相关,世界卫生组织在《关于体力活动有益健康的全球建议》中指出,不同人群其体力活动方式有所不同,根据不同的活动状态,体力活动可以分为高强度、中等强度、低强度三种活动水平[2]。残疾儿童青少年的体力活动形式主要包括室内外游戏、体育运动、交通往来、娱乐、体育课或有计划的活动等[3]。具体说来,本研究关于残疾儿童青少年群体的体力活动包括在学校或校外进行的玩耍、游戏、走路、跑步、跳跃、快走、骑车、打球等体育运动或者有计划的体育锻炼、康复锻炼、做家务、郊游等。

本研究中体力活动与体育锻炼被视作同义词,不加以区分,将通过活动类型及活动的频率、强度、持续时间对体力活动进行测量,对残疾儿童青少年 PA 的探究主要集中于各强度的体力活动特征,其中,时间采集主要包括上学日和周末的体力活动水平,体力活动的分析变量主要包括低强度体力活动(LPA)、高强度体力活动(VPA)、中高强度体力活动(MVPA)以及总体体力活动时间。

久坐行为(sedentary behavior)是指在清醒状态下坐姿、斜靠或卧姿时任何能量消耗≤1.5MET(metabolic equivalent,代谢当量,音译为梅脱)的行为。常见的久坐行为包括屏幕时间活动(看电视,使用平板电脑、手机),坐姿时阅读、画画和做功课以及乘坐交通工具等。

三、体质健康

体质即身体的质量,又称体适能,是指机体能胜任日常生活,且能享受休闲及应对不可预见紧急情况的综合能力。通常,体质可分为健康相关体质和技能相关

---

[1] Caspersen C J, Powell K E, Christenson G M. Physical activity, exercise, and physical fitness: Definitions and distinctions for health-related research[J]. Public Health Reports, 1985, 100(2):126-131.
[2] 世界卫生组织.关于身体活动有益健康的全球建议[R].日内瓦:世界卫生组织,2010.
[3] 张云婷,马生霞,陈畅,等.中国儿童青少年体力活动指南[J].中国循证儿科杂志,2017,12(6):401-409.

体质两部分,其中健康相关体质包括心肺耐力(cardiorespiratory fitness,CRF)、肌肉耐力、肌肉力量、身体成分、柔韧性;技能相关体质包括灵敏、平衡、协调、反应时间、速度等[1]。

健康是一个三维的概念,包括身体健康、心理健康和社会适应良好这三个维度。体质是健康的前提和基础,没有良好的体质,健康就像是没有躯体的灵魂;改善体质的目的是更好地促进健康,所以健康是良好体质的最终目标。为了更好地提高学生的身体健康水平,教育部组织修订印发了《国家学生体质健康标准》。与健康的概念相比,该标准只涵盖与学校体育密切相关的身体健身领域。为了定义身体健康的内涵,避免与健康的三维观点混淆,将体质与健康结合用来限定和说明"健康"的范畴。

四、体质健康促进

"健康促进"作为体质健康研究领域的专有名词,早在20世纪20年代就出现在相关研究文献中,世界卫生组织对这一名词的定义是"促进人们维护和改善自身健康的全过程"[2]。健康促进是使人们能够增强对健康的控制并改善其健康的过程。健康促进是一个依赖社会和政治的综合过程。它不仅包括旨在加强个人技能和能力的行动,还包括旨在改变健康的社会、环境和经济决定因素以优化其对公共健康及个人健康的积极影响的行动。"体质健康促进"是"健康促进"的部分内容。综合以上体质、健康促进概念,体质健康促进泛指建立在政策支持、健康教育、社会部门协作、个人技能的基础上,改善自身体质健康的过程。本研究中的残疾青少年体质健康促进指在相关政策支持下,通过体育、教育等手段,以学校为中心,以家庭、社区等为辅助,帮助学生能够选择健康生活方式,改善和增强体质。

第四节
残疾学生体力活动与体质健康促进的研究理论

体力活动促进是解决儿童青少年体质健康问题的关键,也是儿童青少年养成健康生活方式的前提和基础。梳理儿童青少年体力活动促进的理论基础,有助于

---

[1] Caspersen C J, Powell K E, Christenson G M. Physical activity, exercise, and physical fitness: Definitions and distinctions for health-related research [J]. Public Health Reports, 1985, 100(2): 126-131.

[2] Winslow C E. The untilled fields of public health[J]. Science, 1920, 1306(51): 23-33.

解释个体体育锻炼习惯行为,提高个体体育锻炼水平,促进个体健康发展,是制定和实施健康促进指导方案的前提。在过去的几十年里,研究者在理解和预测个人行为方面取得了巨大进展,健康行为领域的诸多学者从微观(个体、个体间)、中观(家庭、学校等组织)和宏观(社区、社会等)层面提出了促进健康行为的相关理论。本节主要梳理了计划行为理论、社会认知理论和社会生态学理论在体力活动研究中的应用,为构建体力活动促进模型奠定扎实的理论基础。此外,对国内外有关体力活动促进模型和体质健康促进模型进行总结分析。针对残疾儿童青少年的体力活动促进不仅要考虑个体身体结构和功能状况,个人的情感态度、认知、自我效能等主要决定因素,还应关注外界环境,尤其是社会支持和障碍因素。

一、计划行为理论

计划行为理论(theory of planned behavior,TPB)的主要观点是意图是行为的直接前提,并受到态度(对行为的有利和不利评价)、主观规范(SN,执行或不执行某种行为的感知社会压力)和知觉行为控制(PBC,执行一种行为的容易程度)的影响。该理论的三个组成部分通过意向间接影响行为,而

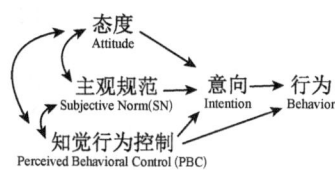

图 1-1 计划行为理论图示

PBC可以直接影响行为(图1-1)[1]。该理论认为,当残疾个体形成更有利的态度,感受到来自他人(如家庭、朋友、医生)的更强的积极压力,并感知到对PA参与的更大控制时,他们可能会产生更强的参与意向。

TPB与非残疾个体PA的研究显示,意向对行为有较强的预测作用,态度和PBC对意向和行为有显著的预测作用,SN对意向的影响较小或不显著(图1-2),TPB三个组成部分的预测作用与非残疾个体略有不同,计划行为理论与残疾人PA的研究显示,意向是PA行为的最强预测因子,态度和SN对意向的影响显著,PBC对意向和PA行为的影响显著[2][3]。有身体残疾的成年人可能会把他们对PA的

---

[1] Ajzen I. Perceived behavioral control, self-efficacy, locus of control, and the theory of planned behavior [J]. Journal of Applied Social Psychology, 2002, 32(4): 665-683.

[2] Sur M H, Jung J, Shapiro D R. Theory of planned behavior to promote physical activity of adults with physical disabilities: Meta-analytic structural equation modeling[J]. Disability and Health Journal, 2022, 15(1): 101199.

[3] Kirk T N, Haegele J A. Theory of planned behavior in research examining physical activity factors among individuals with disabilities: A review[J]. Adapted Physical Activity Quarterly, 2018: 1-19.

感知控制作为最重要的优先事项,通过反思他们过去的经验和预期的障碍和促进因素来形成参与 PA 的意愿。他们的身体限制和相关障碍可能会阻止他们成功地参与 PA,PBC 的影响超过了良好的 PA 态度的影响。身体残疾类型可能是决定感知控制对 PA 行为影响的关键因素(图 1-3)。态度和 PBC 可以作为促进身体残疾成人 PA 的目标。

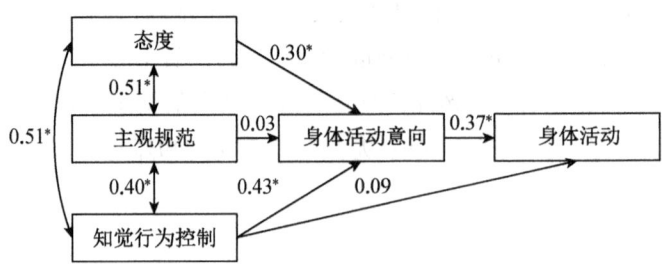

图 1-2 TPB 与非残疾个体 PA 模型

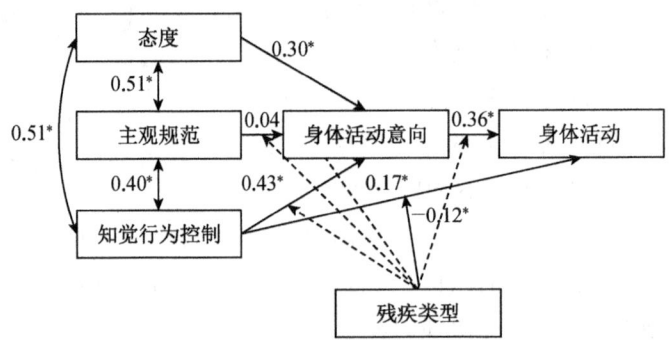

Note: * significant at $P<0.5$; PA=physical activities

图 1-3 TPB 与残疾个体 PA 模型

二、社会认知理论

社会认知理论(social cognitive theory,SCT),是在社会学习理论基础上发展起来,由班杜拉正式提出的[1]。该理论认为人的行为受个人、行为、环境三部分影响,是一种三元交互决定论,模型示意见图 1-4,是常用于解释体力活动行为最主要的理论之一[2]。该理论认为,个人认知可以改变其行为,限制其周围环境的变

---

[1] Bandura A. Social foundation of thoughts and actions: A social cognitive theory[M]. Englewood Cliffs: Prentice-Hall, 1985.

[2] 曾永忠,赵苏喆. 促进身体锻炼行为的社会认知理论研究模式[J]. 体育成人教育学刊,2008,24(6):52-53.

化,个人行为也受到认知水平及所处环境的制约,而周围环境的改变也会作用于个人认知水平及其行为。①行为因素:包括动机、努力程度、进展、效率与坚持等。②个人因素:包括自我效能感、结果期待、归因、自我评估和自我调节等。个体的自我效能感是其对克服各种障碍的内部信心。自我评估和调节能力强的个体通过分析现有资源和自身优势,设置可量化、由易到难的目标,制订具体计划,并不断调整计划,以促进干预进行。③环境因素:榜样、指导和社会反馈等。如身边朋友的榜样示范、专业人士的指导、家人朋友的支持和赞赏等。

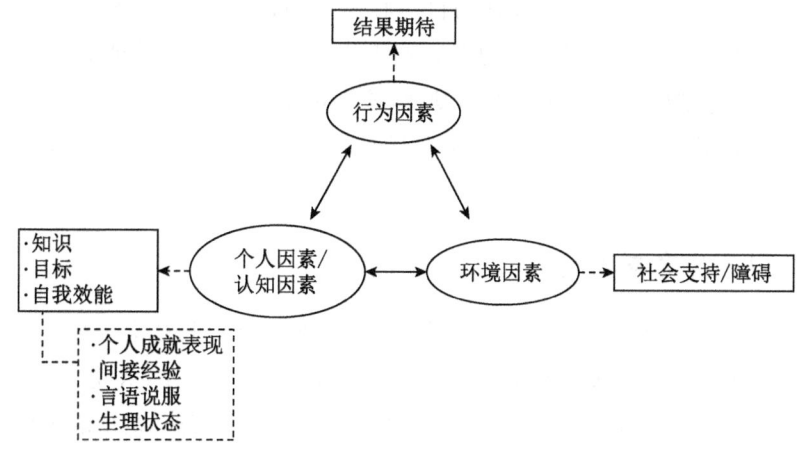

图1-4　社会认知理论

之后,Bandura又从健康行为(包括体力活动、健康饮食等)促进方面对SCT模型进一步扩充,建立了多维因果结构模型,提出个体通过自我效能、结果预期、感知到的环境促进和阻碍调节其动机和行为①(图1-5)。(1)自我效能感反映个体对自身能否完成某项具体健康行为的判断;(2)结果预期指个体对成功完成某项健康行

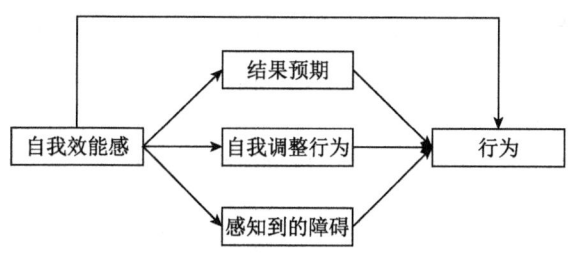

图1-5　促进健康行为的SCT模型

---

① 班杜拉.思想和行为的社会基础:社会认知论[M].上海:华东师范大学出版社,2001.

为可能结果的感知;(3)自我调整行为(目标和计划)用于对健康行为进行控制和调整;(4)感知到的障碍指个体对完成某项具体健康行为所感知的阻碍。

在该因果结构模型中,结果预期、自我调整行为与感知到的障碍三因素由于从属于自我效能感维度,所以会间接地对健康行为产生影响。各因素主要是在自我效能感的框架下对健康行为产生影响,而自我效能感作为主要因素可以直接或间接地对健康行为产生影响。个体顺利完成一项行为活动表现出的感受即自我效能感。通常,高自我效能感的人对待难题有较大兴趣并可以投入其中。相反,低自我效能感的人表现为自信心较差,遇到困难时容易退缩。因此他们的目标往往很低,也就不能在动态影响下得到改进。自我效能和锻炼的认知呈正相关关系。随着 SCT 的提出和发展,该理论得到广泛关注,并被有效应用于众多健康行为干预中,如癌症患者体力活动促进、饮食习惯调整和冒险行为改变等[1][2]。

三、社会生态学理论

社会生态学主要是研究人类社会及其所属的自然环境和社会环境之间的相互关系。1979 年,美国心理学家 Urie Bronfenbrenner 在其著作《人类发展生态学》(*The Ecology of Human Development*)中最早提出了社会生态学的个体发展理论,也就是著名的生态系统理论[3],该理论把个体的发展嵌入一系列相互联系、相互作用、相互影响的生态环境之中,认为人的行为既受个体内在环境因素的影响,也受个体外在环境因素的影响。

1. McLeroy 的健康行为社会生态学模型

McLeroy 等[4]在前人研究的基础上提出了更为详尽的健康行为的社会生态学模型(social ecological model,SEM)(图 1-6),影响或决定个体行为包括体育活动等健康行为的因素包括五个方面:(1)个人因素;(2)人际过程;(3)组织因素;(4)社区因素;(5)公共政策。个体水平是该模型最近端水平,政策水平是该模型的最远

---

[1] 刘彩云,尤莉莉. 社会认知理论在促进糖尿病和糖尿病前期患者体力活动中的应用[J]. 中国健康教育,2021,37(11):1037-1040.

[2] Reeves M M, Terranova C O, Winkler E A H, et al. Effect of a remotely delivered weight loss intervention in early-stage breast cancer: Randomized controlled trial[J]. Nutrients, 2021, 13(11): 4091.

[3] Bronfenbrenner U. The ecology of human development[M]. Cambridge MA: Harvard University Press, 1979.

[4] McLeroy K R, Bibeau D, Steckler A, et al. An ecological perspective on health promotion programs [J]. Health Education Quarterly, 1988, 15(4): 351-377.

端水平。个体水平包括与被试相关的变量，如自我效能、信念、认知等；人际水平关注的是社会支持；组织水平关注组织，如学校，这些组织受到内外部的社会和物理的影响；社区水平关注相关群体和组织间的关系；政策水平通过立法、程序、法律和管理实施影响。该模型还描述了不同影响水平下可能采取的干预策略，并提出个人层面的干预措施：(1)旨在改变个人的知识、态度、行为、自我概念或技能等；(2)在人际层面，旨在解决正式和非正式的社会网络和社会支持系统，包括家庭、工作团体和友谊网络；(3)在组织层面，可以识别与学校、工作场所或大学有关的因素，也可能包括教师和学校管理人员的影响；(4)在社区层面，涉及改变社区环境或服务以及组织之间的关系；(5)在公共政策层面，涉及公共政策的创建或修改，包括地方、州和国家的法律和政策。

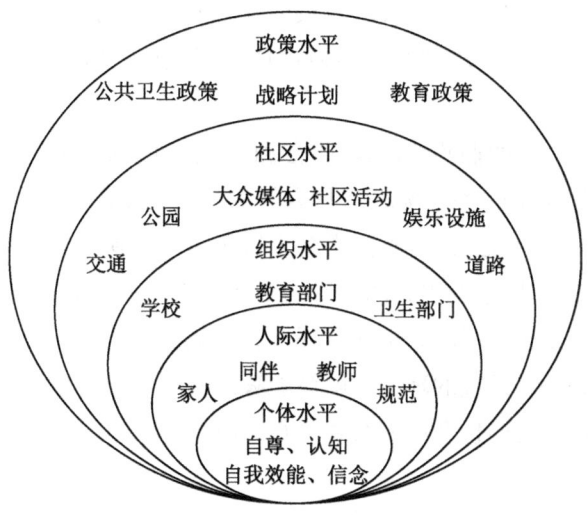

图 1-6　社会生态学模型①

社会生态学框架的精髓及其具体内容所涵盖的不同侧面都可能成为健康干预计划的突破点，只是在不同国家、不同文化背景、不同年龄人群所处的社会生态环境会有所差别，进行健康干预的突破点会有所不同。本研究根据 SEM 框架，考虑残疾学生所处的自然环境和社会环境特点，结合我国目前残疾学生体育活动行为与干预的现状，将个体、家庭、学校、社区、社会等作为生态系统的多维度、多层次的系统元素，探索这些因素之间错综复杂、相互影响和制约的关系，为残疾学生 PA

---

① McLeroy K R, Bibeau D, Steckler A, et al. An ecological perspective on health promotion programs [J]. Health Education Quarterly, 1988, 15(4): 351-377.

参与和体质健康促进提供有益建议和策略。

2. 社会生态学理论模型作用于个体行为的原理

社会生态系统中各个要素相互联系，构成一个有机的系统整体，从而对个体行为产生综合、多层和多维度的作用。人是整个社会生态系统的一个组成元素，以个人、家庭、学校、社区等形式存在于该系统中，所以环境对人的行为（体力活动）的影响是多层次的，多维度的，包括个体因素（心理、认知、情感、态度、价值观等）、社会因素（家庭、朋友、学校、社区等）、环境因素（天气、交通、设备、场地等），这些不同维度的因素之间具有交互作用，并且在特定的环境背景下个体、社会、身体和政策环境因素相互作用促进体育活动的参与。如果在一个影响级别上进行了更改，则所有其他级别都可能受到影响。例如，一项促进体育活动的全国公共卫生运动可以刺激市政当局在社区建立一个公园，这反过来又可以鼓励当地居民更加积极地参与体育活动。居民活动的增加可能会通过社区赋权反馈给市政领导，从而产生更多的社区资源。

SEM 是基于这样的假设：个体、社会和自然环境因素最能解释社会活动参与[1]。社会生态模型中的各系统之间具有等级层次，也就是对个体行为产生影响时其作用力有远近大小之分，有些因素会直接作用影响到个体行为，有些因素则会通过系统内部的某些因素的中介间接影响个体行为。不同层次或同一层次的因素之间是相互影响、相互作用的。例如有环境和政策的支持，个体的体力活动行为就能够得到促进和发展，适宜的环境和政策能够激发个体作出相应的选择，而当环境和政策的支持力度不够时，个体就会缺乏行为改变的动力，行为改变的促进就会变得异常艰难。

因此，SEM 已经成为探索儿童和青少年参与社会活动率和依从性的多种因素的有用工具[2]。应用 SEM，可以揭示个体决策层（性别、年龄、自我概念）、社会环境（父母、老师、朋友）和物理环境（安全、设施和空间可达性）之间的动态交互作用，系统识别影响个体社会活动参与的关键因素，并对各个影响因素进行梳理和分析，形成多层次分析框架，基于此制定的干预措施针对性强、可行性强，效果显著。

---

[1] Glanz K, Rimer B K, Viswanath K. Health behavior: Theory, research, and practice[M]. Hoboken: John Wiley and Sons, 2015.

[2] Zhang T, Solmon M. Integrating self-determination theory with the social ecological model to understand students' physical activity behaviors[J]. International Review of Sport and Exercise Psychology, 2013 (6): 54-76.

四、社会生态学理论促进残疾学生体力活动行为的理论阐述

(一) 国外青少年 PA 促进的社会生态模型

Sallis 等[1]最早提出了社会生态模型对体力活动促进的重要作用。Welk[2]是最早将社会生态理论应用于体力活动促进研究的学者,他根据青少年人群特殊身体与心理和行为特征,从社会生态学视角洞察影响青少年体力活动的各种因素,结合了内部动机理论、人际关系理论、社会认知理论、理性行动理论、跨理论模型、规划行为理论,采用混合模型方法构建了专门用于青少年的体力活动促进概念(youth physical activity promotion model,YPAP)模型(图1-7),较为系统全面地归纳了青少年体力活动的影响因素及其相互关系,旨在指导儿童青少年干预实践,为人们理解和促进青少年体力活动行为提供一个潜在有效的框架。该模型以人口统计学特征为基础,将最有可能影响体力活动的决定因素划分成倾向因素、促成因素和强化因素作为中间环节进行组织架构。这是国际上针对青少年群体的体力活动促进最具有说服力的理论模型。YPAP模型指出需制定以家庭—学校—社区为基础的全面举措,以实现模型中儿童青少年体力活动促进的"路径"。

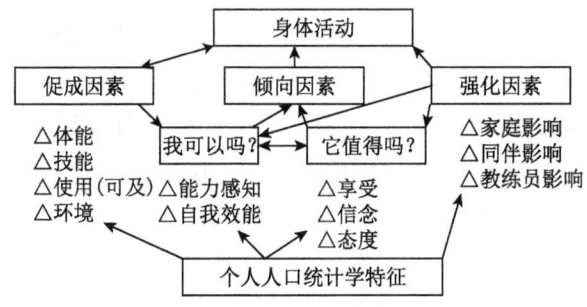

图 1-7 青少年体力活动促进模型的概念简图[2]

1. 促成因素

促成因素是指促使儿童青少年有能力参与体力活动的各种因素,主要包括环境因素和生物因素。环境因素包括如健身设施、公园和场所的可达性等,此外,天

---

[1] Sallis J F, Bauman A, Pratt M. Environmental and policy interventions to promote physical activity [J]. American Journal of Preventive Medicine, 1998, 15(4): 379-397.

[2] Welk G. The youth physical activity promotion model: A conceptual bridge between theory and practice[J]. Quest, 1999, 51(1): 5-23.

气情况、有无人行道及其安全性同样对儿童青少年的体力活动产生一定影响。环境因素是儿童青少年体力活动参与基本条件保障,但便利的环境条件并不能保证儿童青少年体力活动参与,还需考虑个体生物因素的影响。生物因素包括健康状况、基本动作技能、运动技能等指标。身体健康和基本动作技能发展较好的儿童青少年更有可能进行体力活动。儿童基本动作技能可能是儿童时期体力活动参与的关键因素,且其技能熟练程度与不同强度和类型的体力活动呈显著正相关。

2. 倾向因素

倾向因素是指预先存在且可能促使儿童青少年积极参与体力活动的因素,包括"我可以吗?"和"它值得吗?"两个维度,其中"我可以吗?"包含自我认知相关的指标,如自我效能、能力感知等,这些是体力活动参与的关键因素。"它值得吗?"包含与体力活动相关预期结果的价值,如态度、信念、享受等情感体验。具有积极自我认知和情感体验的儿童青少年更容易进行有规律的体力活动,养成积极健康的生活方式。

3. 强化因素

强化因素是指儿童青少年通过社会环境获得的体力活动鼓励和支持。这些因素通常来源于家庭、学校和同伴。如父母、教师、同伴的支持和鼓励,能够对儿童青少年体力活动产生直接影响,还能提高青少年对体力活动的认知水平从而间接促进体力活动参与。家庭影响包括父母角色模范、活动支持鼓励、家庭运动设备等。体育课能够有效提高儿童青少年的体力活动水平和基本动作技能掌握程度。

YPAP 模型包含个体、组织、环境等多层次因素,且注重因素间的交互作用,克服了传统研究中关注个体单一层面的局限,具有很强的针对性,其面向的群体就是青少年,但真正用于体力活动促进实践,仍然需要大量的研究工作。YPAP 模型纳入的环境因素仍相对有限,社交网络、安全性等因素以及中国儿童青少年体育健身指数中的制度(政策)因素并未纳入模型中。在我国,政策因素对家庭、学校和社区环境的建设较为重要,进而对儿童青少年体力活动产生间接影响。同时,信息要素作为网络技术快速发展的产物,如互联网、媒体、宣传标语等对儿童青少年体力活动起着重要的引导作用。

(二) 国外残疾人体力活动概念模型

1. 残疾人体力活动模型

Hidde 等[①]基于现有的国际功能、残疾和健康分类(ICF)模型作为残疾人体

---

① Hidde P P, Allard J B, Luc H V, et al. Physical activity for people with a disability: A conceptual model[J]. Sports Medicine, 2004, 34(10): 639-649.

力活动模型的框架,融入体力活动决定因素 ASE 模型,构建了一个新模型,即残疾人体力活动(physical activity for people with a disability, PAD)模型(图 1-8)。PAD 模型是一个综合的体力活动行为模型及其与功能和残疾的关系。为了清晰起见,该模型关注的是最重要的因素,以及决定体力活动行为的相关关系。PAD 模型中的虚线箭头代表了这些因素决定体力活动的途径,尽管模型中并没有显示所有可能的途径和关系,大多数虚线箭头也在相反的方向上工作,并且如一般框架中所示,集成模型的所有组件或多或少地相互作用。

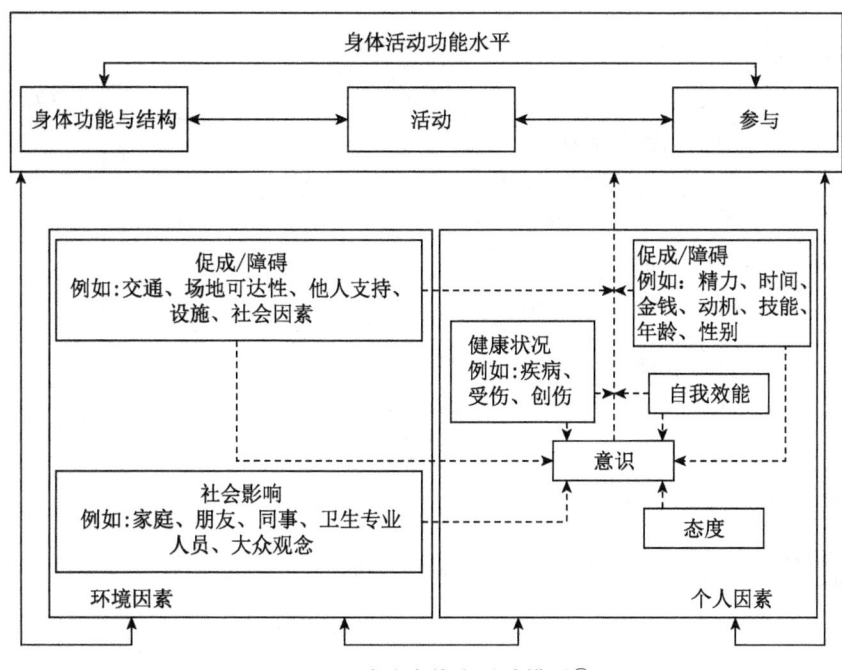

图 1-8　残疾人体力活动模型[①]

PAD 模型将体力活动行为及其决定因素整合到 ICF 模型中,决定体力活动的因素主要基于态度、社会影响和自我效能(ASE)模型中使用的因素。所提出的模型可以用作残疾人群体体力活动促进干预和研究的理论框架。目前该模型构成了在荷兰十个康复中心进行的大型体育活动促进试验的理论基础。

---

① Hidde P P, Allard J B, Luc H V, et al. Physical activity for people with a disability: A conceptual model [J]. Sports Medicine, 2004, 34(10): 639-649.

2. 残疾儿童活动参与的社会生态影响因素模型

King 等[①]以发展系统视角和社会生态学方法为基础，从 4 个方面构建残疾儿童活动参与的影响因素模型（图 1-9），第一类是资源和障碍，包括家庭收入，家庭的经济和时间资源，物质环境、社会环境和态度环境存在的障碍。第二类的主要因素是支持，包括对儿童的支持关系和家庭凝聚力。第三个主要类别包括家庭和儿童的偏好参与娱乐和休闲活动。第四类是儿童能力，包括儿童自身的功能能力（即认知、沟通和身体功能）和情感功能。

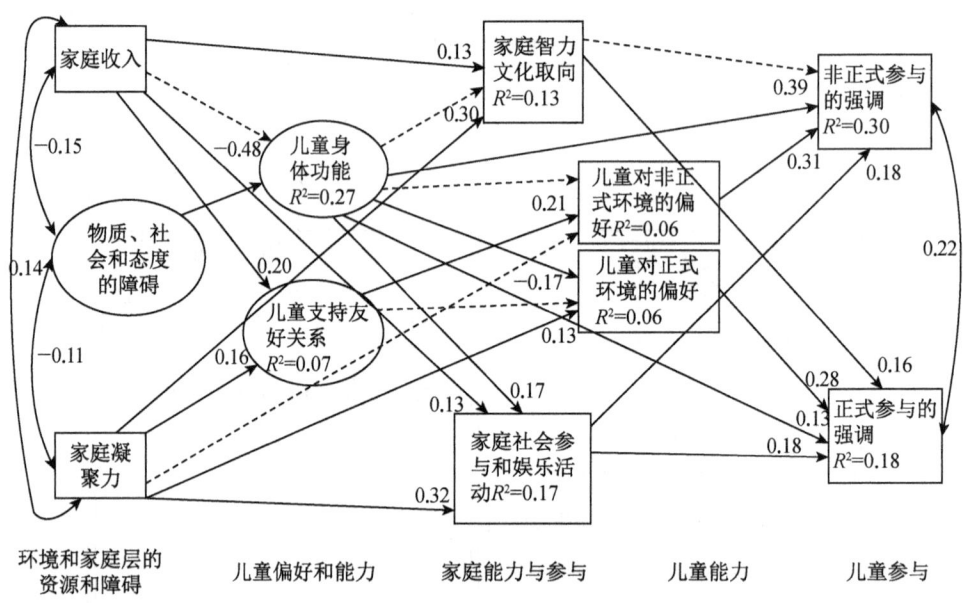

图 1-9　儿童活动参与的影响因素模型[①]

儿童参与有多种相互关联的决定因素。正式和非正式参与强度的主要统计显著预测因子是儿童的功能能力、儿童活动偏好和家庭对社会和娱乐活动的参与，即使在调整了功能能力之后，儿童的偏好和家庭偏好也是儿童参与的重要预测因素。了解这些直接决定因素如何与近端社会心理过程相关，有助于更好地理解如何提高身体残疾儿童的参与。家庭凝聚力、亲子沟通和文化活动参与等因素通过增强儿童社会支持网络来提高他们正式和非正式参与形式的概率。来自老师、父母和

---

① King G, Law M, Hanna S, et al. Predictors of the leisure and recreation participation of children with physical disabilities: A structural equation modeling analysis[J]. Journal of the Association for the Care of Children in Hospitals, 2006, 35(3): 209-234.

亲密朋友的更多支持与儿童对非正式活动的更强偏好有关,这反过来又增强了儿童的非正式参与。家庭凝聚力在影响参与方面有重要作用。

五、我国青少年体力活动促进的社会生态模式研究

国外学者对于体力活动及其相关社会生态因素的研究起步早且较为全面,研究者基于社会生态理论提出并进一步完善了社会生态学模型,对于体力活动的科学理论转向实践应用迈出了重要一步。目前,我国儿童青少年体质健康研究已从单一关注体质健康转向体力活动领域。

我国学者陈培友[①]采用社会生态学模式观点,在综合分析影响江苏青少年体力活动水平的影响因素的基础上,从个体、人际关系以及组织社区层面设计问卷调查,构建我国青少年体力活动促进社会生态学模式(图1-10)。他通过调查获取数据,实证分析导致青少年体力活动缺乏的社会生态因子及交互关系,然后结合管理学、健康促进等理论构建了青少年体力活动促进社会生态系统模式(APAP-SEM),详细分析了青少年体力活动社会生态系统管理组织设计、组织架构、组织变化模式、管理运行机制及运作流程,扩展了已有的基于影响因子结构关系的青少年体力活动促进模式,整合了组织管理的过程和方法,为我国青少年体力活动促进提供了理论支持。研究通过青少年体力活动促进江苏模式案例实证分析了APAP-SEM的有效性,为更有效地促进我国青少年体力活动研究提供了可实施的系统框架。

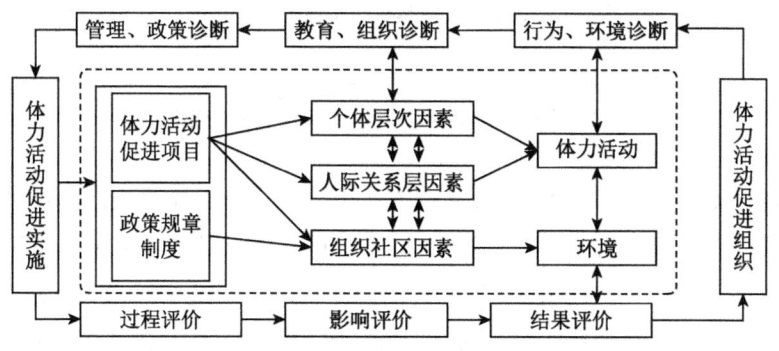

图1-10　我国青少年体力活动促进社会生态系统模式[①]

---

① 陈培友.社会生态视域下我国青少年体力活动促进模式研究[D].南京:南京师范大学,2014.

我国学者高思垚[①]利用扎根理论的质性研究方法,对社会生态系统各层级具有代表性的对象(青少年、家长、体育教师、社区工作者、政府工作者)进行深度访谈,经过三级编码,以社会生态系统理论、社会支持理论等为理论基础,构建我国青少年体力活动促进社会生态系统理论模型(图1-11)。该模型识别了青少年体力活动促进社会生态系统的结构维度,包括"宏观、中观、微观"3个层级、"个体因素、人际关系、学校、社区、建成环境、媒体、政府"7个核心类属和43个二级节点。依据社会支持理论,支持源可以给予被支持源4种社会支持,分别是情绪性支持、工具性支持、信息性支持、陪伴性支持。也就是说,各层级社会生态子系统中政府、媒体、建成环境、社区、学校、人际关系、个体因素对青少年体力活动给予的各种各样的支持均可归纳为上述4种社会支持。

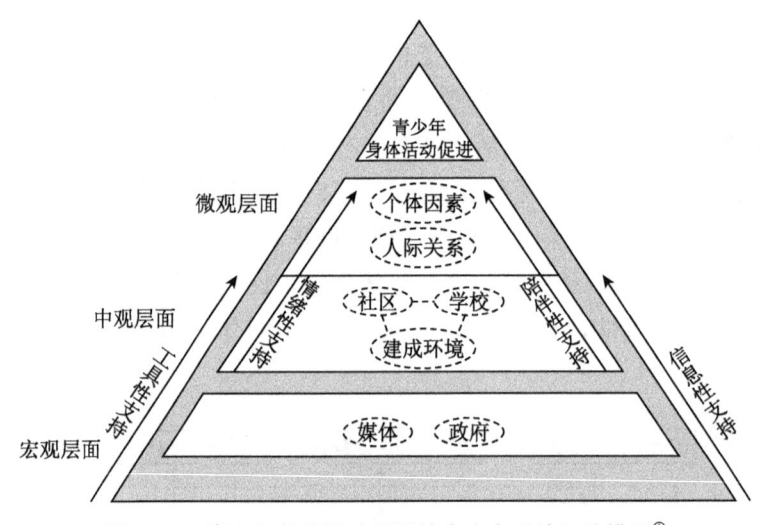

图1-11 青少年体力活动促进社会生态系统理论模型[①]

孔琳[②]以社会生态理论、WSR系统方法论等理论为指导,在借鉴国际儿童青少年体力活动促进经验启示的基础上,立足我国儿童青少年体力活动促进现状,运用德尔菲法、层次分析法,在函询17位专家意见的基础上,从学校、家庭、社区、社会4个方面构建了儿童青少年体力活动促进指标体系(图1-12),为我国儿童青少年体力活动促进模式构建提供理论支撑。结合儿童青少年体力活动促进的系统性、动态性、开放性等特点,引入了物理(W)-事理(S)-人理(R)(WSR)系统方法论,依据

---

① 高思垚.我国青少年体力活动促进社会生态系统研究[D].武汉:武汉体育学院,2020.
② 孔琳.中国儿童青少年体力活动促进模式构建的理论与实证研究[D].上海:华东师范大学,2021.

物理、事理、人理的内涵,在系统咨询专家意见的基础上,将指标体系与 WSR 三维框架进行有机整合,构建了基于 WSR 的中国儿童青少年体力活动促进模式,并以 WSR 三维模式为基础,以儿童青少年学习生活的学校、家庭、社区为主体,设计了课内、课外、校内、校外一体化的 WSR 体力活动促进实践方案,进行了为期 2 年的实践干预,开展了系统性儿童青少年体力活动促进的实践探索。

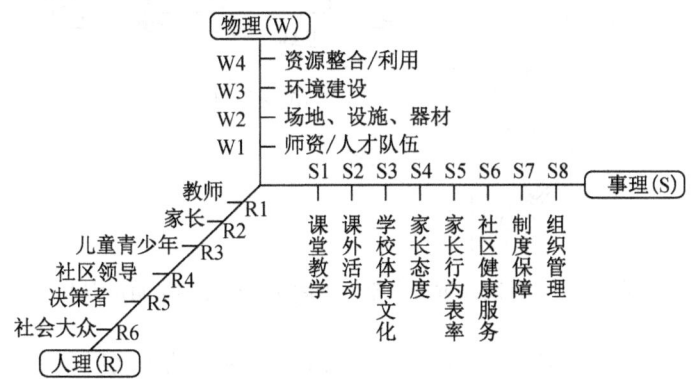

图 1-12　基于 WSR 的中国儿童青少年体力活动促进指标体系①

国内学者李凯等②以社会生态理论为基础,立足中国本土文化特征,基于"个体—行为—环境"视角构建中国儿童青少年体力活动促进评价指标体系,并通过路径分析对中国儿童青少年体力活动促进影响机制模型进行实测数据检验。最终构建出由 5 个一级指标、15 个二级指标和 39 个三级指标组成的中国儿童青少年体力活动促进评价指标体系。实测数据与儿童青少年体力活动促进影响机制模型拟合良好,并得出中国儿童青少年体力活动促进影响机制路径系数,建立我国儿童青少年体力活动促进影响机制验证模型(图 1-13),并建议我国儿童青少年体力活动促进应在充分增强个体体力活动参与能力和意识的基础上,积极发挥政策环境、社区环境、家庭环境和学校环境对儿童青少年体力活动的正向促进作用。该模型对指导我国儿童青少年体力活动促进实证研究和体力活动干预实践具有重要作用。

曲鲁平等③构建了我国青少年体质健康促进自我效能、知觉利益、知觉障碍、人际影响、体育活动和体质健康六因素模型(图 1-14),该模型从理论上探讨自我

---

① 孔琳. 中国儿童青少年体力活动促进模式构建的理论与实证研究[D]. 上海:华东师范大学,2021.
② 李凯,蔡玉军,陈思同,等. 我国儿童青少年体力活动促进评价指标体系构建及影响机制研究[J]. 首都体育学院学报,2021,33(3):326-336.
③ 曲鲁平,欧高志,李宗浩,等. 我国青少年体质健康促进模型构建的研究[J]. 武汉体育学院学报,2015,49(9):69-75.

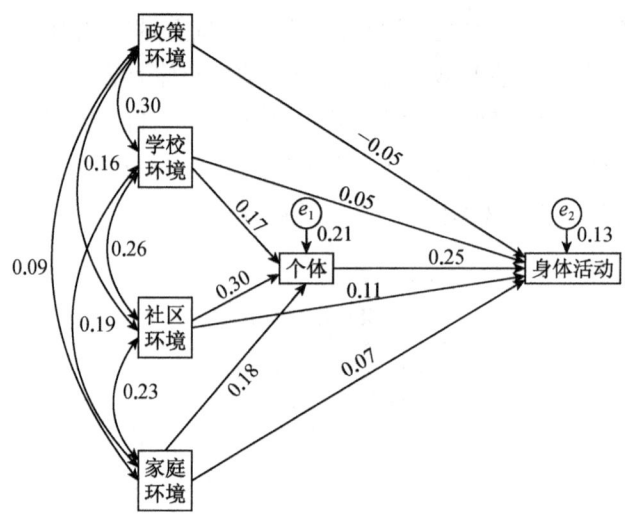

图 1-13　我国儿童青少年体力活动促进影响机制模型[1]

效能、知觉利益、知觉障碍、人际影响、体育活动和体质健康之间的关系,为青少年体质健康促进和制定健康促进干预方案提供理论支撑。其中,人际影响包括社会支持、锻炼榜样和锻炼期望。该模型表明:①青少年参与体育活动对体质健康具有直接的促进作用;②自我效能和知觉利益对体育活动的影响大于知觉障碍,并通过体育活动间接促进体质健康;③人际影响对体育活动的直接影响较少,人际影响可以通过影响自我效能和知觉利益间接影响体育活动,进而促进体质健康。

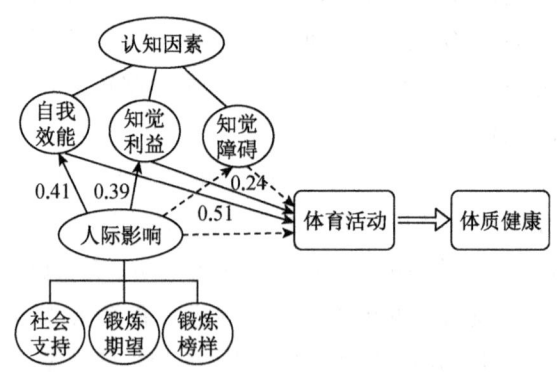

图 1-14　我国青少年体质健康促进模型

---

[1] 李凯,蔡玉军,陈思同,等.我国儿童青少年体力活动促进评价指标体系构建及影响机制研究[J].首都体育学院学报,2021,33(3):326-336.

六、研究展望

在体力活动及其相关社会生态因素的研究领域,国内外学者已经取得了显著的成果。他们基于社会生态学理论,构建并不断完善了社会生态学模型,为我们理解体力活动的影响因素和干预策略提供了基础信息和重要的理论框架,此模型强调了个体、人际、公共机构、社区以及公共政策等多个层面因素的相互作用,为我们全面理解体力活动的促进机制提供了科学依据。虽然这些基于社会生态理论的体力活动模型在国外已经取得了显著的成果,但直接将其应用于我国的环境和人群时,我们仍需要考虑到文化、社会、经济等多方面的差异。

近年来,我国儿童青少年体质健康研究已经逐渐从单一关注体质健康转向体力活动领域,这是一个积极的转变。通过引入社会生态学模型,学者们开始深入理解体力活动的影响因素并提出一些干预策略,认识到体力活动受到多个层面因素的影响,包括个体因素(如动机、兴趣等)、人际因素(如家庭支持、同伴影响等)、公共机构因素(如学校政策、体育设施等)、社区因素(如社区环境、文化氛围等)以及公共政策因素(如政府政策、法律法规等)。这些因素相互作用,共同影响着儿童青少年的体力活动水平。从多个角度入手,加强家庭支持、改善学校环境、提高社区设施利用率以及制定相关政策,可以全面促进儿童青少年的体力活动水平。

但值得注意的是,残疾学生的体力活动和体质健康研究仍相对匮乏,这是一个亟待关注和解决的问题,需关注以下4个方面。

1. 深入探究体力活动的影响因素及其作用机制。更加深入地了解各个层面因素对体力活动的影响及其相互作用机制,以便制定更加有效的干预策略。

2. 加强跨学科合作。体力活动促进研究涉及多个学科领域的知识和方法,如心理学、社会学、教育学等。加强跨学科合作可以推动研究的深入发展,提高研究的科学性和实用性。

3. 关注特殊群体的体力活动问题,国内有关残疾学生体质健康和体力活动促进模型的研究甚少。残疾学生、贫困学生等特殊群体在体力活动方面面临着更大的挑战。我们需要关注这些特殊群体的体力活动问题,制定针对性的干预策略,以促进他们的健康发展。

4. 加强政策研究和制定。政策是推动体力活动促进工作的重要手段。加强政策研究和制定工作,可为体力活动促进工作提供有力的政策支持和保障。

总之,未来需要继续深化体力活动及其相关社会生态因素的研究,加强跨学科合作和特殊群体的关注,推动政策研究和制定工作的开展,为提升儿童青少年的整体健康水平做出更大的贡献。

第二章
我国残疾学生体质健康的研究进展

在知网、万方、维普 3 个中文期刊数据库中检索 1980—2022 年发表的残疾学生体质健康相关文献,本章采用范围综述的方法回顾、总结和分析我国残疾学生体质健康的相关研究,探讨分析残疾学生体质健康发展态势、分布特征及影响因素,为国内残疾学生体质健康的相关研究提供全貌。

—— 第一节 ——
文献检索方法与流程

一、确定研究问题

在流行病学框架下我国残疾学生体质健康的研究进展如何?根据该框架,体质健康的相关研究主要划分为 4 个阶段:第一阶段主要是体质健康的调查和现场测试;第二阶段主要是体质健康测试标准和方法的探索以及其信效度检验的研究;第三阶段主要是影响体质健康因素及其理论模型的探索研究;第四阶段主要是体质健康促进干预方案及其应用实践研究。

二、文献检索方案和纳入文献

1. 检索方案

以知网、万方和维普为主要中文文献来源数据库,检索 2022 年 3 月以前发表的残疾儿童和青少年体质健康相关文献。检索策略如下:确定主题词——体质健康,并给出其自由词包括身心健康 OR 身体素质 OR 体适能 OR 身体成分 OR 超重。根据研究范围确定主题词——残疾，并给出其自由词包括障碍 OR 残障 OR 特殊。根据研究对象确定主题词——学生，并给出其自由词包括儿童 OR 青少年 OR 学龄儿童。3个主题词之间使用 AND 检索式，通过高级检索获得文献。

2. 文献筛选

文献纳入标准：以残疾儿童和青少年、残疾学生体质健康为主题的研究；实证研究，包括观察性研究、对照试验研究；根据 WHO 儿童青少年年龄段界定，5～17岁（或平均年龄≤17岁）残疾青少年；发表于同行评审期刊的中文文献全文。

文献排除标准：与残疾儿童青少年体质健康无关的文献；会议论文、书籍、硕博士论文、书评、评论等。

3. 信息提取与归纳分析

通过检索策略在3个主要中文文献数据库共检索到857篇文献，阅读文献题目和摘要，排除无关文献750篇，再次对107篇文献阅读全文进行筛选，排除41篇，最后确定纳入文献为66篇。对纳入综述的文献进行信息提取，主要内容包括研究主题、作者、地区、残疾类型/分级、样本信息、研究方法、测量工具/标准、评价测试指标等（附录1、2、3）。应用演绎内容分析法对纳入文献进行分析、提炼和归纳总结，首先阅读文献摘要，明确各文献的研究目的、方法、主要结果与结论，然后对纳入文献按照体质健康现状研究、体质健康标准研究、体质健康干预研究几个阶段进行分类汇总，最后归纳分析每一阶段所有文献研究的主要结果。

第二节 我国残疾学生体质健康现状的研究成果

一、我国残疾学生体质健康调研的文献特征

（一）文献研究的时间分布特征

通过文献梳理，残疾儿童青少年体质健康的研究最早始于20世纪80年代中期，我国学者季成叶等[1]对北京市第三聋哑学校学生的身心健康水平进行了调查

---

[1] 季成叶,吕姿之,王守辰,等.北京第三聋哑学校学生身心发育与健康调查[J].中华预防医学杂志,1985,19(5):281-284.

分析,90年代初,学者孙耀鹏[1]和陈乃凤[2]分别以北京市轻度智力低下和兰州市盲聋哑儿童青少年为研究对象,开启了国内关于不同残疾学生体质健康现状研究。近30年来,有关残疾学生体质健康状况调查分析的文献共搜索到34篇(附录1),1990—2000年间,共有11篇相关文献,研究对象为聋哑儿童青少年的有9篇,其中智力低下的有2篇;2001—2010年间,共有11篇相关文献,研究对象主要为智力残疾的有6篇,聋哑儿童的有3篇,视力残疾的有2篇;2011—2020年间,共有12篇相关文献,研究对象为聋哑和智力残疾儿童的有9篇,涉及脑瘫的有1篇,ADHD的有1篇,多种残疾的有1篇。由此可见,近30年来,我国残疾儿童青少年体质健康的调研集中在聋哑和智力残疾儿童青少年,涉及视力、肢体残疾的较少。大部分研究调查分析了城市残疾学生,农村残疾学生只有1篇报道。现状调查类研究呈逐年减少趋势,更多的研究趋向于探究体质健康的影响因素和相应对策。

(二) 研究对象、方法和内容

在研究对象上:①不同残疾类型的研究呈现不平衡,针对智力残疾的儿童青少年体质调研的研究最多,其次是言语残疾、视力残疾,尚没有文献针对肢体残疾体质调研。②残疾对象的来源主要集中在特殊学校、培智学校和康复学校,个别研究的残疾对象来源于医疗康复机构门诊残疾儿童青少年。③样本范围较单一、样本量较小,测试的数据不具有较强的代表性。大部分研究的样本在300人以内。现有文献分析发现,大部分研究样本在北京市(10),其他国内主要省(区、市)涉及广东(3)、江苏(2)、安徽(2)、上海(1)、山东(1)、天津(1)、辽宁(1)、昆明(1)、新疆(1)、甘肃(1)。

在研究方法上:①问卷调查或从全国数据库调取数据进行分析。②现场体质测试法。采用横断面研究设计,主要集中于对不同类型残疾学生的身体形态(反映身体发育水平、营养状况)、机能指标、部分医学指标以及部分身体素质指标的测试,分析不同年龄、性别、残疾类型的儿童青少年体质健康特点,在体质测试的质量控制上,一部分文献并没有详细说明测试使用的器材和方法以及具体测试注意事项,尤其是针对身体素质的测试项目,如何评定不同残疾类者的实际有效测试率是测试数据是否能真实反映该群体体质健康现状的重要因素。问卷调查和现场测试可以明确了解残疾儿童青少年体质健康的变化特征和发展趋势。③比较研究法。

---

[1] 孙耀鹏.北京"八区"城市轻度智力落后学生身体形态、机能与素质特点及其评价标准的研究[J].体育科学,1990,10(6):6.

[2] 陈乃凤.兰州市盲聋哑学生生长发育及营养评价[J].中国学校卫生,1990,11(5):52-53.

部分研究将所测数据与正常学生的对应指标数据进行比较,发现残疾儿童青少年的身体形态发育指标、机能指标、身体素质明显落后于正常学生。涉及多种残疾对象的研究,对不同类型残疾儿童青少年体质健康数据进行比较发现,不同残疾类型具有不同的特征,部分指标间具有显著的差异性。

在体质健康测试内容上,形态指标选择身高、体重、胸围等及其相关派生指标如体质指数(Body Mass Index,BMI)、维尔维克指数、坐高指数等反映残疾儿童青少年身体发育水平。生理和机能指标选择肺活量、心率、血压、脉搏等及其相关派生指标如肺活量体重指数、布兰奇心功能指数。医学指标选择骨密度、血常规、血脂等。身体素质指标选择坐位体前屈、50米跑、立定跳远、闭眼单足站立等,主要反映柔韧性、力量和速度、平衡性,心肺耐力指标研究不多见,可能与残疾青少年自身障碍有关,如下肢体残疾、视力残疾等青少年在进行耐力测试时完成困难,无法有效测评。而心理健康的研究文献相对较少,缺乏评价体系和标准。

二、智力残疾学生体质健康水平研究成果

近年来,智力残疾青少年体质健康现状的研究较为丰富,针对不同年龄段、不同残疾程度的智力残疾学生的身体发育、营养状况、生理指标、身体形态、身体机能和身体素质等方面进行了调查研究,大部分研究主要在北京市培智学校进行,其他地区的研究分布较为零散,研究没有纵向连续性。

(一) 1990—2000 年

研究以体格检查、营养现状为主要内容,分析智力残疾学生体格特征和身体发育趋势。孙耀鹏[1]调查指出,北京市轻度智力低下的男、女生的各项形态指标、肺活量和6项素质指标的发展水平,均明显落后于正常学生;与正常学生不同,轻度智力低下的男、女生的身高、胸围和肩宽3项指标均出现3次交叉,体重、坐高和维尔维克指数3项指标均只出现1次交叉。智力低下学生身体形态、机能与素质特点的形成受诸多因素的影响,可能与其智力落后的病因、特殊体育缺乏或身体锻炼不足和高级神经活动的特点及心理特征有关。周亚美等[2]以1985年江苏省学生体质健康调研资料参照对比,指出南京市智障儿童体格发育情况与同年龄健康学生相比,身高中上等者占2.6%,中等和中下等分别占26.3%和23.7%,下等者占

---

[1] 孙耀鹏.北京"八区"城市轻度智力落后学生身体形态、机能与素质特点及其评价标准的研究[J].体育科学,1990,10(6):6.
[2] 周亚美,陈景衡,周建伟,等.南京市7～15岁弱智儿童营养调查[J].中国学校卫生,1992,13(6):348-350,384-385.

47.4%；体重多为中等及中下等，均占42.1%，上、下等者分别占2.6%、13.2%；上臂围亦以中等及中下等为主，分别占60.5%和26.3%，中上等仅占7.9%，下等占5.3%；皮褶厚度结果瘦弱者占84.2%，正常者占15.8%；血红蛋白测定显示贫血发生率占59.46%；体格检查表明瘦弱者占84.2%，身高、体重也多在中等以下，说明这些智障儿童的生长发育水平较差。智障儿童是一个特殊人群，在特定的生活、学习环境中，他们的自养能力和心理素质都较差，同时不良的饮食习惯更影响了机体对营养素的吸收和利用，导致生长发育状况不佳。

（二）2001—2010年

此阶段在研究智力残疾学生身体发育特征和趋势的基础上，业内人士开展了身体素质的调研。但基于国内并没有相关残疾学生体质健康测试的标准和方法，学者们根据国家学生体质健康标准的内容和测试方法，探索性开展残疾学生的身体素质调研。

刘艳虹、王雁团队[1][2]以及戴昕等[3]对北京市多所培智学校不同程度智力低下儿童青少年的体形态、机能和身体素质进行了系列调查和现场测试，北京市智力落后学生体型偏瘦者占48%，偏胖及肥胖者占29.9%，"双峰现象"明显。智力落后学生各年龄段的体质指数及维尔维克指数的均值高于普通学生。这与孙军玲等[4]对天津智力低下儿童青少年的体格调研结果一致。此阶段关于智力低下儿童青少年形态体格方面的调查研究结果基本趋于一致，智力低下学生各项体格发育指标的均值总的趋势是随年龄的增长而增长，与同龄正常儿童青少年相比，智力低下者肥胖检出率高。智力低下儿童青少年肺活量和肺活量体重指数都显著低于同龄正常者，脉搏显著高于同龄者，生理功能偏低。身体素质方面，刘艳虹等[5]对北京市11所培智学校的7~18岁812名智力低下儿童青少年进行了50 m跑、立定跳远、1 min仰卧起坐和握力的测试，并分析了年龄和性别的变化，其研究结果表

---

[1] 刘艳虹，王雁，杨丽.北京市智力落后学生体格发育水平的调查研究[J].中国特殊教育，2004(12)：22-26.

[2] 王雁，杨丽，刘艳虹.北京市智力落后学生营养问题的调查研究[J].中国特殊教育，2006(1)：23-28,51.

[3] 戴昕，何义，赵光辉，等.北京市智力残疾学生肥胖状况的调研[J].首都体育学院学报，2009,21(1)：88-91.

[4] 孙军玲，季成叶，张欣，等.培智学校学生体格发育及健康状况分析[J].中国临床康复，2005,9(40)：104-106.

[5] 刘艳虹，王雁，杨丽，等.北京市智力落后学生身体素质发育水平的调查研究[J].中国特殊教育，2005(2)：52-56.

明:各项身体素质发育指标的均值总的趋势是随年龄的增长而增长;在13岁以前男女各年龄段的身体素质发育指标的增长趋势不平稳;13岁以后,男生各年龄段的身体素质发育指标均值明显高于女生,这些特点与青春期的发育有关。这一研究是目前国内关于智力低下儿童青少年体质健康样本量最大的项目,提供了具体的测试要求,如场地器材和注意事项等,测试结果的质量有一定保证,测得的数据具有一定的参考意义。

(三) 2011年—

针对残疾学生身体素质测试的项目以及影响因素开展相关研究,并注重体质测试有效性。郝传萍等[①]对北京市19所培智学校的7～15岁810名智力残疾学生进行了身高、体重、肺活量以及身体素质项目包括50 m跑、投沙包、立定跳远、30 s仰卧起坐、6/9 min跑/走、单脚平衡和坐位体前屈7个项目的现场测试,平均完成率为84.2%,测试中发现:学生因智力残疾问题而影响一些项目的完成率,北京市培智学校学生的体质健康测试结果受其障碍的限制较大。虽然大部分学生能够完成测试,但测试的结果普遍较差。以15岁学生为例,与2014年北京市城市健全学生比较,培智学校学生的身高和肺活量整体都低于同龄学生,身体素质整体低于同龄男生,高于同龄女生,学生个体差异较大。多元回归模型检验表明:性别对身高、身体素质和肺活量为明显负影响($P<0.01$);年龄对身高、身体素质和肺活量为显著正影响($P<0.001$);残疾程度对身高和肺活量为明显负影响;不同年龄学生立定跳远和坐位体前屈无显著性差异($P>0.05$),且没有明显的趋势性规律。何红娟等[②]对珠三角地区智障学生进行12 min跑测试,发现智障学生有氧耐力水平极差,比家长及体育教师所描述的水平状况更严重,迫切需要得到改善。

三、言语、听力残疾学生体质健康水平研究成果

(一) 初始阶段

言语听力残疾主要表现是聋哑。聋哑学生由于听力和语言的障碍,不能很好地与他人进行语言交流,与社会和群体的交往也受到限制,其身心发展受到很大影响。20世纪90年代我国学者对聋哑学生体质健康的关注主要集中在身体形态

---

① 郝传萍,郑尉,毛荣建,等.北京市培智学校学生体质健康现状及特点[J].中国康复理论与实践,2019,25(8):976-982.
② 何红娟,赵娜.珠三角地区智力障碍学生有氧耐力素质现状研究[J].科教文汇,2016(4):137-139.

(身高、体重、胸围),1990年戴梅竞等[1]首次对南京市聋哑学生进行调查,发现聋哑学生的身高均值低于正常学生,而胸围均值高于正常学生。陈乃凤[2]发现兰州市聋哑学生身高发育属高的占8.2%,肥胖检出率和营养不良检出率高于同期同地区同龄正常学生,无城乡差异,但存在性别差异,女生肥胖率高于男生,而男生营养不良率高于女生。王佩华等[3]发现张家口、唐山、保定市11～13岁聋哑学生每个年龄各项指标(身高、体重和胸围)的值均比正常学生约低一个年龄组。陈玉惠等[4]发现昆明市聋哑学生在形态、机能方面的发育水平低于正常学生,进入青春期后更为明显。陈容等[5]指出,沈阳市聋哑学生的身高、体重与胸围均不呈正态分布,发育等级在中下等、下等的人数所占比例较大。韩淑娥等[6]发现甘肃省聋哑学生身高、体重、胸围的发育基本符合生长发育一般规律,其身高发育水平低于本省正常学生;视力低下、沙眼、龋齿患病率均低于本省正常学生。视力对聋哑学生尤为重要。因为眼睛是他们学习理解知识、锻炼生活能力、参与语言表达的重要器官,它在补偿着听力和语言的缺陷,因此,还应进一步在聋哑学生中开展视力保护及常见病、多发病的防治工作。王晓茜等[7]调查发现上海市残疾儿童营养不良问题发生率较高,消瘦和肥胖比例远高于正常儿童。国内其他学者如卫平民[8]、徐连珍[9]、李世俊[10]、何素勤[11]、杨志勇[12]、朱卫东[13]、蒋明[14]、骆意[15]等的研究也均发现聋哑

---

[1] 戴梅竞,王沁丹,王蓓,等.聋哑学生生理心理健康状况的研究[J].中国学校卫生,1990,11(4):11-14.
[2] 陈乃凤.兰州市盲聋哑学生生长发育及营养评价[J].中国学校卫生,1990,11(5):52-53.
[3] 王佩华,谢华丽,李献国,等.河北省盲聋哑学生健康状况的调查分析[J].中国校医,1992,6(3):26-27.
[4] 陈玉惠,周葆莉,罗家洪.昆明市聋哑学生身心发育及致聋原因的调查分析[J].中国学校卫生,1994,15(1):21-23.
[5] 陈容,程颖,张迪.沈阳市聋哑学生身心发育状况调查分析[J].中国校医,1996,10(6):418-419.
[6] 韩淑娥,阚修清,晏月娥.甘肃省聋哑学生健康发育状况的调查[J].甘肃医药,1994,13(1):38-39.
[7] 王晓茜,吕军,孙梅,等.发达地区残疾儿童营养状况研究:以上海市为例[J].中国康复理论与实践,2021,27(10):1135-1143.
[8] 卫平民,刘庆和,诸春杭,等.淮南市172名聋哑学生形体发育调查分析[J].中国学校卫生,1997,18(3):180.
[9] 徐连珍.聋哑儿童身心健康状况调查[J].安徽预防医学杂志,1997(3):57-58.
[10] 李世俊,邵衍峰,杨淑文.济南市聋哑学生体质健康状况调查报告[J].中国特殊教育,1998(4):32-34.
[11] 何素勤,周华涛,王福军,等.聋哑学生心身健康状况及相关因素研究[J].中国校医,2000,14(6):408-410.
[12] 杨志勇,王志斌,王光军.张家口市聋哑学生身体素质和健康状况的调查与分析[J].河北北方学院学报(社会科学版),2008,24(6):89-92.
[13] 朱卫东,赵美娟.徐州地区聋哑学生身高、体重偏低的致因与对策研究[J].南京体育学院学报(自然科学版),2010,9(1):11-13.
[14] 蒋明.新疆乌鲁木齐市聋哑学生体质形态机能指标特征分析[J].体育博览,2011(10):156-157.
[15] 骆意.广州市特殊学校残疾儿童青少年身体形态研究[J].安徽体育科技,2015,36(6):77-81.

学生身高、体重、胸围、肺活量均值低于同年龄组正常学生。但黄杰等[①]在安徽皖南地区对聋哑学生的调查发现,健康学生的身体形态好于聋哑学生,但随着年龄、受教育年限的增加,两者之间的差距逐渐减小。时元秋等[②]对滁州市聋哑学生的研究发现,聋哑学生的身高、体重、胸围指标均会随着年龄的增长而提高,这符合人体的生长发育规律,经 One-Way Anova 统计分析,与普通学生无统计学差异。BMI 指数与同龄正常学生也无显著的差异。

(二) 发展阶段

在关注身体形态的基础上,我国学者对聋哑学生其他体质健康水平展开了研究。李世俊等[③]通过对济南市 8~18 岁聋哑学生研究发现,聋哑学生肺活量普遍小于同年龄组健康学生肺活量;50 m 跑除聋哑男生 8 岁、14 岁组成绩稍差于健康男生外,其余年龄段成绩均优于健康男生,除聋哑女生 13 岁组成绩稍差于健康女生外,其余年龄段成绩均优于健康女生且悬殊较大。力量素质测试发现聋哑学生成绩均优于健康学生,8~18 岁女生仰卧起坐成绩曲线呈"锯齿形",健康学生测试成绩基本平稳上升。8~12 岁男、女生的 50 m×8 往返跑,13~18 岁女生 800 m 跑和 13~18 岁男生 1 000 m 跑聋哑学生成绩优于健康学生。该研究显示,虽然聋哑学生、平均身高矮于健康学生平均体重轻于健康学生,胸围、肺活量均值小于健康学生均值,但是聋哑学生总体的身体素质(速度、力量、耐力和爆发力)优于健康学生。黄杰等通过对安徽皖南地区聋哑学生的研究发现:9~11 岁聋哑学生的身体素质(耐力、柔韧)均比健康学生差,但随着年龄、受教育年限的增加,两者之间的差值逐渐减小;12 岁聋哑学生的肺活量、立定跳远、50 m、50 m×8 往返跑、坐位体前屈与健康学生无明显差异。说明聋哑学生的身体素质与健康学生一样,这可能与健康学生的学习压力大、不重视体育锻炼以及聋哑学生经过几年正规的学校体育教育有关。但也出现不同的研究结果,如杨志勇对张家口特殊学校小学 4 年级和初中 2 年级的聋哑学生的研究发现,其肺活量、50 m 跑、立定跳远、坐位体前屈、仰卧起坐、800 m 成绩均显著低于健康组学生。时元秋[④]通过对滁州市特殊学校 8~16 岁聋哑学生测量数据分析发现,聋哑学生的身体素质指标 50 m 跑、握力、立定跳远会随着年龄的增长而有所提高,坐位体前屈随年龄增长而下降。经 One-Way Anova

---

① 黄杰,陈国宏.皖南地区聋生与健生身心健康状况比较分析[J].辽宁体育科技,2008,30(3):38-39,43.
② 时元秋,楼方芳,刘盼盼.聋哑学生体质评价与运动处方应用研究[J].体育科技,2014,35(1):77-78,81.
③ 李世俊,邵衍峰,杨淑文.济南市聋哑学生体质健康状况调研报告[J].中国特殊教育,1998(4):32-34.
④ 时元秋.安徽滁州特殊学校聋哑学生身体素质指标分析[D].芜湖:安徽师范大学,2012.

统计分析,其身体素质的指标数据与同性别普通学生无显著性差异,说明同年龄段的聋哑学生与普通学生的身体素质基本相符合。骆意[1]对广州市特殊学校的学生调查发现,普通人和聋哑残疾人在形态上差距较小,其身高、体重、胸围指标基本上一致。

四、视力残疾学生体质健康水平研究成果

近30年来,有关视力残疾学生体质健康现状的调查研究并不多,王佩华等[2]首次对张家口、唐山、保定市盲聋哑学生的身高、体重的调研发现,盲生身体发育属正常的比例"即属一般等级以上"极显著地低于正常学生,正常发育指标比同年龄的正常学生约低一个年龄。之后戴昕等[3]通过对北京市7~22岁盲人学校的学生体质健康研究发现:视力残疾学生肥胖检出率显著高于视力正常者,且主要集中在青春发育前期及青春发育期。男生的肥胖检出率高于女生,其中10~13岁年龄段男生肥胖检出率为35.5%,高居各年龄段之首,男生肥胖的发生从幼年即开始体现,一直延续到青春发育期末,肥胖比例随年龄增加而逐年增加,至17岁增至38.8%;而女生的肥胖高发期集中体现在青春发育前期,即10~13岁年龄段,其后随年龄增加肥胖发生率呈明显下降趋势。该研究还对视力残疾学生的肺活量和握力、坐位体前屈、立定跳远、前抛实心球、1 600 m 跑 5 项身体素质进行测定,分析了不同 BMI 视力残疾学生机能和素质的差异性,但并没有与健康同龄学生进行比较研究。骆意[1]对广州市7~17岁特殊学校视力残疾学生的身高、体重和胸围的研究发现:在7~9岁年龄段,普通男性的身高与视力残疾男性身高差别较小,在10~17岁年龄段,普通人的身高超过视力残疾人,平均相差 3.15 cm,呈现出较大的差距。残疾女性身高均低于普通女性,平均相差 7.17 cm。在7~12岁年龄段,男性视力残疾人的体重低于普通人,平均相差 2.43 kg。而在 13~17 岁年龄段,男性视力残疾人的体重超过普通人,均值相差 3.27 kg。残疾女性体重均低于普通女性,均值相差 2.95 kg。在 7~12 岁年龄段,视力残疾男性胸围小于普通男性,均值相差 3.81 cm,在 13~17 岁年龄段,视力残疾男性胸围超过普通男性,均值相差 1.04 cm。残疾女性胸围小于普通女性的胸围,均值相差 0.92 cm。刘艳红等[4]研

---

[1] 骆意.广州市特殊学校残疾儿童青少年身体形态研究[J].安徽体育科技,2015,36(6):77-81.
[2] 王佩华,胡风芹.河北省盲聋哑学生健康状况的调查分析[J].中国校医,1992,6(3):26-27.
[3] 戴昕,韩东硕.北京市视力残疾青少年 BMI 与身体机能和身体素质的关系[J].首都体育学院学报,2010,22(2):86-89.
[4] 刘艳红,李惠敏,焦青,等.视力残疾学生与普通学生平衡能力比较研究[J].中国特殊教育,2001(1):26-28,32.

究显示,视力残疾儿童的平衡能力比普通儿童的平衡能力低;视力残疾儿童和普通儿童的平衡能力随着年龄的增长而提高;视力残疾儿童和普通儿童平衡能力发展呈阶段性;后天的经验促进儿童平衡能力的发展。

五、我国残疾学生体质健康现状的研究展望

目前,我国在残疾学生体质健康现状研究方面存在一些不足,如缺乏纵向研究,不同类型、不同地区之间残疾学生体质健康现状的调研研究尚不充分,不同残疾类型的研究文献存在不平衡性,测试方法的标准和质量控制不规范等。针对这些问题,未来的研究将从以下四个方面展开,以促进残疾学生体质健康研究的深入发展。

展望一:开展纵向研究

目前,我国在残疾学生体质健康方面的纵向研究较少。未来的研究将注重开展长期跟踪研究,以了解残疾学生体质健康的变化趋势和影响因素。通过建立长期的跟踪数据库,定期收集残疾学生的体质健康数据,分析其随时间的变化规律,为制订长期干预计划提供支持。例如,可以参考美国的 Project Unique 和 Project Target 测试体系,开展类似的纵向研究项目。

展望二:平衡不同残疾类型的研究

目前,不同残疾类型的研究文献存在不平衡性。未来的研究将更加注重平衡不同残疾类型的研究,特别是加强对视力残疾、多重残疾等研究较少的领域的关注。此外不同残疾类型学生具有不同的营养问题发生风险,如与肥胖风险之间的关系。残疾导致的功能障碍对营养状况影响的方向和途径有所不同,需要针对不同的残疾类型学生的营养状况及其影响开展更多证据性研究。

展望三:加强不同地区的调研和比较

未来的研究可更加注重不同类型(如视力残疾、听力残疾、肢体残疾、智力残疾等)和不同地区(如东部、中部、西部)之间残疾学生体质健康现状的调研。通过大规模的横断面调查和区域比较研究,深入了解不同残疾类型和地区残疾学生的体质健康差异,为制订针对性的干预措施提供科学依据。例如,可以利用大数据技术,收集和分析不同地区的残疾学生体质健康数据,形成区域差异报告。

展望四:规范测试方法和标准

目前,残疾学生体质健康测试方法的标准和质量控制不规范,缺乏专业体质监测人员和对测试质量的控制研究。未来的研究将注重规范测试方法和标准,确保数据的准确性和可靠性。通过制定统一的测试标准和操作规范,培训专业的测试

人员,提高测试的科学性和规范性。例如,可以参考《国家学生体质健康标准》的测试规范方法,制定适合残疾学生的体质健康测试标准。

第三节
我国残疾学生体质健康评价标准探索与研究成果

一、我国尚未颁布残疾学生体质健康标准

自 1997 年以来,我国在全国范围内系统地开展了国民体质监测工作,并取得了显著的成效。然而,现行国民体质监测体系的部分测量指标在残疾人群体中的应用受到限制,这在一定程度上影响了该监测体系的全面性和实用性。根据国家统计局发布的最新数据[①],截至 2022 年底,中国残疾人总人数为 8 591.4 万人,占总人口的 6.16%。其中,视力残疾人最多,达到 2 856.5 万人,听力残疾人次之,达到 2 173.2 万人,肢体残疾人为 1 735.5 万人,智力残疾人为 1 449.9 万人,精神残疾为 376.3 万人,多重残疾人为 0.9 万人。由此可见,残疾人群体的体质监测问题亟待解决。众多研究聚焦于残疾人群体适能与体力活动的测量与评估,将体适能测试与评价作为提升其身体机能和降低慢性病风险的重要途径。然而,在当前的国内文献中,针对残疾人群体的体质和体适能测试标准与评价的研究仍然较为罕见。

目前我国"国家学生体质健康标准"也未涉及残疾人群的体质与健康测试内容、标准以及相应的测试管理方法;标准均未对残疾学生的体质测试提出过任何具体要求,且明确规定因病或残疾的学生,可向学校提交免予执行标准的申请。这与 1998 年教育部发布的《特殊教育学校暂行规程》第 9 条"学校应对入学残疾儿童、少年的残疾类别、原因、程度和身心发展状况等进行必要的了解和测评"的规定相违背。体质测试标准的缺乏使得特殊体育教育的随意性变大,在一定程度上剥夺了残疾人作为社会弱势群体体质健康监测的权利,阻碍其对残疾个体体育锻炼的积极导向作用,从而间接地降低其参与体育活动的可能性和增加慢性病的风险,降低生存质量。教育公平对残疾个体不仅仅做到不歧视,还要考虑到他们的需求,帮助他们提高与社会融合的适应能力,即"适能",属于体育学科的"体适能"的测量与

---

① 中国残疾人联合会.2022 年中国残疾人事业发展统计公报[R].北京:中国残疾人联合会,2023.

第二章 我国残疾学生体质健康的研究进展

评价就显得极为重要。这是制定适应其残疾特征的个性化教育方案与运动处方的基本依据与重要参考,也是我国残疾人体育研究领域的难点问题。

二、我国残疾学生体质健康测试指标的探索研究

在体质健康评估中,与健康紧密相关的指标包括身体组成[如体质指数(BMI)、腰围]、心肺耐力(CRF)、肌肉健康、速度、敏捷性、平衡和协调能力等。这些指标与肥胖、心血管健康、代谢健康、骨骼健康和心理健康等多个领域具有显著的相关性。

基于没有国家统一标准,当前学者对于残疾学生体质健康指标的研究主要依据国家关于健全学生的体质健康指标体系。有些基于本地正常学生或基于全国正常学生体质健康标准,对聋哑、智力残疾、视力残疾学生体质健康现状进行了不同程度和维度的测试和对比分析。随着对残疾学生健康研究的不断深入,一些学者开展了正常人群的测试指标体系是否适用于残疾人群的研究,通过测试和实验,验证测试指标的完成情况,对测试指标的可操作性和有效性,以及验证遴选替代性指标的有效性进行研究。段文义等[1]以14~16岁三级上肢或下肢残疾青少年为对象,研究肢体残疾青少年体质测试替代指标的选择及测试方法,梁爽等[2]开展了国外残疾儿童青少年体适能标准是否适用于我国残疾学生体质健康的效度和信度研究。

从聋哑、智力和视力残疾学生体质健康研究的具体指标内容来看,主要涉及形态指标、身体机能指标和身体素质指标3个核心维度。然而,针对残疾人群体质的评估方法和标准仍需进一步完善,以更好地反映其独特的生理特点和健康需求。未来研究应关注制定适合残疾人群体的专项体质评估体系,以提高评估的准确性和有效性。根据表2-1中所呈现的信息,现有文献在探讨残疾学生体质健康指标时,主要参照了全国学生体质调研指标体系。这些研究选择了身体形态、身体机能和身体素质等方面的若干指标进行测试,并依据健全学生的体质评价标准,对残疾学生的体质状况进行多维度的分析。部分文献还进一步将残疾学生的体质数据与正常学生进行了对比分析。

然而,值得注意的是,现有文献在针对不同残疾类型学生的体质指标选择方

---

[1] 段文义,程晖,马冬梅.肢残青少年体质测试替代指标的选择及测试方法研究:以三级肢残青少年为例[J].青少年体育,2016(10):107-108.

[2] 梁爽,陶瑞媛,潘宁,等.Brockport体能测试在中国视力障碍青少年中的应用研究[J].中国学校卫生,2022,43(2):247-250,255.

面,其适用性和测试完成度并未得到充分说明。这意味着,在残疾学生体质测试及其指标选择方面,仍存在较大的研究空间。因此,深入探讨如何科学、合理地选择适合不同残疾类型学生的体质指标,以及如何有效评估他们的体质健康状况,成为当前一个重要的研究课题。未来研究需要在这一领域进行更多的探索和实践,以期为残疾学生的体质健康评估提供更为准确、全面的参考依据。

表 2-1 现有文献探讨残疾学生体质健康指标的情况

测试维度	测试指标	文献数量/篇	评价内容
身体形态	身高、体重、(BMI)、胸围、皮褶厚度、坐高、肩宽、盆宽、生物电阻抗分析等	8	身体发育水平、营养状况
身体机能	肺活量、心率、血压	3	肺功能、心功能
身体素质	50 m×8 往返跑、400 m 跑、800 m/1 000 m 跑、1 600 m 跑、50 m 跑、斜身引体/引体向上、立定跳远、单腿站立、仰卧起坐、坐位体前屈、握力、垒球掷远、前抛实心球、投沙包、1 min 跳绳、6/9 min 跑/走	18	心肺耐力、速度、肌肉力量、平衡、柔韧、爆发力

(一) 身体形态、身体组成

评估身体组成通常是不同的人体测量方法及其关系的结果,如身高、体重或腰围,以及分析身体脂肪、肌肉质量和水合作用百分比的方法。基于纳入文献用于残疾学生的身体成分测量方法包括 BMI、腰围、体脂肪百分比、高腰比、腰臀比和生物电阻抗分析。BMI 只需要身高和体重,测量便宜且实用,是一个非常适用的肥胖人体测量指标。但是,BMI 不能区分脂肪量和瘦肉量,因此不能充分反映身体脂肪或腹部肥胖。为了避免错误的分类,国际专家一直建议将腰围作为 BMI 的替代选择,因为腰围是中心肥胖的一个更好的指标。更精确的身体组成测量,也就是身体脂肪的百分比也出现在一些研究中,如通过皮肤皱褶或生物阻抗分析来评估。Skinfold 可以通过特定的公式计算脂肪质量和无脂肪质量的百分比,这是一种低成本的方法,但需要进行培训以减少潜在的测量误差。生物电阻抗分析更精确,可以检测脂肪质量、肌肉质量或水合状态的百分比,然而,它需要特定的设备,单独校准,更难操作。

目前我国大部分研究均采用身高、体重和胸围的测量来评估残疾学生身体发育、身体形态,个别学者运用皮肤皱褶或生物阻抗分析来评估身体组成和营养状况。对于四肢健全的残疾学生测量身高、体重,计算 BMI 指数是可以较顺利进行的。另外,还可以测胸围、腰围等身体形态,还可以采用皮褶厚度进行评估。通过测量腹部、肩胛部、手臂等部位的皮脂厚度，也能更好地说明体脂情况和肥胖程度。该操作方法简单、适用。

（二）身体机能

身体机能与人的健康关系极为密切，其涵盖面非常广，其中心肺功能和呼吸系统功能的强弱是反映个人健康的重要标志，肺活量测试可以反映学生的肺通气功能，是人体生长发育水平的重要机能指标之一，在历届全国学生体质调研中都是必测项目。然而，肺活量测试要求学生在一次最大吸气后，再尽最大能力呼出气体，这一过程需要学生熟练掌握深吸气和吐气的要领。对于小学五年级以上的学生，肺活量测试是体质健康标准的必测项目，但对于四年级及以下的小学生，并没有相应的肺活量测试项目。

在分析我国残疾学生的相关研究文献时，发现众多学者选择肺活量这一指标来评价残疾学生的身体机能水平。对于聋哑学生，他们通常能够通过手语或观察老师的示范动作来掌握测试的基本要领。对于视力残疾学生，也可以通过语言讲解等方式来掌握测试技巧。然而，对于智力残疾学生而言，他们通常难以完成肺活量测试，即使测试完成，其结果也可能存在较大的标准差和较高的离散程度。这可能是由于智力残疾学生在理解和执行测试指令方面存在困难，导致他们在测试过程中出现不配合、不会吹或不理解用力吹的情况。因此，针对智力残疾学生进行肺活量测试时，可能需要采用更加适合他们认知能力和身体条件的方法或技术，以确保测试的准确性和有效性。学者王雁等[1]选择反映心脏、血管和肺功能发育程度的重要身体机能发育指标脉搏、血压、肺活量，并派生出肺活量指数指标，测量8~18岁北京市培智学校轻、中、重度智力残疾学生的肺活量、血压、心率，虽由疾控中心专业人员测试完成，但该研究方案中并未说明智力残疾学生完成肺活量程度，其肺活量测试结果的可信度仍需要进一步验证。郝传萍等[2]对轻、中、重度智力残疾学生进行了肺活量的测试，结果显示，测量肺活量时，学生出现不配合、不会吹或不理解用力吹的情况，肺活量的标准差较大，离散程度较高。可见，肺活量测试结果受智力障碍的限制较大，虽然大部分学生能够完成测试，但测试的结果普遍较差。因此，对于智力残疾学生，尤其是中、重度智力残疾、脑瘫等残疾学生，应考虑替代性指标。目前已经有技术高端的仪器，在学生进行慢跑或其他运动的同

---

[1] 王雁,刘艳虹,杨丽.北京市智力落后学生身体机能发育水平的调查研究[J].中国特殊教育,2004(8):22-26.

[2] 郝传萍,郑尉,毛荣建,等.北京市培智学校学生体质健康现状及特点[J].中国康复理论与实践,2019,25(8):976-982.

时,带上专门的口罩,通过自然的呼吸就可测出肺活量大小,但仪器价格较高,尚不能普及。

(三) 身体素质

身体素质是人体在运动、劳动与生活中所表现出来的力量、速度、耐力、灵敏及柔软等机能能力。身体素质可以分为两个方面。一方面是与健康相关的身体素质,也称之为健康素质,如心肺耐力、肌肉力量与耐力、柔韧性。另一方面是与完成运动动作相关的素质,也称之为运动素质,如速度、爆发力、灵敏、协调、平衡等。儿童青少年身体素质的自然增长和运动能力的提高,是以形态、机能的发育作为生物学基础,并受其生长发育的规律所支配的,对于残疾学生而言,身体形态机能的发育水平均显著低于正常儿童青少年,其身体素质也普遍较差。要了解和掌握残疾青少年身体素质增长的基本规律,帮助其改善身体素质,更好融入社会,提高生存质量,就非常有必要选择合适的身体素质评测指标,研制合适的评价标准,综合评价不同残疾青少年的身体素质。

1. 心肺耐力(CRF)

CRF 是儿童和青少年体质健康中研究最多的组成部分,心肺耐力水平越高则患肥胖、心血管疾病的风险相对较低。我国学生体质健康标准中规定使用 50 m×8 往返跑和 800 m/1 000 m 跑来间接评估学生心肺耐力水平的指标,已经得到广泛的验证和可靠应用。在现有的残疾学生相关研究文献中,较少选择反映心肺耐力的指标进行测试,可能与残疾学生在进行耐力测试中实施难度较大有关。仅有几项研究包含心肺耐力项目测试,也大都参照国家标准和调研测试指标来间接反映残疾学生的心肺耐力。孙耀鹏[1]选择 50 m×8 往返跑对轻度智力障碍学生进行测试,李世俊等[2]选择 50 m×8 往返跑和 800 m/1 000 m 跑来间接评估聋哑学生的心肺耐力水平。也有学者参照国外相关测评指标来评估残疾学生的心肺耐力,如戴昕等[3]选择 1 600 m 测试来间接评估盲校学生心肺耐力水平。郝传萍等[4]选择 6/9 min 走/跑测试来反映智力残疾学生心肺耐力水平,学生完成率达到 86.7%,平均成绩为 675.84±374.20 m,年龄和残疾程度显著影响残疾学生的心肺耐力水平。在国外

---

[1] 孙耀鹏.北京"八区"城市轻度智力落后学生身体形态、机能与素质特点及其评价标准的研究[J].体育科学,1990,10(6):24-28,94.

[2] 李世俊,邵衍峰,杨淑文.济南市聋哑学生体质健康状况调研报告[J].中国特殊教育,1998(4):32-34.

[3] 戴昕,韩东硕.北京市视力残疾青少年 BMI 与身体机能和身体素质的关系[J].首都体育学院学报,2010,22(2):86-89.

[4] 郝传萍,郑尉,毛荣建,等.北京市培智学校学生体质健康现状及特点[J].中国康复理论与实践,2019,25(8):976-982.

学者有关智障学生心肺耐力测试中,研究者或体育老师亦有不断地以口头鼓励、称赞学生,甚至陪伴学生跑步,以增加学生的动机。从现有的国内研究可以看出,残疾学生心肺耐力测评指标还有待进一步的实证,比如,应用正常学生测评指标是否合适,不同残疾学生测试中完成率如何,需要哪些注意事项,其有效性还需要更多的实验数据给予支撑。此外,还可选择不同指标测试评价残疾学生的心肺耐力水平的效度和信度。这些方式都需要大量的试验观察。

2. 肌肉力量

肌肉力量是体质健康的另一个重要组成部分,肌肉力量与儿童青少年的健康结果相关。肌肉力量评估需从解剖维度(上肢、核心、下肢肌群)和功能维度(爆发力、耐力)分类,并采用对应测试方法量化分析。分析有关国内残疾学生肌肉力量的相关文献,共有9种不同的测试来评估肌肉力量。上肢力量测试指标有握力、斜身引体/引体向上、垒球掷远、投沙包、前抛实心球测试,这些测试评估的是肌肉耐力和力量。下肢力量测试指标有立定跳远、1 min跳绳。躯干核心力量的测试指标是仰卧起坐。这些测试大多只需要最少的设备,并且很容易在学校或班级中进行。国内研究残疾学生体质测试中选用较多的指标是仰卧起坐和立定跳远,李世俊、黄杰、杨志勇、时元秋、陈亚峰[1]等在聋哑学生体质测试研究,孙耀鹏、王雁、郝传萍等在智力残疾学生体质测试研究,和戴昕等在视力残疾学生体质测试研究中均有报道。对于聋哑学生的测试可以较好完成,测试结果信度较大。王雁等对轻、中、重度智力残疾学生进行握力测试来反映肌肉力量,但有学者提出,智力残疾学生使用握力计时不能使用最大力,测量结果不真实,引体向上同样要求力量较大,智力残疾学生很难完成,国外相关研究对这个项目进行了修改,改成仰卧位的引体向上,只需下肢触地上肢引体,使上身离地即可。国内仅有的3篇关于智力残疾学生身体素质的报道中,均选用立定跳远、仰卧起坐来反映学生肌肉力量与爆发力,但有学者指出,对于智障学生来说,立定跳远要想测出真实的成绩相对较难,要多次练习,并用明显标志物积极引导。躯干肌力通常采用仰卧起坐进行评估,但对于一些体质很弱的智障学生来说根本做不到。基于以上测试中的障碍,建议可以选择一些相对简单的指标如纵跳、蹲起、站立提踵或坐位负重举腿等来替代立定跳远。对仰卧起坐进行修改,可以让学生只需双手能碰到膝盖即可,或只起肩背部,双手去触碰远处的标志物,记录最远的距离,也可以使用俯卧躬身动作,记录下巴抬离垫

---

[1] 陈亚峰,潘同斌,梁志朋.江苏省某特殊教育学校部分学生体质指标及心境状态的调查分析[J].当代体育科技,2019,9(31):123-126.

子的高度等。但目前还没有相关的实验报道这些替代指标的有效性。这些问题均有待大量的实践和大量的测试观察。

王鑫等[1]应用"特殊奥林匹克趣味健身筛查量表"来判断中度智力残疾学生身体素质是否达标。力量素质：坐式手臂支撑诊断标准"＜5 s"，站立计时诊断标准"完成时间＞20 s"，半仰卧起坐诊断标准"1 min 内完成数量＜25 个"。平衡素质：睁眼单腿站立诊断标准"＜20 s"，闭眼单腿站立诊断标准"＜10 s"，立姿功能性前伸诊断标准"＜20 cm"。柔韧素质：腘绳肌群仰卧—被动测试诊断依据"－90°～－16°之间或不对称"，仰卧踝关节背屈—被动测试诊断依据"＜10°或不对称"，改良托马斯测试诊断依据"－90°～－11°之间或不对称"，功能性肩部旋转测试诊断依据"－90～－16 cm 之间或不对称"。

3. 速度、柔韧性、平衡能力

速度、柔韧性和平衡能力是体质健康的重要组成，可反映学生的运动能力，其中柔韧性与身体健康相关，是国内外体质监测中常用的评价内容。我国学生体质健康测试中选用 50 m 跑来反映速度，选用坐位体前屈来反映身体柔韧性。国民体质监测中选用闭眼单足站立来反映平衡能力。分析我国残疾学生体质测试的研究成果，发现大部分学者根据以上 2 个标准，选择 50 m 跑、坐位体前屈和单足站立指标，如李世俊等[2]对聋哑学生、戴昕等[3]对视力残疾学生、郝传萍等[4]对轻度智力残疾学生测试。在测试中是否需要辅助者引导，才能使评估的信度更高，需要进一步实验。有学者建议，对于智力残疾学生可以测试他们的动作速度，如双手交替食指摸鼻子、快速移球等，记录一定时间完成的个数。或者可以测试其反应速度，如采用抓尺子的测验。测试者持直尺，突然松手，让受试者快速捏直尺，记录手的刻度等，但对于视力残疾者这显然不适用。平衡能力分静态平衡和动态平衡。静态平衡根据残疾程度不同可以采取闭眼单腿或双腿站立，记录维持的时间，对于较困难者也可以睁眼做。动态平衡的测试可以采用双脚交替脚跟对脚尖行走，或走平衡木记录失去平衡前所走的距离。

我国有关残疾青少年身体素质测试的研究较少，零星的研究涉及残疾学生心

---

[1] 王鑫,侯晓晖,申承林,等. 佛山市顺德区中度智力障碍儿童身体素质分析[J]. 中国学校卫生,2019,40(3):464-465.
[2] 李世俊,邵衍峰,杨淑文. 济南市聋哑学生体质健康状况调研报告[J]. 中国特殊教育,1998(4):32-34.
[3] 戴昕,韩东硕. 北京市视力残疾青少年 BMI 与身体机能和身体素质的关系[J]. 首都体育学院学报,2010,22(2):86-89.
[4] 郝传萍,郑尉,毛荣建,等. 北京市培智学校学生体质健康现状及特点[J]. 中国康复理论与实践,2019,25(8):976-982.

肺耐力测试、肌肉力量测试、柔韧性测试、平衡力测试等,以聋哑学生身体素质测试的研究居多。涉及智力残疾和视力残疾的身体素质测试仅1~2篇。从研究的方法分析,这些研究均缺少对身体素质测试的详细描述,同一指标在不同的残疾学生的测试过程中,可能出现不同程度的障碍,针对获得数据的可靠性和有效性,缺乏一定的说服力,仅有一篇报道详细说明了不同测试项目残疾学生完成情况以及在测试过程中有哪些障碍。这对于进一步完善残疾学生体质健康测试是非常重要的。

三、我国残疾学生体质健康测试替代性指标遴选及验证研究

国内学者通过参照全国学生体质监测指标,零星研究了残疾学生的体质健康,并探索性地开展了一些体质指标的测试,虽然测试指标并没有完全真实反映残疾学生的体质现状,存在一些不足之处,测试过程中发现有些指标并不适用于残疾学生,但是通过对残疾学生自身测试前后成绩的对比,以及与相同体质群体的比较,能够找出身体素质欠缺的原因,以及教学中存在的问题,对今后的残疾学生的体育教学和身体锻炼有重要的指导意义。鉴于前期在测试中获得的研究成果和出现的障碍,国内有学者开始关注残疾学生体质测试替代性指标的筛选,并通过实验实证其信度和效度。关于残疾者体质指标替代指标的研究一般实证性试验包括3个步骤。第一步:提取现行国民体质监测体系或国家学生体质监测体系中不适用于残疾人测试的指标。大部分残疾学生都无法或不能很好地完成该项目测试,则该项目为不适用指标。第二步:采用指标关联效度检验方法,比较上述替代指标与国民体质监测的相应指标的一致性水平,选择高替代性指标,并确定具体的测试方法和评价标准。第三步:通过对残疾学生小样本的预实验和大样本的操作性实验,进一步验证替代指标的实效性和可操作性。

郝传萍等[①]开展的智力残疾青少年体质测试研究发现,残疾青少年体测完成率84.2%,虽然研究统计了不同项目的完成率(表2-2),但是,该研究的对象涉及轻、中、重度智力残疾以及脑瘫等不同程度的智力残疾者,作者并没有说明不同残疾程度青少年完成率,因此,对于智力残疾青少年体质测试指标还有待更进一步细化的研究和实验。

---

① 郝传萍,郑尉,毛荣建,等.北京市培智学校学生体质健康现状及特点[J].中国康复理论与实践,2019,25(8):976-982.

表 2-2　北京市培智学校体质健康测试完成情况统计

测试项目	数值	完成率/%
身高/cm	148.62±21.84	98.9
体重/kg	46.45±19.13	98.5
肺活量/mL	406.72±496.05	84.1
50 m 跑/s	20.0±7.79	92.5
投沙包/m	5.99±4.40	95.4
立定跳远/m	1.23±5.35	84.7
30 s 仰卧起坐/个	7.25±6.16	73.7
6/9 min 跑/走/m	675.84±374.20	86.7
单脚平衡/s	6.134±9.01	62.7
坐位体前屈/cm	1.74±9.15	85.6
平均完成率/%	84.2	

　　董晓虹等[1]以成年人国民体质监测指标体系与评分标准为基础,采用了3个连续性的实验,试图找出视力、肢体残疾人群无法完成或测量的部分国民体质监测指标,寻求替代指标,并对替代指标的效度进行一系列的评价。研究结果显示,形态类的身高、体重指标和机能类的肺活量指标在视力、肢体残疾人群体中均能完成测试;素质类的握力、纵跳、1 min 仰卧起坐(女)、闭眼单脚站立等指标,视力、肢体残疾人群体也均能完成测试;台阶实验、选择反应时、坐位体前屈、俯卧撑在测试时残疾者不能完成;视力残疾者无法完成的测试指标项是台阶实验和选择反应时;替代指标为2 min 坐起和听选择反应时,上肢残疾者无法完成坐位体前屈和俯卧撑,替代指标为假肢坐位体前屈和单臂卧推,下肢残疾者无法完成台阶实验,替代指标为1.5 min 单脚跳。该项研究成果对残疾人体质健康测试指标体系构建具有重要的作用。段文义等[2]在此研究基础上,对肢体残疾青少年的体质测试指标进行了替代指标的研究,发现肢体残疾学生体质健康测试完成情况如表 2-3 所示。

---

　　[1]　董晓虹,丛湖平.视力、肢体残疾人群国民体质监测替代指标的有效性研究[J].中国体育科技,2008,44(6):36-39.
　　[2]　段文义,程晖,马冬梅.肢残青少年体质测试替代指标的选择及测试方法研究:以三级肢残青少年为例[J].青少年体育,2016(10):107-108.

表 2-3 肢体残疾学生体质测试指标完成情况

项目	身高	体重	肺活量	握力	仰卧起坐	台阶测试	掷实心球	坐位体前屈	立定跳远
学生人数/人	30	30	30	30	30	30	30	30	30
完成率/%	100	100	100	100	100	40	80	30	50

从表 2-4 信息可以发现，基于国家学生体质健康标准中的测试项目，上肢残疾青少年无法完成掷实心球和坐位体前屈，选择单臂卧推、假上肢辅助坐位体前屈作为替代指标具有较高的关联度，下肢残疾青少年无法完成台阶实验、掷实心球、坐位体前屈和立定跳远，选择 1.5 min 单脚跳、仰卧推举、假肢辅助坐位体前屈和纵跳作为替代指标具有较高的关联度。该研究针对的是残疾程度为三级、年龄阶段为 14～16 周岁的肢体残疾青少年，且研究对象的数量较少，实验结果尚有待更大样本进一步实验验证。有关指标筛选和替代指标的有效验证，是进行残疾青少年体质健康测试及标准研制的重要环节，但是目前只有 2 项研究涉及肢体残疾，1 项研究涉及视力残疾，其他残疾人群的研究尚未涉足。

表 2-4 肢体残疾学生替代指标关联效度检验

不同残疾部位	项目	n	r	sig
上肢残疾	单臂卧推替代掷实心球	30	0.921	0.000
	假上肢辅助坐位体前屈替代坐位体前屈	30	0.992	0.000
下肢残疾	1.5 min 单脚跳替代台阶实验	30	0.656	0.001
	仰卧推举替代掷实心球	30	0.921	0.000
	假肢辅助坐位体前屈替代坐位体前屈	30	0.988	0.000
	纵跳替代立定跳远	30	0.742	0.001

目前我国残疾学生体质标准研究尚处于探索阶段，研究成果较少，科学的测试指标内容与评价体系尚未建立，国家也尚未出台有关残疾儿青少年体质健康标准。残疾学生体质研究起步于 20 世纪 90 年代初，由于聋哑学生属于肢体健全残疾，体质测试操作相对方便，可以选用正常学生体质健康标准的指标，因此聋哑学生的体质研究最多，综合医学、卫生、体育、特殊教育等公开出版的期刊所发表的相关研究报告，其研究对象最多的为全国不同省（区、市）的在校聋哑学生，其次是轻度智力低下（障碍）和视力残疾学生。从研究的指标选取来看，经历了参照、筛选、替代指标的实证研究 3 个阶段。同时，近年来，部分学者关注国外残疾学生体适能标准，通过解读各标准的研制过程以及主要内容和测试方法，为我国残疾学生体质健康

测试和标准的制定提供了借鉴。

四、国外残疾学生体质健康标准与应用研究

国内学者赵亮[①]、陈华卫[②]、原雅青等[③]从不同层面和视角对美国现行残疾青少年体适能标准进行了解读,深入了解和分析BPFT[④]测试的研发背景、测试项目和评价标准,吸收借鉴其测试理念和方法手段,总结归纳残疾学生体质健康标准研发的环节步骤和重点难点,即在充分理解残疾学生体质健康内涵的基础上,依据体力活动、健康和健康体适能3者之间的关系及其构成要素,选择基于个体健康需求和理想体质健康模式的测试项目和标准参照的评价方法。学者陈华卫等深入解读了美国有关智障[⑤]、视障[⑥]和脑瘫[⑦]青少年的测试和标准,这些研究成果为我国残疾学生体质健康测试标准的研发提供参考,进而推进我国残疾学生体质健康测试工作的开展,对提升残疾学生乃至所有残疾人的体质健康水平有重要意义。

梁爽等[⑧]根据美国 BPFT 中有关视障青少年的体适能测试指标和评价标准,探究 Brockport 体能测试在中国视力障碍青少年中的可行性和可靠性,以确定其在临床实践和研究中的适用性。研究共纳入上海市盲童学校 41 名 10～17 岁视力障碍青少年,由相同的测试人员使用相同的测试仪器对受试者进行 2 次 Brockport 体能测试,包括体质指数(BMI)、握力、修正版卷腹、俯卧背伸、背抓、单腿伸展坐位体前屈和 20 m 折返跑,测试的时间间隔为 1 周,Brockport 体能测试各项目完成率均为 100%。身高、体重、BMI、握力、修正版卷腹、俯卧背伸、单腿伸展坐位体前屈(左/右腿伸直)和 20 m 折返跑的组内相关系数(ICC)在全体受试者中均大于 0.7,

---

① 赵亮.适用于残疾学生群体的 Brockport 体适能测试:背景·内容·启示[J].首都体育学院学报,2016,28(2):177-182.
② 陈华卫.美国《残疾青少年健康体适能测试标准》研究及启示[J].上海体育学院学报,2017,41(3):23-34.
③ 原雅青,刘洋,张绍华,等.美国 Brockport 残疾学生体质测试及启示[J].体育学刊,2017,24(6):117-121.
④ Winnick J P, Short F X. Brockport physical fitness test manual[M]. Palaestra, Champaign: Human Kinetics, 2014.
⑤ 陈华卫,窦丽.美国智障青少年健康体适能测评标准解读[J].首都体育学院学报,2017,29(2):188-192.
⑥ 陈华卫,吴雪萍,窦丽,等.美国《视障青少年健康体适能测试》解析及启示[J].上海体育学院学报,2019,43(5):50-57.
⑦ 陈华卫,吴雪萍,章凌凌,等.美国《脑瘫青少年体质健康标准》的探究与启示[J].中国体育科技,2021,57(4):80-88.
⑧ 梁爽,陶瑞媛,潘宁,等.Brockport 体能测试在中国视力障碍青少年中的应用研究[J].中国学校卫生,2022,43(2):247-250,255.

可靠性为尚可至较高水平。全盲受试者中 ICC 均大于 0.8,可靠性为较高至高。低视力受试者中 ICC 大于 0.7。背抓(左/右手在上)的简单卡帕(KC)系数在全体受试者中为 0.79、0.78,全盲受试者中为 0.72、0.64,低视力受试者中为 0.87、1.00,稳定可靠性均为较高至高水平。该实验结果表明,Brockport 体能测试在中国视障青少年中是可行且可靠的体能测试方法,在低视力青少年中不推荐使用俯卧背伸测试。但是该研究受试者数量较少,未来应尝试扩大样本量进行研究。除此之外,本研究只验证了 BPFT 在中国视障青少年中的可行性和可靠性,有效性没有得到验证,未来应该对 BPFT 有效性进行更大范围的适用性研究。

五、我国残疾学生体质健康标准研制研究展望

(一) 我国残疾学生体质健康标准研制面临的困难

1. 学科归属、融合与建设问题

残疾学生体质健康测试所应用的知识体系具有学科交叉性和学科边缘性等特点,残疾学生体质监测既涉及残疾学生身体形态、器官机能和运动素质等内容的知识体系,又涉及体育测量与评价、康复学和医学等相关学科知识体系。我国青少年体质监测属于体育学科范畴,残疾青少年的体质监测还涉及康复学和医学等学科知识,而我国特殊教育体系中的特殊体育教育尚处于起步阶段,我国现有特殊教育学科体系和体育教育学科体系以及康复医学学科体系至今未能涵盖体质测试相关领域的知识。在"体医融合"大背景下,加快特殊体育学科与康复学科的融合发展,更新学科知识体系,建设适应体育学科、明晰残疾学生体质监测的学科属性,是迫切需要解决的问题。

2. 残疾对象的复杂性

残疾学生群体与健全学生群体相比存在更多的个体差异性,其主要体现在功能缺失和残疾程度方面。在我国,通常按照生理功能把残疾人划分为视力残疾、听力残疾、言语残疾、智力残疾、肢体残疾、精神残疾和多重残疾 7 大类。各类残疾按残疾程度又可分为 4 级:残疾一级为极重度;残疾二级为重度;残疾三级为中度;残疾四级为轻度。这些残疾类型及其分级无疑会对体质健康测试的开发和实施有着重要影响。不同残疾类型之间或同一残疾类型之中存在的差异是巨大的。残疾类型不同,不同残疾类型还分为不同程度的残疾,且不同残疾学生之间有各种差异的存在。我国地缘辽阔,残疾学生分布在不同的地域,即使同样残疾类型和程度的学生,在不同的地域和环境下,其体质健康也都不同,而目前我国残疾学生评价常模标准的稀缺、受试学生智力因素或对测试项目缺乏理解,以及单项测试时间耗费等

问题都是开展残疾学生体质测试的拦路虎。

3. 测试技术和方法问题

我国用于残疾学生运动技术的规范化测试非常少,现有的研究中测试方法也是参照国家学生体质健康标准,并套用于残疾学生体质测试中,因此,现阶段需要特殊学校体育教师在实际测试过程中积累经验,不断完善测试的技术规范化,也可借鉴国外测试标准,国际特奥会运动技术指导手册中也有许多标准参照、项目评价同样可作为诸如滑冰、游泳、篮球、棒垒球以及足球等残疾学生专项运动技术测试的借鉴。我国针对正常学生群体的体质测试工具发展已经相当成熟,智能化水平也较高,但是这些测试工具无法适用于不同残疾类型群体,因此,需要开发同时具有科学性和实用性的测试工具。常模参照标准的制定是残疾学生体质健康测试研发过程中涉及的另一个常见问题。对于某类残疾学生群体来说,可获得的受试对象数量相当有限。加上这些受试对象的残疾鉴别问题以及地域分散问题,所以获得充足数量的样本就变得极为困难。

(二) 标准研制的展望

1. 制定残疾青少年体质与健康测试相关的法律法规,鼓励和支持相关研究

残疾学生体质健康测试是一项系统的工程,需要国家层面的法律或制度给予保障和支持,才能满足测试条件和实现测试样本的有效、可靠,进而加快推动残疾学生体质健康测试的实施和推广。

残疾学生接受体育教育,首要的问题是教育内容的有效性、可靠性和可接受性,而这些问题应在体质健康测试与评价中得到验证。这些内容既可以丰富特殊体育教育的内容,也是残疾学生个性化运动处方的主要选择,甚至是保证学生未来独立生活质量的前提。故在制定我国相关法律法规并保证有效实施的前提下,鼓励和支持残疾青少年体质健康的研究是出台我国《残疾学生体质健康标准》的基础和保障。

2. 建立有针对性的理想体质健康测评框架

必须重视残疾青少年体力活动、健康和体质的相关研究,三者相互作用和影响所构成的关系框架为残疾学生体质健康测试评价指标的选择与标准的设立提供了基础。可借鉴和参照美国 BPFT 体适能测试研制过程。BPFT 的理念来源于对体力活动、健康与体适能之间关系的理解,它们之间相互作用和影响所构成的关系框架为残疾学生体质健康测试评价指标的选择与标准的设立提供了基础。

加快我国残疾学生体质健康测试项目和标准的研发,是实现大范围开展残疾学生体质健康测试的重要保障,也是建立分年龄、性别和残疾类型的体质健康常模参照标准的重要保障。无论是针对特殊学校还是随班就读的残疾青少年群体,要想制定适应其残疾特征的测量方法和评价标准,核心问题是大样本不同特征残疾青少年体质健康指标的筛选。测试指标的科学性、代表性、公平性、合理性和可操作性以及测试指标最后结果的可靠性、有效性是筛选的基本原则。所有指标及测试方法的选择,要根据专家的意见回馈和实际操作,进行不断的科学筛选。测试指标的选择,应根据残疾类型、实际残疾人能完成的情况以及测试的效度、信度以及融合性等来决定。目前我国现有文献中对肢残、重度智力低下、视力残疾学生的体质研究甚少,应鼓励解决残疾学生体质样本缺乏的问题。残疾青少年体质与健康测试指标应充分考虑残疾人群体质特征的共性和特性,确定的指标既能反映和普通人群一致的总体状况,又能体现个性化需求的体质指标;既要有和普通学生一样的共性指标,实现与《国家学生体质健康标准》的兼容,又要符合学生残疾体质特征的个性指标,同时考虑测试中的科学管理与安全因素。

3. 标准研制

残疾学生体质测试指标体系和评价标准的建立,不仅要根据学生的残疾程度和类别有针对性地选定有效指标,还要计算出每项测试的权重系数,以及后续的评价与管理体系。在对不同目标人群(残疾分类)的测试研究中,测试项目的选择和标准的确立,应在对照个性需求和国内外研究相应的患病风险程度的关联基础上,制定标准的参照人群选择。可以先从特殊学校的群体进行研究。

编制残疾学生体质健康测试指导手册是一个重要方式。需要专业培训测试人员和被测人员,因此在选择人体成分、CRF或肌肉力量的测量方案测试时,残疾学生常常需要成套的指导和示范以及足够的尝试实践来了解测试。在体质测试中如何获得有效可靠数据,每一项测试需要制定专门的指导材料,以便获得可靠和有效的体质测量数据。

还应考虑测试人员的培训、设备成本和时间等因素,因为这些因素会直接且严重地影响数据的收集、有效性和可行性。非肢残学生的体质测试借助于手语、导盲的引导手段进行。对于肢残学生和重度智力低下学生的体质测试,需解决替代指标的信度和效度的实证研究、测试人员的专业培训和受试学生的培训等一系列问题。还需考虑残疾学生无法监测的指标中有哪些指标可以替代(指标属性相同),这些高效度的替代指标在视力、肢体残疾人群的实际监测过程中是否具有完全的操作性等问题。

目前国内相关研究比较欠缺,建立特殊人群的体质测试指标和评价标准体系任重而道远。

第四节
残疾学生体质健康水平的影响因素研究成果

已有研究显示,残疾学生体质健康水平低于同年龄段健全学生,这可能与多种因素密切相关,同时特殊儿童的体力活动较少也是不容忽视的一个因素。本节将从个体因素和环境因素2方面进行综述。

一、个体因素

国内有学者分别从性别、年龄和残疾类型、残疾程度等维度对影响残疾学生体质健康水平的因素进行分析研究。性别和年龄是身高和体质量等生长发育指标的重要影响因素,发育异常时人的身体形态也会出现异常,残疾程度越重影响越大。

(一) 性别

性别对残疾学生体质健康有影响。陈乃凤[1]研究表明,兰州市盲聋哑学生营养不良与肥胖在男、女性别差别有一致性,营养不良男>女,肥胖女>男。这与男女各自生理特点、活动量的大小有关。郝传萍等[2]对北京市智力与发展性障碍学生体质健康研究显示,性别对身高、体质量和肺活量都有显著影响,多数测试项目中男生好于女生。性别的差异性主要是由男女在身体器官、生理结构以及生理能力等方面存在差异造成的,还有一个原因是男女在体力活动的认知方面存在差异。刘艳红等[3]研究了性别对视力残疾学生单腿站立时间的影响。视力残疾男生单腿站立时间比女生长,但经差异显著性检验,二者无显著性差异。刘艳虹等[4]对智力残疾学生的研究发现,身高、坐高、体重以及头围4项体格发育指标在13岁以前男女各年龄段均值增长趋势不平稳,但总体差异不大;13岁以后男生各年龄段的均值明显高于女生。胸围指标受性别的影响较小。肺活量从11岁半左右开始男性明显高于女性,而肺活量指数从13岁左右开始男性明显高于女性并维持下去。男

---

[1] 陈乃凤.兰州市盲聋哑学生生长发育及营养评价[J].中国学校卫生,1990,11(5):52-53.
[2] 郝传萍,郑尉,毛荣建,等.北京市培智学校学生体质健康现状及特点[J].中国康复理论与实践,2019,25(8):976-982.
[3] 刘艳红,李惠敏,焦青,等.视力残疾学生与普通学生平衡能力比较研究[J].中国特殊教育,2001(1):24-26,30.
[4] 刘艳虹,王雁,杨丽.北京市智力落后学生体格发育水平的调查研究[J].中国特殊教育,2004(12):22-26.

性的收缩压在14岁时明显高于女性并持续下去。上述的这些特点可能与青春期的发育有关。而舒张压及脉搏的性别特点则不明显。10～13岁,女生的各项身体素质发育指标的增长速度快于男生,但总体差异不大;13岁以后,男生各年龄段的身体素质发育指标均值明显高于女生。

(二) 年龄

年龄也是影响残疾儿童体质健康的因素之一。首先表现在与同年龄的伙伴相比,残疾儿童的体质健康水平随着年龄的增长差距越来越大;体质健康水平随着年龄的增长而增长,但仍然落后于正常学生。刘艳虹等[1]对智力残疾学生的研究发现,7～18岁个体正处于生长发育时期,智力落后学生也与普通学生一样,各项体格发育指标的均值总的趋势是随年龄的增长而增长。相对其他几项体格发育指标,头围的均数增长不平稳;脉搏频率随年龄的增长逐渐下降;而血压、肺活量均随年龄的增长而增加;肺活量指数随年龄增长而增加的趋势不是很明显,尤其是女性略有下降。各项身体素质发育指标的均值总的趋势是随年龄的增长而增长。刘艳红等[2]研究了年龄对视力残疾学生单腿站立时间的影响,将视力残疾学生分为8～11岁、12～15岁、16岁以上3组,统计结果显示,各年龄组被试的单腿站立时间随年龄的增长而延长;各年龄组的标准差随年龄的增长而加大。

(三) 残疾类型和程度

由于残疾的类型与程度的不同,他们的身体健康状况也有所差异。蔡希美等[3]对聋盲学生的测试表明聋哑学生的心理健康总体水平低于全国成人常模:盲生与聋生的焦虑、敌意、偏执等因子及阳性项目数方面无差异;盲生的躯体化、精神病性2项得分均低于聋生,其余因子得分均高于聋生。杨素华[4]研究则表明,残疾学生总的健康水平显著低于健全学生。由于残疾原因的不同,3类残疾学生心理障碍的表现也略有不同:肢残生躯体化得分显著高于聋生,人际交往关系敏感性显著高于盲生。Suzuki测量了东京3～22岁残疾学生(聋、盲、智力低下、身体残疾)的身高、体重、皮褶厚度,尽管这些学生的发育迟缓,但这些人中肥胖者较多,特别是那些智力低下的人。他们的日常体力活动比较,聋生＞盲生＝智力低下的学

---

[1] 刘艳虹,王雁,杨丽.北京市智力落后学生体格发育水平的调查研究[J].中国特殊教育,2004(12):22-26.
[2] 刘艳红,李惠敏,焦青,等.视力残疾学生与普通学生平衡能力比较研究[J].中国特殊教育,2001(1):24-26,30.
[3] 蔡希美,罗其昌.聋生、盲生SCL-90测试结果的研究[J].中国特殊教育,1998(3):21-24.
[4] 杨素华.特教中专残疾学生SCL-90评定结果分析[J].中国特殊教育,2001(2):27-32.

生＞肢残学生。残疾学生的体力活动和营养状况与身体组成和身体脂肪百分率密切相关[1]。可见,对不同类型的残疾学生应该予以区别对待,并采取积极有效的手段提高他们的健康水平。刘艳红等研究了视力残疾程度对视力残疾学生单腿站立时间的影响。按视力残疾程度的分类标准将视力残疾学生分为盲和低视力两组,统计结果表明,2组的单腿站立时间无显著性差异。郝传萍等对北京市智力残疾学生的研究发现,50 m跑测试中,残疾程度越高,其结果越好。从原始数据看,50 m跑成绩好的学生基本上都是孤独症学生,这可能是因为孤独症儿童多是脚尖负重,对速度变化反应较快。

(四) 身体的限制因素

研究指出,智力落后的学生在身体形态、机能与素质的发育过程中,受到其高级神经活动特点及心理特征的深刻影响与制约[2]。郝传萍等[3]进一步提出,影响智力与发展障碍学生体质健康的限制性因素主要包括概念性技能、社交性技能和实践性技能的不足。这类学生的神经系统受损,导致感知、记忆、思维等方面存在显著障碍。他们在走、跑、跳、投等活动的感知上显得不足,难以形成有效记忆,更无法进行逻辑思考,因此在学习和掌握这些体力活动方面面临困难,难以理解活动的具体要求。智力障碍程度越严重,对运动技能学习的影响也越大,因此需要采取针对性的特殊方法,帮助他们提升概念性技能(即理性思维能力),增强他们对客观事物本质属性的概括能力和表达能力。

此外,陈玉惠等[4]研究揭示,聋哑生由于生理缺陷,性格更倾向于安静内向,课余时间往往不倾向于参与体育活动,尤其是运动量较大的活动。朱卫东等[5]研究发现,徐州地区的聋哑学生多数自8岁起便常年寄宿在学校,长期离开父母,缺乏亲情关怀,易产生心理压抑和自闭倾向。这种长期的心理压抑对生长发育产生了负面影响,最明显的表现是抑制了身高与体重的正常增长,对身体的健康发展造成了不利影响。

---

[1] Suzuki M, Saitoh S, Tasaki Y, et al. Nutritional status and daily physical activity of handicapped students in Tokyo metropolitan schools for deaf, blind, mentally retarded, and physically handicapped individuals[J]. The American Journal of Clinical Nutrition, 1991(6):1101-1111.
[2] 孙耀鹏.北京"八区"城市轻度智力落后学生身体形态、机能与素质特点及其评价标准的研究[J].体育科学,1990,10(6):6.
[3] 郝传萍,郑尉,邱卓英,等.基于ICF智力与发展性障碍儿童体质健康研究[J].中国康复理论与实践,2021,27(12):1393-1401.
[4] 陈玉惠,周葆莉,罗家洪.昆明市聋哑学生身心发育及致聋原因的调查分析[J].中国学校卫生,1994,15(1):21-23.
[5] 朱卫东,赵美娟.徐州地区的聋哑学生身高、体重偏低的致因与对策研究[J].南京体育学院学报(自然科学版),2010,9(1):11-13.

综上所述,智力与发展障碍学生及聋哑生在参与体力活动方面面临多重限制因素,这需要我们加以关注并开展深入研究,采取有效措施,促进他们体质健康的全面发展。

二、环境限制因素

体质受到多因素的影响,除生物学因素外,还受营养状况、饮食习惯和生活习性等社会学因素的影响,因此除了关注残疾程度的影响外,还应关注营养、饮食和生活方式等社会学因素的影响。环境是人们赖以生存和发展的空间,包括自然环境、社会环境。对于残疾儿童青少年而言,主要受到家庭环境、学校环境和社区环境的影响,这些环境会从不同的角度对人的思想、情感和行为产生积极或消极的影响。对于残疾学生体质健康的影响较多的是学校和家庭因素。

(一) 学校环境因素

特殊学校在体育教学方面普遍面临多重挑战。其中,教学大纲、教材和教学内容相对滞后,无法充分适应残疾青少年的身心特点与发展需求。同时,体育人力资源的匮乏,包括专业体育教师的不足,以及体育锻炼器械和设施的缺乏,均限制了残疾青少年进行体育活动的机会和质量。此外,学校操场空间的有限性也制约了课外体育活动的开展。这些问题共同导致残疾青少年在课外体育活动中缺乏有效的指导与管理,难以形成科学、系统的锻炼习惯。

杨志勇等[1]通过问卷调查深入剖析了影响聋哑学生身体素质和健康的学校因素。结果显示,缺乏健身锻炼是首要问题,占比高达67.8%。其次,体育课安排不足也是一大问题,占比14.1%。另外,学生对体育课的兴趣不高、对考核办法存在意见以及对体育教师不满意等也占一定比例。这些因素共同影响了聋哑学生参与体育活动的积极性和效果。此外,陈容等[2]的调查指出,聋哑学生中住校生比例高达80%,学校的膳食营养状况对学生的身体发育具有直接影响。因此,优化学校膳食结构,确保学生营养均衡,也是提升特殊学生体质健康的重要途径之一。值得一提的是,李世俊等[3]的调查发现,聋生的身体素质普遍优于正常同龄学生。其中一个重要因素是聋生相对没有升学压力,拥有更多的锻炼时间,这有利于其健康成

---

[1] 杨志勇,王志斌,王光军,等.张家口市聋哑学生身体素质和健康状况的调查与分析[J].河北北方学院学报(社会科学版),2008,24(6):89-92.

[2] 陈容,程颖,张迪.沈阳市聋哑学生身心发育状况调查分析[J].中国校医,1996,10(6):418-419.

[3] 李世俊,邵衍峰,杨淑文.济南市聋哑学生体质健康状况调研报告[J].中国特殊教育,1998(4):32-34.

长。然而,这并不意味可以忽视或放松特殊学校的体育教学,反而应更加重视并优化体育教学活动,以更好地促进特殊学生的体质健康。

综上所述,特殊学校在体育教学方面存在的诸多问题亟待解决。学校应加大投入,改善体育设施,提升体育教学质量,同时加强对学生膳食营养的管理和指导,为特殊学生创造一个更加健康、科学的成长环境。

(二) 家庭环境因素

王晓茜等[①]的研究深入探讨了残疾儿童营养状况与家庭特征之间的紧密联系。他们发现,残疾儿童的超重和肥胖问题与其家庭角色、照护者的选择密切相关。相较于母亲作为主要照护者的情况,当父亲或祖辈成为主要照护者时,儿童超重和肥胖的比例显著上升。特别值得关注的是,那些主要由祖辈照护的儿童,其超重和肥胖的可能性更大。这一现象可能与祖辈在营养知识方面的缺乏有关。他们可能未能充分认识到肥胖对儿童健康的潜在风险,从而在日常生活中过度喂养或纵容孙辈的不良饮食习惯。

此外,家庭环境的其他方面也可能对残疾青少年的体质健康产生影响。例如,家庭的经济状况会直接影响到孩子获取健康饮食和体育活动的机会。经济条件较差的家庭可能无法为孩子提供足够的营养和合适的锻炼条件,从而影响孩子的身体发育和健康状况。

同时,家庭氛围和亲子关系也是不可忽视的因素。一个温馨、和谐的家庭氛围有助于孩子形成积极向上的生活态度和良好的行为习惯,包括健康饮食和规律运动。相反,家庭关系紧张或冷漠可能导致孩子产生心理问题,进而影响到他们的体质健康。

综上所述,家庭环境对残疾青少年的体质健康具有深远的影响。为了促进残疾青少年的健康成长,除了学校和社会的努力外,家庭也应承担起重要的责任,为孩子提供健康、和谐的生活环境。同时,家长也应关注自身的营养知识和教育理念,以便更好地指导孩子形成良好的生活习惯和健康的生活方式。

三、研究展望

尽管国内学者在残疾青少年体质健康影响因素方面取得了一些研究成果,但仍存在一些不足。首先,研究的深度和广度有待加强。当前的研究多停留在对影响因素的描述和相关性分析上,缺乏深入的机理探讨和因果关系的验证。其次,跨

---

① 王晓茜,吕军,孙梅,等.发达地区残疾儿童营养状况研究:以上海市为例[J].中国康复理论与实践,2021,27(10):1135-1143.

学科的研究合作还不够充分。残疾青少年体质健康是一个涉及医学、教育学、心理学、社会学等多个学科的复杂问题,需要不同领域的学者共同合作,形成综合性的研究成果。大部分学者在探讨残疾学生体质健康的影响因素时,往往侧重于某一或某几个方面,未能全面而系统地审视和分析这一问题。这样的研究虽然具有一定的深度和针对性,但难免忽略了其他潜在的重要因素,导致对残疾学生体质健康的综合理解不够全面和深入。

可喜的是,近年来有学者运用国际功能模型对残疾学生的体质健康影响因素进行分析,从个人、环境、活动限制等方面综合分析,为残疾学生体质健康促进提供较为全面的干预因素。随着社会生态因素模型在教育学和公共卫生领域的广泛应用,越来越多的学者开始采用这一综合性框架来分析残疾学生的体质健康影响因素。这一模型强调个体与其所处环境之间的相互作用,为研究者全面、深入地理解残疾学生体质健康的多维影响因素提供了有力的工具。在个人层面,该模型关注了学生的身体状况、心理状态、认知能力以及行为习惯等因素;在环境层面,则考虑了家庭环境、学校环境以及社区环境等因素对学生体质健康的潜在影响;同时,这个模型揭示了由于身体或环境限制导致的学生参与体育活动的障碍因素。因此,未来的研究应加强理论模型的构建和应用,在此基础上注重对残疾青少年体质健康影响因素的深入挖掘和分析,采用更为科学和系统的研究方法,加强跨学科的合作与交流,以推动该领域研究的深入发展。

第五节
我国残疾学生体质健康促进和干预的研究成果

根据已有文献研究的结果分析后发现,有效促进残疾青少年体质健康的干预方案包括体育课程干预、运动处方干预和学校综合体育活动的干预。研究结果表明,残疾学生体质健康水平在干预方案实施过程中得到了显著提高,但尚未观察到课程结束后的持续促进效果,也没有研究评估这些干预方案的时间转化效果。

一、我国残疾学生体质健康干预的文献特征

(一)残疾类型

查阅 CNKI 期刊网 2022 年以来共有残疾学生体质健康干预研究的文献 16 篇,其中,涉及智力残疾 10 篇,聋哑残疾 6 篇,没有涉及视力残疾和肢体残疾的文

献。涉及的残疾学生以青少年为主,6岁及以下儿童的相关研究较少,涉及大学生的研究有2篇,为何干预研究甚少?当前对不同残疾类型群体体质健康和运动能力的测试工具都不适用,无法准确测试出残疾学生体质状况,就无法很好地对其进行运动干预进而改善体质健康水平。

(二) 运动方案设计

14篇实验干预文献中设计的运动干预方案包括运动处方式教学、不同体育项目的干预实验、体育游戏和综合学校活动方案几种(表2-5)。干预时长最短的历时8~10周,最长的达到12个月;干预频率2~6次/周不等;每次干预的时间从30~90 min不等。大部分研究在干预前进行了体质健康的测试,根据学生体质弱项设计运动方案实施后,再进行体质健康测试。实施前后进行比较分析,分析运动方案是否有效。还有一部分研究,设置残疾运动组和残疾对照组,运动组实施干预方案后,对2组学生体质健康进行测试,并进行组间对比,分析运动干预方案是否有效。

表2-5 残疾学生体质健康的干预运动方案

干预项目	项目内容	干预时间	干预频率	每次干预时长	干预强度
运动处方式干预	健身运动处方(跳绳、健身跑、登楼梯、健身操等)	8周	3次/周	40 min	60%~69%最大心率
	心肺耐力运动处方(一般性健身运动项目、中长距离跑、变速跑等)	3个月	3~6次/周	45 min	130次/min心率
	身体运动素质干预方案(快速跑、平衡、敏捷等)	6周	4次/周	30 min	中等
	有氧运动处方	12周	5次/2周	35 min	低强度
	有氧运动联合核心训练	12周	3次/周	90 min	中等
不同体育项目干预	跳绳	一学年		45 min	中等
	中国舞	6个月	4次/周	45 min	中等
	简化五步拳	12周	3次/周	35 min	中等
	软式排球健身方案	10周	4次/周	60 min	中等
	阳光校园排舞	16周	3次/周	70 min	中等
	课外体育课干预(力量、专项技术)	12个月	5次/周	50 min	中等

(续表)

干预项目	项目内容	干预时间	干预频率	每次干预时长	干预强度
体育游戏	融合体育游戏(YA Activity Guide Chinese 修订版)	8 周	2 次/周	30 min	中等
	专门设计体育游戏 18 个	12 周	2 次/周	70 min	中等
综合学校活动方案	体育课内课外、运动会、理论	32 周	1 次/周		

二、智障学生体质健康的运动干预研究

(一) 轻中度智障学生

戴昕等[1]对培智学校的 87 名智力障碍学生进行每周 5 天、每天 1 小时的运动干预,内容包括力量训练、专业技术训练,在持续干预 12 个月后,发现部分学生生理功能指标、握力和立定跳远成绩显著提升,但反映学生平衡能力的指标未出现显著改善。郑尉等[2]的研究旨在通过每周至少 4 次、每次 30 min 的运动锻炼探讨运动干预对智障学生体质水平的影响,结果显示运动干预 6 周后智障学生的灵敏性、速度反应、肌肉力量、柔韧和平衡协调等均得到了很大的提高,该运动干预的内容包括跑跳、协调平衡、灵敏柔韧以及投掷等组合。郝传萍等[3]研究体育游戏方案对中度智障学生的干预效果,研究采用量化前后对照试验,体育游戏每周训练 2 次,每次 70 min,持续 12 周后,中度智障儿童的运动动机、体重、肺活量和心血管耐力、肌肉力量、速度和柔韧性显著提升。体育游戏可以作为中度智障儿童进行体质健康训练的手段,但在训练过程中还要深入研究训练内容与训练目标之间的关联性,关注中度智障儿童的个性化需求。曾冬冬等[4]采用简化五步拳运动方案对中度智力障碍学生进行 12 周的运动干预,每周 3 次,每次 30 min,结果显示学生的平衡能力显著提升。

---

[1] 戴昕,刘瞳,王建,等.智力残疾学生体质运动干预效果评价[J].中国学校卫生,2011,32(1):67-68.
[2] 郑尉,郝传萍,张冰.运动干预对轻度智障儿童体质的影响[J].体育学刊,2014,21(1):124-127.
[3] 郝传萍,王硒.体育游戏对中度智障儿童体质影响的个案研究[J].北京联合大学学报(自然科学版),2014,28(3):84-88.
[4] 曾冬冬,吴燕丹,郑程浩,等.12 周简化五步拳练习对 11~13 岁中度智力障碍学生平衡能力的影响[J].山东体育学院学报,2021,37(6):34-41.

(二) 重度智障学生

贺波等[①]对重度智障学生实施为期12周、每2周5次、每次30 min的有氧运动处方干预,干预后运用奥委会健康运动趣味体适能手册进行体能测试,结果显示学生腿部肌力、心肺适能、20 s坐站、6 min行走测试显著提升,提示有氧运动处方可以有效提高重度智障学生的体力活动能力和健康适能。

(三) 脑瘫

阮力等[②]随机选取脑瘫学生30名分为3个组:实验组、对照组1、对照组2。实验组采用有氧运动联合核心稳定训练、对照组1采用单纯有氧运动训练、对照组2采用单纯核心稳定训练,通过12周的锻炼干预后,3组受试者在体质状况、粗大运动功能、日常生活活动能力、平衡能力各有积极变化,结果显示,实验组和对照组1的整体体质状况有积极变化;对照组2在骨骼肌、基础代谢率2项指标均呈显著性差异($p<0.05$);实验组在粗大运动功能和日常生活活动能力方面有积极变化。

三、聋哑学生体质健康的运动干预研究

(一) 量化非随机对照研究

余玲等[③]设计健身运动处方,内容包括跳绳、健身跑、蹬楼梯、健身操、趣味球类游戏,对聋哑学生进行了为期8周、每周3次、每次40 min的干预,运动干预期间佩戴Polar心率遥测仪监测运动强度,干预后14~16岁聋哑学生的形态无明显改变,心肺能力显著提高,闭眼单足测试和立定跳远能力显著提高,但学生的50 m跑、握力和坐位体前屈没有变化。王琳琳[④]设计软式排球健身方案可以有效地提高聋哑学生的最大肺活量,尤其对于女生,同时还显著提高了男生的上肢力量和灵敏性与女生的下肢力量和柔韧性。例如,以有氧运动为主、每周锻炼4次、每次锻炼1 h的软式排球运动方案,符合聋哑学生的生理和身体的特点,对聋哑学生的健身效果明显,可以有效提高他们的体质健康。

---

① 贺波,易军.有氧运动对智力障碍学生体适能影响研究[J].湖北体育科技,2019,38(1):49-52.
② 阮力,房鹏飞,卢金.有氧运动联合核心稳定训练对脑瘫学生康复效果的影响[J].广州体育学院学报,2018,38(3):109-114.
③ 余玲,史绍蓉,王步标,等.聋哑学生心理健康现状与健心运动处方的应用研究[C]//第8届全国运动心理学学术会议论文集.武汉,2006:1081-1086.
④ 王琳琳.软式排球运动方案对聋哑学生健身效果的实验研究[J].现代预防医学,2015,42(8):1416-1418.

（二）量化前后对照实验研究

时元秋等[①]针对该校聋哑学生肺活量显著低的问题，设计一般健身运动项目和肺活量提高项目组合的运动干预方式，进行为期 3 个月、每次 45 min、每周 5～6 次的干预。结果显示，聋哑学生肺活量较干预前显著提升，说明运动处方的干预是有效的。孙琳芳[②]对听障学生进行了为期 6 个月、每周 4 次、每次 45 min 的中国舞训练，结果与干预前相比，舞蹈教学训练可以使听障儿童改善体形、提高柔韧性等身体素质、提高心肺功能，但身高、体重、握力、俯卧撑无显著变化。

（三）综合学校体育教育和活动方案

郭翠翠[③]从课内、课外、体测运动会、加强宣传和理论知识学习等方面实施综合学校体育活动方案，干预 1 学年 32 周。结果显示，与干预前相比较，学生的肺活量、速度、力量、柔韧性等素质均呈现良好态势，尤其是反映心脏机能的 800 m/1 000 m 跑成绩在一个学期的锻炼后有了较为明显的提升，但速度、力量等项目提高幅度不是很大。

四、残疾学生体质健康运动干预的研究展望

综上可见，相关研究多集中在学校层面，主要涉及体育课改革、单项运动的体质健康促进作用以及运动处方方面，而家庭和社区层面的干预研究甚少，综合性的干预研究也较少；在研究方法上，多采用的是调查法、数理分析法，基于心理学、管理学以及社会学等理论及研究方法应用比较少；在研究理论方面，各类研究基于的理论指导相对缺乏或模糊，研究因缺乏理论根基而得不到认可，不能基于"体质健康多因影响"的认识在干预研究中应用并纳入行为改变技术（如自我效能、积极强化等）。

（一）应注重运动干预效果和实施转化效果的评估

现有的干预研究中通过运动方案实施前后以及与设置的残疾对照组进行体质健康的测试结果对比分析，评估运动方案的效果，但目前尚无研究评估这些干预方案的实践转化效果。体育课程干预、课外运动处方的干预均能不同程度地提高残

---

① 时元秋，楼方芳.对聋哑学生体质健康的运动干预研究[J].军事体育进修学院学报，2012，31(3)：112-114.
② 孙琳芳.舞蹈教学对听障儿童身体素质相关指标的影响[J].山东体育科技，2012，34(3)：85-88.
③ 郭翠翠.基于《国家学生体质健康标准》的聋校学生体质健康干预研究[J].四川体育科学，2016，35(6)：32-35，55.

疾学生的耐力水平、下肢力量、平衡能力。但课程和干预方案结束后,未进一步观测到该课程或方案对残疾学生体质健康的持续的促进作用。目前有效的干预方案包括一般健身运动处方、专门运动处方、单一运动项目的运动处方,但是对这些干预方案的实施转化效果如何,并没有任何研究开展进一步检验和评估。

(二) 干预方案的实验设计

目前的研究中均显示干预方案促进了残疾青少年相关体质水平的提高或改善,然而所有研究均采用非随机对照或者前后对比实验的设计,样本量普遍偏小,这在一定程度上降低了干预方案的有效性。而来自随机对照试验设计去实施干预方案,其研究结果是循证医学研究中最高等级的证据。此外,应识别影响残疾青少年体质健康的潜在因素如年龄、残疾程度、运动技能、自我效能感、家长角色、学校作用等。针对残疾青少年体质健康,设计干预方案,准确实施可复制的随机对照试验,是未来残疾青少年体质健康促进研究的方向和目标。此外,对于干预方案的有效性评估,建议未来的研究可以从运用理论框架和实施过程的控制、可操性、环境便利性、家长态度认知等方面进行全面的评估。根据残疾类型和程度设计干预目标与策略,处方式干预应考虑运动处方的强度、频率和干预时间,也就是运动处方的负荷量。在设计运动干预前,应明确残疾青少年对象的实际需求。

(三) 开展学校为基础的综合运动干预

近年来,学校一直是青少年体力活动和体质健康干预研究的重要场所,因为学校有足够的场所设备,而且学生每天在校内至少有8小时,但是很多研究仍未有显著效果。例如从学生的肥胖率超重逐年攀升可以看出,学生的体质水平并没有得到很明显的改善。同样,对于残疾青少年,基于学校的体质健康干预都是单一干预,如设计某一种运动处方,依托体育课教学或课外体育活动对残疾青少年实施运动处方式的体质干预,但这些方案的持续效果如何,并没有研究进行后续跟踪调研和测试,因此,单一的干预方案效果是甚微的、短暂的。影响体质健康的因素有多个方面,基于学校的体质健康综合干预方案应该是今后研究的方向。综合干预不仅仅针对高质量的体育课、体育课程、课外活动进行直接干预,同时注重学校环境的干预,提高学校无障碍设施建设,特别是融合教育的学校,应该考虑特殊青少年学生的需求,增加特殊运动器材的设备,以供残疾青少年使用,提高教师的教学干预能力水平,营造全校的运动文化,同时在政策层面给予支持,只有这样才能形成综合的校园活动干预方案。

(四) 运用社会生态因素模型

社会生态模型的应用帮助学者们更加系统地分析智力残疾学生体质健康的复

杂影响因素，并据此提出针对性的干预措施。例如，针对个人层面的影响因素，可以通过提供个性化的健康教育和心理辅导来改善学生的身心状况；针对环境层面的影响因素，则可以通过优化家庭、学校和社区环境，提供更多的体育设施和锻炼机会来促进学生的体质健康；而对于活动限制方面的问题，可以通过改进教学方法和改善设施，降低学生参与体育活动的门槛，从而提高他们的运动积极性。因此，在今后的研究中，应加强在模型构建的基础上进行分析。通过构建更加完善、科学的分析模型，可以更加全面、系统地探讨残疾学生体质健康的影响因素，为制定针对性的干预措施提供更加有力的支持。同时，还应注重跨学科的合作与交流，借鉴其他领域的先进理念和方法，共同推动残疾学生体质健康研究的深入发展。

第三章

残疾学生体力活动的相关研究

体力活动对于提高健康水平和预防慢性疾病的重要作用已被大量研究所证实。世界卫生组织指出[①],5~17岁儿童青少年每天至少60 min的中高强度体力活动(moderate-to-vigorous physical activity,MVPA)可使其获得健康收益。现有研究表明,残疾儿童青少年的体力活动水平低于普通同龄人[②],且大部分残疾儿童青少年未达到每天60 min的MVPA推荐量[③][④]。体力活动不足和静坐少动的生活方式会导致残疾儿童青少年易患肥胖、心血管疾病等慢性疾病或出现其他健康问题[⑤]。因此,提高体力活动水平是残疾儿童青少年健康促进领域不可忽视的主题。

建立健康生活方式是缓解残疾儿童青少年健康不平等问题的最根本措施,体力活动(physical activity, PA)是健康生活方式的决定因素之一。近年来,国际社会应用流行病学的视角来审视人群PA不足的问题。体力活动流行病学主要运用流行病学的相关研究方法和基本原则来研究体力活动和健康风险的因果关系[⑥]。

---

① World Health Organization. Global recommendations on physical activity for health [R]. Geneva: World Health Organization, 2010.

② Foley J T, McCubbin J A. An exploratory study of after-school sedentary behaviour in elementary school-age children with intellectual disability[J]. Journal of Intellectual and Developmental Disability, 2009, 34(1): 3-9.

③ Esposito P E, MacDonald M, Hornyak J E, et al. Physical activity patterns of youth with down syndrome[J]. Intellectual and Developmental Disabilities, 2012, 50(2): 109-119.

④ Downs S J, Fairclough S J, Knowles Z R, et al. Physical activity patterns in youth with intellectual-disabilities[J]. Adapted Physical Activity Quarterly, 2016, 33(4): 374-390.

⑤ Sundahl L, Zetterberg M, Wester A, et al. Physical activity levels among adolescent and young adult women and men with and without intellectual disability[J]. Journal of Applied Research in Intellectual Disabilities, 2016, 29(1): 93-98.

⑥ Dishman R K, Heath G W, Lee I-Min. 体力活动流行病学[M]. 王茹,陈佩杰,译. 北京:科学出版社,2020.

美国学者 Sallis 等[1]提出行为流行病学框架,用来分析各种健康行为相关研究的发展态势、分布特征及决定因素,在残疾和慢性病群体 PA 研究中广泛应用,开展高质量的流行病学研究,检查体力活动与残疾人非传染性疾病风险之间的联系。

本章在此框架下主要对残疾儿童青少年体力活动与健康结果之间的关系、PA 的测量工具和方法信效度检验研究、体力活动水平与行为模式、影响体力活动的因素研究以及体力活动的干预研究 5 个层面的研究成果进行梳理与归纳。根据残疾类型,分别阐述了视障、听障、智障青少年的体力活动水平现状和相关研究成果。

第一节
体力活动促进残疾人的长期健康

无论对于残疾人还是非残疾人,长期不参加体力活动与疾病长期风险密切相关。对残疾人而言,进行体力活动的能力受到一定的限制,残疾人能够进行日常体力活动的种类和频率有限,从而增加了久坐不动的生活方式的风险。缺乏体育活动会导致身体条件不佳,随后更少的 PA,导致身体健康状况下降,增加日常活动的困难。此外,缺乏体育活动还可能会导致残疾人社会交往减少,最终导致生活质量下降[2][3]。参与体育活动可使残疾人获得大量健康益处,WHO 最近发布了残疾人的体力活动指南,指出即使低于每周 150 min 的建议,也可以从体力活动中获得有意义的好处[4]。因此,应增加残疾人 PA 和减少久坐时间,确保他们目前和未来的良好健康。

《柳叶刀》杂志一项关于残疾人体力活动参与的全球展望综述对支持英国新的体力活动指南的国际文献进行了快速回顾,该报告指出[5],体力活动对大多数残疾

---

[1] Sallis J F, Owen N, Fotheringham M J. Behavioral epidemiology: A systematic framework to classify phases of research on health promotion and disease prevention[J]. Annals of Behavioral Medicine, 2000, 22(4): 294-298.

[2] Durstine J L, Painter P, Franklin B A, et al. Physical activity for the chronically ill and disabled[J]. Sports Medicine, 2000, 30(3): 207-219.

[3] Fernhall B, Unnithan V B. Physical activity, metabolic issues, and assessment[J]. Physical Medicine and Rehabilitation Clinics of North America, 2002, 13(4): 925-947.

[4] Carty C, Ploeg H P, Biddle S J H, et al. The first global physical activity and sedentary behavior guidelines for people living with disability[J]. Journal of Physical Activity and Health, 2021, 18(1): 86-93.

[5] Martin G K A, Ploeg H P, Foster C, et al. Participation of people living with disabilities in physical activity: A global perspective[J]. Lancet, 2021, 398(10298): 443-455.

人是有益的,至今尚没有证据表明体力活动对这个人群是有害的,体力活动与心肺功能、肌肉力量、功能技能、社会心理健康以及身体或认知障碍者的心脏代谢健康指标呈正相关。同样,支持美国和WHO新的体力活动指南的系统回顾报告称,体力活动与特定残疾人(如与多发性硬化症、脊髓损伤、帕金森病、精神分裂症和中风)的身体功能、认知和生活质量的改善相关[1][2]。然而,对于许多其他结果,如死亡率和非传染性疾病,以及智障人士,没有足够的证据能够推论出关于体力活动效果的结论。

一、体力活动促进残疾人健康的有力证据

Carty等的最近一项系统评价确定了36项Meta分析研究[3],分别在儿童、青少年或成年残疾人中实施了体力活动处方、计划或干预,并测量了一项或多项心血管、肌肉骨骼、心脏代谢或精神或大脑健康结果(表3-1)。这些Meta分析一致报告了体力活动对肌肉骨骼健康的重大积极影响。对心血管有积极影响,但半数以上的心脏代谢结果的Meta分析报告了不显著的效果。对心理或大脑健康的结果仍存在较大分歧。总的来说,有证据表明,残疾人可以获得普通人群中观察到的一些体力活动的好处,主要涉及肌肉骨骼肌健康方面。但纵观文献,体力活动促进残疾人健康的有力证据的研究数量相对较少。

表3-1 各疾病组健康结果证据摘要

疾病类型	残疾与健康结果	按残疾和健康结果描述证据的确定性
多发性硬化症	身体功能	高度确定的证据表明,有氧和肌肉增强活动可以改善身体功能、功能性流动性、行走速度和耐力,以及心肺健康、力量和平衡
	生存质量	生活质量改善的低确定性证据,包括成年人的疲劳症状和抑郁症状
	认知	适度确定的证据,有益的影响认知

---

[1] Bull F C, Al-Ansari S S, Biddle S, et al. World Health Organization 2020 guidelines on physical activity and sedentary behaviour[J]. British Journal of Sports Medicine, 2020, 54(24): 1451-1462.

[2] US Department of Health and Human Services. Physical activity guidelines for Americans[R]. Washington DC: HHS, 2008.

[3] Carty C, Ploeg H P, Biddle S J H, et al. The first global physical activity and sedentary behavior guidelines for people living with disability[J]. Journal of Physical Activity and Health, 2021, 18(1): 86-93.

(续表)

疾病类型	残疾与健康结果	按残疾和健康结果描述证据的确定性
脊髓损伤	并发症	低确定性证据表明,体育活动可以减轻肩部疼痛,改善瘫痪肢体的血管功能
	身体功能	中度确定的证据显示步行功能、肌肉力量和上肢功能得到改善
	生存质量	体育活动能提高与健康相关的生活质量的证据不太确定
智力障碍	并发症	无相关证据
	身体功能	儿童和成人身体功能改善的确定性证据较低
	生存质量	无相关证据
帕金森症	身体功能	高度确定的证据改善行走、平衡、力量,和疾病特异性运动评分
	认知	适度确定性证据表明,适度到剧烈的体育活动可以对认知产生有益的影响
中风	身体功能	步态速度和能力、行走速度、距离和耐力、心肺健康、上肢功能、下肢感觉运动功能、平衡、灵活性和日常活动的改善有中度确定性证据
	认知	对认知有益的中度确定性证据
精神分裂症	生存质量	中度确定的证据表明生活质量有所改善
	认知	高度确定的证据表明,适度到剧烈的体育活动对认知、工作记忆、社会认知和注意力/警惕性具有有益影响
抑郁症	生存质量	适度确定的证据表明,体育活动可以提高成年人的生活质量
注意力缺陷	认知	中度确定性证据表明,中度到剧烈的体育活动可以对认知产生有益的影响,包括注意力、执行功能和社会障碍

二、体力活动对残疾人的健康效益

(一) 体力活动增强残疾人肌肉骨骼健康

体力活动可以显著提高残疾人健康相关肌肉力量和柔韧性,减少关节疼痛,增加骨密度,防止骨质疏松。

1. 增强肌肉力量

研究发现,经常重复进行肌肉的短暂收缩,可以使肌细胞增大,肌肉力量增加。

肌肉力量的增加有助于稳定关节,防止关节韧带等受损。有证据表明,抗阻运动、有氧运动或两者相结合的组合运动方式有效增加各类认知障碍和身体残疾患者的肌肉力量。其他残疾如脑瘫、多发性硬化症、肌营养不良、脊髓损伤和脑卒中人群,体力活动干预后肌肉力量有显著改善。横断面研究也显示,在某些残疾人群中体力活动与肌肉力量上升有关[1]。

2. 改善关节疼痛和柔韧性

研究表明,运动能帮助各类残疾人提高柔韧性,包括脑卒中者、创伤性脑损伤者、帕金森患者和脊髓损伤者以及有认知和身体合并障碍的患者。中国传统健身项目对残疾儿童青少年柔韧性有显著提高。聋哑学生习练太极拳,坐位体前屈伸展度得到提高,柔韧性得到增强,说明太极拳可以有效改善人体的柔韧性,进而可以提高关节、肌肉的灵活性,有效预防运动损伤[2]。6个月的八段锦功法练习后,智障人士坐位体前屈伸展度得到提高,柔韧性得到增强,说明八段锦可以有效改善人体的柔韧性,进而可以提高关节、肌肉的灵活性,有效预防运动损伤[3]。

3. 改善骨密度与骨质疏松

研究表明,习惯性体力活动显著提高残疾人骨密度和骨量,减少因不活动或增龄等导致的钙流失。Kaplan 等[4]对四肢瘫痪者进行力量训练,用倾斜板来获得承重和重力的影响,结果表明,患者钙流失显著减少。Chad 等[5]研究发现渐进性大肌肉群运动 24 周后脑性麻痹患者骨密度较对照组有明显的改善。Pang 等[6]研究发现规律的有氧运动 6 周后,单侧脑卒中成年患者受累侧股骨颈的矿物质丢失减少。Matute-Llorente 等[7]研究 PA 与唐氏综合征 DS 青少年低骨量风险之间的关系,发

---

[1] Dishman R K, Heath G W, Lee I-Min. 体力活动流行病学[M]. 王茹,陈佩杰,译. 北京:科学出版社,2020.

[2] 梁青峰. 聋哑学生习练太极拳对其身心健康影响的研究[D]. 成都:成都体育学院,2013.

[3] 张文玉. 健身气功八段锦功法练习对上海市智障人士身心健康影响的研究[D]. 上海:上海体育学院,2010.

[4] Kaplan P E, Roden W, Gilbert E, et al. Reduction of hypercalciuria in tetraplegia after weight-bearing and strengthening exercises[J]. Paraplegia, 1981, 19(5): 289-293.

[5] Chad K E, Bailey D A, McKay H A, et al. The effect of a weight-bearing physical activity program on bone mineral content and estimated volumetric density in children with spastic cerebral palsy[J]. The Journal of Pediatrics, 1999, 135(1): 115-117.

[6] Pang M Y C, Eng J J, Dawson A S, et al. A community-based fitness and mobility exercise program for older adults with chronic stroke: A randomized, controlled trial[J]. Journal of the American Geriatrics Society, 2005, 53(10): 1667-1674.

[7] Matute-Llorente A, González-Agüero A, Gómez-Cabello A, et al. Decreased levels of physical activity in adolescents with down syndrome are related with low bone mineral density: A cross-sectional study[J]. BMC Endocrine Disorders, 2013, 13: 22.

现高 PA 三分位数 DS 青少年髋部 BMD Z 值越高,未来发生骨质疏松的风险越低。最近的一项系统综述[1]探讨全身振动训练 WBVT 对运动残疾儿童青少年的潜在影响,Meta 分析结果显示,WBVT 显著提高股骨骨密度、全身骨矿含量,适度的体力活动可以逆转骨量丢失[2],运动锻炼可以增加残疾人骨密度。

(二) 体力活动改善残疾人心血管健康

大量的研究证实,体力活动可以有效改善非残疾人血脂、动脉血压、凝血因子、葡萄糖耐受性、胰岛素敏感性,产生良好的心血管影响,从而降低冠心病风险。最近的一项研究综述概括了 21 项针对身体和认知障碍患者的心肺适能改善的随机临床试验,结果表明认知障碍和身体残疾者从事体力活动时,其心血管健康可以得到积极改善,这为体力活动改善残疾者心血管健康提供了相关证据[3]。增加体力活动水平或进行身体锻炼,可以显著提高包括下肢残疾、多发性硬化、脊髓损伤、脑卒中、精神疾病、智力障碍、脑性瘫痪、帕金森等各种类型残疾人的心肺适能水平。体力活动还能减少残疾人因长期不活动易形成深度静脉血栓的风险,从而降低残疾人一些次要并发症[4]。

1. 脂代谢

已有充分的研究证据表明体力活动与血浆中高密度脂蛋白(HDL)水平存在正相关,而血浆中 HDL 与冠心病负相关。Brenes 等[5]研究发现,脊髓损伤的残疾人中使用轮椅者与不使用轮椅者相比,血浆 HDL 水平普遍较低,这与使用轮椅者运动较少有关。如果脊柱损伤者提高体力活动水平,其血浆 HDL 水平则显著增加。体力活动对其他类型残疾人如风湿性关节炎、视力障碍者血脂水平影响也表明,体力活动有利于残疾人脂代谢。通过体力活动干预,脊髓损伤、多发性硬化患

---

[1] Li S Q, Yu W B, Li W, et al. The impact of whole-body vibration training on bone minerals and lean mass in children and adolescents with motor disabilities: A systematic review and meta-analysis[J]. Children, 2022, 9(2): 266.

[2] Jamil N A, Ling C J, MdIbrahim H I, et al. Nutritional and bone health status in young men with mild-to-moderate intellectual disability and without intellectual disability residing in community setting in Malaysia[J]. Journal of Applied Research in Intellectual Disabilities, 2020, 33(3): 632-639.

[3] King A, Powell K, Kraus W, et al. The US physical activity guidelines advisory committee report introduction[J]. Medicine and Science in Sports and Exercise, 2019, 51: 1203-1205.

[4] Dishman R K, Heath G W, Lee I-Min. 体力活动流行病学[M]. 王茹,陈佩杰,译. 北京:科学出版社,2020.

[5] Brenes G, Dearwater S, Shapera R, et al. High density lipoprotein cholesterol concentrations in physically active and sedentary spinal cord injured patients[J]. Archives of Physical Medicine and Rehabilitation, 1986, 67(7): 445-450.

者血浆总胆固醇、甘油三酯等血脂指标下降。

2. 超重与肥胖

体力活动对超重和肥胖人群预防体重增加、减脂非常重要。残疾人群体力活动相对较少,体重增加的风险较大,超重肥胖会增加身体患病(高血压、糖尿病等)风险,甚至会增加患者 65 岁之前死亡风险。有证据表明[①],规律的体力活动可以有效减轻和改善患有脑卒中、智力障碍、精神病、脑损伤等人群的体成分,改善各种身体残疾患者的体成分。有证据表明[②],体力活动改善脑卒中、精神病患者的代谢健康,表现为改善其空腹血糖、胰岛素敏感性、空腹胰岛素、胰岛素样生长因子结合蛋白-3。体力活动改善儿童青少年残疾者的体重和 BMI 的研究证据尚需更多的实验研究证实,有关其他类型残疾的相关研究尚需进一步探索。

3. 与慢性病预防研究缺乏

在健全人的相关研究中发现,体力活动会降低心血管疾病、2 型糖尿病等慢性病发生的风险。但关于残疾人体力活动与慢性病预防的相关研究少之又少。目前还没有充分的研究评估体力活动对预防残疾人慢性病的影响[③]。没有数据,就无法制定循证的体育活动政策、方案和指南来解决这些弱势人群所经历的健康差异。已有研究者提出,需要协调一致的努力,收集残疾人体力活动和慢性病的人口层面数据[④]。目前,没有一个现有的国际、人口一级的监测系统监测和评估残疾人的体力活动和慢性病,与一般人口不同,在大多数国家的卫生监督体系中,残疾要么是一个排除标准,要么是没有衡量的标准。这种局限性可以通过将标准化的和有效的残疾措施落实到正在进行的人口层面的数据收集系统中,并对残疾状况数据进行异议来克服。

(三)体力活动预防残疾人次要并发症

次要并发症是指残疾人因为自身的缺陷而容易发生的身体、医疗、认知、情绪、

---

① Ivey F M, Ryan A S, Hafer-Macko C E, et al. Treadmill aerobic training improves glucose tolerance and indices of insulin sensitivity in disabled stroke survivors: A preliminary report[J]. Stroke, 2007, 38(10): 2752-2758.

② Beebe J A, Lang C E. Relationships and responsiveness of six upper extremity function tests during the first six months of recovery after stroke[J]. Journal of Neurologic Physical Therapy, 2009, 33(2): 96-103.

③ Dart H, Nguyen N, Colditz G A. Physical activity and chronic disease prevention[M]//Contemporary Pediatric and Adolescent Sports Medicine. Cham: Springer International Publishing, 2016: 163-179.

④ Martin G K A, Sharma R, Brears S L. Physical activity and chronic disease prevention: Where is the research on people living with disabilities? [J]. Canadian Medical Association Journal, 2022, 194(9): E338-E340.

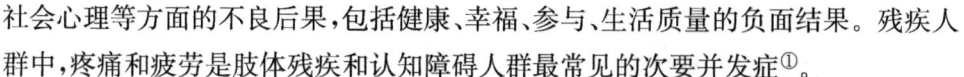

社会心理等方面的不良后果,包括健康、幸福、参与、生活质量的负面结果。残疾人群中,疼痛和疲劳是肢体残疾和认知障碍人群最常见的次要并发症[1]。

1. 疼痛和疲劳

在残疾人群里开展较多的关于体力活动的干预研究,将疲劳作为验证的结果指标,在多发性硬化症、肌营养不良症患者中,发现体力活动可以降低疲劳。有证据显示[2],在某些特定的残疾人群中,疼痛随体力活动的增加而减少。例如,经过耐力训练,SCI患者的肌肉骨骼疼痛明显减少,还有其他研究表明,脊髓损伤患者在进行有氧运动和抗阻运动训练后,肩膀疼痛减轻。

2. 心理健康

有规律的体育活动、娱乐和体育参与有助于残疾人克服身体损伤、心理和社会障碍,提升自我形象,更好地适应自身残疾状态,进而融入社会。残疾青少年（AWD）由于经常遭遇社会参与障碍,其孤独感水平往往高于正常青少年。在报告有高质量PA经历的AWD中,PA与孤独感之间已经建立了负相关关系[3]。研究表明,规律的体力活动和锻炼对残疾人精神健康大有裨益。已有较多的研究探讨了体力活动干预残疾人抑郁症[4],大多数研究报告显示体力活动改善残疾人抑郁,包括多发性硬化症、脊髓损伤等。另有研究表明,体力活动干预后,智力障碍患者的自尊水平得到提升,参与包括体育在内的有组织活动的孤独症儿童有更好的社交情绪调节能力,孤独感和抑郁也会减少[5],有听力障碍的孩子参加了一个为期3个月的滑冰项目,家长发现孩子们在自尊、行为和睡眠质量方面都有改善。提高一般体力活动水平可能有效改善严重中枢神经系统损伤个体的整体心理健康,包括

---

[1] Iezzoni L I, Freedman V A. Turning the disability tide: The importance of definitions[J]. JAMA, 2008, 299(3): 332-334.

[2] Dishman R K, Heath G W, Lee I-Min. 体力活动流行病学[M]. 王茹,陈佩杰,译. 北京:科学出版社,2020.

[3] Santino N, Arbour-Nicitopoulos K P, Sharma R, et al. Physical activity and loneliness among adolescents with disabilities: Examining the quality of physical activity experiences as a possible moderator[J]. Disability and Health Journal, 2021, 14(3): 101060.

[4] Carbone P S, Smith P J, Lewis C, et al. Promoting the participation of children and adolescents with disabilities in sports, recreation, and physical activity[J]. Pediatrics, 2021, 148(6): e2021054664.

[5] Borland R L, Cameron L A, Tonge B J, et al. Effects of physical activity on behaviour and emotional problems, mental health and psychosocial well-being in children and adolescents with intellectual disability: A systematic review[J]. Journal of Applied Research in Intellectual Disabilities, 2022, 35(2): 399-420.

创伤性脑损伤(TBI)患者的抑郁①。

3. 生活质量与功能健康

有研究确定 PA 和 SB 的纵向轨迹,并估计其与墨西哥成年人生活质量、残疾和全因死亡率的关系。结果表明,生活质量下降、残疾增加和全因死亡率均与更差的 PA 和 SB 轨迹一致相关②。体育锻炼促进了轻度认知障碍(MCI)患者身体结构的改善,弹力带抗阻练习约 60 min,每周 2 次,共 3 个月,可提高上肢肌力。有氧运动配合步行约 60 min,每周 2 次,共 6 个月可增强姿势平衡③。

功能健康与步行速度、步行距离、生活质量、功能独立性和平衡等基本日常生活活动和工具性日常生活活动评价指标密切相关。各种研究提供了部分证据支持通过运动来提高残疾人的步行速度和距离以及其他功能健康指标。最近的一项系统综述提供了强有力的证据表明运动锻炼可以帮助多发性硬化、脑卒中和智力障碍残疾人提高步行速度④。健康相关的生命质量问卷(HRQOL)用于对身体和精神健康功能进行的自我评估问卷。大量的研究表明,体力活动较多的残疾人有较高的 HRQOL 得分。体力活动和锻炼可以显著提高视力障碍、智力障碍等残障人士的平衡能力,包括静态平衡能力和动态平衡能力。国内一项有关智力障碍人士的体力活动干预研究结果表明,干预后中重度智障儿童健康相关体适能显著改善⑤。

---

① Dolbow J, Mata R, Dolbow D R. The effects of physical exercise on depression for individuals with traumatic brain injury: A systematic review[J]. Critical Reviews in Physical and Rehabilitation Medicine, 2020, 32(4): 233-245.

② Salinas-Rodríguez A, Manrique-Espinoza B, Palazuelos-González R, et al. Physical activity and sedentary behavior trajectories and their associations with quality of life, disability, and all-cause mortality[J]. European Review of Aging and Physical Activity, 2022, 19(1): 13.

③ Oliveira M P D B, Padovez R D F C M, Serro P R M D S, et al. Is physical exercise effective at improving body structure and function and activity outcomes in individuals with Mild Cognitive Impairment? A systematic review with quality of evidence assessment [J]. Disability and Rehabilitation, 2023, 45(4): 575-587.

④ Dishman R K, Heath G W, Lee I-Min. 体力活动流行病学[M]. 王茹,陈佩杰,译. 北京:科学出版社,2020.

⑤ Wu X P, Wang D D, Zhang L. Effects of physical activity intervention on health-related physical fitness of boys with moderate to severe intellectual disabilities[J]. Medicine and Science in Sports and Exercise, 2021, 53(Suppl 1): 253.

第二节
残疾学生体力活动的测量方法研究

残疾学生的体力活动水平直接影响他们的康复效果、身体机能的提升以及融入社会的能力。因此,准确测量他们的体力活动不仅对于科学研究具有重要意义,更是对他们进行个性化康复训练和健康教育的基础。近年来,随着科技的发展,越来越多的新技术和方法被应用到体力活动的测量中,这为残疾学生体力活动的精准评估提供了可能。本小节旨在探讨适用于残疾学生的体力活动测量方法,以期为相关研究和实践提供科学依据,进而促进残疾学生的健康与发展。通过对比分析不同测量方法的优缺点,以及在实际应用中的可行性和准确性,希望能够找到一种或多种适合残疾学生的体力活动测量方法,从而帮助他们更好地进行康复训练,提高生活质量。

一、残疾学生体力活动的测量方法及常用工具

体力活动通常从持续时间、运动频率和运动强度这3个必要因素方面评价,通常以活动持续时间(小时)或运动单位(如计数)来表示,计量单位通常为 kcal/min 或 kJ/h[①]。体力活动本身有复杂多样的性质,综合分析现有的文献中涉及测量 PA 的方法,主要包括问卷调查法、主观测量法、客观测量法(表 3-2)。已有的不同 PA 测量方法的研究结果为残疾青少年 PA 研究提供有意义的基础,其中客观测量法中的加速度计测量法最可信。

表 3-2 残疾儿童青少年体力活动的评估测量

测量 PA 的方法		测量工具
主观测量法	问卷调查法	儿童活动参与、愉悦感受和活动偏好的评估(CAPE/PAC) 体力活动调查问卷 体力活动问卷(IPAQ\PAQ-C\PAQ-A\ALP-R2 量表)
	行为观察法	活动日志或日记(自我报告)
		观察法(间隔记录)、课堂观察法(SOFIT)

---

① Montoye H J. Measuring physical activity and energy expenditure[M]. Champaign, IL: Human Kinetics, 1996.

(续表)

测量 PA 的方法		测量工具
客观测量法	机械电子监测	计步器(pedometer)
	量热测量法	加速度计(accelerometer) 间接热量测定

注：SOFIT 下面有详细的介绍。

(一) 主观测量方法

1. 儿童活动参与、愉悦感受和活动偏好的评估

儿童活动参与、愉悦感受和活动偏好的评估(The Children's Assessment of Participation and Enjoyment and Preferences for Activities of Children，CAPE/PAC)，指由加拿大 King 等[①]于 2004 年设计的问卷，是调查 6～21 岁健全或残疾儿童青少年课外活动参与情况的测量工具，他们根据世界卫生组织《国际功能、残疾和健康分类》(International Classification of Functioning, Disability and Health, ICF)中有关活动参与的解释设计开发。CAPE/PAC 的制定采用了明确的概念模型和重点。CAPE 衡量参与的多个维度，包括参与的多样性、强度、对象和地点，以及享受程度，PAC 衡量活动偏好，得分越高者说明活动参与情况越好。但就生活领域而言，CAPE 和 PAC 侧重于儿童在校外参加正式和非正式的休闲活动。CAPE 和 PAC 没有衡量基本自我照顾活动的参与情况，也没有衡量学校活动的参与情况，除非这些活动发生在课外时间，如课间休息或午餐时间。

CAPE 和 PAC 的 55 项活动根据活动的性质或领域(正式或非正式)和活动类型(娱乐、积极身体、社交、技能、自我完善)进行分类，提供 3 个级别的得分：总体、活动领域和活动类型。正式活动被定义为那些有组织、有规则和目标，且通常有教练的活动，例如有组织的体育或音乐课程。非正式的活动不那么有组织，通常没有太多的计划，例如，玩玩具或和朋友出去玩。区别活动性质的基本原理是，对每一项活动的参与可能有不同的预测因素。5 种活动类型是通过主成分分析确定的，

---

① King G, Law M, Hanna S, et al. Predictors of the leisure and recreation participation of children with physical disabilities: A structural equation modeling analysis[J]. Children's Health Care, 2006, 35(3): 209-234.

项目示例见表 3-3。该问卷一经研发，就被学者们广泛应用于加拿大[1][2]、西班牙[3]、美国[4]等国家残疾儿童青少年体力活动的测量与评价。

表 3-3　CAPE/PAC 5 种活动类型项目示例[5]

活动分类		项目数	项目示例
整体		55	所有项目
活动领域	非正式	40	玩拼图、跳舞、钓鱼、做作业、看电视
	正式	15	武术、团队活动、上音乐课
活动类型	休闲	12	玩棋盘游戏、散步或徒步、看电视、和宠物玩
	体育	13	田径、水上运动、园艺、参与非团体运动
	社会	10	打电话、拜访、看电影
	技能相关	10	游泳、学习跳舞、演奏乐器
	自我完善	10	写故事、读书、做作业

2. 体力活动问卷

(1) 国际体力活动问卷(IPAQ)

国际体力活动问卷(International Physical Activity Questionnaire，IPAQ)是一种适合评估各国人口体育活动水平的自我报告测量方法。国际体力活动的测量发展源于日内瓦1998年至2000年间，经过12个国家14个地方大量的信效度测试，结果表明这些评价在许多地方及国度的使用有令人满意的特性[6]。问卷包含4组，通过电话或自我填答的长问卷(5种不同活动领域和静坐)与短问卷(4种构面)

---

[1] King G, Imms C, Palisano R, et al. Geographical patterns in the recreation and leisure participation of children and youth with cerebral palsy: A CAPE international collaborative network study[J]. Developmental Neurorehabilitation, 2013, 16(3): 196-206.

[2] Majnemer A, Shikako-thomas K, Chokron N, et al. Leisure activity preferences for 6- to 12-year-old children with cerebral palsy[J]. Developmental Medicine and Child Neurology, 2010, 52(2): 167-173.

[3] Longo E, Badia M, Orgaz B M. Patterns and predictors of participation in leisure activities outside of school in children and adolescents with Cerebral Palsy[J]. Research in Developmental Disabilities, 2013, 34(1): 266-275.

[4] Orlin M N, Palisano R J, Chiarello L A, et al. Participation in home, extracurricular, and community activities among children and young people with cerebral palsy[J]. Developmental Medicine and Child Neurology, 2010, 52(2): 160-166.

[5] Imms C. Review of the children's assessment of participation and enjoyment and the preferences for activity of children[J]. Physical and Occupational Therapy in Pediatrics, 2008, 28(4): 389-404.

[6] Craig C L, Marshall A L, Sjöström M, et al. International physical activity questionnaire: 12-country reliability and validity[J]. Medicine and Science in Sports and Exercise, 2003, 35(8): 1381-1395.

2 种版本，自我报告的体力活动类别 MET 能量消耗估计见表 3-4。有研究表明，IPAQ 在评价 MVPA 时间上效度较好。Demirturk 等使用 IPAQ 问卷对土耳其 6~17 岁视障儿童青少年 PA 进行评估[①]。

表 3-4 每个自我报告的体力活动类别的 MET 能量消耗估算

表格的格式	活动领域	活动类型或强度	自我报告的强度	MET 估算*
长表格	职业活动	高强度		8
		中等强度		4
		步行	高强度	5
			中等强度	3.3
			低强度	2.5
	交通活动	静坐		1
		步行	高强度	5
			中等强度	3.3
			低强度	2.5
		骑行	高强度	8
			中等强度	6
			低强度	4
	院子里/花园里活动	高强度		5.5
		中等强度		4
	家务活动	高强度		3
	休闲活动	高强度		8
		中等强度		4
		步行	高强度	5
			中等强度	3.3
			低强度	2.5
	静坐	周中		1
		周末		1

---

① Demirturk F, Kaya M. Physical education lessons and activity status of visually impaired and sighted adolescents[J]. Medical Science Monitor, 2015, 21: 3521-3527.

(续表)

表格的格式	活动领域	活动类型或强度	自我报告的强度	MET 估算*
短表格	所有活动	高强度		8
		中等强度		4
		步行	高强度	5
			中等强度	3.3
			低强度	2.5
	静坐	周中		1
		周末		1

* MET 的估算是基于最新的体力活动刚要,但由于自我报告的剧烈和中等体力活动问题的普遍性,因此使用了所有剧烈和中等强度体力活动的平均值①

(2) 专门针对儿童青少年的 PAQ-C 和 PAQ-A

设计有效的工具来评估不同年龄段的体力活动很重要。大儿童体育活动问卷 Physical Activity Questionnaire for Older Children (PAQ-C)适用于小学学龄儿童 4~8 年级,他们在 8~14 岁②。青少年体育活动问卷 Physical Activity Questionnaire for Adolescents (PAQ-A)适用于高中学生(9~12 年级;14~20 岁)。PAQ-C 和 PAQ-A 是自我管理的,7 天回忆问卷,用来测量在学年中一般中度到剧烈的体力活动水平③。

PAQ-C 和 PAQ-A 可用于纵向研究。其优势是成本低,可以对儿童至青少年时期的体力活动进行可靠有效的评估④,且易于管理,可用于大规模研究,评估体力活动的总体水平。其局限性是很难精确测量青少年活动的强度、频率和持续时间,不提供热量消耗的估计。此外,PAQ-C 和 PAQ-A 只适用于在学年期间使用,不应该被用来评估夏季或假期的体力活动。因此,PAQ-C 和 PAQ-A 只评估

---

① Craig C L, Marshall A L, Sjöström M, et al. International physical activity questionnaire: 12-country reliability and validity[J]. Medicine and Science in Sports and Exercise, 2003, 35(8): 1381-1395.

② Crocker P R, Bailey D A, Faulkner R A, et al. Measuring general levels of physical activity: Preliminary evidence for the physical activity questionnaire for older children[J]. Medicine and Science in Sports and Exercise, 1997, 29(10): 1344-1349.

③ Kowalski K, Crocker P, Donen R. The physical activity questionnaire for older children 379 (PAQ-C) and adolescents (PAQ-A) manual[D]. Saskatoon, SK: University of Saskatchewan, 2004.

④ Kowalski K C, Crocker P R E, Faulkner R A. Validation of the physical activity questionnaire for older children[J]. Pediatric Exercise Science, 1997, 9(2): 174-186.

学校系统中个人的活动。该问卷在残疾儿童青少年 PA 研究中经常被使用[①②]。

(3) 青少年生活方式量表(ALP-R2 量表)

青少年生活方式量表(Adolescent Lifestyle Profile-Revised 2, ALP-R2)是一种用于评估青少年生活方式的工具,最初是由 Hendricks, Murdaugh 和 Pender 在 2006 年基于健康促进生活方式概况 II(HPLP II)的基础上建立的,用于衡量青少年的健康改善行为,并在早期青少年样本中进行了测试[③],在视力残疾等青少年 PA 研究中也有应用[④]。该量表由 7 个维度组成,旨在全面了解青少年的生活习惯、体力活动、饮食习惯、心理健康等方面的情况。ALP-R2 量表的汉化及信效度分析显示,该量表在中文环境下具有良好的信度和效度,能够有效地用于评估中国青少年的生活方式[⑤]。ALP-R2 量表的主要内容包括以下几个维度(表 3-5a),其中量表的第 2 部分体育运动的具体题目包括 6 个问题(表 3-5b)。

表 3-5a　ALP-R2 生活方式量表维度

维度	内容
健康责任	评估青少年对健康责任的认识和承担情况
体育运动	评估青少年参与体育运动的频率、强度和类型
营养	评估青少年的饮食习惯和营养摄入情况
积极生活态度	评估青少年对待生活的积极态度和应对压力的能力
压力管理	评估青少年应对压力和挑战的方法和效果
精神健康	评估青少年的心理健康状况,包括情绪、行为和认知等方面
人际关系	评估青少年与家人、朋友和同学等社会关系的互动情况

---

① Brian A, Pennell A, Haibach-Beach P, et al. Correlates of physical activity among children with visual impairments[J]. Disability and Health Journal, 2019, 12(2): 328-333.

② Greguol M, Gobbi E, Carraro A. Physical activity practice, body image and visual impairment: A comparison between Brazilian and Italian children and adolescents[J]. Research in Developmental Disabilities, 2014, 35(1): 21-26.

③ Hendricks C, Murdaugh C, Pender N. The adolescent lifestyle profile: Development and psychometric characteristics[J]. Journal of National Black Nurses' Association, 2006, 17(2): 1-5.

④ Gür K, Beyhan A, Aktan Ç, et al. Physical activity levels, enjoyment, and perceptions of barriers to physical activity of adolescents with visual impairments in Turkey[J]. Journal of Visual Impairment and Blindness, 2020, 114(6): 502-515.

⑤ 曹文君,郭颖,平卫伟,等. HPLP-Ⅱ健康促进生活方式量表中文版的研制及其性能测试[J]. 中华疾病控制杂志,2016,20(3):286-289.

表 3-5b ALP-R2 体育运动量表

1	我经常和家人一起散步
2	我每周进行 3 次体育锻炼(有氧运动、跳舞、快走、跑步、跳绳、游泳),每次 20 min 以上
3	我参加体育运动和娱乐休闲活动
4	我在业余时间散步或运动
5	我和朋友们玩一些积极的游戏(足球等)
6	我一直运动到心跳加快,浑身冒汗

3. 活动日志或日记(自我报告)

1983 年 Bouchard 等[1]设计了活动日志用于青少年和成人 PA 的评估工具。Aslan 等[2]用 24 小时活动日记对视障儿童青少年的体力活动进行了评估,记录了非周末的两天和周末的一天。每天每隔 15 min 进行的活动由观察员记录在日记中。观察员包括一名教师和实习物理治疗师,他们被告知了记日记的方法。根据严重程度将活动分类的清单发给观察员,并指导他们使用清单。根据活动的剧烈程度,活动被分为 9 类(表 3-6)。最轻微的活动是睡觉,最剧烈的活动是导致出汗的体育活动,如跑步和足球。观察人员将活动名称、活动列表确定的活动剧烈程度和活动持续时间记录在日记中。为了通过日记来估计体育活动,列表中的活动被分为睡眠、轻度活动(听课、学习、听音乐、下棋等)、中度活动(散步、在操场上玩的娱乐活动等)和剧烈活动(跑步、足球等),并对每个类别的活动时长进行合计。

表 3-6 活动、能量消耗和相关分类值

类型	示例	不同研究中能量消耗 MET		已使用的中等强度能量消耗	
		最低	最高	MET	Kal/kg/15 min
1	睡觉、在床上看书	1.0		1.0	0.26
2	静坐、吃东西、站着、写作等	1.0	2.0	1.5	0.38
3	站着的轻体力活动:洗衣、剃须、梳头、做饭等	2.0	3.0	2.3	0.57

---

[1] Bouchard C, Tremblay A, Leblanc C, et al. A method to assess energy expenditure in children and adults[J]. The American Journal of Clinical Nutrition, 1983, 37(3): 461-467.

[2] Aslan U B, Calik B B, Kitiş A. The effect of gender and level of vision on the physical activity level of children and adolescents with visual impairment[J]. Research in Developmental Disabilities, 2012, 33(6): 1799-1804.

(续表)

类型	示例	不同研究中能量消耗 MET		已使用的中等强度能量消耗	
		最低	最高	MET	Kal/kg/15 min
4	慢走(<4 km/h)、开车、穿衣、洗澡等	2.0	4.0	3.8	0.69
5	轻体力劳动:扫地、擦窗户、开卡车、油漆、护理杂活、家务、电工、以4~6 km速度行走等	2.3	5.0	3.3	0.84
6	娱乐环境中的活动和运动:棒球、高尔夫、排球、皮划艇或赛艇、射箭、保龄球、骑自行车(<10 km/h)、乒乓球	3.0	8.0	4.8	1.2
7	节奏适中的体力劳动:采矿、木工、建房、伐木和砍柴、铲雪、装卸货物等	4.0	8.0	5.6	1.4
8	高强度(非竞技)的休闲体育活动:划独木舟(5~8 km/h)、骑自行车(>15 km/h)、跳舞、滑雪、羽毛球、体操、游泳、网球、骑马、散步(>6 km/h)等	5.0	11	6.0	1.5
9	高强度体力工作和剧烈的体育运动和比赛:砍伐树木、搬运重物、跑步(>9 km/h)、壁球、羽毛球、游泳、网球、越野滑雪(>8 km/h)、远足、爬山等	6.0	15	7.8	2.0

体力活动清单上的活动,在不同的3天内指定的相同活动的持续时间以小时计算(以分钟计算的持续时间换算成小时)。然后将轻、中、高3种活动和睡眠类别的值相加,估计出按活动严重程度分类的所有活动时长的总和,以及体力活动列表中各项活动的周总时长。

4. 课堂观察法

课堂观察法中的 SOFIT(system for observing fitness instruction time)是一种系统化的课堂观察工具,专门用于评估体育课程中学生的体力活动水平、教师教学行为及课程内容设计的有效性。SOFIT 的观察者间可靠性从 88.3% 到 91.8%。SOFIT 活动代码已被验证可用于心率和加速度测量,该方法被广泛用于测量残疾和非残疾儿童的体力活动水平[1][2]。SOFIT 使用3个阶段的决策系统,其

---

① Faison-Hodge J, Porretta D L. Physical activity levels of students with mental retardation and students without disabilities[J]. Adapted Physical Activity Quarterly,2004,21(2):139-152.

② Sit C H P, McManus A, McKenzie T L, et al. Physical activity levels of children in special schools [J]. Preventive Medicine,2007,45(6):424-431.

中包括时间采样,每 20 s 输入一次学生体育活动、课堂环境和教师行为的代码。目标学生的体力活动水平(积极参与水平)通过输入 5 种编码中的一种进行评分:躺着(编码 1)、坐着(编码 2)、站着(编码 3)、走着(编码 4)和剧烈(编码 5)。散步和非常活跃结合起来形成中度到剧烈的体力活动(MVPA),这是健康相关文献中经常使用的描述。并行课程环境(即体育是如何进行的)是根据课程时间是否分配给管理(M)、体育知识(K)、健身(F)、技能练习(S)、游戏(G)或其他,如自由游戏(O)来编码的。教师在课堂上使用以下行为类别:促进健康(P)、示范健康(D)、一般指导(I)、管理(M)、观察(O)和任务外行为(T)。

(二) 客观测量方法

1. 计步器(pedometer)

在缺乏黄金标准的情况下,评估儿童的体力活动仍然很困难。用计步器记录步数,评估一周以上的体力活动在青少年中是可行的,体力活动与估计最大摄氧量之间的相关性为 0.30($p<0.01$)[1]。计步器提供的记录可以客观地衡量日常的体力活动,因此,它与有氧能力的相关性相对较好。欧姆龙步行风格 Pro 计步器,允许不同的携带方式,如放在裤子口袋或鞋子上。Suzuki 等[2]、Teigland 等[3]使用计步器对不同残疾类型和程度的青少年进行 PA 水平研究。

2. 加速度计(accelerometer)

加速度计是目前残疾儿童青少年体力活动研究公认的可信度较好的工具。加速度计种类繁多,ActiGraph 系列是主流的使用工具。其测量的原理是通过感应物体的加速度,产生某种介质的形变,测量形变量并转化成电压输出。其最大的优势是,加速度计能够较为准确地测量人体在自由生活状态下的体力活动总量、强度和时间,且小巧轻便、佩戴舒适性高。

影响加速度计测量准确性的关键因素之一是所选用的切点值标准。加速度计通过记录特定采样间隔(epoch)内的运动单位,即加速度计数(counts),并利用能耗预测方程来计算不同强度的体力活动的加速度计切点值(cutoff points),以此来

---

[1] Michaud P A, Cauderay M, Narring F, et al. Assessment of physical activity with a pedometer and its relationship with VO_2 max among adolescents in Switzerland[J]. Sozial- und Praventivmedizin, 2002, 47(2): 107-115.

[2] Suzuki M, Saitoh S, Tasaki Y, et al. Nutritional status and daily physical activity of handicapped students in Tokyo metropolitan schools for deaf, blind, mentally retarded, and physically handicapped individuals[J]. The American Journal of Clinical Nutrition, 1991, 54(6): 1101-1111.

[3] Teigland C, Eichmann B, Gieing J, et al. Physical activity, body composition and mental well-being of visually impaired and blind children in Germany[C]. Bern: 2015.

表示体力活动水平①。根据这些预设的切点值,可以将采样间隔内的体力活动划分为久坐行为(sedentary behavior,SB)、低强度体力活动(light physical activity,LPA)、中高强度体力活动(moderate-to-vigorous physical activity,MVPA)和高强度体力活动(vigorous physical activity,VPA)。

已发表残疾儿童青少年 PA 研究的文献中常常选用的加速度计切点值方案有 Puyau 等提出的切点值和 Evenson 等提出儿童青少年 PA 切点值。根据 Puyau 等提出的切点值,久坐时的切点值小于 800 cpm,LPA 在 800～3 199 cpm,VPA 大于 8 200 cpm,MVPA 大于 3 199 cpm,该切点值被认为是学龄孩子最合适的切点值②。在有视觉障碍的青少年身上也得到了验证③④。Evenson 等提出儿童青少年 PA 切点值,小于或等于 100 cpm 为 ST,101～2 295 cpm 为 LPA,大于或等于 4 012 cpm 为 VPA,大于或等于 2 296 cpm 为 MVPA①。该切点值广泛应用于残疾儿童青少年 PA 的测量⑤,在视障、脑瘫等儿童青少年 PA 研究中得到了验证。

3. 间接热量测量

近年来,间接热量测试法也被研究者用于测量残疾儿童青少年的体力活动总消耗热量(total energy expenditure,TEE)和静息能量消耗(resting energy expenditure,REE)⑥。间接热量测试是一种精确的短时热量测定方法,它通过让受试者佩戴呼吸面罩并连接到气体代谢装置来分析受试者的摄氧量(VO_2)和二氧化碳(CO_2)产生量,从而计算能量消耗。随着技术的进步,气体代谢装置已经变得更加小巧轻便,佩戴起来也更加舒适,使用起来更加便捷。这些改进使得设备能够精确分析每一次呼吸的气体交换情况,非常适合于现场环境中的体力活动,如体育锻

---

① Evenson K R, Catellier D J, Gill K, et al. Calibration of two objective measures of physical activity for children[J]. Journal of Sports Sciences,2008,26(14):1557-1565.

② Puyau M R, Adolph A L, Vohra F A, et al. Validation and calibration of physical activity monitors in children[J]. Obesity Research,2002,10(3):150-157.

③ Houwen S, Hartman E, Visscher C. Physical activity and motor skills in children with and without visual impairments[J]. Medicine and Science in Sports and Exercise,2009,41(1):103-109.

④ Cervantes C M, Porretta D L. Impact of after school programming on physical activity among adolescents with visual impairments[J]. Adapted Physical Activity Quarterly,2013,30(2):127-146.

⑤ Capio C M, Sit C H P, Eguia K F, et al. Fundamental movement skills training to promote physical activity in children with and without disability:A pilot study[J]. Journal of Sport and Health Science,2015,4(3):235-243.

⑥ Bell K L, Davies P S. Energy expenditure and physical activity of ambulatory children with cerebral palsy and of typically developing children 1 2 3[J]. The American Journal of Clinical Nutrition,2010,92(2):313-319.

炼和休闲娱乐活动的能量消耗测量[①]。间接热量测试法是一种高度精确的工具，但它们通常价格昂贵，这使得在进行大规模样本研究时可能不太经济可行。研究者在选择使用这些设备时需要仔细考虑研究的具体需求和资源。

二、评估青少年体力活动强度的不同方法比较

（一）主观测量法的比较

在没有黄金标准的情况下，很难确定评估体力活动的最佳工具，不同直观测量法的比较如表3-7所示。使用问卷测量体力活动较为经济、便捷，适合大样本研究使用。在某些情况下，受限于现有资源，自我报告可能是大规模人口调查中唯一可行的方法。但是，回忆PA是一项高度复杂的认知任务，需要了解PA在过去某一时刻的表现，回忆周期从1天到1周或通常的几周不等。由于发育的差异，尤其是在抽象思考和详细回忆的能力上，青少年比成年人更不可能做出准确的自我评价。此外，青少年的活动模式比成年人更多变。因此，PA问卷可能存在回忆偏差，尤其对于残疾儿童青少年，问卷和自我报告等主观性测量方法有效性仍需进一步验证，比如，对于智力障碍儿童青少年，其认知水平尚不成熟，可能因为不能理解问卷题目而造成结果偏差。

表3-7 不同主观测量方法比较

主观测量	适用对象	优点	局限性
CAPE/PAC	6~21岁健全或残疾儿童青少年	生活领域的活动参与、愉悦感和活动偏好；衡量活动类型、强度、地点	没有衡量学校活动的参与情况，除了课间和午餐时间
IPAQ	15~69岁	日常生活中的体力活动类型及其时间分配；目前国际上公认并广泛使用的体力活动测量工具	并不适用于低于15岁的儿童青少年；活动强度分类模糊
PAQ-C PAQ-A	8~14岁 14~20岁	具体的年龄分段、成本低、易于管理	不能精准测量PA强度、频率、时间和能量消耗；仅能用于估测在学校期间的PA
ALP-R2	青少年	可以测量饮食、心理、体力活动、生活习惯、人际关系等方面	体力活动仅是该量表的一部分

---

① 戴剑松,孙飙.体力活动测量方法综述[J].体育科学,2005,25(9):69-75.

(续表)

主观测量	适用对象	优点	局限性
活动日志、自我报告	青少年、成人	提供体力活动的具体细节，包括活动类型、时间、强度等	数据分析过程较为烦琐，需要投入大量时间和精力进行整理和编码
SOFIT	学生、教师	通过编码的方式对学生体力活动水平、课堂教学环境和教师行为等数据进行实时、同步收集，真实地反映课堂教学的实际情况	观测者需具备一定的专业知识和技能及实践经验；数据收集与分析工作量大

选择合适的 PA 问卷不仅取决于研究的特定目的（如评价、预测），还取决于人群的特征（如残疾、年龄等）和利益的结果。选择问卷的其他关键考虑因素是实际问题的相对重要性，如研究规模和预算，以及可靠性、有效性和响应性。

（二）加速度计切割点预测青少年活动强度的比较

客观测量包括各种生理指标、实验室方法、运动传感器。考虑到自我报告方法的局限性以及与其他客观方法（如 HR 监测、双标记水）相关的高成本和参与者负担，加速测量法已成为测量自由生活儿童和青少年体力活动的首选方法。虽然心率监测和加速度测量等客观方法可能更好地捕捉到 PA 的持续时间和强度，但它们不能提供关于 PA 行为类型或在什么环境下以及在哪里进行活动的信息（如积极的交通、运动、学校）。目前，业内有几种加速度计的制造和型号。然而加速度计的切点的选择对体力活动强度和久坐行为的估计有显著和临床意义的影响。这不仅有助于了解 PA 与健康之间的关系，而且有助于监测长期行为趋势和评估干预措施的有效性。由于缺乏比较效度研究，研究人员无法就强度相关的加速度计切割点应用于儿童和青少年达成共识。对于青少年，目前常使用 5 个独立开发的切割点估算体力活动强度，分别是 Freedson/Trost（FT）、Puyau（PU）、Treuth（TR）、Mattocks（MT）和 Evenson（EV）。这些切点值见表 3-8。

表 3-8　加速度计测量的青少年 PA 切点值

作者	样本	切点值
Freedson 等	$n=80$ 6～18 岁，平均 11.3 岁， 女 41 人，男 39 人	SED≤100 LPA>100 MVPA≥2 220 VPA≥4 136

(续表)

作者	样本	切点值
Puyau 等	$n=26$ 6~16岁，平均10.7岁， 女12人，男14人	SED≤800 LPA>800 MVPA≥3 200 VPA≥8 200
Treuth 等	$n=74$ 13~14岁，女74人	SED≤100 LPA>100 MVPA≥3 000 VPA≥5 200
Mattocks 等	$n=163$ 平均12.4岁，女90人，男73人	SED≤100 LPA>100 MVPA≥3 581 VPA≥6 130
Evenson 等	$n=33$ 5~8岁，平均7.3岁， 女21人，男12人	SED≤100 LPA>100 MVPA≥2 296 VPA≥4 012

Trost 等[1]以间接量热法测量的能量消耗为参考标准，评价这5组ActiGraph切点的分类精度。具体方法如下：对206名5~15岁的参与者完成12项标准化活动试验。试验包括久坐活动（卧、写作、电脑游戏）、生活方式活动（扫地、洗衣、扔接、健美操、篮球）和步行活动（舒适散步、快走、跑步机快走、慢跑）。在每次试验中，参与者佩戴ActiGraph GTIM，并使用Oxycon Mobile便携式代谢系统逐次测量 VO_2。通过加权K统计量和受试者工作特征曲线下面积（ROC-AUC）评价分类精度。结果表明，在所有PA 4个强度水平上，EV($K=0.68$)和FT($K=0.66$)切点的一致性明显优于TR($K=0.62$)、MT($K=0.54$)和PU($K=0.36$)。对于MVPA的分类，EV和FT切点的分类精度明显优于TR、MT和PU切点。EV和FT切点表现出较好的分类精度，TR切点表现出较好的分类精度，MT和PU切点表现出一般的分类精度。MVPA切割点高于3 000计数/min与增加的假阴性率、显著降低的敏感性和边缘分类准确性相关。对于久坐活动，广泛应用的每min 100计数的切点显示出良好到优秀的分类精度，而较高的PU久坐切点为每min 800计数显示出相当的分类精度。值得注意的是，只有EV切点为所有运动强度水平提

---

[1] Trost S G, Loprinzi P D, Moore R, et al. Comparison of accelerometer cut points for predicting activity intensity in youth[J]. Medicine and Science in Sports and Exercise, 2011, 43(7): 1360-1368.

供了可接受的分类精度,并且在所有年龄段的儿童中都表现良好,其他所有切点对轻强度体力活动表现出较低的分类精度。EV 切割点在所有强度水平上的整体表现最佳,建议研究人员使用 EV ActiGraph 切点来估计儿童和青少年在久坐以及轻、中、高强度活动中的时间。

对于残疾儿童青少年,Forseth 等进行了一项横断面研究分析,被诊断为唐氏综合征的参与者(n=37;15.5～1.9 岁;57%的女性)连续 7 天在非优势臀部佩戴加速度计[1]。研究人员对 PA 4 个运动强度切点(Evenson、Freedson 4-MET、McGarty 和 Romanizi)的数据进行了分析和比较,研究显示,当对唐氏综合征患者使用不同的切点时,他们的累计体力活动时间有很大的差异。可见,目前迫切需要建立针对唐氏综合征的体力活动评估措施,而不是采用针对正常发育的同龄人开发的方法。Keawutan 等验证了脑瘫儿童 PA 的加速度计测量切点值的验证[2]。Marie 研究发现,应用正常儿童青少年 PA 切点值对于典型发育儿童发育的切点过高,无法准确划分智力残疾儿童的体力活动强度[3]。他们还提出智障儿童青少年最佳纵轴切割点(cpm)为 507(久坐)、1 008～2 300(中度 PA)和 2 301(剧烈 PA)。Kozub 等实践的效度和信度估计表明,RT3 是测量视力障碍青少年短期体力活动水平的有用工具[4]。

性别、年龄、残疾类型和残疾等级等因素均会对切点值效度产生影响,因此针对残疾儿童青少年,应依据不同残疾类型选用不同 PA 切点值。此外,在 PA 和运动科学文献中,由于佩戴测量设备而改变 PA 的可能影响被称为反应性。这种影响在儿童和青少年中可能更明显,因为年轻人天生具有竞争性和好奇心,他们可能会由于竞争意图或预期而改变自己的自我调节能力水平。Dössegger 等的研究结果表明,儿童和青少年在第一个和最后一个测量天的反应程度约为 5%(范围从 4%～6%),当测量整个星期[5]。由于干预研究的目标和临床意义差异 PA 往往是

---

[1] Forseth B, Carlson J A, Willis E A, et al. A comparison of accelerometer cut-points for measuring physical activity and sedentary time in adolescents with Down syndrome[J]. Research in Developmental Disabilities, 2022, 120: 104126.

[2] Keawutan P, Bell K L, Oftedal S, et al. Validation of accelerometer cut-points in children with cerebral palsy aged 4 to 5 years[J]. Pediatric Physical Therapy, 2016, 28(4): 427-434.

[3] Marie M A. Understanding and validating accelerometry as a measure of physical activity in children with intellectual disabilities[D]. Glasgow, UK: University of Glasgow, 2015.

[4] Kozub F M, Oh H K, Rider R A. RT3 accelerometer accuracy in estimating short term physical activity in individuals with visual impairments[J]. Adapted Physical Activity Quarterly, 2005, 22(3): 265-276.

[5] Dössegger A, Ruch N, Jimmy G, et al. Reactivity to accelerometer measurement of children and adolescents[J]. Medicine and Science in Sports and Exercise, 2014, 46(6): 1140-1146.

10%,效应量很少超过11%,反应性可能会引入相关偏差。如果采用加速度法测量习惯性PA,研究人员应计划学龄儿童至少一个熟悉日,学龄前儿童可能两个熟悉日,收集至少7 d的数据。此外,学龄儿童应包括工作日和周末,并随机分配开始日期。在第一天,加速度计测量PA的反应性可能达到约5%的程度,并可能给基于加速度计的研究带来相关的偏差。在学龄前儿童中,这种影响比小学和中学的儿童更大。由于星期几和开始的日子对PA估计有显著影响,研究人员应该为学龄儿童计划至少一个熟悉日,并随机分配开始的日子。

三、研究展望

用于量化残疾儿童体力活动的工具的有效性和可靠性研究的数量明显不足,使得难以在该人群中确定理想的测量方法。已有的相关有效性和验证性研究大部分在美国进行,应加强其他国家的验证性研究,一项系统综述显示,父母(照顾者)代理报告可能是衡量ID儿童体力活动的较好工具之一[1]。考虑到残疾不同类型和程度,同一种测量工具在不同残疾程度和不同残疾类型人群应用的效度和信度研究很少。

目前,较为精确的体力活动评估方法是运动传感器,它既可以作为小规模研究体力活动的度量手段,又可作为体力活动问卷有效性验证的标准测量方法。但与正常儿童相比,由于步态的差异,运动传感器可能无法准确捕捉ID儿童的运动;在有残疾的儿童中用于对久坐以及轻度、中度和剧烈活动进行分类的加速度计阈值可能不合适,因为残疾儿童青少年的最大耗氧量水平较低;运动传感器的放置需要考虑,如患有ID的儿童通常拒绝长时间佩戴;未来的研究应该集中于确定用于评估患有不同类型残疾儿童体力活动的工具的有效性和可靠性。

随着网络信息技术的不断进步,体力活动测量方法也在不断改善,有研究者将GPS技术应用到轮椅网球中,其有效性初步得到验证。每种测量方法各有优劣,研究者应根据自身研究目的、实验设计、研究对象残疾类型和程度、研究对象年龄等因素综合考虑,选择最优的测量方法,提高研究结果的信度和效度。

总之,残障人士体力活动评估方法需要进一步发展,以便为调查研究者和公共卫生人员提供衡量和监测残疾人体力活动模式的能力,更好地进行残障人士身体健康促进工作。

---

[1] Hinckson E A, Curtis A. Measuring physical activity in children and youth living with intellectual disabilities: A systematic review[J]. Research in Developmental Disabilities, 2013, 34(1): 72-86.

第三节
残疾学生体力活动水平和行为模式

一、残疾学生体力活动水平研究现状

分析已有的残疾儿童青少年 PA 的研究文献,学者们提出了残疾儿童青少年普遍缺乏体力活动的证据。这些文献存在一些特征,首先存在地域分布特征,大多数文献来源于欧美等国家,这可能反映了这些地区在视力残疾(VI)研究领域的投入和产出相对较高。同时,亚洲地区也有一定的研究产出,但相比之下可能稍显不足,这种地域分布可能与不同地区的经济发展水平、医疗资源分配以及研究资助等因素有关。其次关于研究方法,横断面设计的观察性研究占据了主导地位。这种研究方法有助于了解残疾人群在某一特定时间点的状况,但无法揭示疾病的发展过程或因果关系。研究者使用了不同的年龄范围,不同的体力活动、身体健康和身体组成的测量方法,不同的残疾定义,以及不同的学校类型(如盲人学校、融合学校)。最后,大多数研究的样本量都很小,这可能与残疾人群的特殊性有关。

分析已发表的有关 VI 儿童青少年与 PA 的研究综述,Haegele 等[1]归纳与分析了发表于 1982—2013 年视障儿童青少年 PA 相关研究结果,指出该群体 PA 水平较低,缺乏 PA 参与机会、体育教师缺乏适应体育教学的知识和技能以及缺乏家长支持等因素是造成 PA 水平较低的主要原因。Augestad 等回顾了截至 2013 年的 13 项相关研究,分析了 VI 程度、性别、年龄、学校类型对 VI 儿童青少年 PA 的影响,结果表明,学龄 VI 个体的体力活动水平较低可能与可感知的参与障碍有关,包括适当机会的可获得性,而不是视力或教育环境[2]。最近的一项系统综述 Li 等总结了截至 2019 年 VI 儿童青少年 PA 相关研究,并确定有助于他们参与 PA 的 21 个变量[3]。调查 PA 影响因素的研究,主要涉及人口统计因素、人际因素和环境

---

[1] Haegele J A, Porretta D. Physical activity and school-age individuals with visual impairments: A literature review[J]. Adapted Physical Activity Quarterly, 2015, 32(1): 68-82.

[2] Augestad L B, Jiang L. Physical activity, physical fitness, and body composition among children and young adults with visual impairments: A systematic review[J]. British Journal of Visual Impairment, 2015, 33(3): 167-182.

[3] Li Q D, Kuang X M, Qi J. Correlates of physical activity of children and adolescents with visual impairments: A systematic review[J]. Current Pharmaceutical Design, 2020, 26(39): 5002-5011.

因素。国内学者齐静等归纳了确定 VI 儿童青少年 PA 相关因素的横断面或量化研究[1]。

文献搜索关于智力障碍(ID)青少年客观测量的体育活动水平的数据较少，只有少数实证研究客观地测量了学龄智力残疾儿童的体育活动水平，且上述研究在涉及智力残疾儿童时得到了相互矛盾的结果。国际上，智力障碍儿童青少年的体力活动研究始于 20 世纪 70 年代，来自中国、美国、法国、英国、菲律宾、西班牙、瑞士、澳大利亚、荷兰等国家。PA 对听力障碍(HI)儿童青少年的发展非常重要。HI 是指完全或部分丧失听力[2]。分析现有的文献发现，关于 HI 儿童青少年高强度体力活动(MVPA)的研究结果存在显著的地域性差异。

目前国内外学者开展了系列残疾儿童青少年 PA 的相关研究，主要集中在 3 个方面，即通过客观测量，调查残疾儿童青少年的体力活动和久坐时间，并与健康青少年进行比较，并确定他们是否进行推荐活动量；评估年龄、性别、BMI、残疾水平、季节、学校环境、社会支持环境对残疾儿童青少年 PA 和久坐时间的影响，测量和评估残疾儿童青少年身体健康水平和运动技能水平，并探索其影响因素；通过学校课程、体育活动、家庭体育活动等 PA 干预方案及其效果的研究。

二、残疾学生每日中高强度体力活动累积水平不足

(一) 听力障碍(HI)学生 PA 每日累积量

Lobenius-Palmér 等[3]和 Ng 等[4]对瑞典和芬兰的研究指出，HI 的每日平均 MVPA(中等到高强度体力活动)超过 100 min，这远超过了 WHO 建议的儿童青少年每日 MVPA 累计 60 min 的标准[5]。然而，中国的一项研究则揭示了一个截然不同的情况[6]，其中 HI 儿童青少年每天的 MVPA 时间仅为 25 min，远低于 WHO 的

---

[1] 齐静，许瑾瑜，邵伟德. 视力障碍儿童青少年体力活动研究进展：基于 1981—2021 年中英文文献的范围综述[J]. 上海体育学院学报，2022，46(3)：26-38.

[2] Mathers C, Smith A W, Concha M. Global burden of hearing loss in the year 2000[R]. WHO: Geheva，2000，18：1-30.

[3] Lobenius-Palmér K, Sjöqvist B, Hurtig-Wennlöf A, et al. Accelerometer-assessed physical activity and sedentary time in youth with disabilities[J]. Adapted Physical Activity Quarterly，2018，35(1)：1-19.

[4] Ng K W, Rintala P, Husu P, et al. Device-based physical activity levels among finnish adolescents with functional limitations[J]. Disability and Health Journal，2019，12(1)：114-120.

[5] World Health Organization. Global recommendations on physical activity for health Available[R]. Geneva：World Health Organization，2010.

[6] Li C X, Haegele J A, Wu L F. Comparing physical activity and sedentary behavior levels between deaf and hearing adolescents[J]. Disability and Health Journal，2019，12(3)：514-518.

推荐标准。

分析出现差异的原因,首先,欧洲与亚洲之间的文化差异可能是导致结果差异的重要因素。不同的文化背景可能导致儿童和青少年在日常生活中的体力活动习惯和参与度存在显著差异。例如,欧洲的某些文化可能更加注重户外运动和体力活动,而亚洲的某些文化可能更多地强调学术表现或室内活动。其次,测量方法的不同也可能是导致结果差异的重要因素。研究中提到了使用加速度计和自我报告的方法来测量 PA 水平。加速度计是一种客观的测量方法,能够较为准确地记录个体的体力活动时间和强度;而自我报告则更多地依赖于个体的主观回忆和判断,可能存在偏差。这两种方法之间的测量差异也可能导致了研究结果的不一致性。由于目前的研究数量和国家数量都相对有限,很难得出一个全面而准确的关于 HI 的 PA 水平的结论。因此,为了更深入地了解全球范围内 HI 儿童青少年的平均 PA 水平,我们需要更多的研究报告,特别是来自不同国家和地区的研究,以形成一个更为全面和客观的认识。

(二) 视力障碍(VI)学生 PA 每日累积量

VI 儿童青少年的 PA 问题一直备受关注,相关的研究也在不断深入。PA 对于 VI 儿童青少年的身心健康、社会适应以及生活质量等方面都具有重要意义。国外对 VI 儿童青少年 PA 相关研究起步于 20 世纪 80 年代,1981 年,DePauw 完成了一篇关于 VI 个体体育教育的综述[1],随后有关 VI 儿童青少年 PA 研究的相继开展,但研究多集中于欧美等国家,其中美国的相关研究报道最多。多项来自美国、挪威、荷兰、德国、日本、意大利、德国等国家的样本调查结果显示,视障儿童青少年 PA 严重不足,习惯于久坐不动的生活方式。他们的 PA 水平未达到该推荐标准[2][3][4][5][6]。有学者通过他人记录的方法发现 VI 青少年体力活动处在低水平,并

---

[1] DePauw K P. Physical education for the visually impaired: A review of the literature[J]. Journal of Visual Impairment and Blindness, 1981, 75(4): 162-164.

[2] Haegele J A, Porretta D. Physical activity and school-age individuals with visual impairments: A literature review[J]. Adapted Physical Activity Quarterly, 2015, 32(1): 68-82.

[3] Haegele J, Zhu X H, Kirk T N. Weekday physical activity and health-related fitness of youths with visual impairments and those with autism spectrum disorder and visual impairments[J]. Journal of Visual Impairment and Blindness, 2018, 112: 372-384.

[4] Sit C H P, McKenzie T L, Cerin E, et al. Physical activity and sedentary time among children with disabilities at school[J]. Medicine and Science in Sports and Exercise, 2017, 49(2): 292-297.

[5] Gür K, Beyhan A, Aktan Ç, et al. Physical activity levels, enjoyment, and perceptions of barriers to physical activity of adolescents with visual impairments in Turkey[J]. Journal of Visual Impairment and Blindness, 2020, 114(6): 502-515.

[6] Haegele J A, Zhu X H, Kirk T N. Physical activity among children with visual impairments, siblings, and parents: Exploring familial factors[J]. Maternal and Child Health Journal, 2021, 25(3): 471-478.

且几乎没有高强度的体力活动[1]。还有学者采用加速度计对 VI 学生的 PA 进行测量,结果显示 VI 学生的 PA 水平未能达到 WHO 推荐量,MVPA 每日平均仅为 28 min,80% 的时间都处于久坐状态[2]。另一些研究也表明患有 VI 的儿童和青少年每天的 MVPA 少于 30 min[3]。例如,Kozub 和 Oh 2004 年的研究表明,19 名年龄在 6~18 岁的学生样本中,不同程度的 VI 平均花费在 MVPA 上的时间少于 28 min/d。同样,Houwen 等在一组 48 名低视力儿童(6~12 岁)中记录了更低的每日 MVPA 水平(18.4 min/d)[4]。然而,中国西部特殊学校的一项研究结果显示,VI 学生的 MVPA 达到 165.26 min/d,远高于 WHO 推荐量[5][6]。我国 VI 学生体力活动水平是否与地域、文化、学校课程设置等有关,仍需进一步调查研究。

国内对 VI 儿童体力活动行为的研究多集中在他们在体育锻炼活动中的参与情况。从已有的研究成果来看,VI 儿童在体育锻炼方面存在一些共性问题。张永娟[7]对长三角地区 VI 学生和周艳茹[8]对京津沪地区 VI 学生的调查中发现,VI 学生日常体育锻炼偏少,此后张玲[9]对 80 名天津市 VI 学生进行调研,结果也显示 VI 学生的课外体育活动参与意愿偏低,受项目局限,他们自主参与体育活动的时间较少。靳秀兰等[10]对 90 名北京市 VI 学生的日常体育锻炼行为进行问卷调查发现,其主要特征为参与体育锻炼的强度小、时间短、频率低,并且主要在学校环境中进行,少有家庭和社会环境下的主动参与。近年来,我国学者采用加速度计对上海、

---

[1] Aslan U B, Calik B B, Kitiş A. The effect of gender and level of vision on the physical activity level of children and adolescents with visual impairment[J]. Research in Developmental Disabilities, 2012, 33(6): 1799-1804.

[2] 窦丽,陈华卫,卢恩杰,等. 视力残疾青少年体力活动及其与运动自我效能的相关性[J]. 中国康复理论与实践,2023,29(3):349-355.

[3] Kozub F M, Oh H K. An exploratory study of physical activity levels in children and adolescents with visual impairments [J]. Clinical Kinesiology, 2004, 58(3): 1-7.

[4] Houwen S, Hartman E, Visscher C. Physical activity and motor skills in children with and without visual impairments[J]. Medicine and Science in Sports and Exercise, 2009, 41(1): 103-109.

[5] 徐文红,王丽娟. 视力障碍青少年体力活动水平和久坐时间调查[J]. 中国学校卫生,2020,41(2):190-193.

[6] Qi J, Xu W H, Wang L J, et al. Accelerometer-assessed habitual physical activity and sedentary time of Chinese children and adolescents with visual impairments[J]. Journal of Visual Impairment and Blindness, 2020, 114(5): 421-431.

[7] 张永娟. "长三角"特殊教育学校视障学生体质健康和体育锻炼现状的调查研究[D]. 杭州:杭州师范大学,2005.

[8] 周艳茹. 京、津、沪地区盲校体育教育现状调查与分析[D]. 北京:北京体育大学,2005.

[9] 张玲. 天津市视力障碍学校学生参与课外体育活动现状调查[D]. 天津:天津师范大学,2014.

[10] 靳秀兰,赵海,罗冬梅. 视障青少年体育锻炼行为研究[J]. 河南师范大学学报(自然科学版),2016,44(4):166-171.

南京和中国西部地区的特殊学校 VI 学生的 PA 进行客观测量,结果表明存在地区差异性。①②③ 我国不同地区的 VI 学生在体育锻炼方面面临的挑战可能具有一定的普遍性。

(三) 智力障碍(ID)学生 PA 每日累积量

体力活动不足和静坐少动的生活方式会导致 ID 儿童青少年罹患肥胖、心血管疾病等慢性疾病或出现其他健康问题,最近的一项系统综述显示④,ID 青少年在活动和参与层面表现为低体育活动参与度、久坐和肥胖,活动能力低,没有发展基本运动能力和身体素质。因此,提高体力活动水平是 ID 儿童青少年健康促进领域不可忽视的主题。

分析已有的文献,大部分 ID 儿童青少年未达到 60 min/d 的 MVPA 推荐量⑤⑥,与年龄相关的运动能力⑦也较低。体力活动不足和静坐少动的生活方式会导致 ID 儿童青少年罹患肥胖⑧⑨、心血管疾病等慢性疾病或出现其他健康问题。有研究客观测量了轻度 ID 儿童 PA,研究显示,轻度 ID 儿童每天中等强度体力活动(moderate physical activity, MPA)时间为 14~55 min,连续体力活动时间为 2~6 min⑩,远低于 WHO 推荐量。

---

① Tao R Y, Liang S, Bao C S, et al. Relationships between physical activity, sedentary behavior and anxiety in Chinese children with visual impairment: A cross-lagged analysis[J]. Journal of Developmental and Physical Disabilities, 2023, 35(5): 759-773.

② 窦丽,陈华卫,卢恩杰,等. 视力残疾青少年体力活动及其与运动自我效能的相关性[J]. 中国康复理论与实践,2023,29(3):349-355.

③ 徐文红,王丽娟. 视力障碍青少年体力活动水平和久坐时间调查[J]. 中国学校卫生,2020,41(2):190-193.

④ 刘辉,杨剑,曹航,等. 基于 WHO-FICs 架构 ID 儿童青少年体力活动与运动康复的健康结局:系统综述的系统综述[J]. 中国康复理论与实践,2022,28(9):993-1002.

⑤ Esposito P E, MacDonald M, Hornyak J E, et al. Physical activity patterns of youth with down syndrome[J]. Intellectual and Developmental Disabilities, 2012, 50(2): 109-119.

⑥ Downs S J, Fairclough S J, Knowles Z R, et al. Physical activity patterns in youth with intellectual-disabilities[J]. Adapted Physical Activity Quarterly, 2016, 33(4): 374-390.

⑦ Hartman E, Houwen S, Scherder E, et al. On the relationship between motor performance and executive functioning in children with intellectual disabilities[J]. Journal of Intellectual Disability Research, 2010, 54(5): 468-477.

⑧ Rimmer J A, Rowland J L. Physical activity for youth with disabilities: A critical need in an underserved population[J]. Developmental Neurorehabilitation, 2008, 11(2): 141-148.

⑨ Rimmer J H, Rowland J L, Yamaki K. Obesity and secondary conditions in adolescents with disabilities: Addressing the needs of an underserved population[J]. Journal of Adolescent Health, 2007, 41(3): 224-229.

⑩ Kozub F M. Explaining physical activity in individuals with mental retardation: An exploratory study[J]. Education and Training in Developmental Disabilities, 2003, 38(3): 302-313.

但也有一些研究结果显示 ID 青少年的 MVPA 达到 60 min 推荐量。Shields 等[1]研究显示,唐氏综合征儿童日常 MVPA 时间为 104.5 min,低于非唐氏综合征 ID 儿童青少年,但有 42% 的唐氏综合征儿童能达到 WHO 的体力活动推荐量。Pitetti 等[2]通过监测 ID 儿童的心率来评估他们的体力活动,这些儿童在学校的独立教室(适应性体育、教室和包容性休息),这些研究人员报告说,在常规学校设置下,有 ID 的儿童可以达到建议的每日 MVPA 水平 60 min。另有研究显示[3],轻中度 ID 儿童青少年每天的平均步数为 6 677±2 600)步,每天 MVPA 时间为 92±46 min。Lorenzi Hovat 和 Pellegrini 通过结合心率测量和 Caltrac 加速测量法,监测了轻度 ID 儿童和一般发育儿童在课间休息期间的体力活动,并确定 ID 儿童比他们的同龄无残疾者活跃得多。

目前,我国 ID 儿童青少年体力活动研究较为匮乏。台湾的一项调研结果显示,29.9% 的 16～18 岁 ID 青少年有体育锻炼习惯,其中仅有 8% 每周进行 3 次 30 min 以上的体力活动[4]。台湾 ID 青少年体育课上的体力活动水平与普通同龄人基本一致,但课余时间的体力活动明显不足。

王超等[5]开展的一项研究发现,轻度 ID 青少年体力活动水平极低,仅有 2 人达到 WHO 的体力活动推荐量。

三、残疾学生体力活动水平的比较研究

现有文献主要从与健康学生比较、不同类型残疾学生比较、不同时段 PA 水平等方面对残疾儿童青少年 PA 进行分析,研究结果存在多样性。

---

[1] Shields N, Dodd K J, Abblitt C. Do children with Down syndrome perform sufficient physical activity to maintain good health? A pilot study[J]. Adapted Physical Activity Quarterly, 2009, 26(4): 307-320.

[2] Pitetti K H, Beets M W, Combs C. Physical activity levels of children with intellectual disabilities during school[J]. Medicine and Science in Sports and Exercise, 2009, 41(8): 1580-1586.

[3] Wouters M, Evenhuis H M, Hilgenkamp T I M. Physical activity levels of children and adolescents with moderate-to-severe intellectual disability[J]. Journal of Applied Research in Intellectual Disabilities, 2019, 32(1): 131-142.

[4] Lin J D, Lin P Y, Lin L P, et al. Physical activity and its determinants among adolescents with intellectual disabilities[J]. Research in Developmental Disabilities, 2010, 31(1): 263-269.

[5] 王超,贺刚,李建忠,等.残疾青少年体力活动水平及其与运动自我效能的关系:基于加速度计的初步研究[J].首都体育学院学报,2016,28(4):380-384.

（一）与健康同龄学生的比较

1. HI 学生 PA 与健康同龄学生的比较

大多数研究显示[①②③]，患有 HI 的儿童青少年参与 PA 的水平低于健康的儿童和青少年，这可能是由于前者的身体条件限制了他们的活动能力或活动范围。首先，参与某些形式的 PA，如团队运动、舞蹈和游戏，在很大程度上依赖于感官输入和沟通技巧，这对于患有 HI 的儿童青少年来说是具有挑战性的。其次，许多 HI 学生，特别是那些在特殊学校接受教育的学生，对健康人对待他们的态度感到不安。这种社会障碍也可能抑制他们参与 PA。最后，缺乏父母的支持可能是导致他们 PA 水平较低的原因。父母可能会限制患有 HI 的孩子参加校外 PA，因为 HI 学生与健康人之间存在沟通和社会互动问题。

然而，Ng 等[④]报道了一个不同的观点，患有 HI 的青少年每天比没有功能限制的青少年更多地参与 MVPA 和轻度 PA（LPA）。这一发现可能意味着在某些情况下，尽管存在身体障碍，但 HI 青少年可能通过特定的活动或适应性训练，实现了较高的体力活动水平。另一方面，Williams 等[⑤]研究显示，两组学生（即患有 HI 的学生和健康的学生）的 MVPA 水平没有显著差异。这可能与他们的研究样本、测量方法或活动环境等因素有关，也可能意味着在某些特定的情境或条件下，HI 儿童青少年能够达到与同龄人相似的体力活动水平。

这些研究结果的不一致性表明，患有 HI 的儿童青少年的体力活动水平是一个复杂的问题，受到多种因素的影响。不同的研究可能关注不同的因素，采用不同的测量方法，或在不同的环境中进行，从而导致结果的差异。未来的研究应增加 HI 儿童青少年 PA 研究的样本量，采用更为严谨和标准化的方法，以提供更准确和可靠的数据。

---

① Lobenius-Palmér K, Sjöqvist B, Hurtig-Wennlöf A, et al. Accelerometer-assessed physical activity and sedentary time in youth with disabilities[J]. Adapted Physical Activity Quarterly, 2018, 35(1): 1-19.

② Engel-Yeger B, Hamed-Daher S. Comparing participation in out of school activities between children with visual impairments, children with hearing impairments and typical peers[J]. Research in Developmental Disabilities, 2013, 34(10): 3124-3132.

③ Li C X, Haegele J A, Wu L F. Comparing physical activity and sedentary behavior levels between deaf and hearing adolescents[J]. Disability and Health Journal, 2019, 12(3): 514-518.

④ Ng K W, Rintala P, Husu P, et al. Device-based physical activity levels among Finnish adolescents with functional limitations[J]. Disability and Health Journal, 2019, 12(1): 114-120.

⑤ Williams G, Aggio D, Stubbs B, et al. Physical activity levels in children with sensory problems: Cross-sectional analyses from the millennium cohort study[J]. Disability and Health Journal, 2018, 11(1): 58-61.

2. VI 学生 PA 与健康同龄的比较

已有的大部分研究结果显示，VI 儿童青少年 PA 水平显著低于健康儿童青少年[1][2]。有研究通过自我报告的方式记录低视力和普通青少年课余时间的体力活动，发现低视力青少年体力活动水平低于普通青少年[3]；还有研究使用加速度计分别测量 VI 和普通青少年的体力活动[4]，结果表明，VI 青少年体力活动的总时间、低强度体力活动时间、中高强度体力活动时间均低于普通青少年，并且久坐时间更长。除此之外，与智力障碍、听力障碍、肢体残疾和多重残疾的同龄人相比，VI 青少年静坐时间（sedentary time，ST）更多，体力活动水平更低[5]。然而，有研究发现土耳其一所特殊学校的八年级 VI 学生和普通学校同年级的普通学生体力活动水平相似，研究者认为，这与 VI 学生所处的年级有关。在土耳其，八年级的学生（包括 VI 学生）要参加国家体育考试，所有学生都会利用课堂和课余时间进行练习，从而出现体力活动水平相似的结果[6]。另一项研究也发现，相比于普通青少年，VI 青少年中高强度的体力活动时间并不短，也没有更长时间的久坐行为[7]，这可能与普通青少年体力活动水平下降有关。

3. VI 学生 PA 与健康同龄学生的比较

国内外的研究一致表明，ID 儿童的体力活动水平显著低于同龄健康儿童，且满足 WHO 体力活动推荐量的比例更低。来自多国的学者分别使用不同品牌的加速度计测量智力障碍儿童青少年体力活动水平，结论基本一致，即 ID 儿童青少年

---

[1] Greguol M, Gobbi E, Carraro A. Physical activity practice, body image and visual impairment: A comparison between Brazilian and Italian children and adolescents[J]. Research in Developmental Disabilities, 2014, 35(1): 21-26.

[2] Haegele J A, Aigner C J, Healy S. Physical activity, body mass index, and health status among youth with severe visual impairments aged 13-17 years in the United States[J]. Disability and Health Journal, 2019, 12(1): 24-28.

[3] Kroksmark U, Nordell K. Adolescence: The age of opportunities and obstacles for students with low vision in Sweden[J]. Journal of Visual Impairment and Blindness, 2001, 95: 213-225.

[4] Houwen S, Hartman E, Visscher C. Physical activity and motor skills in children with and without visual impairments[J]. Medicine and Science in Sports and Exercise, 2009, 41(1): 103-109.

[5] Longmuir P E, Bar-Or O. Factors influencing the physical activity levels of youths with physical and sensory disabilities[J]. Adapted Physical Activity Quarterly, 2000, 17(1): 40-53.

[6] Demirturk F, Kaya M. Physical education lessons and activity status of visually impaired and sighted adolescents[J]. Medical Science Monitor, 2015, 21: 3521-3527.

[7] Smith L, Jackson S E, Pardhan S, et al. Visual impairment and objectively measured physical activity and sedentary behaviour in US adolescents and adults: A cross-sectional study[J]. BMJ Open, 2019, 9(4): e027267.

体力活动水平显著低于普通同龄人[1]。例如 Foley 等[2]使用 Actiwatch 加速测量仪收集轻度 ID 儿童和典型发育儿童在 4 种情况下(包容性体育教育、包容性休息、放学后和周末)的体力活动水平的信息。结果表明,在所有情况下,VI 儿童的体力活动水平都明显低于正常发育儿童。

(二) 与其他残疾类型的比较

分析现有的文献发现,研究结果一致表明,与患有 7 种残疾类型包括视力障碍[3]、身体残疾[4]、智力障碍[5]、孤独症谱系障碍[6]、慢性疾病、适应不良和社会发展问题的儿童青少年相比[7],患有 HI 的儿童青少年在体力活动方面更为活跃。尽管 HI 儿童青少年在体力活动方面表现出更高的活跃性,但他们仍然可能面临一些特殊的挑战和限制。

虽然听力问题是参与 PA 的一种抑制因素,但研究人员认为,与其他类型的残疾(如身体残疾、视力障碍和智力障碍)相比,听力问题并不是关键障碍。此外,HI 个体从外表上看与非残疾个体相似,与其他残疾类型相比,HI 的症状并不明显。因此,HI 患者可能较少受到他人的歧视。这可能是这个群体比其他残疾群体更频繁参与 PA 的另一个原因。

(三) 每日不同时段之间的比较

1. 听力障碍学生 PA 不同时段比较研究

Sit 等人对 HI 儿童在学校环境中不同时段的 PA 水平进行了比较研究。这些

---

[1] Sutherland L, Mcgarty A M, Melville C A, et al. Correlates of physical activity in children and adolescents with intellectual disabilities: A systematic review[J]. Journal of Intellectual Disability Research, 2021, 65(5): 405-436.

[2] Foley J T, McCubbin J A. An exploratory study of after-school sedentary behaviour in elementary school-age children with intellectual disability[J]. Journal of Intellectual and Developmental Disability, 2009, 34(1): 3-9.

[3] Engel-Yeger B, Hamed-Daher S. Comparing participation in out of school activities between children with visual impairments, children with hearing impairments and typical peers[J]. Research in Developmental Disabilities, 2013, 34(10): 3124-3132.

[4] Longmuir P E, Bar-Or O. Factors influencing the physical activity levels of youths with physical and sensory disabilities[J]. Adapted Physical Activity Quarterly, 2000, 17(1): 40-53.

[5] Lobenius-Palmér K, Sjöqvist B, Hurtig-Wennlöf A, et al. Accelerometer-assessed physical activity and sedentary time in youth with disabilities[J]. Adapted Physical Activity Quarterly, 2018, 35(1): 1-19.

[6] Sit C H P, Lindner K J, Sherrill C. Sport participation of Hong Kong Chinese children with disabilities in special schools[J]. Adapted Physical Activity Quarterly, 2002, 19(4): 453-471.

[7] Sit C H P, McManus A, McKenzie T L, et al. Physical activity levels of children in special schools[J]. Preventive Medicine, 2007, 45(6): 424-431.

时段包括体育课(PE)、课间休息和午餐时间。两项研究都表明,HI 儿童青少在课间休息时比在体育课或午餐时间进行更多的 MVPA。这可能与课间休息时的自由度和灵活性有关。课间休息可能提供了一个相对自由、不受约束的环境,使得 HI 儿童能够根据自己的兴趣和能力选择适合的体力活动,如跑动、跳跃等。而午餐时间可能更多地用于进食和休息,不太适合进行高强度的体力活动。相比之下,体育课是有组织的,需要时间分配并加以管理和指导。受到教学内容、教学方法或教师指导的限制,对残疾学生(即 HI 学生)在体育方面的管理和指导往往需要比健康学生更长的时间,不一定能够完全满足 HI 学生的活动需求,这就影响了残疾学生参与 PA 的时间。因此,学校和教育机构应进一步关注 HI 儿童在课间休息时的体力活动情况,为他们提供适当的支持和指导,以促进他们的健康发展。

2. 智力障碍学生 PA 不同时段比较研究

国内外学者针对学校日和非学校体力活动水平进行了研究,Sit 等指出,ID 儿童在体育课上的 MVPA 时间平均只有 7.8 min[①]。Foley 等发现,ID 儿童周六、周日的体力活动水平与周一至周五的体力活动水平有显著性差异[②]。Pan 等对有无智障青少年在体育课和课间休息期间的体力活动水平进行对比研究[③]。40 名青少年被诊断为 ID(混合教室,n＝20;独立教室,n＝20)和 40 个年龄匹配的典型发展同龄人(普通教室)参与了研究。所有参与者在上课时间连续 5 个工作日佩戴 Actigraph GT1M 加速计。结果显示,3 组青少年在体育课上同样活跃;然而,在独立的教室里,ID 青少年在课间休息时比其他 2 组更不活跃。此外,他们在课间休息期间进行中高强度体力活动的时间比正常发育的青少年要少。目前业内人士对以上研究结果存在分歧,需要进一步实验和纵向、横向调查研究。国内刘洋等[④]利用问卷测量了济南市 ID 儿童青少年体力活动水平,该研究采用《儿童青少年体力活动调查问卷》(Children's Leisure Activities Study Survey-Chinese edition,CLASS-C)对整群随机抽取的济南市 5 所特殊教育学校 199 名智 ID 儿童进行横断面调查。

---

① Sit C H P, McKenzie T L, Cerin E, et al. Physical activity and sedentary time among children with disabilities at school[J]. Medicine and Science in Sports and Exercise,2017,49(2):292-297.

② Foley J T, Bryan RR, McCubbin J A. Daily physical activity levels of elementary school-aged children with and without mental retardation[J]. Journal of Developmental and Physical Disabilities,2008,20(4):365-378.

③ Pan C Y, Liu C W, Chung I C, et al. Physical activity levels of adolescents with and without intellectual disabilities during physical education and recess[J]. Research in Developmental Disabilities,2015,36:579-586.

④ 刘洋,原雅青,王美娟,等.济南市智力障碍儿童青少年体力活动水平[J].中国学校卫生,2020,41(11):1730-1733.

结果显示,济南市 ID 儿童青少年学习日中高强度体力时间为 40.00 min/d,能量消耗为 202.78 kcal/d(1 kcal = 4.18 kJ);休息日中高强度体力活动时间为 25.00 min/d,能量消耗为 114.46 kcal/d。仅有 28.6% 的 ID 儿童青少年达到了 WHO 关于每天至少进行 60 min 中高强度体力活动的推荐量。该研究表明,济南市 ID 儿童青少年体力活动水平较低,与权威机构的推荐量存在较大差距。应重视 ID 儿童青少年体力活动促进工作,加大体力活动干预力度,改善体力活动不足现状。国内的研究表明,学校日或体育课的体力活动较高,但是课外时间和休息日的体力活动明显降低[1],需要探索 ID 儿童青少年课外体力活动促进的方法和路径。一个包容的、有组织的和支持性的环境可以促进 ID 青少年参与体育活动。各年龄段 ID 儿童青少年学校日和休息日 MVPA 时间差异无统计学意义,ID 儿童青少年 ID 程度与体力活动水平的相关性研究结论不一致,证据支持力度不足,今后需在均衡不同 ID 程度样本纳入比例的前提下,进一步探讨 ID 程度与体力活动水平之间的关系。

第四节
残疾学生体力活动影响因素——社会生态视角

患有残疾的儿童青少年参加的体育活动水平较低。为了给干预措施的发展提供信息,需要更好地了解与体力活动相关的因素。影响体力活动的因素是多方面的,国内外专家学者对其进行了多方位、多领域的研究,基于社会生态视角的因素归纳为个体因素、家庭因素、社会因素和学校因素等方面。

一、个体因素与残疾学生体力活动的相关研究

(一) 人口统计因素
人口统计因素包括年龄、体质量(BMI)、性别、VI 等级和自我感知运动能力。
1. 年龄与 PA 研究
有关年龄因素的研究结果存在不一致,有研究报道了年龄与 HI 学生较高的

---

[1] 吴宇. 智障学生体力活动水平及屏前时间与体质状况的相关性研究[D]. 北京:首都体育学院,2019.

PA 水平和强度之间正相关[1],而另一项研究则显示了相反的结果[2]。还有研究发现年龄与 HI 学生 PA 水平之间不存在显著关系[3][4]。这种不一致可能归因于在不同国家具有不同的研究特征,涉及参与者、教育系统和社会文化等因素。因此,需要更多的研究来检验年龄差异,以证实相互关系。

年龄对 VI 青少年体力活动水平有显著影响,以往研究一致证实,年龄与 VI 儿童青少年 PA 水平显著负相关[5][6][7][8],年龄越大,MVPA 时间越少,ST 时间越多;随着年龄增长,VI 青少年可能因为缺乏活动动机和害怕受到伤害[9]而减少参与 PA。

在年龄因素方面,ID 儿童青少年的体力活动与年龄相关性研究结果不一致,早在 20 世纪 70 年代初,Massey 等[10]研究显示,6～15 岁 ID 儿童青少年的体力活动水平呈现随年龄增长而降低的趋势,ID 儿童的体力活动比青少年更加活跃。Izquierdo-Gomez 等[11]的研究发现年龄与 PA 之间是负相关关系,随着年龄的增长,

---

[1] Engel-Yeger B, Hamed-Daher S. Comparing participation in out of school activities between children with visual impairments, children with hearing impairments and typical peers[J]. Research in Developmental Disabilities, 2013, 34(10): 3124-3132.

[2] Lobenius-Palmér K, Sjöqvist B, Hurtig-Wennlöf A, et al. Accelerometer-assessed physical activity and sedentary time in youth with disabilities[J]. Adapted Physical Activity Quarterly, 2018, 35(1): 1-19.

[3] Longmuir P E, Bar-Or O. Factors influencing the physical activity levels of youths with physical and sensory disabilities[J]. Adapted Physical Activity Quarterly, 2000, 17(1): 40-53.

[4] Li C X, Haegele J A, Wu L F. Comparing physical activity and sedentary behavior levels between deaf and hearing adolescents[J]. Disability and Health Journal, 2019, 12(3): 514-518.

[5] Kozub F M, Oh H K. An exploratory study of physical ac-tivity levels in children and adolescents with visual impairments [J]. Clinical Kinesiology, 2004, 58(3): 1-7.

[6] Greguol M, Gobbi E, Carraro A. Physical activity practice, body image and visual impairment: A comparison between Brazilian and Italian children and adolescents[J]. Research in Developmental Disabilities, 2014, 35(1): 21-26.

[7] Haegele J A, Aigner C J, Healy S. Physical activity, body mass index, and health status among youth with severe visual impairments aged 13-17 years in the United States[J]. Disability and Health Journal, 2019, 12(1): 24-28.

[8] Oh H K, Ozturk M A, Kozub F M. Physical activity and social engagement patterns during physical education of youth with visual impairments[J]. Re View Rehabilitation and Education for Blindness and Visual Impairment, 2004, 36: 39-48.

[9] Bloemen M A T, Backx F J G, Takken T, et al. Factors associated with physical activity in children and adolescents with a physical disability: A systematic review[J]. Developmental Medicine and Child Neurology, 2015, 57(2): 137-148.

[10] Massey P S, Lieberman A, Batarseh G. Measure of activity level in mentally retarded children and adolescents[J]. American Journal of Mental Deficiency, 1971, 76(2): 259-261.

[11] Izquierdo-Gomez R, Veiga Ó L, Sanz A, et al. Correlates of objectively measured physical activity in adolescents with down syndrome: The UP & DOWN study[J]. Nutricion Hospitalaria, 2015, 31(6): 2606-2617.

ID儿童和青少年体力活动水平降低,与健康同龄人的能力差距会随年龄的增长而不断扩大,使其容易受到排斥,从而厌恶参与PA。但Boddy[1]、Esposito[2]、Wouters[3]等发现ID儿童青少年的年龄与体力活动之间不存在相关性。

2. 性别与PA研究

关于性别对PA水平的影响,研究结果存在分歧。一些研究指出,不同性别的VI儿童青少年在PA水平上并无明显区别,但与此同时,也有研究表明男生的MVPA水平显著高于女生[4][5],而女生参加低强度的体力活动(LPA)的时间显著高于男生。

另几项研究[6][7][8]显示ID男、女生之间的体力活动水平具有显著性差异,ID青少年中男生每天平均步行数约为7 097步,女生约为4 802步。但冰岛的一项ID青少年PA研究显示,与正常青少年相比,ID的PA时间少40%,久坐时间多9%,但未发现ID青少年PA水平存在性别的差异[9]。

有研究发现,HI儿童青少年PA水平并没有性别差异[10]。然而,大部分研究均

---

[1] Boddy L M, Downs S J, Knowles Z R, et al. Physical activity and play behaviours in children and young people with intellectual disabilities: A cross-sectional observational study[J]. School Psychology International, 2015, 36(2): 154-171.

[2] Esposito P E, MacDonald M, Hornyak J E, et al. Physical activity patterns of youth with down syndrome[J]. Intellectual and Developmental Disabilities, 2012, 50(2): 109-119.

[3] Wouters M, Evenhuis H M, Hilgenkamp T I M. Physical activity levels of children and adolescents with moderate-to-severe intellectual disability[J]. Journal of Applied Research in Intellectual Disabilities, 2019, 32(1): 131-142.

[4] Perkins K, Columna L, Lieberman L, et al. Parents' perceptions of physical activity for their children with visual impairments[J]. Journal of Visual Impairment and Blindness, 2013, 107(2): 131-142.

[5] Ward S, Farnsworth C, Babkes-Stellino M, et al. Parental influence and the attraction to physical activity for youths who are visually impaired at a residential-day school[J]. Journal of Visual Impairment and Blindness, 2011, 105(8): 493-498.

[6] Suzuki M, Saitoh S, Tasaki Y, et al. Nutritional status and daily physical activity of handicapped students in Tokyo metropolitan schools for deaf, blind, mentally retarded, and physically handicapped individuals[J]. The American Journal of Clinical Nutrition, 1991, 54(6): 1101-1111.

[7] Benítez-Porres J, Alvero-Cruz J R, Carrillo de Albornoz M, et al. The influence of 2-year changes in physical activity, maturation, and nutrition on adiposity in adolescent youth[J]. PLoS One, 2016, 11(9): e0162395.

[8] Queralt A, Vicente-Ortiz A, Molina-García J. The physical activity patterns of adolescents with intellectual disabilities: A descriptive study[J]. Disability and Health Journal, 2016, 9(2): 341-345.

[9] Einarsson I Ó, Ólafsson Á, Hinriksdóttir G, et al. Differences in physical activity among youth with and without intellectual disability[J]. Medicine and Science in Sports and Exercise, 2015, 47(2): 411-418.

[10] Longmuir P E, Bar-Or O. Factors influencing the physical activity levels of youths with physical and sensory disabilities[J]. Adapted Physical Activity Quarterly, 2000, 17(1): 40-53.

发现①②③④⑤,HI 儿童青少年 PA 有性别的差异,且男孩比女孩更活跃,这一发现与先前关于残疾青年⑥和非残疾青年⑦PA 的综述一致。尽管存在生理缺陷,性别差异在 HI 患儿和非 HI 患儿之间是相似的。男孩看重勇敢、进取和毅力,而女孩看重温柔、善良、平易近人、敏感、安静、软弱和可塑性⑧。这些性别差异可能解释了为什么男孩比女孩更活跃,也表明女孩群体应该以增加 PA 水平为目标。

3. BMI 与 PA 研究

大部分研究发现,体质量指数(BMI)与 VI 儿童青少年 PA 水平之间呈负相关,体脂百分比被发现与患有 VI 的儿童青少年的 PA 呈负相关④⑨⑩⑫,如 Greguol 等报告称,有 VI 的巴西青少年中,其活动水平的增加与 BMI 较低有关。

---

① Li C X, Haegele J A, Wu L F. Comparing physical activity and sedentary behavior levels between deaf and hearing adolescents[J]. Disability and Health Journal, 2019, 12(3): 514-518.

② Lobenius-Palmér K, Sjöqvist B, Hurtig-Wennlöf A, et al. Accelerometer-assessed physical activity and sedentary time in youth with disabilities[J]. Adapted Physical Activity Quarterly, 2018, 35(1): 1-19.

③ Sit C H P, Lindner K J, Sherrill C. Sport participation of Hong Kong Chinese children with disabilities in special schools[J]. Adapted Physical Activity Quarterly, 2002, 19(4): 453-471.

④ Suzuki M, Saitoh S, Tasaki Y, et al. Nutritional status and daily physical activity of handicapped students in Tokyo metropolitan schools for deaf, blind, mentally retarded, and physically handicapped individuals[J]. The American Journal of Clinical Nutrition, 1991, 54(6): 1101-1111.

⑤ Martin J J, Shapiro D R, Prokesova E. Predictors of physical activity among Czech and American children with hearing impairment[J]. European Journal of Adapted Physical Activity, 2013, 6(2): 38-47.

⑥ Skaggs S, Hopper C. Individuals with visual impairments: A review of psychomotor behavior[J]. Adapted Physical Activity Quarterly, 1996, 13(1): 16-26.

⑦ Sallis J F, Prochaska J J, Taylor W C. A review of correlates of physical activity of children and adolescents[J]. Medicine & Science in Sports & Exercise, 2000: 963-975.

⑧ Wang L J, Sun J C, Zhao S Z. Parental influence on the physical activity of Chinese children[J]. European Physical Education Review, 2017, 23(1): 110-126.

⑨ Wrzesińska M, Lipert A, Urzędowicz B, et al. Self-reported physical activity using International Physical Activity Questionnaire in adolescents and young adults with visual impairment[J]. Disability and Health Journal, 2018, 11(1): 20-30.

⑩ Houwen S, Hartman E, Visscher C. Physical activity and motor skills in children with and without visual impairments[J]. Medicine and Science in Sports and Exercise, 2009, 41(1): 103-109.

⑪ Greguol M, Gobbi E, Carraro A. Physical activity practice, body image and visual impairment: A comparison between Brazilian and Italian children and adolescents[J]. Research in Developmental Disabilities, 2014, 35(1): 21-26.

⑫ Hopkins W G, Gaeta H, Thomas A C, et al. Physical fitness of blind and sighted children[J]. European Journal of Applied Physiology and Occupational Physiology, 1987, 56(1): 69-73.

也有研究发现 BMI 与 VI 儿童青少年 PA 水平之间无显著关系[①②③]。超重肥胖、自我效能感低是影响 ID 儿童青少年体力活动参与的个体因素。

4. 残疾程度与 PA 研究

VI 等级与 PA 水平之间的关系也未达成一致。部分研究证实 VI 等级与 PA 水平呈显著负相关关系[④]，这些研究结果表明，儿童和青少年的 VI 等级越高，他们的体力活动就越少。但也有一些研究指出 VI 等级与 PA 水平之间并无显著关联。如 Aslan 等[⑤]的一项研究中共有 30 名 8~16 岁视力受损的儿童和青少年（16 名弱视和 14 名失明）参与了这项研究，通过体育活动日记（PAD）和一英里跑/走测试（OMR-WT）评估病例的体育活动水平，结果发现，有 VI 的男孩和女孩之间的 PA 水平不同，但低视力和失明儿童青少年的 PAD 和 OMR-WT 结果无差异。2017 年德国的一项研究比较了特殊学校中有 VI 的学龄儿童和青少年（n=115）与主流学校中有 VI 的儿童（n=118）的体力活动水平、身体组成和情绪健康水平，研究方法包括计步器、生物电阻抗分析和 WHO 的 5 项幸福指数，在所有相关参数中，有 VI 的学生取得了与正常学生相当的结果，而 VI 程度与这些参数没有显著相关性[⑥]。

在个体因素中，ID 程度及其身心健康水平可能是影响体力活动的重要因素。Dairo 通过系统综述研究发现 ID 程度是除年龄因素外影响其体力活动参与的最强预测因素，ID 程度越重，体力活动水平越低，久坐行为时间更长[⑦]。但 ID 儿童青少

---

① Kozub F. Motivation and physical activity in adolescents with visual impairments[J]. RE: View: Rehabilitation and Education for Blindness and Visual Impairment, 2006, 37(4): 149-160.

② Suzuki M, Saitoh S, Tasaki Y, et al. Nutritional status and daily physical activity of handicapped students in Tokyo metropolitan schools for deaf, blind, mentally retarded, and physically handicapped individuals[J]. The American Journal of Clinical Nutrition, 1991, 54(6): 1101-1111.

③ Houwen S, Hartman E, Visscher C. Physical activity and motor skills in children with and without visual impairments[J]. Medicine and Science in Sports and Exercise, 2009, 41(1): 103-109.

④ Greguol M, Gobbi E, Carraro A. Physical activity practice, body image and visual impairment: A comparison between Brazilian and Italian children and adolescents[J]. Research in Developmental Disabilities, 2014, 35(1): 21-26.

⑤ Aslan U B, Calik B B, Kitiş A. The effect of gender and level of vision on the physical activity level of children and adolescents with visual impairment[J]. Research in Developmental Disabilities, 2012, 33(6): 1799-1804.

⑥ Giese M, Teigland C, Giessing J. Physical activity, body composition, and well-being of school children and youths with visual impairments in Germany[J]. The British Journal of Visual Impairment, 2017, 35: 120-129.

⑦ Dairo Y M, Collett J, Dawes H, et al. Physical activity levels in adults with intellectual disabilities: A systematic review[J]. Preventive Medicine Reports, 2016, 4: 209-219.

年的 ID 程度与体力活动水平的相关性研究结论不一致,证据支持力度不足。今后需在均衡不同 ID 程度样本纳入比例的前提下,进一步探讨 ID 程度与体力活动水平之间的因果关系。

(二) 心理因素与 PA 相关研究

已有研究从多个角度探讨了 HI 儿童青少年参与 PA 相关的心理因素,为我们提供了深入理解这一问题的丰富视角。一项研究利用社会认知理论预测了美国和捷克共和国 64 名 HI 儿童的休闲时间 PA[1]。考虑了障碍自我效能感、社会支持(来自父母、同学、朋友和兄弟姐妹的社会支持)、PA 享受和体育享受等因素,然而该研究并未发现这些构念与休闲时间 PA 之间存在显著的关系。这可能与 HI 儿童青少年的特殊情况有关,他们可能因为 HI 而在自我评估、社会互动和享受运动方面存在独特的体验和挑战。另一项研究由 Tsai 等[2]开展,探秘调查了 149 名 HI 儿童青少年在休闲时间参与 PA 的感知约束,研究强调了主流社会对残疾人态度的"不安感"被认为是最重要的制约因素。这表明 HI 儿童青少年在参与 PA 时,可能不仅面临身体和技术上的挑战,还承受着来自社会的压力和不安感。这种不安感可能源于社会对残疾人的刻板印象和偏见,导致 HI 儿童青少年在参与 PA 时感到不适或排斥。此外,Li 等[3]的研究也支持了社会因素在 HI 青少年 PA 参与中具有重要影响作用这一观点。在他们组织的实验中,知觉社会距离负向预测了 98 名 HI 青少年的 PA 参与。这意味着 HI 青少年与主流社会之间的距离感越强,他们参与 PA 的可能性就越低,这进一步强调了社会接纳和包容对 HI 儿童和青少年参与 PA 的重要性。综合这些研究,我们可以看出心理因素在 HI 儿童和青少年参与 PA 中扮演着复杂而重要的角色。除了身体和技术上的挑战外,他们还需要面对来自社会的压力和不安感。为了提升 HI 儿童和青少年的 PA 参与率,我们需要从多个方面入手,包括加强社会认知教育、提升社会支持、改善社会对残疾人的态度以及减少知觉社会距离等。同时,我们也应关注 HI 儿童和青少年的个体差异,为他们提供个性化的支持和指导,以帮助他们克服障碍,享受运动的乐趣。

---

[1] Martin J J, Shapiro D R, Prokesova E. Predictors of physical activity among Czech and American children with hearing impairment[J]. European Journal of Adapted Physical Activity, 2013, 6(2): 38-47.

[2] Tsai E, Fung L. Perceived constraints to leisure time physical activity participation of students with hearing impairment[J]. Research Papers, 2005, 39(3): 192-206.

[3] Li C X, Haegele J A, Wu L F. Comparing physical activity and sedentary behavior levels between deaf and hearing adolescents[J]. Disability and Health Journal, 2019, 12(3): 514-518.

影响VI青少年PA水平的心理因素是多方面的。首先,如同Stuart等[①]的研究所指出的,全盲和低视力青少年在参与体力活动时可能会担心受到他人的嘲笑。陈晓莹[②]对北京残疾人(包括VI)的调查也发现,"怕人讥笑"是残疾青少年不喜欢参加PA的原因之一。这种担忧可能导致他们缺乏自信,从而减少或避免参与PA。这种担忧被他人评价的焦虑,是阻碍他们积极参与体育活动的重要因素之一。其次,自我效能感也是一个重要的心理因素。由于VI青少年的运动能力感知较差,认为自己与普通的同龄人相比,参加PA有更多的限制,因而对参加PA的期待性较低[③]。自我感知运动能力在VI儿童青少年的实际运动能力与PA水平之间扮演着重要的中介角色,对其PA水平产生积极而显著的影响[④]。窦丽等[⑤]的研究发现,VI青少年学生克服障碍的运动自我效能感与PA水平呈正相关。如果青少年对自己的运动能力缺乏信心,他们可能会避免参与那些自认为无法胜任的PA。再次,孤独感和缺乏社交支持也可能影响VI青少年的PA水平。由于VI,他们可能难以找到同龄的伙伴一起参与体力活动,这可能导致他们感到孤独和无助,从而减少对PA的兴趣。最后,焦虑和抑郁等情绪问题也可能影响VI青少年的体力活动[⑥]。这些情绪问题可能导致他们缺乏动力去参与PA,或者即使参与了也无法全身心投入。因此,为了提升VI青少年的PA水平,我们需要关注并解决这些心理因素。通过提供积极的社会支持、增强他们的自我效能感、帮助他们建立社交关系以及解决情绪问题,我们可以帮助他们克服心理障碍,更积极地参与PA。

(三) 身体功能水平

残疾儿童的身体功能水平相对滞后,对运动参与产生阻碍。例如,ID儿童青少年通常会伴有较为复杂的身体问题,他们的骨骼发育、动作发展等方面受限,并

---

① Stuart M E, Lieberman L, Hand K E. Beliefs about physical activity among children who are visually impaired and their parents[J]. Journal of Visual Impairment and Blindness,2006,100(4):223-234.
② 陈晓莹.北京市八城区青少年残疾人参与体育活动现状的研究[D].北京:北京体育大学,2007.
③ Stuart M E, Lieberman L, Hand K E. Beliefs about physical activity among children who are visually impaired and their parents[J]. Journal of Visual Impairment and Blindness,2006,100(4):223-234.
④ Giese M, Teigland C, Giessing J. Physical activity, body composition, and well-being of school children and youths with visual impairments in Germany[J]. British Journal of Visual Impairment,2017,35(2):120-129.
⑤ 窦丽,陈华卫,卢恩杰,等.视力残疾青少年体力活动及其与运动自我效能的相关性[J].中国康复理论与实践,2023,29(3):349-355.
⑥ Tao R Y, Liang S, Bao C S, et al. Relationships between physical activity, sedentary behavior and anxiety in Chinese children with visual impairment: A cross-lagged analysis[J]. Journal of Developmental and Physical Disabilities,2023,35(5):759-773.

发症罹患率高，影响其 PA 水平。Westendorp 等[①]研究指出 ID 儿童的身体功能水平整体偏低，这与他们在学校时间的不活跃有很大关系。运动能力的低下，也不利于其在运动过程中获得积极体验。同时基本运动技能发展的滞后，对更为复杂的运动技能学习与长期活动的参与都有严重的阻碍。此外，ID 儿童青少年认知缺陷，缺乏运动兴趣、社交障碍等心理认知等也是影响其 PA 水平的因素[②]。

二、人际因素与残疾学生体力活动的相关研究

现有文献中，在人际因素方面的研究出现较多的变量，如父母 PA、父母支持、父母教育水平、兄弟姐妹 PA、同伴及体育教师支持等。

（一）父母因素与 PA 的相关研究

已有研究探讨了父母特定因素与残疾儿童青少年的 PA 参与之间的关系。这些研究为我们提供了关于家庭环境如何影响孩子 PA 参与的重要见解。残疾儿童青少年的校外时间大多与家人共同度过，家长的鼓励、支持和引导是影响儿童活动行为的重要因素。学者们主要从家长对体育锻炼价值的认识、体育锻炼偏好以及工作性质、家庭经济状况、家长的受教育程度以及空闲时间、参与体育活动这些方面进行研究，探讨了家庭因素对智障儿童青少年 PA 影响，发现这些因素不同程度地对其 PA 水平产生影响。

Engel-Yeger 等[③]的研究强调了母亲受教育程度对 HI 儿童 PA 参与的影响。他们发现，母亲受教育程度越高，其 HI 儿童在娱乐活动中达到的活动强度水平也越高。这一发现可能反映了受教育程度较高的母亲可能具备更多有关儿童健康和 PA 重要性的知识，从而更积极地鼓励和支持孩子参与体力活动。此外，这些母亲可能更有能力为孩子提供多样化的 PA 机会和资源，以满足他们的兴趣和需求。Ellis 等[④]的研究则关注了 4 种父母因素与 HI 儿童 PA 参与之间的关系。这些因素为父母的听力状况、父母自身参与 HI 儿童运动的情况、父母对子女身体健康的

---

① Westendorp M, Houwen S, Hartman E, et al. Are gross motor skills and sports participation related in children with intellectual disabilities[J]. Research in Developmental Disabilities, 2011, 32(3): 1147-1153.

② Ferguson B R, Shapiro S K. Using a naturalistic sport context to train social skills in children[J]. Child and Family Behavior Therapy, 2016, 38(1): 47-68.

③ Engel-Yeger B, Hamed-Daher S. Comparing participation in out of school activities between children with visual impairments, children with hearing impairments and typical peers[J]. Research in Developmental Disabilities, 2013, 34(10): 3124-3132.

④ Ellis M K, Lieberman L J, Dummer G M. Parent influences on physical activity participation and physical fitness of deaf children[J]. The Journal of Deaf Studies and Deaf Education, 2014, 19(2): 270-281.

价值观以及父母对子女体育参与的价值观。他们的研究结果显示,这4个因素均与HI儿童的PA参与呈正相关关系。这意味着父母的积极态度和行为在促进孩子参与体力活动方面发挥着重要作用。例如,父母如果自身积极参与运动,或者持有积极的健康价值观,就更可能为孩子树立榜样,鼓励孩子参与PA。综合这些研究,我们可以看出父母在HI儿童青少年PA参与中扮演着举足轻重的角色。父母的受教育程度、态度和价值观都可能影响孩子的PA水平。因此,为了提升HI儿童青少年的PA参与率,我们需要重视家庭教育的作用,鼓励父母积极参与孩子的成长过程,为他们提供必要的支持和指导。同时,相关政策和服务也应关注家庭环境的需求,为家庭提供更多的资源和帮助,以促进HI儿童青少年的健康发展。

一项最近的系统综述显示,只有33%的关联在相似的方向上,因此认为父母教育水平与VI儿童青少年PA之间的关联不显著[1],父母的直观表率和通过鼓励、提供资金等方式支持子女参与PA是促进VI儿童青少年PA的重要因素[2][3]。父母的支持是VI儿童青少年形成积极参加PA这一生活习惯的重要影响因素,且父母的PA水平与VI儿童青少年对PA重视程度相关[4]。以往研究结果显示,父母缺乏对子女参与PA的科学指导和鼓励,可能导致VI儿童青少年PA水平低[5]。有研究发现,父母对VI青少年参加PA期望值降低,那么VI青少年认为PA很重要的比例也随之降低[6]。分析原因发现父母因为害怕VI青少年在PA中受伤,因此限制他们参加PA,并且有些父母由于金钱和时间的限制,导致他们没有办法让VI儿童青少年尽可能多地参加PA[7]。

研究发现,家庭成员中的父母支持,尤其是父亲的支持与ID儿童体力活动参与积

---

[1] Li Q D, Kuang X M, Qi J. Correlates of physical activity of children and adolescents with visual impairments: A systematic review[J]. Current Pharmaceutical Design, 2020, 26(39): 5002-5011.

[2] Demirturk F, Kaya M. Physical education lessons and activity status of visually impaired and sighted adolescents[J]. Medical Science Monitor, 2015, 21: 3521-3527.

[3] Ward S, Farnsworth C, Babkes-Stellino M, et al. Parental influence and the attraction to physical activity for youths who are visually impaired at a residential-day school[J]. Journal of Visual Impairment and Blindness, 2011, 105(8): 493-498.

[4] Greguol M, Gobbi E, Carraro A. Physical activity practice among children and adolescents with visual impairment: Influence of parental support and perceived barriers[J]. Disability and Rehabilitation, 2015, 37(4): 327-330.

[5] Kozub F M. Motivation and physical activity in adolescents with visual impairments[J]. Re View Rehabilitation and Education for Blindness and Visual Impairment, 2006, 37: 149-160.

[6] Stuart M, Lieberman L, Hand K. Beliefs about physical activity among children who are visually impaired and their parents[J]. Journal of Visual Impairment and Blindness, 2006, 100(4): 223-234.

[7] Perkins K, Columna L, Lieberman L, et al. Parents' perceptions of physical activity for their children with visual impairments[J]. Journal of Visual Impairment and Blindness, 2013, 107(2): 131-142.

极相关,兄弟姐妹以及玩伴支持等因素与 ID 儿童体力活动参与积极相关[1]。61% 父母认为,他们的 ID 子女缺乏朋友[2],导致其在成长过程中缺乏与同龄人进行自由交流的机会[3]。缺少社会激励,ID 儿童可能更少参加 PA,更倾向于选择久坐的生活方式[4]。因此,在制定干预措施中应加强提高父母对体育锻炼价值的认识,明确自己在孩子健康成长过程中的角色定位,充分发挥家长的榜样示范作用,重视非结构化休闲娱乐活动,帮助孩子养成体育锻炼的习惯,使其感受到参与体育锻炼的益处。

(二) 其他人员与 PA 的相关研究

家庭中其他成员如兄弟姐妹们的 PA 水平与 VI 儿童青少年 PA 呈显著正相关关系[5][6]。但相关的研究数量较少,国内更是缺乏。Stuart 等[7]研究发现缺少同伴一起参加活动也是一个重要的障碍因素。

体育教师也是促进 PA 的重要角色。一项质性研究结果显示,体育教师缺乏教授 VI 学生的专业知识和教学方法是导致 VI 学生 PA 水平低的重要因素。有研究调查了患有 VI 的学生在普通学校体育课上感受到的障碍,发现普通学校的体育教师缺少 VI 学生体育教育的相关专业知识,缺少针对 VI 青少年设计的体育设施,缺少适合 VI 青少年的课程编排,体育课上没有足够的时间对 VI 青少年进行个性化指导[8],这些都导致 VI 学生活动受阻。可见,体育教师的职业素养和学校的基础设施是影响 VI 儿童青少年 PA 的因素之一。

---

[1] Izquierdo-Gomez R, Veiga Ó L, Sanz A, et al. Correlates of objectively measured physical activity in adolescents with down syndrome: The UP and DOWN study[J]. Nutricion Hospitalaria, 2015, 31(6): 2606-2617.

[2] Njelesani J, Leckie K, Drummond J, et al. Parental perceptions of barriers to physical activity in children with developmental disabilities living in Trinidad and Tobago[J]. Disability and Rehabilitation, 2015, 37(4): 290-295.

[3] Menear K. Parents' perceptions of health and physical activity needs of children with down syndrome[J]. Down Syndrome Research and Practice, 2007: 60-68.

[4] Melbøe L, Ytterhus B. Disability leisure: In what kind of activities, and when and how do youths with intellectual disabilities participate[J]. Scandinavian Journal of Disability Research, 2017, 19(3): 245-255.

[5] Haegele J A, Zhu X H, Kirk T N. Physical activity among children with visual impairments, siblings, and parents: Exploring familial factors[J]. Maternal and Child Health Journal, 2021, 25(3): 471-478.

[6] Ayvazoglu N R, Oh H K, Kozub F M. Explaining physical activity in children with visual impairments: A family systems approach[J]. Exceptional Children, 2006, 72(2): 235-248.

[7] Stuart M, Lieberman L, Hand K. Beliefs about physical activity among children who are visually impaired and their parents[J]. Journal of Visual Impairment and Blindness, 2006, 100(4): 223-234.

[8] Lieberman L J, Houston-Wilson C, Kozub F M. Perceived barriers to including students with visual impairments in general physical education[J]. Adapted Physical Activity Quarterly, 2002, 19(3): 364-377.

三、环境因素与残疾学生体力活动的相关研究

残疾儿童青少年 PA 的环境因素,主要涉及的变量有学校课程、参与 PA 的机会、设施工具、邻里社区安全、季节等。其中,学校是儿童青少年学习和实践健康相关行为的主要社会环境,是最便于进行 PA 的场所,发挥着"健康教育"的重要功能。与正常发育的儿童相比,残疾儿童的 PA 参与更依赖于学校[1],如果残疾儿童青少年在学校获得良好的 PA 基础,那么成年期将会始终保持较高的 PA 水平。

(一) 学校因素与 PA 的相关研究

现有的研究表明,学校中高质量的体育课、有效的课外活动、体育器材设施可获得性、校园的活动氛围、教师的专业素养等要素能够帮助残疾儿童青少年养成良好的体育锻炼习惯、塑造健康行为。一项研究提供了教学对 HI 儿童青少年参与 PA 的影响。这项研究非常有意义,它具体探讨了教学干预,特别是同伴辅导,对 HI 儿童青少年参与 PA 的影响。Lieberman 等[2]采用单被试延迟多基线设计,考察了在包容性小学体育课中同伴辅导对 8 名聋哑学生 MVPA 的影响。这是一种针对少数个体进行长时间追踪观察的研究方法,能够较为精确地评估干预措施的效果。结果显示,经过 11~14 次同伴辅导干预后,聋哑学生的 MVPA 从 22% 提高到 41.5%。这是一个非常显著的提升,说明同伴辅导对增加 HI 儿童青少年的 PA 水平具有积极作用。同伴辅导作为一种教学方法,其优势在于能够利用同龄人的影响力和互助精神,激发 HI 儿童青少年的参与意愿和学习动力。在体力活动中,同伴的存在可以提供支持和鼓励,使得 HI 儿童青少年更容易融入活动,享受运动带来的乐趣。此外,同伴之间的沟通和交流也有助于 HI 儿童青少年更好地理解和掌握运动技能。这项研究虽然取得了积极的成果,但仍然存在一些局限性。例如,样本量较小,只涉及了 8 名聋哑学生,这可能影响到结果的普遍性和推广性。此外,研究没有涉及对照组的设置,因此无法完全排除其他潜在因素对结果的影响。未来研究可以进一步拓展样本量,增加对照组的设置,以便更全面地评估同伴辅导对 HI 儿童青少年参与 PA 的影响。同时,也可以探索其他类型的教学干预措施,如家庭参与、学校政策支持等,寻找更多的有效

---

[1] Einarsson I, Johannsson E, Daly D, et al. Physical activity during school and after school among youth with and without intellectual disability [J]. Research Developmental Disabilities, 2016, 56(1): 60-70.

[2] Lieberman L J, Dunn J M, Van der Mars H, et al. Peer tutors' effects on activity levels of deaf students in inclusive elementary physical education[J]. Adapted Physical Activity Quarterly, 2000, 17(1): 20-39.

促进 HI 儿童和青少年体力活动的方法。

一项研究综述指出，VI 儿童青少年体适能与动作技能差与其总体 PA 参与度低密切相关[1]，而学校项目的不足，缺乏身体和运动健身的机会、获取 PA 知识技能的机会[2]、课程内容[3]和合格的教师，以及缺乏与正常发展的同龄人一起参与的机会是主要原因。Skaggs 等[1]的研究表明，在寄宿学校接受教育的学龄儿童可能比在公立学校接受教育的儿童更活跃。然而，也有综述中的后续研究表明，在寄宿学校和公立学校接受教育的学龄个体之间没有发现体育活动差异[4][5]。

（二）社会经济水平、政策支持与 PA 相关研究

有研究对社会经济水平和 HI 严重程度与 PA 及 MVPA 之间的关系进行了检验[6][7]，结果表明社会经济水平和 HI 严重程度与自我报告的 PA 和客观测量的 MVPA 无关。虽然这项研究没有发现社会经济水平和 HI 严重程度与 PA 和 MVPA 的直接关联，但这并不意味着这些因素在其他情况下没有影响。PA 是一个复杂的行为，可能受到多种因素的共同影响。

此外，政策的支持和环境的创建也是影响残疾儿童青少年进行 PA 的重要社会因素。相关政策的制定可以营造良好的社会氛围，保障残疾儿童青少年的活动权益；基础设施的完善和舆论宣传，可以促进残疾儿童青少年生活方式的改善；交通环境、设施器材等社区居住环境也可能影响 ID 儿童青少年及其家长活动行为的判断和选择。新闻、广告等多种媒介构成的信息环境，在传播健康知识的同时，在积极引导 ID 儿童青少年通过体力活动提高其健康水平方面提供实践性指导建议。

---

[1] Skaggs S, Hopper C. Individuals with visual impairments: A review of psychomotor behavior[J]. Adapted Physical Activity Quarterly, 1996, 13(1): 16-26.

[2] Stuart M E, Lieberman L, Hand K E. Beliefs about physical activity among children who are visually impaired and their parents[J]. Journal of Visual Impairment and Blindness, 2006, 100(4): 223-234.

[3] Oh H C, Ozturk M, Kozub F. Physical activity and social engagement patterns during physical education of youth with visual impairments[J]. RE View Rehabilitation and Education for Blindness and Visual Impairment, 2004, 36(1): 39-48.

[4] Grønmo S J, Augestad L B. Physical activity, self-concept, and global self-worth of blind youths in Norway and France[J]. Journal of Visual Impairment and Blindness, 2000, 94(8): 522-527.

[5] Kozub F M, Oh H K. An exploratory study of physical activity levels in children and adolescents with visual impairments[J]. Clinical Kinesiology, 2004, 58(3): 1-7.

[6] Williams G, Aggio D, Stubbs B, et al. Physical activity levels in children with sensory problems: Cross-sectional analyses from the millennium cohort study[J]. Disability and Health Journal, 2018, 11(1): 58-61.

[7] Engel-Yeger B, Hamed-Daher S. Comparing participation in out of school activities between children with visual impairments, children with hearing impairments and typical peers[J]. Research in Developmental Disabilities, 2013, 34(10): 3124-3132.

(三) 建成环境与 PA 的相关研究

缺乏可访问的信息是一个显著的环境障碍[①]。HI 儿童青少年及其家庭往往难以获取关于如何以及在哪里参与 PA 的详细信息。这种信息的不对称可能导致他们错过参与 PA 的机会，或者无法充分利用现有的资源。在现实中，这可能表现为他们不知道哪些活动适合其能力水平，或者不清楚附近的活动场所和设施。因此，为了提升 HI 儿童和青少年的 PA 参与率，需要加强相关信息的宣传和推广，确保他们能够便捷地获取到这些信息。

邻里安全正向显著影响 PA 水平[②]。在有轻度 VI 和没有 VI 的青少年中，认为周围环境安全与更多的体育活动有关。对于有中度 VI 的青少年来说，认为周围环境不安全与屏幕时间的增加有关。对于有严重 VI 的青少年来说，没有环境因素与体力活动或屏幕时间有关。环境因素与严重 VI 青少年之间不存在关系，这表明需要进一步研究确定影响严重 VI 青少年 PA 和屏幕时间的因素。而居住的社区不具备 PA 参与条件（如未提供 PA 参与适应性设施或缺乏专业的适应体育课程或课程费用较高）都会阻碍 VI 儿童青少年参与 PA[③]。

(四) 季节与 PA 的相关研究

季节变化被证明是影响残疾儿童和青少年 MVPA 水平的环境因素之一。具体而言，HI 患儿在冬季比夏季更活跃。这可能是由于冬季的一些特定活动或环境因素刺激了他们的 PA 参与。例如，冬季可能有更多的室内活动或团体运动，这些活动可能更适合 HI 儿童青少年的需求和能力。此外，冬季的寒冷天气也可能促使他们通过增加 PA 来保持身体温暖。然而，我们也需要注意到季节变化可能带来的负面影响，如在极端天气条件下参与 PA 可能存在的安全风险。季节也会影响 VI 儿童青少年 PA 参与，相比夏季，VI 儿童青少年在冬天的 PA 水平显著提高[④]。是否使用导盲工具也会对 VI 青少年的 PA 造成影响。有研究发现，不需要

[①] Tsai E, Fung L. Perceived constraints to leisure time physical activity participation of students with hearingimpairment[J]. Therapeutic Recreation Journal, 2005, 39: 192-206.

[②] Haegele J A, Garcia J M, Healy S. The association between neighborhood factors and physical activity and screen-time among youth with visual impairments[J]. Disability and Health Journal, 2019, 12(3): 509-513.

[③] Demirturk F, Kaya M. Physical education lessons and activity status of visually impaired and sighted adolescents[J]. Medical Science Monitor, 2015, 21: 3521-3527.

[④] Sit C H P, Huang W Y, Yu J J, et al. Accelerometer-assessed physical activity and sedentary time at school for children with disabilities: Seasonal variation[J]. International Journal of Environmental Research and Public Health, 2019, 16(17): 3163.

任何行走帮助的 VI 人群比需要使用盲杖或导盲犬的人更活跃，在久坐中花费的时间更少，在中、低强度体力活动中花费的时间更多[①]。

由此可见，个体、家庭和社会均是影响残疾儿童青少年 PA 水平的重要因素，提高其 PA 水平需要做到家庭到位、学校本位、社会补位，通过个人、学校、社会的共同努力，促进残疾儿童和青少年的健康成长。有关残疾儿童和青少年 PA 参与的相关因素和决定因素的研究需要进一步深入探讨，需要更多的实证研究，包括量化和高质量的质性研究提供必要的证据，从而找出影响残疾儿童体育锻炼行为的那些关键因素，并提出有效的干预措施。应用相关理论框架，如 ICF 模型、残疾人 PA 促进理论框架、社会生态学理论框架等综合研究 PA 行为，通过改进学校的体育设施和教学方法，提高残疾儿童对体育活动的兴趣和参与度；同时，也可以通过家庭和社会的支持，为他们提供更多的体育锻炼机会和资源。

第五节
残疾学生体力活动的干预研究

随着社会对残疾儿童青少年健康问题的关注度不断加深，其运动参与促进也逐渐受到重视，相关研究也在不断深入开展。大量研究结果表明通过合理的运动干预能够对残疾儿童青少年运动参与的各个方面产生促进作用。通过体力活动干预，可以提高他们体适能各要素水平，提高其身体机能水平，在满足基本的日常生活需要的基础上更好地融入社会，对提高其生活质量和延长寿命具有重要意义。PA 的干预归纳为适应性体育运动计划、不同运动项目训练、游戏干预、运动机能干预等。VI 学生有效促进 PA 的干预方案包括对家长进行 VI 和 PA 知识教育[②]、在体育课堂中安排视力健康学生对 VI 学生进行指导和示范教学[③]、短期国家层面特

---

① Silva E S, Fischer G, Rosa R G, et al. Gait and functionality of individuals with visual impairment who participate in sports[J]. Gait and Posture, 2018, 62: 355-358.

② Roninson B L, Lieberman L J. Influence of a parents' resource manual on physical activity levels of children with visual impairments[J]. Re View Rehabilitation and Education for Blindness and Visual Impairment, 2007, 39(3): 129-140.

③ Wiskochil B, Lieberman L J, Houston-Wilson C, et al. The effects of trained peer tutors on the physical education of children who are visually impaired[J]. Journal of Visual Impairment and Blindness, 2007, 101(6): 339-350.

殊体育教育训练营计划①和 PA 目标设置②。

一、适应性体育运动计划

这些运动干预几乎是基于学校为基础的干预,通过学校适应性体育运动计划的实施,Pan 等③等采用二级数据分析设计,评估适应性体育教育计划对被试 ID 青少年体质要素的长期影响,以及体质测验在三年内之变化与体质测验之关系。研究共纳入 44 名参与者的学生。一系列重复测量的方差分析显示,随着时间的推移,参与者的身体组成、肌肉耐力、爆发力、柔韧性和心血管健康方面有显著的积极结果。但其研究结果好坏参半,因为到第三年,参与者在肌肉力量、耐力和心血管健康方面表现更好。然而,参与者在身体组成和灵活性方面得分较低。因此还需要进一步的研究来探讨影响智障学生身体健康的因素。Cervantes 等④使用社会认知干预,研究了课后体育活动计划对 VI 青少年的影响。在一所盲人寄宿学校,4 名 VI 高中学生在 5 周的时间里上了 9 节课。干预的目的是增加休闲时间的体育活动。结果表明,课外干预可以提高学生的休闲时间 PA 水平和选择的构念。然而,参与者在干预后难以维持相同的水平。因为干预不是嵌入式课程提供,这可能导致缺乏体力活动维持。该研究涉及自我效能感、自我规范、结果预期和社会支持理论。

二、不同运动项目体育活动或训练

有学者探讨了不同体育活动干预如软式曲棍球运动、地板曲棍球运动、攀岩运动等 ID 儿童青少年体适能的影响。国内张磊⑤研究表明,软式曲棍球运动对中重

---

① Ponchillia P E, Armbruster J, Wiebold J. The national sports education camps project: Introducing sports skills to students with visual impairments through short-term specialized instruction[J]. Journal of Visual Impairment and Blindness, 2005, 99(11): 685-695.
② Lieberman L J, Stuart M E, Hand K, et al. An investigation of the motivational effects of talking pedometers among children with visual impairments and deaf-blindness[J]. Journal of Visual Impairment and Blindness, 2006, 100(12): 726-736.
③ Pan C C, McNamara S. The impact of adapted physical education on physical fitness of students with intellectual disabilities: A three-year study[J]. International Journal of Disability, Development and Education, 2022, 69(4): 1257-1272.
④ Cervantes C M, Porretta D L. Impact of after school programming on physical activity among adolescents with visual impairments[J]. Adapted Physical Activity Quarterly, 2013, 30(2): 127-146.
⑤ 张磊. 软式曲棍球干预对中重度智力障碍男生体适能和基本动作技能的影响[D]. 上海:上海体育学院,2019.

度 ID 儿童青少年的体适能水平产生积极的影响。Hsu 等[①]调查了 12 周的地板曲棍球训练计划对轻度 ID 青少年的运动熟练度、体能和适应性发展的影响。54 名 ID 青少年被分成两组：一组是地板曲棍球运动组（EG；n＝27 个）；另一组是对照组（CG；n＝27 个）。EG 的参与者每周参加 3 次地板曲棍球训练课程，共 12 周。CG 组维持日常生活的标准活动。干预前后分别获得 Bruinink Oseretsky 第二版运动能力测试、Brockport 体能测试和适应行为评估系统第二版教师表格的中文版成绩。研究结果表明，12 周的地板曲棍球训练项目显著提高了参与者的大部分运动熟练度指标的得分、体质、适应性开发。研究结果证明，以地板曲棍球训练为重点的体育活动干预是一种可行的治疗方法。Bibro 等[②]进行了一项随机对照试验确定攀岩活动对 ID 人群身体健康的影响，共有 68 名被诊断患有轻度或中度 ID 的人参加了这项研究。实验组在人工攀岩墙上进行为期 15 周的活动。从 Eurofit 和 Eurofit Special 测试集中选取身体健康的评估指标，结果显示实验组通过在实验台上行走测量平衡性、通过屈臂悬垂测试上肢力量、推 2 kg 实心球、握力测功方面均有明显改善，与体重相关的四肢相对力量指数也有所增加。参加攀岩活动对 ID 人的身体健康有积极的影响，可能是一种替代的治疗形式。研究证实了基于特定运动的训练在治疗 ID 人士方面的有效性。

三、专门运动干预

专门运动干预方式可以归纳为以下 3 个方面，分别是体适能干预、游戏干预和运动技能干预（表 3-9）。

表 3-9　各干预重点和主要作用

运动干预	重点	作用机制
力量训练	重点关注干预的强度，以中等偏高为主	力量训练可诱发强神经冲动和脑电活动，对于改善 ID 患者神经-肌肉控制及神经元对肌纤维的募集能力、强化大脑的各种活动、促进大脑机能的修复和补偿具有重要作用

---

① Hsu P J, Yeh H L, Tsai C L, et al. Effects of a floor hockey intervention on motor proficiency, physical fitness, and adaptive development in youths with mild intellectual disabilities[J]. International Journal of Environmental Research and Public Health, 2021, 18(13)：7059.

② Bibro M A, Żarów R. The influence of climbing activities on physical fitness of people with intellectual disabilities[J]. International Journal of Disability, Development and Education, 2023, 70(4)：530-539.

(续表)

运动干预	重点	作用机制
平衡训练	重点关注姿势控制问题,以平衡木、单双腿站立和瑞士球等项目为主	平衡训练提高了 ID 儿童青少年 FMS(基本运动能力),可能与下肢的稳定性和动作姿势控制能力的提高有关
游戏干预	以虚拟现实(Virtual Reality,VR)游戏为主	VR 干预涉及协调、视觉和粗大动作等能力的发展,可整合 ID 患者的视觉、听觉、触觉和本体感觉等;VR 干预有利于提高 ID 儿童青少年感知觉能力、认知反馈能力及小脑和脑干的姿势控制能力,从而强化在完成粗大动作时的正确动作反馈
运动技能干预	通过基本动作技能训练或动作发展障碍的物理治疗,重点关注教学环境的优化,建立 ID 儿童与伙伴、老师或者研究人员的友好合作	"以教师为中心"的结构化干预模式和"以学生为中心"在特定时间区间内完成一定量体力活动的干预模式,能有效提高干预效果

1. 体适能干预

综合目前已有的研究,运动干预包括力量训练、平衡训练和组合训练(力量+平衡)。在澳大利亚新南威尔士州的一所中学的特殊教育单元对青少年进行了一项非随机试点试验①,16 名 11、12 年级学生参加了为期 2 个月的体育活动干预。2 位教师接受了高强度间歇训练(HIIT)项目的培训,该项目被称为"Burn 2 Learn"(B2La)。教师被要求在 2 个月的时间里每周提供 2~3 次 HIIT 课程。4 个领域的可行性(可接受性、实施性、适应性和实用性)通过学生和教师水平的定量测量进行了评估[例如,观察、过程评估问卷和心率(HR)监测]。数据也从 3 位学习和支持教师收集,他们协助课堂教师进行干预。采用配对样本 t 检验分析干预对青少年功能能力(6 min 走/跑试验)和肌肉健康(坐-立试验和改良俯卧撑试验)的初步效果。学生和教师都报告了中等到高水平的项目满意度(80% 评为 Good 或 Excellent)和(100% 评为 Good 或 Excellent)。据报告,在研究期间,教师们每周授课 0.7~2.5 次。根据研究人员的会议观察,该计划由教师有效地提供。然而,HR 数据显示会话强度低于预期。教师们认为该方案具有适应性,并对 HIIT 课程进行了一些修改,以满足残疾青少年的需求。整个过程无不良事件报告,可以观察到初步疗效措施的改善。研究结果表明,培训教师为残疾青少年提供以学校为基础的

---

① Leahy A A, Kennedy S G, Smith J J, et al. Feasibility of a school-based physical activity intervention for adolescents with disability[J]. Pilot and Feasibility Studies, 2021, 7(1): 120.

HIIT 项目是可行的。因此，在更大规模的有效性试验中评估 B2La 是有必要的。

2. 游戏干预

该研究是一项为期 12 周、以学校为基础的随机对照试验[1]。参与者(N=48)将从特殊学校招收轻度 ID 学生，然后随机分配到干预组(IG)或等待名单对照组(CG)。在干预期间，IG 的参与者将接受一个有趣的游戏为基础的中度至剧烈 PA(MVPA)训练计划(每周 2 次，每次 60 min，共 24 次)。活动的强度将以渐进的方式增加。CG 的参与者在研究期间不会接受任何项目，但在研究结束后将为他们提供相同的 PA 项目。为了观察和评估干预的持续效果，将在干预结束后 12 周对参与者进行随访测试。研究结果将包括主要结果(肥胖和健身相关结果)和次要结果(血压)。所有的测量将在 3 个时间点进行。在后续测试后，同样的 PA 训练计划将提供给 CG 的参与者。

体感游戏干预 VR 是利用计算机及专业的软硬件构建三维视听触动一体化的虚拟环境，通过与虚拟环境中的物体交互，完成功能性活动和操作[2]。雷显梅等[3]研究采用倒返实验设计，选取一名孤独症儿童作为研究对象，对其进行为期 3 个月的体感游戏干预。结果显示体感游戏能有效提升孤独症儿童的上肢动作能力、下肢动作能力和视觉动作协调能力，并有助于减少问题行为、提升课堂上的良好表现。Boffoli 等对 VI 青少年分别进行了跳舞机(dance revolution)、爱淘儿运动健身(eyetoy kinetic)、有氧拳击(wii boxing)3 种体感游戏的干预，使 VI 青少年更享受参加体力活动的过程。

3. 动作技能干预

目前，针对学龄 VI 个体的体育活动干预的数量很低。少数的干预研究表明，通过新的项目干预或对过去成功使用的项目进行修改，可以提高体力活动水平。Ponchillia 等通过教授运动技巧的方式对 VI 青少年进行干预，发现他们在对待运动的态度和运动参与等方面都有了积极的改变。Robinson 等发现，VI 男生经过一周的运动训练营干预后参加体力活动的时间显著增加。英国盲人运动组织通过对 VI 青少年提供运动指导，包括基本运动技巧训练方法指导、适合的运动项目推荐

---

[1] Wang A W, Gao Y, Wang J J, et al. Effects of a school-based physical activity intervention for obesity and health-related physical fitness in adolescents with intellectual disability: Protocol for a randomized controlled trial[J]. JMIR Research Protocols, 2021, 10(3): e25838.

[2] 刘艳虹,雷显梅,胡晓毅. 国外自闭症儿童体感游戏研究状况及启示[J]. 中国特殊教育,2015(5):51-56,73.

[3] 雷显梅,刘艳虹,胡晓毅. 运用体感游戏干预自闭症儿童动作技能的研究[J]. 现代特殊教育,2016(10):36-42.

等,使 VI 青少年的体力活动水平得到提高[1]。

由于 VI 儿童脑部受损,使其与健康儿童相比,在各方面均存在一定的滞后。通过基本动作技能训练或动作发展障碍的物理治疗较其他方法更容易促进他们动作发展。Ulrich 等根据动作发展过程中的动态系统理论,采用以技能发展为导向的干预方法,尝试教授 8~15 岁的唐氏综合征儿童青少年骑自行车。他们使用后轮改装为滚轴的自行车进行练习。这种特制的自行车能够避免摔倒,有助于提升其自信心。训练持续 7 周,每周训练 5 次,每次 75 min。结果显示,56% 唐氏综合征儿童青少年成功掌握自行车骑行技能,静坐时间减少,中高强度体力活动时间增加。另有一项系统综述研究发现,ID 儿童的干预研究中,实验组干预后明显优于实验前且优于对照组,即 FMS 总体有效干预率为 85.7%,无效干预率为 14.3%。从干预方式来看,动作技能干预有效率为 100%。

四、其他形式干预

Lieberman 等[2]开展的研究中使用一个会说话的计步器,其目的是帮助 VI 孩子意识到他们在走路行为方面的潜力。他们在家里走的平均步数约为 9 000 步,在营地上升到 15 000 步,这一事实表明,使用计步器有助于激励孩子设定更高的目标,实现自己的潜力。Kern 等研究了操场的改造对 VI 学龄前儿童运动参与的影响,他们在操场上的战略位置增加音乐站,并通过提供听觉反馈的"路径"将它们连接起来,观察先天失明男孩与家长的互动,活动参与并没有显著的变化,但是其刻板的行为有所减少。

这些干预 VI 儿童青少年 PA 参与水平的研究主要从个体水平进行设计,如通过会说话的计步器帮助和激励孩子进行设置 PA 目标;还有的是从人际层面进行设计方案,如通过家长教育课程或培训以及视力健康孩子的协助;还有从环境方面考虑干预,如设置课外课程训练营等一起增加 VI 学龄孩子的 PA 参与。大部分方案都显示出了较显著的促进作用。但是这些研究仍存在一定的局限性。首先,实验设计上并没有采用随机对照试验或前后对比实验,因为自然环境中 PA 影响因素过多,很难运用随机对照实验设计去实施 PA 干预研究,高质量的 PA 干预研究

---

[1] Scally J B, Lord R. Developing physical activity interventions for children with a visual impairment: Lessons from the first steps initiative[J]. British Journal of Visual Impairment, 2019, 37(2): 108-123.

[2] Lieberman L J, Stuart M E, Hand K, et al. An investigation of the motivational effects of talking pedometers among children with visual impairments and deaf-blindness[J]. Journal of Visual Impairment and Blindness, 2006, 100(12): 726-736.

严重缺乏。其次,样本量普遍较小,这在一定程度上降低了干预方案的有效性。建议未来研究从使用理论框架、干预方案实施过程和效果、可操作性、环境便利性、儿童青少年及家长的态度和认知等方面对干预方案进行全面评估。

五、研究展望

综上所述,国内外在残疾儿童青少年体力活动水平的研究上均取得了一定进展,残疾儿童青少年体力活动水平普遍低于普通同龄人,且多数未达到WHO推荐的每天60 min中高强度体力活动标准。体力活动不足严重影响其身心健康,增加了肥胖、心血管疾病等慢性疾病的风险。

在国内,该领域的研究尚处于起步阶段,主要面临数据缺乏和测量方法不统一等问题。研究者多采用问卷调查等主观测量方式,缺乏客观的PA数据支持。进行残疾儿童青少年体力活动测量时,应考虑该群体残疾类型及残疾程度等具体情况,选用恰当的测试方法。

相比之下,国外对于残疾青少年PA的研究更为成熟,研究揭示了多种影响体力活动的因素,包括残疾类型、严重程度、环境因素及心理社会因素等。为提升PA水平,国外学者提出了多元化、个性化的PA模式,强调根据残疾青少年的具体情况制定适宜的PA方案,并探索了家庭、学校及社区在促进PA中的重要作用。这些研究成果为制定有效的干预措施提供了理论依据和实践指导。

我国学者应积极关注残疾儿童青少年身心健康,加强数据积累和客观测量方法的应用,选用客观测试方法如加速度计来精准反映不同地区、不同残疾类型儿童和青少年体力活动概况,探讨体力活动与残疾儿童青少年健康指标间的量效关系,研究适合的体力活动推荐量,参阅和引入多种理论框架或视角准确定位体力活动影响因素,并借鉴国外经验,探索行之有效的PA干预模式,制定适合我国国情的残疾儿童青少年PA指南和干预措施,促进我国残疾儿童青少年PA水平的提高。

第四章
国外残疾儿童青少年体力活动促进政策计划及启示

"体力活动不足"被列为影响人类健康的 4 大因素后,世界各国纷纷制定了相应的政策和行动措施,以期通过体育干预实现儿童青少年身心健康和社会健康的根本利益,对残疾学生也开展了多种多样的 PA 和健康促进活动。作为世界上较早开展残疾人体育的国家,美国、英国、日本在多年的实践过程中形成了较为完善的残疾人体育服务体系。本书对美国国家相关政策和行动措施进行解读与分析,有助于精准把握残疾儿童和青少年 PA 促进的发展进程及特征,了解各国的治理方式与行动举措,从而为我国残疾儿童和青少年 PA 促进模式的构建提供借鉴和启示。

第一节
促进残疾儿童青少年体力活动的国际政策及行动

一、促进残疾儿童青少年体力活动的全球行动呼吁

自 1989 年以来,联合国在《儿童权利公约》第 31 条中确认儿童有参与体育运动和 PA 的权利[①]。联合国制定的《残疾人权利公约》是第一个涉及残疾人权利和

---

① United Nations. United Nations convention on the rights of the child[EB/OL]. [2022-05-02]. https://www.ohchr.org/en/professionalinterest/pages/crc.aspx.

参与体育运动的具有法律约束力的国际文书①。特别是该公约②第 30 条第 5 款规定,残疾人应享有"玩耍、娱乐和休闲以及体育活动"的平等机会。各国必须采取适当措施,保障残疾人的平等,防止歧视,消除结构性不平等,应当平等地促进和支持主流体育赛事和残疾人专项体育赛事以及残疾人参与其中的活动,包括平等地提供财政支助。第 30 条第 5 款第(四)项要求确保残疾儿童享有与其他儿童一样的平等机会参加游戏、娱乐和休闲以及体育活动,包括在学校系统参加这类活动。该公约体现了早期发展、健康习惯和从小就融入其中的重要性,以及必要时进行早期干预和支持的重要性。为促进参与和融入,各国必须促进残疾儿童在全纳学校和校外与其他儿童一起做游戏,应为残疾儿童提供他们自己选择的无障碍体育活动,而不是强迫他们参加过度结构化和程序化的时间表、康复训练活动或家务劳动,对残疾女童来说,更是如此。

2015 年,联合国发布了《变革我们的世界:2030 年可持续发展议程》,涉及实现 17 个可持续发展目标和 169 个具体目标,其中 7 个目标侧重于残疾人③④,其"不让任何一个人掉队"的愿景,从最弱势群体开始,将重点放在包容残疾人方面,这一愿景随后被纳入体育活动和体育运动的关键政策制定中⑤。残疾问题已被 WHO 确认为发展优先事项。2019 年,WHO 开始更新 2010 年《关于体力活动促进健康的全球建议》⑥,成立了一个指南制定小组,由来自包括残疾领域在内的相关科学学科的 27 名专家以及该领域的从业人员和决策者组成,代表所有区域,其中包括一名残疾专家,他自身患有残疾。首份关于残疾人体力活动和久坐行为的指南的出版反映了 WHO 对包容性行动的承诺,与《变革我们的世界:2030 年可持续发展议

---

① United Nations. United Nations convention on the rights of persons with disabilities and optional protocol[EB/OL]. [2022-05-02]. https://www.un.org/disabilities/documents/convention/convoptprot-e.pdf.

② United Nations. UN human rights council report on physical activity and sport under article 30 of the convention on the rights of persons with disabilities [EB/OL]. [2022-06-08]. https://www.ohchr.org/en/calls-for-input/2021/report-physical-activity-and-sports-under-article-30-convention-rights-persons.

③ United Nations. Transforming our world: The 2030 agenda for sustainable development[EB/OL]. [2022-06-08]. https://sdgs.un.org/2030agenda.

④ United Nations. Sport and the sustainable sevelopment goals: An overview outlining the contribution of Sport to the SDGs. https://www.un.org/sport/sites/www.un.org.sport/files/ckfiles/files/Sport_for_SDGs_finalversion9.pdf.

⑤ World Health Organization. Global action plan on physical activity 2018—2030: More active people for a healthier world[R]. Geneva: World Health Organization, 2018.

⑥ World Health Organization. Global recommendations on physical activity for health[R]. Geneva: World Health Organization, 2010.

程》保持一致,并在《2018—2030年体力活动全球行动计划》中有所体现①。这些针对残疾人的公共卫生建议的出现,将公平和人权纳入WHO指南制定过程中,有助于制定和实施相关政策,从而减少歧视,并为残疾人参与包容性PA创造机会,改善其健康状况。自2015年以来,WHO已认识到PA对支持17个可持续发展目标中的13个目标的重要性②,并倡导通过创建活跃的社会、活跃的环境、活跃的人群和活跃的系统为所有人提供PA机会③。最近的一份简短报告侧重于建立一个坚实的PA生态系统,为所有人创造一个更可持续的未来④。表4-1列出了关于促进残疾儿童和青少年PA的全球性行动和呼吁摘要。

表4-1 关于促进残疾儿童青少年PA的全球性行动呼吁摘要

年份	国际组织	条约/政策/声明	促进PA的行动
1989	联合国	《儿童权利条约》	支持儿童参与体育运动和其他类型PA的权利
2006	联合国	《残疾人权利公约》第30条	促进残疾人进入体育和娱乐场所的权利;将残疾儿童青少年纳入体育教育,并享受平等的娱乐和体育活动机会
2011	联合国	关于体育促进包容性发展:体育、残疾与发展的小组讨论(纽约联合国总部)	利用体育促进残疾人权利;强调体育在促进残疾人融入社会和福祉方面的作用
2015	联合国	《改变我们的世界:2030年可持续发展议程》	认识到体育是可持续发展的重要推动者,并将残疾人作为社会的积极贡献者;提出17个可持续发展目标,包括169个具体目标,其中7个目标侧重于残疾人
2015	联合国	《体育与可持续发展目标:概述体育对可持续发展目标的贡献》	阐述体育的作用及其与17项可持续发展目标相关的潜力;继续认识到体育是可持续发展的推动者,有助于增强个人和社区的力量

---

① World Health Organization. Guidelines on physical activity and sedentary behaviour[R]. Geneva: World Health Organization, 2020.

② World Health Organization. WHO global disability action plan 2014-2021: Better health for all people with disability[EB/OL]. [2022-04-20]. https://www.who.int/publications/i/item/who-global-disability-action-plan-2014-2021.

③ World Health Organization. Global action plan on physical activity 2018-2030: More active people for a healthier world[EB/OL]. [2022-05-02]. https://apps.who.int/iris/bitstream/handle/10665/272722/9789241514187-eng.pdf.

④ World Health Organization. Fair play: Building a strong physical activity system for more active people[EB/OL]. [2022-05-02]. https://apps.who.int/iris/handle/10665/346169.

(续表)

年份	国际组织	条约/政策/声明	促进 PA 的行动
2015	世界卫生组织	《2014—2021年全球残疾行动计划：改善所有残疾人的健康》	提出行动计划，消除障碍，改善获得服务和项目的机会，使残疾人能够实现健康和福祉
2016		《关于体育活动促进全球健康和可持续发展的曼谷宣言》	认识到 PA 在整个生命周期中支持 17 个可持续发展目标中 13 个的重要性，包括残疾人
2017	联合国教科文组织	喀山行动计划（第六届体育部长和高级官员国际会议）	强调包容性体育政策的重要性，包括在国家和国际两级获得体育、体力活动和体育服务；重申体育在促进包容性和终身参与体育运动方面的作用
2018	世界卫生组织	2018—2030年全球体育活动行动计划：更积极的人创造更健康的世界	通过创建活跃的社会、活跃的环境、活跃的人和活跃的系统，为所有年龄中有能力的人提供 PA 机会
2020	世界卫生组织	WHO 体力活动和久坐行为指南（针对 5～17 岁的残疾儿童青少年）	平均每周完成至少 60 min 中等强度到剧烈的活动，每周至少进行 3 d 的高强度有氧运动，以及增强肌肉和骨骼的运动；限制久坐的时间，尤其限制刷屏幕时间
2021	联合国	联合国人权理事会关于根据《残疾人权利公约》第 30 条进行体育活动的报告	制定包容性和针对残疾人的 PA 和体育发展指南；鼓励联合国各成员国履行国际人权法规定的义务
2021	世界卫生组织	公平竞争：为更活跃的人建立强大的体育活动体系	建立 PA 生态系统，将各级利益相关者联系起来，以促进残疾人的 PA

近年来，社会各界对国家政策在提升国民体育锻炼水平及缩减健康不平等方面所扮演的关键角色给予了前所未有的重视。国家体育活动指导原则为政策体系中的基石，在促进全民健康和缩小健康差距方面发挥着不可替代的引领作用。这些指导原则的构建，根植于对广泛证据的深度审视、多元利益相关者的积极参与、科学研讨会的深入探讨，以及对促进健康所需体力活动量及类型的全面协商。在公共卫生行动的连贯性与全面性政策框架中，体育活动指导原则占据着核心地位，它们不仅是宝贵的信息资源库，指引着国家健康目标的设定，还为政策制定过程提供了科学依据，旨在支持并促进公众积极参与体育锻炼，进而改善整体健康状况，同时深入解决影响健康的更广泛结构性与社会决定性因素。此外，这些指导原则

还扮演着体力活动监测与评估工作的关键基准角色,为评估政策效果、调整干预策略提供了重要参考,确保了体育促进健康战略的持续有效推进。

许多国家发布指导人们进行体力活动的指导文件,其中包含青少年群体,例如,《2008美国人体力活动指南》中对6岁以上青少年体力活动作了具体介绍和推荐;美国2010年发布了《国家体力活动计划》,并定期发布评价报告,如《2012体力活动指南中期报告:在青少年中增加体力活动的策略》,之后每10年更新指南。新西兰于2010年发布了儿童与青少年体力活动指南。2018年《中国儿童青少年体力活动指南》发布,提出6~17岁儿童青少年每天体力活动的推荐;2021年中国发布了《中国人群体力活动指南(2021)》针对2岁及以下儿童、3~5岁儿童、6~17岁儿童青少年、18~64岁成年人、65岁及以上老年人、慢性病患者等六个人群的体力活动作出了指导。但中国的指南并未对残疾患者做出建议。

2020年发布的《体力活动和久坐行为指南》[1]、美国2018年新发布的《美国人体力活动指南》[2]、英国2019年发布的《英国首席医疗官体力活动指南》[3]中都包含了对残疾人的建议。

二、残疾儿童青少年体力活动和久坐指南

目前最新版WHO2020年发布的《体力活动和久坐行为指南》中增加了对残疾人体力活动和久坐行为的建议部分。其中明确提到,对残障或特殊人群需要考虑到他们的身体差异性,以提供更为详细的指南方案[4]。这些指南旨在帮助残疾人根据自己的健康状况和能力,选择适合自己的体力活动,以促进健康并减少慢性疾病的风险。

该指南讨论了针对特定群体残障人士设计专门化政策意见的重要性,对残疾人口实施有效政策和桥接理论与实践之间差距的重要性。通过明确建议、促进公共健康并限制久坐行为,可以帮助改善全球范围内残疾人群体的健康水平。例如,

---

[1] World Health Organization. WHO guidelines on physical activity and sedentary behaviour[EB/OL]. [2022-06-10]. https://www.who.int/publications/i/item/9789240015128.

[2] US Department of Health and Human Services. Physical activity guidelines for Americans, 2018[EB/OL]. [2020-01-01]. https://health.gov/paguidelines/second-edition/pdf/Physical_Activity_Guidelines_2nd_edition.pdf.

[3] UK Government Department of Health and Social Care. UK chief medical offficers' physical activity guidelines[EB/OL]. [2019-12-25]. https://assets.publishing.service.gov.uk/government/uploads/system/uploads/attachment_data/ffle/832868/uk-chief-medicalofffcers-physical-activity-guidelines.pdf.

[4] World Health Organization. Guidelines on physical activity and sedentary behaviour[R]. Geneva: World Health Organization, 2020.

如果一个国家想要增加其残疾人口的体力活动水平,并减少久坐时间,就可以参考WHO提供的指南来设计相关政策、开展公共健康项目,并推广正确理解何时、如何以及为什么进行适当运动和避免长时间不动。

推荐量:指南对5~17岁的残疾儿童青少年的PA推荐量,一周中,残障儿童青少年应平均每天至少进行60 min的中等到剧烈强度的体力活动,以有氧活动为主。每周至少应有3 d进行剧烈强度有氧运动,以及增强肌肉和骨骼的运动。但应注意,残障儿童和青少年应咨询专业医护人员或体力活动和残障领域的专家,来确定适合自己的活动类型和活动量。

策略和原则:残障儿童青少年可以将PA作为休闲娱乐(如玩耍、游戏、运动或有计划的锻炼)、学校体育课、出行(如步行和骑自行车)、家务的一部分,在日常学习、家庭和社区环境中来进行。少量体力活动优于不活动。如果残障儿童青少年未达到建议活动水平,进行一些PA也是有益健康的。残障儿童青少年应从少量PA开始,逐渐增加频率、强度和持续时间。在适合当前活动水平、健康状况和身体机能的情况下,残障儿童青少年进行PA不存在重大风险,而且健康收益超过风险。

限制久坐与屏幕使用时间:WHO强烈建议,残障儿童青少年应限制久坐时间,尤其是屏幕娱乐时间(比如看电视、玩电脑、玩手机等)。指南强调应该为所有残障人士包括儿童、青少年、成年人提供多多进行PA的机会,并鼓励大家参加适合其年龄和能力、令人愉快、多样化的PA! 指南包含了关于改善残疾人生活质量和促进社会包容性的提议,其中有10个目标领域,并针对每一个领域提供了需要采取的行动措施,如表4-2。

表4-2 改善残疾人生活质量和促进社会包容性的提议(10个目标领域)

目标领域	核心解释
1. 意识	增加公众对残疾人面临不平等问题的认识
2. 交流	确保所有沟通方式无障碍,以便残疾人参与更广泛的社会活动中
3. 环境	创建物理环境上无障碍和适宜使用技术,让残疾人可以方便地进行日常活动
4. 培训	为专业工作者提供应对特定需求所必需的知识和技能培训
5. 合作伙伴关系	强化政府、私营部门及其他利益相关者之间的合作来推进包容性发展计划或项目
6. 正当程序权利	确保在法律程序中残疾人能够获得平等待遇和支持服务

(续表)

目标领域	核心解释
7. 人权事务机构	通过设立相关机构,监测并实现残疾人权利保护措施的执行情况
8. 数据收集与共享	收集数据以评价政策效果,并分享最佳做法促使改革进程加快进行。例如在"意识"目标领域能够开展宣传教育活动,发布视频广告鼓励公众重新思考对于禁止歧视行为态度;"交流"方面可能涉及开发语音识别软件或建立手语传译服务;对于"环境",可以指城市规划时考虑轮椅友好型道路设计,而"数据收集与共享"指统计各类无障碍设施覆盖率并将结果向公众开放
9. 投资	鼓励私营部门、金融机构以及政府跨越各种差异性投入资源,在更宽泛的范围内促成包容性融资模式
10. 治理	强调整合多部门力量参与决策过程,在提升效率的同时确保制度安排符合多元化需求

《英国首席医疗官体力活动指南》发布了专门针对残疾儿童青少年的 PA 指南,建议鼓励残疾儿童和残疾年轻人开展有趣和愉快的活动。建议和活动应适合个人,并鼓励他们开展活动,让他们觉得自己在努力工作。

建议的体力活动示例包括(但不限于)适应运动(自行车、体操、滑冰、踢踏舞),有氧运动(步行、跑步、骑自行车),水上运动,平衡训练,脚踏车,跳舞,功能性力量和训练,粗大运动技能训练,室内爬墙,运动训练,武术,改良运动(篮球、板球、网篮球、足球、篮球),渐进式阻力训练,跳绳,本体感觉活动,冲浪,特奥会,虚拟现实(VR)游戏,轮椅运动,瑜伽。还鼓励在绿色空间(如公园和森林)或蓝色空间(如河流和湖泊)进行户外活动,因为这些对健康有益。有许多体育和休闲组织、地方和国家用户主导的残疾组织以及包容性体育组织可以提供信息和资源来支持体育活动。当地积极合作伙伴关系也可以提供信息,有时与教育、卫生或社会护理专业人士交谈会很有帮助。

第二节
美国青少年体力活动和体质健康促进

在审视全球发达国家在儿童青少年 PA 促进领域的努力时,美国无疑以其全面系统的行动措施和坚实的科学研究基础脱颖而出。通过对美国行动方案的细致研究,我们可以发现其成功的关键在于多元化策略的整合与运用。这包括但不限于政策引导、教育普及、社区支持、家庭参与以及科学研究等多方面。每一方面都紧密相连,共同构建了一个促进儿童青少年 PA 的良好生态系统。本节旨在深入剖析美国在这一领域的代表性行动方案,为我国在儿童青少年 PA 促进方案的制定与实施提供有益的参考和借鉴,同时注入新的思考维度。

一、美国青少年(残疾)体质健康促进政策

美国在儿童青少年 PA 促进方面的政策内容涵盖了教育、财政支持、法律保障、社区支持和家庭参与等多方面。这些政策的实施为美国儿童青少年提供了良好的体育环境和发展空间。美国儿童青少年体力活动促进政策的溯源可以追溯到 20 世纪初,经历了从重视体育的普及和促进青少年身体健康,到关注体育的公平和包容性,再到注重体育的全面发展和社会影响等多个阶段。在政策层面,美国通过立法和制定政策,为儿童青少年 PA 提供了强有力的支持。

(一) 政策法规

1.《残疾人教育法案》(IDEA):它是美国政府为残疾儿童及其家庭提供教育权利保护的重要法案。该法案要求各州为残疾儿童提供免费的、适当的公共教育,并确保他们在最少限制的环境中接受教育。IDEA 也强调了对残疾儿童参与 PA 的支持,要求学校为残疾学生提供适当的体育教育和活动机会。由美国教育部特殊教育项目组(OSEP)负责监督 IDEA 的实施,确保各州为残疾儿童提供符合法案要求的教育和 PA。

2.《建筑障碍法案》:该法案旨在确保公共建筑和设施对残障人士的无障碍访问。要求公共建筑和设施必须遵守无障碍设计标准,包括体育设施在内,以确保残障人士能够平等地参与 PA。

(二) 教育政策

《美国残疾人法案》(ADA)、《康复法》第 504 条和《残疾人教育法案》(IDEA)等联邦法律要求学校提供平等的体育教育和 PA 机会。这些文件建议州政权采取 6 项行动来促进包容性,包括分享州政策、与合作伙伴的合作、为区域和学校提供培训、鼓励学校增加体育课时、确保学生有足够的运动时间,同时,通过财政补贴等手段,支持公共体育设施的建设和维护,为儿童青少年提供更多的运动场所。

1. 美国全纳体育教育[①]:联邦法律要求各州、地区和学校为残疾儿童青少年提

---

① Centers for Disease Control and Prevention. Inclusive School Physical Education and Physical Activity.

供参加体育教育和 PA 的平等机会。《美国残疾人法案》(ADA)禁止基于残疾的歧视。因此,学校必须遵守《美国残疾人法》的无障碍要求,为残疾学生提供适当的体育教育和 PA 机会。《康复法》第 504 条和《美国残疾人法》第二章是禁止残疾歧视的联邦民权法,《残疾人教育法》规定在"限制最少的环境"中为所有残疾儿童在学校提供"免费、适当的公共教育"。IDEA 还规定,残疾学生应在可能的最大限度上与非残疾儿童一起参加体育教育。IDEA 包括体育教学语言,这可能是学生个性化教育计划(IEP)规定的特殊教育服务的一部分,这是一项专门针对儿童教育的法律规定。

2. 残疾和健康状况计划[①]:目前美国疾病控制与预防中心(CDC)的残疾和健康促进部门根据合作协议 CDC-RFA-DD21-2103 资助 10 个州残疾和健康计划:通过州公共卫生计划改善行动不便和智力(发育)障碍人士的健康。该资助机会的总体目标是减少美国智力和发育障碍(IDD)成年人和行动不便(ML)成年人的健康差距,预计五年资助期(2021—2026 年),能够为成年残疾患者提供无障碍预防保健服务的医疗保健提供者的数量增加,残疾成年人未满足的预防性医疗保健需求(包括心理健康)减少,改善成年残疾儿童的健康行为和健康状况,残疾成年人慢性病发病率及其相关风险因素下降。

(三) 社区和家庭政策

社区和家庭的参与也是美国行动方案中的重要一环。他们鼓励社区组织各类体育活动和比赛,为儿童青少年提供更多的运动机会;同时,倡导家庭关注孩子的 PA 状况,为孩子提供必要的支持和鼓励。

科学研究则为美国行动方案提供了坚实的理论支持。他们通过大量的实证研究,深入探讨了儿童青少年 PA 的影响因素、效果评估以及最佳实践等方面的问题,为制定更加科学合理的行动方案提供了依据。

二、美国青少年(残疾)体力活动促进的家庭-社区-学校行动计划

(一) 健康学校家长计划

儿童的运动行为与家庭的健康环境有关。父母的模范作用对儿童的体力活动有积极的影响;家庭成员、父母的受教育程度、父母的体重、父母的年龄、对 PA 的态度、家庭收入、文化适应等家庭变量都对青少年的 PA 水平有一定的影响,且与

---

① Centers for Disease Control and Prevention. Disability and Health State Programs.

青少年 PA 有显著的联系①。目前美国相关机构制定了用于指导家庭开展青少年 PA 的指南,为家庭如何促进青少年 PA 提供建议(表 4-3)。

表 4-3 美国:活跃的家庭(Active Families)建议②

建议	具体安排
找到最佳活动时间	首先,计划自己家庭度过一周的时间,找出两个 30 min 适合整个家庭活动的时间段。然后,选择家庭成员在一起时尝试某个活动,选择在都有精力的时间完成活动
从较小量的活动开始	选择适合自己家庭的活动,如与孩子一起散步或玩贴标签游戏;步行上班、上学或去朋友家;做家务活以活动得更多
从已知的活动开始	做自己知道怎么去做的活动——骑自行车或跳舞;挑选不需要昂贵运动装备的活动——如慢跑、做俯卧撑,或投掷球;在家里、街道或公园里活动,不需要去体育馆;尝试制作家长和孩子一起跳舞或跑步的运动视频
与孩子一起活动	计划与孩子一起玩耍,让家长参加孩子的某个锻炼视频或体能游戏;计划一个使人们活动起来的生日聚会或其他社交活动,像跳舞或跳绳比赛;和朋友们一起锻炼
尝试新鲜的活动	请朋友教授某个运动或活动游戏;为孩子报一个班参加舞蹈或运动课
获得支持	当需要支持时,寻找免费的或低费用的项目来使运动得更多,诸如公园与娱乐或青年会项目、课后项目、工作中的锻炼;告诉朋友和家人自己想活动得更多,希望他们支持自己的努力

美国 CDC 开发了一套名为"家长健康学校"的资源,用于让家长积极改变学校的体育活动环境,以帮助学校、学校团体和学校健康委员会鼓励家长参与学校健康。"家长健康学校"使用基于证据的策略来促进家长参与。家长参与框架包括 3 个方面:与父母联络,让家长参与学校健康活动,维持家长对学校健康的参与。

CDC 的"家长健康学校"包括事实表、包含培训和评估材料的指南以及电子学习课程。学校和学校团体可以使用这些材料来开展以下方面的活动:教育家长,提供学校营养环境和服务,组织学校体育教育和体育活动,管理学校环境中的慢性健康状况,为家长提供改善学校卫生环境的切实策略和行动,提供跟踪并

---

① Atkin A J, Corder K, Goodyer L, et al. Perceived family functioning and friendship quality: Cross-sectional associations with physical activity and sedentary behaviours[J]. International Journal of Behavioral Nutrition and Physical Activity,2015,12:23.

② We can! Parent tips: Be active and have fun [EB/OL]. [2022-10-09]. https://www.nhlbi.nih.gov/health/educational/wecan/downloads/tip_physical_activity.pdf.

让家长参与改变学校健康环境进展的方法的建议。健康学校家长计划还包括名为"家长建议"的提示单。使用这些提示单,家长可以了解和建议如何支持孩子的学校为学生提供健康饮食、体育锻炼和哮喘、糖尿病等慢性病健康服务的机会。

(二) 美国包容性的综合学校体育活动计划(CSPAP)

1. CSPAP 简介

在促进学生体力活动方面,学校有着得天独厚的优势,同时也发挥着不可或缺的作用。为此,CDC 构建了综合学校体育活动计划(Comprehensive School Physical Activity Program,CSPAP)。CSPAP 的目标是增加学生在上学之前、上学期间和放学后 PA 的机会,提高学生的整体 PA 与健康水平。实施内容共有 5 部分组成:高质量体育教育、校内体育活动、校外体育活动、学校教职工参与以及家庭和社区参与[1](图 4-1)。为确保综合学校体育活动计划(CSPAP)的有效实施、评估和评价,项目还给出了一系列关键步骤(图 4-2)。首先,第一步是成立一个专门的 PA 领导小组或委员会,负责统筹计划的各个方面。第二步中,该小组将对学校现有的 PA 状况进行评估,以确定需要改进的领域。第三步是建立 CSPAP 的愿景和目标,明确计划的长远愿景和具体目标。第四步中,小组需要确定方案实施后预期达到的效果和变化情况,为后续的评估工作设定基准。第五步中,小组将确定 CSPAP 中包含的具体 PA 内容和计划,确保活动设计符合既定目标。第六步是 CSPAP 的实施阶段,此时小组将把计划付诸行动,并在校园中推广各项 PA。第七步中,小组将对 CSPAP 的实施效果进行评估,收集数据并分析,以评价计划是否达到了预期目标,并根据反馈进行必要的调整。这一连串的步骤构成了一个循环往复的流程,旨在不断提高 CSPAP 的质量和效果。较多的学校在实施 CSPAP 项目后,学生的 PA 水平和心肺耐力明显得到改善[2]。因此,该项目在美国甚至其他国家也都被广泛采纳。CSPAP 在残疾青少年 PA 促进中具有包容性。

---

[1] Centers for Disease Control and Prevention. A guide for developing comprehensive school physical activity programs[R]. Atlanta: US Department of Health and Human Services, 2013.

[2] Burns R D, Brusseau T A, Fu Y. Influence of goal setting on physical activity and cardiorespiratory endurance in low-income children enrolled in CSPAP schools[J]. American Journal of Health Education, 2017, 48(1): 32-40.

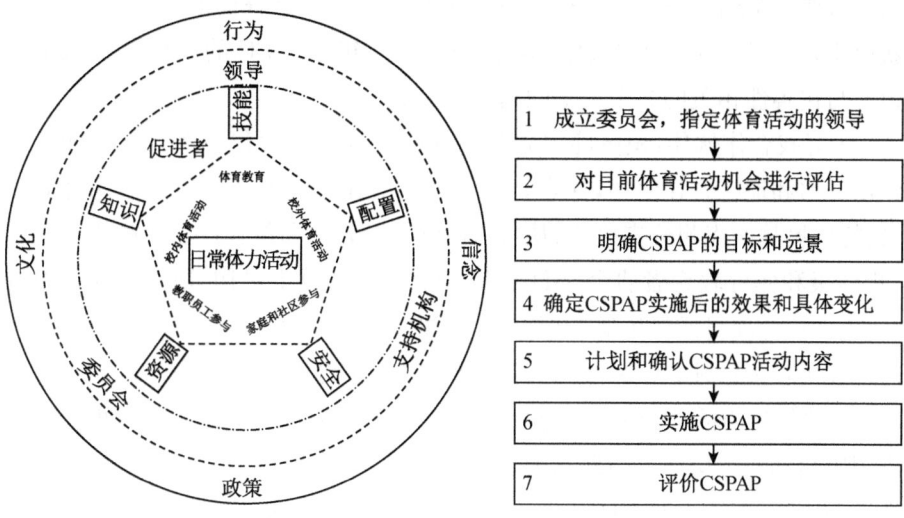

图 4-1 美国 CSPAP 概念性框架模型　　图 4-2 美国 CSPAP 实施流程

2. 包容性 CSPAP 的内容①

包容性的 CSPAP 旨在确保所有学生，无论其能力如何，都能获得平等的 PA 机会，并养成积极健康的生活方式。(1)将残疾学生纳入常规体育课。这需要完善教学政策、设备、环境和自动化，满足所有学生的需求。(2)支持残障学生参与课前、课中和课后的其他 PA。(3)鼓励残疾学生在体育和其他 PA 期间拥有与非残疾同龄人相同的角色和经历。促进地区和学校层面体育教育和 PA 的包容性。

3. 实现包容性 CSPAP 的途径②

（1）分享州级法律、政策和指导：与学区和学校工作人员共享有关残障学生参与体育教育和 PA 的相关州法律、政策和指导至关重要。这包括有关包容性体育教育和 PA 的策略、适应性体育教育的政策语言，以及为管理人员和工作人员提供专业发展，以建立包容性文化。此外，为致力于残障学生工作的员工提供认证机会，确保他们具备必要的资质和专业知识。

（2）共享残疾学生数据：与教育和卫生部门领导分享您所在州的残疾学生数

---

① US Centers for Disease Control and Prevention. Inclusive school physical education and physical activity[EB/OL]. [2023-05-06]. https://www.cdc.gov/healthyschools/physicalactivity/inclusion_pepa.htm.

② US Centers for Disease control and Prevention. Ways to promote inclusion in physical education and physical activity [EB/OL]. [2023-05-06]. https://www.cdc.gov/healthyschools/physicalactivity/pdf/20_313305-B-Michael_PolicyBrief_508Final.pdf.

据同样重要。全国儿童健康调查提供了一个交互式数据查询平台,您可以利用它来获取州政府对残疾学生人数的估计。自2020年起,CDC的学校健康概况调查将包含与包容性相关的2个关键问题。

(3) 寻找合作伙伴:积极确定并联系那些已经在推动包容性工作方面发挥领导作用的州和地区合作伙伴,探索合作机会。潜在合作伙伴包括州残疾计划工作人员、特殊奥林匹克州分支机构、从事适应性体育教育和包容性工作的当地大学部门、州健康和体育教育者协会(SHAPE America)的分支机构、适应性体育教育专家、适应性体育项目或俱乐部,以及相关健康领域的专业人士,如职业治疗师、物理治疗师和语言治疗师。CDC为19个州的州残疾和健康计划提供资金支持。

(4) 评估当前活动和需求:进行当前活动和需求的简要评估至关重要。该评估应识别州和地区层面上当前需要纳入的活动(例如项目开发、建筑环境改善、资金获取、专业发展),以及地区和学校层面上需要纳入的活动。国家健康、体育活动和残疾人中心提供的社区健康包容指数是一个评估工具的例子,它旨在收集有关健康生活资源及其包容性的信息。

(5) 提供专业培训:为学区和学校工作人员提供培训,教授他们如何创建包容性的综合学校体育活动计划(CSPAP),确保学生在课前、课中和课后都有参与体育活动的机会,并且这些活动具有高度的包容性。

(6) 合作伙伴和大学项目的参与:让合作伙伴和大学项目参与进来,培训现任和未来的学校领导、体育教师和课堂教师,让他们了解包容性的最佳政策和实践。这可能包括学习如何对设施、规则、设备、指导和评估进行调整和适应,以满足所有学生的需求。

(三) 总统青少年健身计划(Presidential Youth Fitness Program, PYFP)

总统青少年健身计划[①]是国家健身教育和评估计划,致力于推动美国青年的健康和定期体育活动。该计划提供一个健康教育的模式,支持教师和学生采取积极的生活方式,帮助学校通过高质量的健康评估实践实现卓越的全纳体育教育。

1. PYFP为教育工作者提供免费资源

实施该项目的学校可获取多种资源,包括PYFP实施清单(表4-4)[②]、健康体

[①] PYFP. Physical educator resource guide to the presidential youth fitness program[EB/OL].[2023-05-22]. https://www.pyfp.org/_files/ugd/188946_c75125a2ec65424c91d6defe02deaaae.pdf.

[②] PYFP. Program Checklist[EB/OL].[2023-05-22]. https://www.pyfp.org/_files/ugd/188946_4663b9ebd25745ed b4586afb8f24dc70.pdf.

能评估、职业发展机会、包容性健身教育的实用策略[①],PYFP 具体的实施方案、美国青少年 FitnessGram® Assessment 和专门针对残障青少年的 Brockport Physical Fitness Test 测试标准、有氧能力及身体成分测试工具和在线培训,旨在激励全部学生采纳并维持健康生活方式。

表 4-4　PYFP 清单的主要内容

步骤	主要内容
1. 教授体适能概念	健康相关健身的组成部分;为什么每一个都很重要,如何衡量和发展;技能健身和健康相关健身的区别;训练原则;健康相关健身和体育活动对身体健康的重要性
2. 为学生准备	解释和模拟调节的重要性;为每个 FitnessGram® 评估审查适当的协议。特别注意:在 K-3 年级使用 PYFP 健身俱乐部,提供多种练习机会(正式,同伴和自我评估),确定学生可以在家中或社区进行的体育活动
3. 进行评估	确定要进行的测试类型(例如,自我测试、个性化、机构或个人)。特别注意:对目前无法执行一个或多个 FitnessGram 测试项目的学生使用 Brockport 身体健康测试,以强调为什么每个评估都很重要,它所测量的健康组成部分,以及可能影响它的体力活动
4. 分析结果(班级、个人、年级、学校)	解释健康健身区®标准的目的;将 FitnessGram 结果与健康健身区标准进行比较;使用结果来做出学生和项目的决定。FitnessGram 结果不应用于分配学生成绩或评估教师表现。FitnessGram 结果不应公开发布,除非以汇总形式或与学生和/或家长保密沟通。对于 4~12 年级的学生,FitnessGram 或 Brockport 结果可用于确定总统青少年健身奖的成就
5. 帮助学生设立个人目标	解释和演示如何使用结果来设定切合实际的年龄和性别的改进目标
6. 帮助学生制定改进计划	解释并演示如何利用训练原理制订个人健身或体育活动计划
7. 监督并记录学生成绩及其进步情况	解释并演示如何记录和保持与目标和个人健身或体育活动计划相一致的体育活动;解释并演示如何记录在校和校外的体育活动时间。特别注意:总统积极生活方式奖(PALA+)提供了已经制定的方法来跟踪每天的体育活动和实现健康饮食目标
8. 重新一轮测评	重复 FitnessGram 评估;解释如何评估进度和修改目标和体力活动或健身计划

---

① Centers for Disease Control and Prevention. Considerations to promote an inclusive physical education classroom[EB/OL]. [2023-05-26]. https://www.pyfp.org/_files/ugd/188946_dea1e64baceb47f2bd75b469d965d16d.pdf.

2. PYFP 强调学校和课外生活的健康生活方式

自 1966 年起,总统理事会开展青少年体能测试,经过多年演变,目前测试基于 1985 个全国学校的健康调查数据。理事会与领域专家合作,将测试发展为一个全面计划即 PYFP,为学校提供评估、跟踪和确认青少年健康状况的培训和资源。新计划不再单纯关注运动成绩,而是作为学生健康状况的指标,目前,PYFP 将重点从测试转移到与健康相关的健身过程和促进上。重点是个人目标的设定和实现适合年龄和性别的标准。学生们不再与他们的同龄人进行比较。它最小化学生间的比较,鼓励个人健身目标和终身健康的追求。

3. 总统积极生活方式奖(PALA+)[①]

PALA+是总统健身、运动和营养委员会的一个项目,旨在促进体育活动和良好营养,因为这两者都需要引领健康的生活方式。任何 6 岁及以上完成 PALA+ 的人都可以获得一个免费的奖励,以表彰他们建立健康的习惯。通过使用此日志或与美国农业部的超级追踪器在线启动 PALA+ 计划。

通过每周累积运动时间的目标来达到 PALA+体育活动的目标。6~17 岁的青少年每周至少需要运动 300 min(5 h),18 岁及以上的成年人每周至少需要运动 150 min(2 h 30 min)。PALA+健康饮食目标的小贴士如图 4-3。

选择完整的水果:选择完整的水果而不是果汁,以获得额外的纤维。水果可以是新鲜的、罐装的、冷冻的或干燥的,也可以是整块的、切碎的或打成泥的

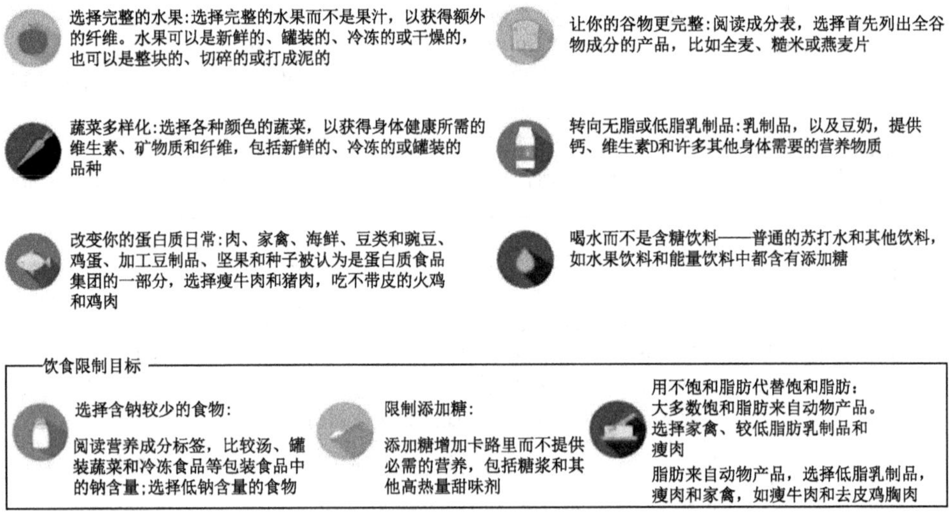

让你的谷物更完整:阅读成分表,选择首先列出全谷物成分的产品,比如全麦、糙米或燕麦片

蔬菜多样化:选择各种颜色的蔬菜,以获得身体健康所需的维生素、矿物质和纤维,包括新鲜的、冷冻的或罐装的品种

转向无脂或低脂乳制品:乳制品,以及豆奶,提供钙、维生素D和许多其他身体需要的营养物质

改变你的蛋白质日常:肉、家禽、海鲜、豆类和豌豆、鸡蛋、加工豆制品、坚果和种子被认为是蛋白质食品集团的一部分,选择瘦牛肉和猪肉,吃不带皮的火鸡和鸡肉

喝水而不是含糖饮料——普通的苏打水和其他饮料,如水果饮料和能量饮料中都含有添加糖

饮食限制目标

选择含钠较少的食物:阅读营养成分标签,比较汤、罐装蔬菜和冷冻食品等包装食品中的钠含量;选择低钠含量的食物

限制添加糖:添加糖增加卡路里而不提供必需的营养,包括糖浆和其他高热量甜味剂

用不饱和脂肪代替饱和脂肪:大多数饱和脂肪来自动物产品。选择家禽、较低脂肪乳制品和瘦肉。脂肪来自动物产品,选择低脂乳制品、瘦肉和家禽,如瘦牛肉和去皮鸡胸肉

图 4-3 PALA+健康饮食小贴士

---

① U. S. Department of Health and Human Services. Presidential active lifestyle award(PALA+)[EB/OL]. [2023-06-26]. https://www.pyfp.org/_files/ugd/188946_c75125a2ec65424c91d6defe02deaaae.pdf.

4. 开展现状

目前,全美有46%的学校体育教师使用该方案评估学生运动能力。研究显示,该计划与学生的心血管耐力和锻炼习惯正相关,并有助于营造积极的学校文化氛围。

(四) Whole School, Whole Community, Whole Child(WSCC)

全校、全社区、全儿童(WSCC)模式是CDC解决学校健康问题的框架。WSCC模式以学生为中心,强调社区在支持学校方面的作用、健康与学业成绩之间的联系以及基于证据的学校政策和实践的重要性。在WSCC模式中,位于中心的是全儿童倡议的5个原则——健康、安全、参与、支持和挑战,其中的政策、流程和实践协调在创建和维持支持学习和健康的学校环境方面发挥关键作用。WSCC模式有10个组成部分(图4-4):体育教育和体育活动,营养环境和服务,健康教育,社会和情感氛围,物理环境,健康服务,咨询、心理和社会服务,员工健康,社会参与,家庭参与。

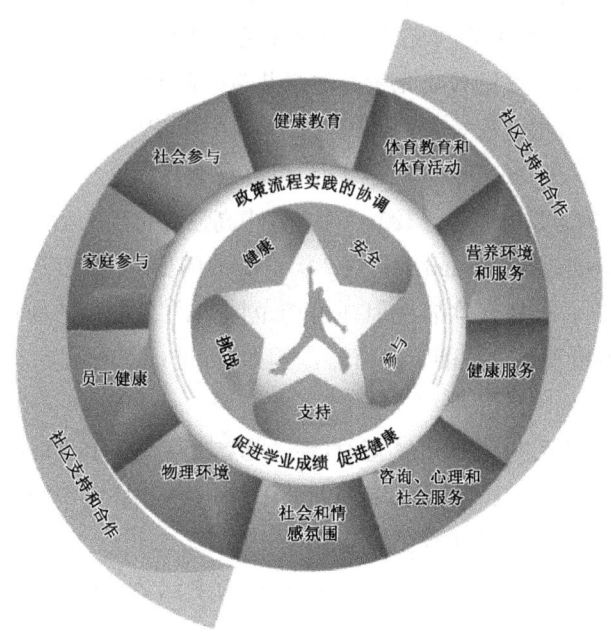

图4-4 WSCC框架

家庭和社区参与学校活动对学生的学习、发展和健康至关重要。当学校以有意义的方式让家庭参与进来,以改善学生的健康和学习时,家庭可以在多种环境中支持和强化健康行为——在家里、在学校、在校外项目和在社区。在学校领导的帮助下,社区机构和团体可以与学校合作,为学生的健康和学习提供宝贵的资源。反过来,学校、学生及其家庭可以通过服务学习机会和与社区成员共享学校设施(例如,学校社区健康中心和健身设施)为社区做出贡献。

第三节 英国残疾儿童青少年体力活动和体质健康促进

一、英国首个《残疾儿童青少年体力活动指南》

2017年英国首席医疗官发布了英国首个《残疾儿童青少年体力活动指南》(Guidance: Physical Activity for Disabled Children and Disabled Young People),旨在为残疾儿童青少年开启健康生活新篇章,为这个特殊群体提供科学且适应性的运动建议。这一指南标志着英国在促进所有儿童健康和福祉方面的进步,尤其是对残疾儿童青少年的关爱与支持。指南还特别关注了活动的可及性和包容性,提倡创造无障碍环境,鼓励残疾儿童与健康儿童一起参与活动,以增强社会融合和自信心。此外,它也提醒家长、教师和医疗专业人员,PA不仅对身体健康有益,还有助于改善心理健康,如减少焦虑和抑郁、提高自尊和社交技巧。

指南的核心内容是每周进行120~180 min中高强度的有氧运动。这可以通过不同的方式来实现(例如,每天20 min或每周3次40 min的步行、慢跑或骑自行车)。

① 每周完成3次具有挑战性但在可控范围内的力量和平衡训练活动。这些活动对于肌肉力量和运动技能十分有益。例如,可进行室内攀岩、瑜伽和改良过的篮球或足球运动。

② 锻炼要循序渐进。刚开始锻炼时,要慢慢增加锻炼的时间和强度,以免受伤。

③ 锻炼可分解目标。可考虑将每天的锻炼内容分解成不同的时间段或模块来完成,以促进锻炼目标的实现。

④ 锻炼贵在坚持。即使是少量的运动(每天累积20 min的总锻炼时间)也有益身体健康。

英国展示了其在公共卫生领域的领导地位,致力于确保每一个孩子,无论是否有残疾,都有机会享受运动带来的乐趣和健康益处。这份指南不仅是一份文件,更是一个行动呼吁,旨在激发社区、学校和家庭采取行动,为残疾儿童青少年创造更积极、更包容的运动环境。

二、伦敦残疾人运动战略计划

伦敦的"体育活力城市蓝图"强调建设一个积极的包容性城市,支持聋哑人和残疾人参与体育活动(图4-5)。该蓝图通过制定政策、建立合作、提供资金支持和培训员工等措施,确保残疾人能够像非残疾人一样活跃。伦敦体育协会的研究表明,体力活动和体育运动为伦敦带来了显著的社会价值,而该计划旨在确保残疾人也能从中受益。以促进社会变革的方法为基础,纳入有效建议,产生文化转变,导致态度改变,并最终使得伦敦残疾人与非残疾人士一样活跃,通过关注残疾人需求

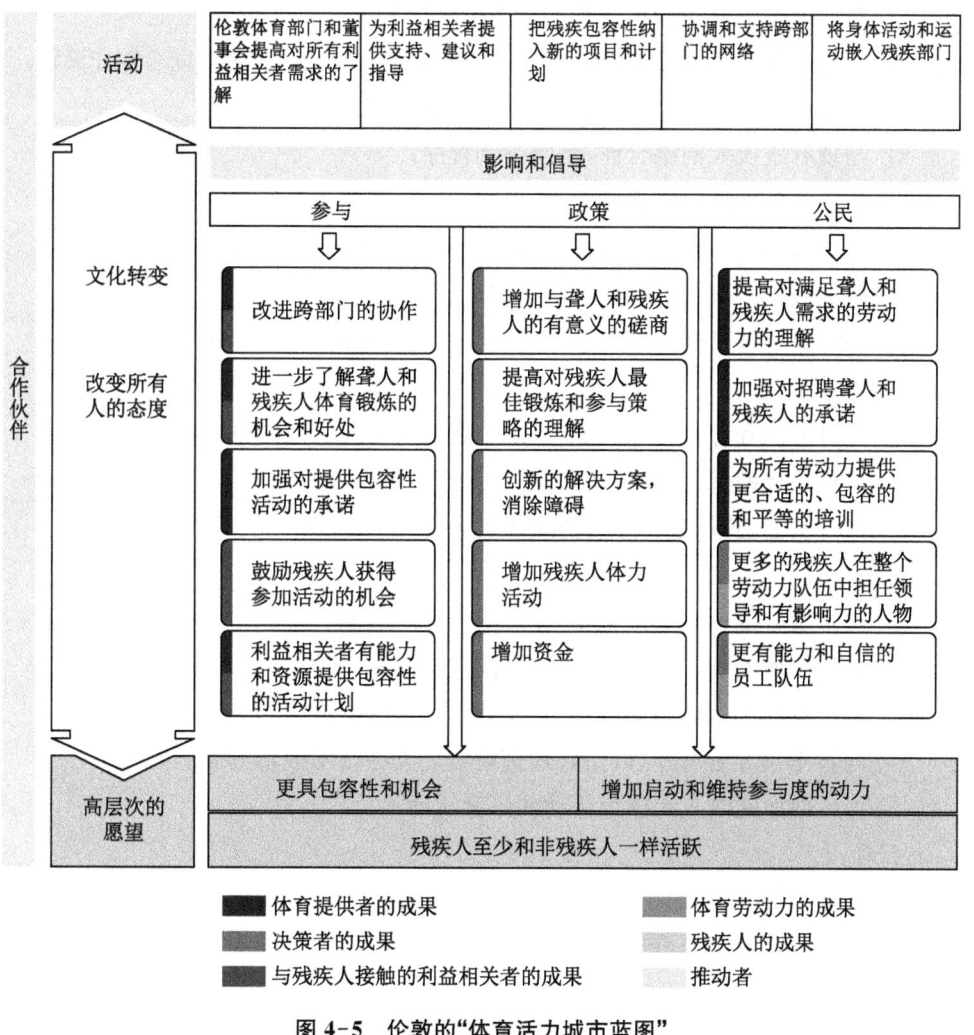

图 4-5　伦敦的"体育活力城市蓝图"

的关键利益相关者进行磋商①。

该计划引入 4 个战略重点①：①制定残疾人参加体力活动和运动的政策、方案，建立交付中心。②建立和维护体育内外组织间合作，以接触更多残疾人，激发更多体育活动。③确保组织得到支持和鼓励去创造和提供包容性活动。④培养更具代表性、激励性和训练有素的员工队伍。

1. 制定残疾人参加体力活动和运动的政策、方案，建立交付中心

成果 1：与残疾人进行更有意义的咨询

目标：

① 对如何接触活跃和不活跃的残疾人进行全面了解。

② 在为体力活动和运动制定战略和目标时，建立有效的咨询和联合制作流程。

③ 就咨询和合作制定行业指导和最佳锻炼方案。

④ 与现有残疾人网络合作，制定咨询程序。

⑤ 与体育以外的网络建立关系，以便在体育咨询中得到更多聋哑人的需求。

⑥ 召集残疾人专家论坛，就体育活动和体育策略进行咨询。

⑦ 确保残疾人参与活动建议的制定。

成果 2：提高对聋哑人参与体育活动和运动的最佳锻炼的理解

目标：

① 改进监测和评估程序，以更好地了解方案对残疾人的影响。

② 增加最佳锻炼的分享，使残疾人更加活跃。

成果 3：实施创新解决方案，消除残疾人参与体力活动和运动的障碍

目标：

① 提供更好的创新解决方案，让残疾人活跃起来。

② 建立区域网络，以识别和理解残疾人活跃的有效途径。

③ 支持本地和区域网络，以确定和分享针对特定地区的障碍解决方案。

④ 与技术领导者合作，以更好地理解残疾人在技术创新方面的障碍。

成果 4：增加残疾人的体力活动和体育活动

目标：

① 确定有关代表，以促进对残疾人体力活动和运动的认识。

② 高级管理人员公开支持残疾人参与体育运动。

---

① Angus Robertson. A Strategic Plan of Action for Disability in London [EB/OL]. [2023-09-08]. http://londonsport.org/wp-content/uploads/2017/10/An-Active-Inclusive-Capital-London-Sport.pdf.

③ 体育活动和运动包括形象和信息均反映残疾人的多样性。

2. 建立和维护合作,让更多残疾人参加体育活动

成果1:加强体育部门与支持和赋权残疾人组织间的合作

目标:

① 分析和评估与利益相关者群体合作的机会。

② 与主要的体育部门利益相关者合作,将残疾人包容性与更广泛的战略目标相连接。

③ 伦敦高级决策者支持将残疾人包容性纳入战略规划。

④ 组织区域和特异性损伤论坛,分享成果。

成果2:给残疾人提供更好的了解体育活动的机会,使体育部门和残疾人部门认识到体力活动对残疾人的益处

目标:

① 支持开发了解残疾人体力活动益处的新型高质量研究。

② 提高残疾人参加体育锻炼的意识。

成果3:积极鼓励残疾人参加体育活动

目标:

① 增加残疾人的活动机会。

② 支持和赋权聋哑人加入体育活动和运动核心的组织。

③ 确保继续关注无障碍交通,使伦敦聋哑人在首都更具流动性。

3. 确保组织得到支持和鼓励,以创建和提供包容性活动

成果1:增加对提供包容性体育活动和机会的承诺

目标:

确保主要利益相关者得到支持,包括增加残疾人的体力活动水平,运动和相关战略的承诺。

成果2:有能力和资源的组织提供包容性体育活动和运动

目标:

支持俱乐部、团体和组织,为残疾人提供包容性、便利性和吸引力的活动。

成果3:增加资金,让更多残疾人参与体育活动和运动

目标:

① 更好地了解资金对增加残疾人参与体育活动和运动产生最大影响的渠道。

② 确定现有资金能够支持增加和维持残疾人参与的项目。

③ 改变资助机构增加可用于支持残疾人参与体育活动和体育的资金。

④ 改变资助机构在项目预算范围内提高适当的资助水平。

4. 培养更具代表性、激励性和训练有素的员工队伍

成果1：提高对满足残疾人需求的劳动力理解

目标：

① 确保残疾人在整个"伦敦体育劳动力战略行动计划"中均有代表。

② 支持确定激励残疾人所需的技能研究。

③ 对伦敦体育活动和体育劳动力进行全面的技能审计，以了解为聋哑人和残疾人提供运动机会的信心和能力。

成果2：加大对招聘残疾人从事体育工作的投入

目标：

① 为包容性招聘制定指导政策，涵盖志愿工作和有偿就业。

② 在体育活动和运动中，增加和改善包容性途径，推动志愿工作和有偿就业。

③ 提高和改善高级决策者对体育部门更多包容性招聘政策的认识。

④ 对体育部门进行合理调整，使聋哑人能够履行职责。

成果3：实施创新解决方案，消除残疾人参与体力活动和运动的障碍

目标：

① 确定并提高对可利用培训机会的认识。

② 确保残疾人接触相关的高质量培训，并为体育部门提供包容性体育活动与运动。

③ 确定并利用一切机会提高残疾人融入现有劳动力的技能。

④ 解决当前培训条款中的缺陷。

⑤ 提供支持，使聋哑人能够接受包容性培训课程。

成果4：增加致力于使残疾人进入领导岗位并影响体力活动和运动的承诺

目标：

① 提高整个体育部门对影响残疾人职业发展问题的认识。

② 重新审视现有包容性体育资格，确保他们积极支持残疾人担任领导角色。

③ 改善机构的适应条件，使其更易被残疾人接受。

④ 确定并开展培训，支持残疾人进入董事会层面的领导职位。

⑤ 为残疾人制定指导方案，帮助他们提高领导技能。

⑥ 董事会采取积极主动方式，通过有针对性的宣传招聘残疾人。

第四节
其他国家残疾儿童青少年体力活动促进要点、政策或行动

一、加拿大青少年（残疾）体力活动参与减税政策

（一）加拿大残疾儿童青少年PA促进的关键和政策计划要点

① 13个省和地区中有6个（46%）（不列颠哥伦比亚省、安大略省、马尼托巴省、纽芬兰和拉布拉多省、魁北克省和新斯科舍省）制定了无障碍法案，并于2019年通过了全国性的《加拿大无障碍法案》。

② 安大略省制定的一项法律AODA（Accessibility for Ontarians with Disabilities）有室外游戏空间的可达性要求（主要关注建筑环境），如操场。其他省份，如新斯科舍省，正在制定室内外空间的无障碍准则。

③ 加拿大标准协会提出了无障碍户外娱乐环境、儿童游戏空间和设备的标准。

④ 没有一个省份的政策明确提到为残疾人PA行动提供资金支持。

⑤ 联邦预算（2021—2026）承诺支持健康和积极参与的生活方式：8 000万加元用于消除运动障碍，启动"所有人都可以参加"的地方有组织的体育项目；4亿加元用于新建和扩大道路、自行车道、步道和人行天桥网络（作为国家主动交通战略的一部分）。

⑥ 这些资金没有具体分配给残疾人。联邦预算还拨出5.033亿加元，通过制定一项国家层面的关于孤独症的战略、一项新的残疾人福利计划以支持全面的经济和社会参与，以及为社区和工作场所提供更便利的基础设施，支持对残疾人更加平等的加拿大。在这些联邦资金承诺中没有具体提到PA。

⑦ 2017年秋季，加拿大轮胎Jumpstart慈善机构承诺提供5 000万加元支持CAWD在PA和体育（2017—2022）。2020—2021年，加拿大体育部为改编运动（即轮椅篮球、橄榄球、地滚球）和特奥会项目提供了约1 100万加元。2020年和2021年期间，Jumpstart提供了1 170万加元用于残疾人体育基金和基础设施，用于包容性体育和游戏空间（如游乐场和多功能运动场）。

(二)《加拿大残疾人体育政策》介绍[①]

该政策以加拿大体育法规和政策的承诺为基础,旨在促进残疾人充分、积极地参与体育运动,并通过这些活动促进社会包容。该政策还以利益相关者协商和两份报告为基础对残疾人体育的现状进行评估。多年来,加拿大体育部制定了双管齐下的方法来克服残疾人参与体育运动的障碍。首先,其体育资金问责框架鼓励国家体育组织(NSO)为将残疾运动员纳入其计划设定具体的绩效目标,其体育支持计划为 NSO 以及多项运动服务组织(MSO)提供资金,用于为残疾人开展体育活动(包括制订计划和推行举措)。三个残疾 MSO——加拿大残奥会、加拿大特殊奥林匹克委员会和加拿大聋人体育协会致力于促进和捍卫残疾人的权利,使他们能够充分发挥自己的潜力,并以与非残障人士相当的速度参与体育运动。这些体育运动为推动加拿大体育界的包容性政策和实践提供了领导和指导。其次,联邦-省(地区)合作行动重点和双边协议继续为支持省级和地方级包容性体育服务规划和交付提供有效框架。

该政策提出了一系列战略措施,通过提高公众对残疾人体育的认识,增加体育服务项目的可访问性,以及识别和培养有潜力的运动员。该战略致力于打破障碍,为残疾人创造更多参与机会。同时,强化人力资源开发、资格分类体系,加强国内外合作与交流,进一步提升加拿大在残疾人体育领域的国际影响力,为残疾人运动员创造更加公平、包容的竞技环境。该政策旨在提高残疾人在各级体育活动中的参与度,支持他们在国际赛事中取得卓越成绩,并加强加拿大体育系统满足残疾人体育需求的能力。针对加拿大民众面临的肥胖和体力活动不足问题,2005 年加拿大保守党在竞选时承诺"成立体力活动代表处、推进青少年体力活动参与减税政策、保证 1% 的联邦健康资金投入体力活动领域"等,对体力活动投入较大精力。加拿大联邦政府 2006 年财政预算案中提出青少年体力活动参与税收减免(CFTC)。从 2007 年 1 月 1 日起,加拿大政府开始实行一项鼓励儿童运动的系列退税措施。在这一政策下,父母可为 18 岁以下的子女报名参加由加拿大公共卫生局指定的体育运动项目,从而享受每年申报个人所得税直降 500 加元的额度。

该项政策的目标:青少年活跃起来。针对的对象为 16 岁以下青少年成长的能

[①] Govement of Canada. Policy on sport for persons with a disability [EB/OL]. [2023-06-09]. https://www.canada.ca/en/canadian-heritage/services/sport-policies-acts-regulations/policy-persons-with-disability.html#fn1.

够持续性提升心肺耐力的适量体力活动,并附加肌肉力量、肌肉耐力、柔韧能力和平衡能力等一个或全部功能。同时对残疾青少年给予倾斜,将残疾青少年的年龄扩展到18岁及以下阶段,且参与体育和特殊照料的费用额度设置为1 000美元,明显地体现了关爱残疾人的情怀。

《联邦政府与青少年体力活动税收减免相关的项目指南》较为详细地体现了联邦政府在青少年活动内容与税收减免上的关联度。减税主要应对"由家长支付的青少年参与体育活动的消费和会费支出",细分为如下部分:用于支付综合性设施、社区中的周期性或成员会费;复杂性体力活动的支出,减税政策仅覆盖用于体力活动的部分;对家庭性体育活动消费,减税政策仅覆盖青少年的体力活动开支;学校举行的课外身体课程或项目,减税政策覆盖的消费开支不包含学校举办的项目;活动营地举办的体力活动,最少必须满足5天时间,并保证每天50%以上的营地活动均与体力活动有关;培训青少年体力活动必需的教练或裁判费用,但不包含以学校班级为单位组织的教育行为。其中,残疾青少年的无障碍设施和看护服务支出、家庭与体力活动场所的交通支出、残疾人参与体力活动期间的特殊护理支出等3项支出,也符合免税范畴。关于残疾人参与体力活动的减税政策,应该和医药支出税收减免(Medical Expense Tax Credit)配合使用,保证一个项目只能享受一次税收减免。

同时,政策确定了不在覆盖范围内的相关开支:青少年独立参与的、非组织的体力活动的费用;社区中心和复合型场所中不符合加拿大青少年体力活动建议的附带性服务支出;参与自组织的体力活动的费用;学校以班级为单位的体力活动和体育教学活动支出;政府监管部门的注册费用。

作为一项公共政策,青少年体力活动减税政策的产生经历了漫长的论证过程,在政策运行中表现出部分问题,如更有利于高收入家庭、没有体现对低收入家庭照顾的原始政策设计、有利于更大的社区、无法体现公平的要求。

2017年财政年度这两项政策都停止运行。从政策创意到政策终止,加拿大联邦税收支出扶持体力活动持续了10年,为全球树立了税收支持体力活动的先例。其为青少年减少体力活动支出的目的,以及对残疾青少年推行倾斜政策的设计具有重要意义。税收专项扣除在我国具有重要借鉴意义。我国在供给侧改革的同时,也在释放需求端的活力,因此对特定行业的税收专项扣除具有引导消费的价值。加拿大对体力活动参与的减税政策,如果能在我国得到一定程度上的应用,不仅能为国家减税提供参考,也能在一定程度上刺激体育消费,促进体育产业发展,推进"健康中国"战略的稳步实现①。

二、其他国家残疾儿童青少年体力活动政策或行动要点

2021年,联合国人权事务高级专员办事处根据残疾人参与公共事务和体育运动的情况编写了一份具有里程碑意义的报告②。在政府一级实施的8个关键领域包括治理、立法和监管、参与、提高认识、性别主流化、防止暴力、辅助技术以及数据收集。该报告呼吁在社区、学校和体育环境中采取行动。针对这份报告,24个国家提交了意见书,详细介绍了有关残疾人公共事务和体育的国家政策格局。Sit等③总结了报告中与残疾儿童青少年有关的领域。

(一)智利

1. 针对CAWD的关键点

① 国家体育学院实施了"运动成长计划"。为CAWD提供了专门的工作室,以提高运动技能。

② 公共场所,包括游泳池,对所有残疾人都是无障碍的,特别是一项新法律概述了所有儿童都可以进入所有娱乐公共场所的必要性。

2023年泛美运动会为残疾人的表演和观看以及日常生活带来了建筑改造。

自2015年以来,教育部已经批准了一项包容性课程,但体育课教师的课程适应能力目前很弱。智利有全国性的比赛,可以改革比赛,包括地区或国家学校体育比赛(13~16岁)、4项残疾人运动的国民比赛(14岁以上)、国际南美体育运动会(13~16岁)以及由国家残奥委员会管理的各种残疾人运动的国家联赛。

2. PA政策和行动

① 26项(84%)政策工具到位,包括支持行动、问责组织、报告结构、资金以及监测和评估计划。

② 自2019年以来,在所有弱势学校实施了"在英语中成长"(Crecer en Movimiento)计划,并纳入了解决包容性PA的模块。

---

① 艾振国,郇昌店. 动因、历程与启示:加拿大税收中体力活动支出专项扣除[J]. 冰雪运动,2020,42(6):90-96.

② United Nations Office of the High Commissioner for Human Rights. Participation in physical activity and sport under article 30 of the convention on the rights of persons with disabilities[EB/OL]. [2022-06-08]. https://undocs.org/A/HRC/46/49.

③ Sit C, Aubert S, Carty C, et al. Promoting physical activity among children and adolescents with disabilities: The translation of policy to practice internationally[J]. Journal of Physical Activity and Health, 2022, 19(11): 758-768.

③ 国家体育促进基金(Fondeporte)分为 4 类(体育培训、娱乐体育、竞技体育和体育科学),用于适应体育和(或)残疾人体育以及与残疾人一起工作。

④ 法律 20.978 于 2016 年发布,它适应运动纳入国家体育活动和体育政策的计划和方案,并确保所有残疾人都有权参加体育活动和使用设施。

⑤ "国家包容性项目基金"由国家残疾人服务局(Senadis)资助,旨在促进残疾人的包容性体育和社会包容。

(二) 波兰

① 分配不同类型的资金来支持残疾人的基层和竞技体育。例如,2013—2015 年,由体育和旅游部部长支配的公共资金(在某种程度上与残疾人康复基金一起)总额为 1.434 亿兹罗提,用于共同资助残疾人的基层体育和竞技体育。

② 波兰共和国最高控制室估计,尽管 2013—2015 年拨款 1.434 亿兹罗提,但约 2%的 PWD 得到了支持。部长在宣传活动上的支出为 100 万兹罗提,占部长在残疾人一般体育和竞技体育方面支出的 1%。

③ 波兰体育和旅游部多年来拨出更多资金,支持残疾人参加竞技体育和娱乐活动。

④ 残疾人康复基金(PFRON)在 2018 年至 2021 年期间通过各种任务为更多的残疾人提供支持。

⑤ 负责体育文化的部门于 2020 年为残疾人发起了"促进残疾人体育计划"。

⑥ 然而,上述项目中没有一个是专门针对 CAWD 的,或者这个数字是不可用的。

(三) 爱尔兰

1. 针对 CAWD 的关键点

① 3 项与公共事务和体育有关的残疾政策行动将影响儿童福利,爱尔兰体育政策有 57 项促进 PA 的行动,所有这些行动都是针对残疾人的。《残疾人体育包容宪章》概述了 5 个关键领域(开放性、人员、活动、设施和推广),供组织在将残疾人纳入积极健康的生活方式时考虑。自 2018 年推出以来,已有 250 多个组织签署了该宪章。

② 在爱尔兰体育局的资助下,29 个当地体育伙伴关系中的 29 名体育包容性残疾官员被聘用。2020 年的资金总额为 91.6 万欧元。

2. PA 政策和行动

确定了 30 项政策工具,通过公共政策制定(即政策议程、政策制定、政策实施、政策评估和决策)来展示这些政策文件强调了 PA 对残疾人的重要性。最近向北爱尔兰议会提交了对 CAWD 和 PA 政策的审查。北爱尔兰的政策文件强调了无障碍游乐场作为残疾人基本权利的重要性。向当地体育合作伙伴支付了约 100 万欧元,用于支付体育残疾包容官员的费用,他们的职责是为社区中的残疾人组织 PA 机会。其中一些工作是与 CAWD 的社区体育合作。

(四) 立陶宛

1. 针对 CAWD 的关键点

① 作为国家预算每年 58.5 万欧元拨款的一部分,2019—2020 年间,通过体育和运动为残疾人提供了为期 2 年的社会融合计划。在获得资助的成功项目中,1 282 个残疾儿童青少年 CAWD 在 2019 年和 2020 年分别受益于该计划和 1 294 个项目。

② 2019 年,立陶宛手语培训计划包括体育领域的翻译。

③ 所有体育教师都必须拥有教学学位,他们的学习必须包括特殊教育学和特殊心理学课程,或者将这些课程用于在职培训残疾儿童青少年。CAWD 有 3~4 个全国性的体育比赛项目(聋哑学童比赛、聋哑学童"勇敢、坚强、敏捷"锦标赛以及特殊学校篮球和足球锦标赛)。建筑法规规定了适应残疾人需求的必要性。

2. PA 政策和/或行动

① 制定了多项法案(如《残疾人社会融合法》2004-05-22,IX-2228),以增加 PA 并支持 CAWD,包括参与体育和 PA 的平等机会以及为残疾人改造建筑实施了包括残疾人体育在内的不同社会计划、项目和政策。立陶宛社会事务和劳动部自 2016 年以来实施了"通过体育运动促进残疾人融合"项目,以促进融合和包容。

② 2020 年拨款 580 584.38 欧元,用于实施通过体育运动实现社会融合的项目。

③ 政府继续在不同的环境中为残疾人协会和残疾人体育运动提供资金(残疾人体育和特奥会活动)。它实施了修订后的教育法(自 2024 年起),包括要求 CAWD 必须参加体育课和包容性 PA。

(五) 西班牙

1. 针对 CAWD 的关键点

① 有 5 个体育联合会管理残疾人的体育运动。

② 自 1993 年以来,关于无障碍空间的法规已被纳入法律,残疾人的立法框架不具有约束力,学校包容性体育项目旨在改善所有儿童的运动活动。"包括我"项目提供适应运动体育教育,包括为有特殊教育需求的儿童提供教育支持,但受过训练的教师并不总是能在适应的体育教育中获得实践,因此质量不确定。大多数体

育资金都是针对竞技体育的,对残疾儿童青少年 CAWD 的拨款知之甚少。

2. PA 政策和行动

政府在促进残疾人包容性体育方面取得了进展。新法律的发布是为了增加包容性体育和参加国际比赛的平等机会。包容性体育计划旨在促进残疾人的社会融合。在 2019 财政年度,西班牙国家行政总局在体育方面的支出为 1.78 亿欧元,但尚不清楚为残疾人体育拨款多少。

(六)菲律宾

① 促进儿童和青年积极生活方式的 10 项政策工具,包括儿童和青年疾病预防控制。透过有组织的体育活动和计划(例如全运会、菲律宾青年运动会和"Laro't Saya sa Parke")促进体育参与。如以公园为基础、以家庭为导向的全民体育计划;建立国家体育学院系统,创建体育学术特别计划,将适应体育纳入残疾人的全纳基础教育;建立国家和社区体育基础设施;激励体育赛事中的优秀表现。

② 建立一个主要的管理机构(菲律宾体育委员会),以促进体育和促进身体健康和环境要求,允许积极的游戏和交通(如开放的娱乐空间、人行道、无障碍的公共建筑和设施)。

③《残疾人大宪章》的立法为残疾人提供体育和身体健康教育和培训方案铺平了道路。

④ 确定了对这些政策和项目的实施负责的组织和大部分项目的资金来源,但相关报告、监控和评估需要改进。

(七)韩国

14 项国家政策确定了旨在促进 CAWD 中 PA 的战略、行动计划、立法和指导,并确定了 3 个政府领域,包括文化、体育和旅游部,教育部和卫生福利部所有 14 项政策都有与 PA 相关的可识别行动,并确定了负责的组织来支持和负责 PA 的一些政策和规定。所有 14 项政策都确定了对各种政策和相关行动的监测和报告。所有 14 项政策都确定了支持已确定行动的资金。具体而言,9 个国家计划旨在增加 CAWD 的 PA 机会。所有 14 项政策都阐明了评估和监测计划。行动计划有时限,并与具体的可衡量目标或指标挂钩。

(八)芬兰

教育政策强调为所有公民提供平等的机会。体育工作者拥有硕士学位,并完成了适应性体育教育的研究。

① 全国全校行动 PA 项目(Schools on The Move!)覆盖了约 90% 的综合学

校,其中残疾儿童青少年 CAWD 也在这些学校提供服务。

② 用于 PA 的新建和翻新建筑可获得《土地使用和建筑法》的可达性指南。

③ 全国各地的市政当局雇用了大约 100 名经过改编的 PA 讲师,他们可以为包括儿童在内的残疾人提供体育和 PA 机会。

④ 设备可以从在线服务(www.valineet.fi)租用。

⑤ 户外活动应用程序有关于自然路线的可达性信息;PAPAI 计划将 CAWD 与学生相匹配,让他们学习如何成为导师,因为个人会定期参加休闲活动。另一个数字应用程序可以为 CAWD 找到一个体育俱乐部,那里有针对 CAWD 的服务。

⑥ 芬兰残奥委员会是残疾人体育组织的保护伞,包括特奥会、交通运动和国家残疾人体育组织。

⑦ 作为平等和非歧视行动计划的一部分,在独立和主流环境中实施了针对残疾人的适应性 PA 和体育运动(所谓的双重战略)。建筑和翻修补助金分配给考虑到无障碍的市政当局政府。关于促进 2030 年福祉、健康和安全的决议概述了到 2030 年减少福祉和健康不平等的行动。该决议保证儿童和青少年有平等的机会参与爱好。

(九) 法国

① 2005 年出台了关于残疾人权利和机会、参与和公民身份平等的法律。例如,到 2015 年 1 月,每一个欢迎公众的体育设施都必须遵守无障碍规范。

② 2006 年推出《体育运动指南》,为残疾人士提供更多机会。

③ 法国体育部于 2013 年制定了体育、健康、保健方案,以促进残疾人在特殊教育和保健机构的 PA 机会。

④ 体育与残疾国家战略于 2020 年由体育部发起,涵盖围绕 4 个主题的 6 个目标的 24 项行动(促进获得 PA,开发适应不同需求的方法,提高法国在 2024 年巴黎残奥会的表现,以及管理和评估)。这一国家战略确定了几个具体目标(到 2024 年实现)。

⑤ 2019 年更新了"体育指南",以进一步便利和增加残疾人获得 PA 或体育机会。

⑥ 政府委员会于 2021 年成立,以促进 PA 的参与,包括在每个小学的每个上学日实施新的"30 分钟 PA"。

⑦ 制定国家战略,以实现针对 CAWD 的具体体育运动目标(到 2024 年),例如允许所有有特殊需要的学生练习体育运动,并将适应性体育运动纳入体育课程。

（十）巴西

6个项目和行动与教育、公民身份、休闲和体育领域相关联，以促进CAWD的PA。这些计划和行动都没有将促进PA作为其主要目标，也没有一项计划将其作为旨在促进儿童和青少年PA的公共政策。所有计划和行动都没有提供关于所采取行动的年度技术报告，也没有任何计划和行动提供关于待开展活动的年度战略报告。所有计划和行动都没有在其网站上报告和记录活动的预算。所有计划和行动均未提供有关监测系统以及拟开展活动的影响和有效性评估计划的信息。

第五节
发达国家青少年体质健康促进计划的借鉴与启示

世界各国的青少年体力活动与健康促进已经从制定健康公共政策的理论探索向行动计划的实施实践转变，其中体育活动始终被赋予重要角色，而学校体育教育也自始至终肩负着促进青少年健康发展的重要责任。在对美国、英国、加拿大、澳大利亚和日本等发达国家的青少年体质健康促进政策、计划和实践进行深入分析后，发现这些国家普遍注重学校、家庭、社区的协调发展和特殊群体的体力活动和健康促进，形成了多元化的体质健康促进体系。

一、制定全面的国家政策和规划

① 强化政府主导作用

借鉴美国、英国等国家的经验，强化政府在青少年体力活动促进中的主导作用，通过立法、财政投入等手段，为政策实施提供有力保障。借鉴美国"健康公民"系列规划和英国的"青少年体育与社区发展战略"，我国应制定全面的青少年体质健康促进政策和规划，明确短期和长期目标，确保政策的连续性和稳定性。

② 推动跨部门合作

建立跨部门合作机制，形成政策合力，确保政策的有效落地。各部门应明确职责分工，加强沟通协调，共同推动青少年体力活动促进工作。这些规划应涵盖教育、体育、健康、社区等多个领域，形成跨部门合作机制。政府通过发布政策文件和行动计划，引导社会各界关注和支持残疾青少年的体力活动和体质健康。例如，"体育振兴基本计划"的发布，旨在引导竞技体育、学校体育以及大众体育的共同发展，提高整体体育水平。这些国家积极发挥青少年体育组织在促进青少年体育锻炼中的积极作用,通过组织体育赛事和活动,激发青少年的运动热情,培养他们的团队合作精神和竞争意识。

③ 强化政策支持与资金投入

政府应加大对青少年体质健康促进的投入,包括体育设施建设、活动组织、科研及人才培养等方面。通过立法、税收优惠和财政补贴等方式,鼓励企业、社会组织和个人参与青少年体质健康服务。例如,英国伦敦的残疾人运动战略计划首先是政策支持与资金投入,伦敦政府通过制定相关政策,为体育设施建设、活动组织、人才培养等提供必要的资金支持和政策保障。

④ 激励政策

为了引导青少年积极参与体育锻炼,这些国家建立了多种激励政策,如提供体育奖学金、优惠卡等,以鼓励青少年培养长期、稳定的运动习惯。Shape America 推出了 PAL 课外活动领导计划：PAL 是一项完全免费的培训计划,学校的领导或体育教师或文化课教师以及家长均可以注册参加学习。PAL 的最终目标是给学校体力活动提倡者提供最好的机会,以行动和最前沿资源带领全美儿童青少年参加体力活动,其学习体系由 Shape America 提供,该体系具有专业性和先进性,设"积极行动,活力学校"最杰出体力活动领导奖,参加的学校可以通过实施 CSPAP 的内容,竞争该奖项。这些核心经验不仅体现了发达国家在青少年体质健康促进方面的先进理念,也为我们提供了宝贵的借鉴和启示。通过学习和借鉴这些经验,我们可以进一步完善我国的青少年体质健康促进政策,为青少年的健康成长创造更加良好的环境。

⑤ 推动包容性体育设施建设

在建设体育设施时,充分考虑残疾人的需求,确保他们能够无障碍地参与体育活动,包括提供专门的设施、设备和服务等。体育设施建设,建设和完善各类体育设施,包括社区体育中心、多功能运动场、健身路径等,特别是加强了对聋哑人和残疾人友好型设施的建设。国家层面的建议被用来制定有助于残疾人融入社会的具体指导方针,这些指导方针进而影响和形成各类旨在提高社会整体包容性的计划、倡议及政策。例如,在某个国家可能会发布一项推荐,鼓励公共场所提供轮椅通道。根据这样的国家建议,随后可能会形成具体操作上帮助实现该目标的残疾人参与度考量准则或标准。最终,基于这些准则和标准将发起涵盖不同行业和领域中促进无障碍设施普及化等多种项目、活动以及相关法律法规调整等内容的全面计划。

二、青少年行动计划的实施强调合作和评估监督体系

近年来,我国政府越来越重视残疾人体育,《全民健身计划(2021—2025 年)》主要任务提出,加强对公共体育场馆开放使用的评估督导,优化场馆免费或低收费开放绩效管理方式,加大场馆向残疾人开放的绩效考核力度。支持举办各类残疾人体育赛事,开展残健融合体育健身活动,完善公共健身设施无障碍环境。但是,该计划的具体实施并没有详细的标准,仅列举了框架性的内容,因缺乏具体的内容、措施和政策保障,所以实施的评价体系和监督机制也就流于形式。

为了系统地推进青少年体质健康工作,发达国家纷纷制订并实施青少年行动计划,明确目标、任务和措施,确保政策的有效落地。例如,美国提出的综合学校体力活动计划以社会生态学模型中人的行为变化为依据,以高质量的体育教育为基石,创设体力活动的文化氛围和体力活动机会。通过学校、家庭和社区等多方位的协作达到促进体力活动的目的,从全文的架构中可以看出,作为与《让我们行动起来,积极学校》法案配套的综合学校体力活动计划从目标、内容、实施、评价都是具体、明确的,目标通过内容的实施是可以达到的,内容的选择经过科学研究证实是有效的,实施的过程按步骤递进展开的,评价监督根据也是有章可循、可操作的。尽管目前在美国仅有不到 20% 的学校实施 CSPAP(更多的学校实施 CSPAP 5 个内容的 2~4 个),但美国在削减体育课时的大背景下,通过实施 CSPAP 在遏制青少年肥胖、促进体力活动上的价值得到越来越多国家和地区的认同和支持。

因此,我国为了提高阳光体育运动的可操作性和推进力,把《全民健身计划纲要(2021—2025 年)》落实到学校教育的微观层面,可借鉴美国 CSPAP 的实施模式。基于我国的国情,加强我国青少年儿童体力活动的科学研究,在社会生态环境模型基础上制定与阳光体育运动配套的学校体力活动促进计划,既可以保障其实施的可操作性,也能使评价和监督有据可依。例如,美国 National Center on Health, Physical Activity, and Disability (NCHPAD)的公共卫生研究所残疾研究中心(COD-PHI)制定了《残疾人体力活动、营养和肥胖指导纲要》[1]。该纲要包含 3 个部分,包括如何通过使用针对残疾人包容性的指导方针来实现包容性计划倡议和政策。流程依次为:国家建议(National Recommendations)、残疾人包容指导方针(Guidelines to Disability Inclusion)以及包容性计划倡议与政策(Inclusive

---

[1] Kraus L E, Jans L. Implementation manual for guidelines for disability inclusion in physical activity, nutrition, and obesity programs and policies[R]. Oakland: Center on Disability at the Public Health Institute, 2014.

Program Initiatives and Policies)。

CSPAP 的做法值得我国参考与借鉴。例如,对于学校体育教育领域,我们应要求体育课 50%以上的时间学生的运动强度达到中等(最大心率的 70%,可以定期抽测)以上,不同年龄阶段的学生每天课外体育活动应达到规定时间,定期组织竞赛,需要提供竞赛的计划、规程和安排,提供比赛的影像资料、总结报告等。只有明确具体的内容和规定时,评价和监督才是有据可依、可操作的。综上所述,在国家具体政策的保障下,明确适合残疾青少年的阳光体育运动计划的具体内容、实施方案的评价和监督机制,才能保障阳光体育运动实施的可操作性和长效性,真正保障残疾人群的体育活动参与的权益,提高其体质健康水平。

三、发挥学校、家庭、社区的协同作用

政府在青少年体质健康促进工作中主要起指导、评价与监督、协调和保障作用,只能在宏观上起到作用。体质健康教育是一种养成教育,这种教育是通过对学生进行有效的教化和学生长期健身实践来影响其产生体质健康教育内化,并使学生养成自主锻炼习惯。政府不可能具体地实施教化的作用。我国高度重视青少年的体质健康问题,从 20 世纪 60 年代的"劳卫制",到教育部、国家体育总局《关于进一步加强学校体育工作,切实提高学生健康素质的意见》(教体艺〔2006〕5 号)、2007 年的 7 号文件《中共中央、国务院关于加强青少年体育增强青少年体质的意见》,及 2016 年 4 月 21 日的《国务院办公厅关于强化学校体育促进学生身心健康全面发展的意见》(国办发〔2016〕27 号),相关法律、政策和文件或通知对各地加强青少年体育、增强青少年体质都起到了一定的引领作用,主要集中在教育领域的学校体育方面,家庭或社区层次为青少年体育活动促进的行动计划却较少见。

纵观发达国家,他们普遍重视学校、家庭、社区在青少年体质健康促进中的协同作用。学校通过体育教学和健康教育,培养学生的体育兴趣和锻炼习惯;家庭通过传承健康生活方式和体育教育理念,为青少年提供坚实的体质基础;社区则通过提供体育资源和活动,为青少年提供多样化的锻炼选择。例如,美国 CSPAP 作为学校体力活动促进的主体,是国家体力活动计划的核心内容之一,国家体力活动计划寻求"全校"式的体力活动促进,即具有不同背景的个人通过共同合作创立更多的积极学校共同体(IOM,指学校、社区、家庭、俱乐部等),促进青少年学生的体力活动。美国学校综合健康教育体系倡导采用的是"全学校、全社区、全儿童模式"(WSCC),其包含的内容主要参考国家健康教育标准(NHEC)而制定,不仅涵盖了学校体育教育、健康教育课程,更是将社区参与、家庭参与和学校营养服务等多项

侧重点纳入学校健康教育之中，具备了综合性、全面性、连通性和协调性等多种特征，满足公共卫生、教育和学校健康部门发展的联合性，以确保学生、老师和学校能够共同努力，认真对待健康教育，为健康教育的开展提供可靠的框架性支持，促进了美国儿童和青少年健康水平的提高。借鉴英国和澳大利亚的经验，加强学校与社区的合作，共同为青少年提供更多元化的体育活动和锻炼机会。学校可以开放体育设施供社区使用，社区则可以为学校提供体育活动资源和专业指导。同时，通过俱乐部和社团等形式，将体育活动延伸到课外和校外，形成全天候、全方位的体育服务体系，推动学校与社区的合作。

实施计划强调合作，有完善的评估、监督体系。体力活动涉及体育学、健康教育学、医学、社会学等多个学科领域，人的行为的改变受文化、教育、环境等多种因素影响，例如CSPAP整合各方力量，全方位多角度解决问题，涉及很多人员包括学校管理者、教师员工、学生及其父母和社区管理者的参与，涉及多个部门包括学校各部门、当地健康教育部门、医院、社区管理部门、大学、当地公司以及当地媒体等不同领域，还涉及运动场地联合使用协作、社区娱乐中心的共享使用、学校和地方部门服务互助协作等。以课外骑行的路线为例，包括城市规划、交通运输、大众媒体等部门的协调安排。以上这些人员和部门，CSPAP均给出一些相应的职责和应该发挥的作用，每隔一段时间，这些人员要向CSPAP委员会提供工作简报作为评估的依据。评价和监督是保障CSPAP操作性和长效性的前提。CSPAP采用多元参与综合评价。对学校方案的评价和执行后效益的评估，建立具体评价标准，这与对其他客观事物的评价不一样，这是一种综合性的评价。根据学校体育教育重点任务类型，对不同类别的重点任务制定差别化的评价措施，设置不同评价标准，以有效应对学校体育教育中的实际困难，做到以评促改、以评促建，共建以政府主导、部门协调、社会参与的学校体育教育和体力活动推进机制。

国外的残疾青少年体育健康促进活动大部分以学校（包括特殊学校）为主体进行开展，主要原因在于学校所具备的环境与设施有利于活动的开展，并且学校作为残疾青少年日常生活的主要活动场所，在对待残疾青少年上更为专业与适合。但大部分国家认为残疾青少年体育健康促进不应该只由学校负责，更应该将体育活动融入残疾青少年的日常生活之中，因此在家庭与社区环境中加入体育活动、拓宽残疾青少年的体育参与渠道成为残疾青少年体育健康促进中的重要一环。这不仅对残疾青少年的家庭与社区环境提出了要求，更是对体育健康促进的一种考验，为能更好地应对存在的问题，各国在体育健康政策或体育活动指南中加入了有关家庭体育与社区体育的内容，针对残疾人群体也提出了相应的行动指引。

业内人士在这个过程中发现,家庭体育与社区体育的开展更多需要社会组织及学校方面的帮助,如果将家庭、社区、学校视为互相不影响的独立环境则会出现缺失场地设施、缺少人员指导等问题,让残疾青少年体育健康促进难以开展,收获的效果甚微也不具有长效性,只有将3个残疾青少年常处的环境形成有机联系才能促进他们的健康,因此形成"家庭-社区-学校"的3方协作成为各国开展残疾青少年体育健康促进的主要模式。该模式的主要作用是将3个残疾青少年常处的环境联合起来,通过不同环境的长处来补齐环境中的短板,使残疾青少年有更多的机会进行体育活动而且不用担心场地设施与人员的问题。

虽然不同国家在具体使用"家庭-社区-学校"协作模式上有不同之处,但在实际过程中所收获的效果比较显著。有的国家在学校体育中融入了对残疾青少年家庭体育与社区体育的指导,让他们根据现有的环境进行适当的体育活动。也有国家依靠社会组织的力量,通过社会组织提供的指导与帮助来满足残疾青少年对体育活动的需求,这一过程中家长也可以学习相应的知识在不同的环境下辅助残疾青少年。正是3个环境的有机结合保障了残疾青少年在日常生活中可以达到较高的运动量,体育健康促进才能得到更好的落实。

四、实施以学校为基石的残疾青少年体育健康促进与包容性体育教育

残疾青少年体育健康促进活动在国外已普遍以学校为基础进行开展,这一模式不仅充分利用了学校提供的专业环境与设施,还体现了包容性体育教育的核心理念。学校为残疾青少年提供了包容性的体育教育环境。在这种环境中,残疾青少年不再是被边缘化的群体,而是被接纳、被尊重、被鼓励的参与者。他们与健全学生一起参与体育活动,共同学习、共同进步,这种平等、友爱的氛围有助于培养残疾青少年的自信心和社交能力。例如美国CSPAP和PYFP计划,均强调个性化指导和包容性体育教育,针对残疾青少年的特殊需求提供专门的帮助和支持,确保他们能够在安全、有效的环境中参与体育活动。这为我国开展学生阳光体育和体质健康强健计划提供了有益的借鉴。通过强化学校体育设施、提升体育教师专业素养、制定个性化教育计划以及加强家校合作等措施,我们可以更好地促进残疾青少年的体力活动参与和健康促进。

国外包容性体育教育的实践为我们提供了宝贵的启示。首先,我们应加强学校体育设施的建设和管理,确保设施的安全性和适用性。其次,我们应提升体育教师的专业素养,使他们具备为残疾青少年提供个性化指导和支持的能力。再次,针

对青少年不同的体质状况、兴趣爱好和运动需求,实施个性化的体育教学与指导。学校应提供多样化的体育课程和选修项目,满足不同学生的需求。最后,我们还应加强对体育教师的培训,提高其专业素质和教育教学能力,确保体育教学的科学性和有效性,加强学校与社区、家庭之间的合作,共同为残疾青少年营造一个良好的体育健康促进环境。

加强残疾学生体质健康标准的研制,实施阳光体育运动,应以高质量的身体教育课程为主线。目前,残疾学生体质健康评价缺乏标准,阳光体育运动实施成效的反馈缺乏客观标准,因此,实施高质量的身体教育,不仅仅要求体育教师有责任,对学生有高期望,也要能使用多种教学策略与技能,实施体力活动必要的知识和技能,让学生懂得体力活动的内涵、意义和健康价值,增加学生的自我效能、行为感知控制和价值期望,使其产生胜任感和价值认同。此外,为使体育教师能够作为残疾学生课外体育活动的组织者、管理者和领导者,就需要对体育教师进行专门培训,如定期就阳光体育运动和体力活动计划开设培训班,对教师在体育课、体力活动的责任、要求以及业务能力进行培训,并对如何在课外组织和开展残疾人体育竞赛、活动进行指导,对如何引导和带动其他科目的教师和管理人员一起进行体力活动等方面进行系统培训。有研究表明,接受过培训的教师能成功地提高学生体力活动知识、技能和行为,能积极影响体力活动计划的有效实施。是否有高水平、有责任的体育教师是体力活动计划实施成败的关键。他们必须有能力说服学校的管理人员和室内课教师积极开展体力活动,必须具备必要的知识、经验、能力制定适合学校的体力活动计划,能够实施高质量的体育教育课,传授有效的知识和技能来引导学生课外的体育锻炼并成为她们终身积极的生活方式。

第五章 我国残疾学生体力活动与体质健康的促进现状

构建残疾学生体力活动促进模式，要结合当前我国学生体力活动促进开展的实际情况，并基于当前不同残疾学生体力活动促进的客观规律和特点，立足于现有问题，进行精准施策。但目前学界关于我国残疾学生体力活动促进开展现状的研究仍较为缺乏，不足以为本研究的模式构建提供现实依据。鉴于此，本章以全面了解残疾学生体力活动促进现状为出发点，以社会生态理论为基础，从学校、家庭、社区的体力活动支持环境入手，在部分省市特殊学校开展了横断面的调研，围绕残疾学生个体对体力活动的认知，学校、家庭、社区开展体力活动促进等维度，对调查结果进行描述和分析，以了解近年来我国残疾学生体力活动促进的基本情况和潜在问题，为残疾学生体力活动促进模式构建及实施方案设计提供有价值的参考。

第一节 我国残疾学生体力活动与体质健康的现状调研

残疾学生体质健康状况除了受到先天因素影响外，受后天生活方式尤其是体力活动的影响较大。了解我国残疾学生的体质健康和体力活动水平的现状，探寻其存在的问题和不足，对于制订科学的体质健康促进计划和运动干预具有重要的指导意义和参考价值。本节以视障学生为调研对象，研究其日常体力活动、静坐水平及其与运动自我效能的关系，分析性别、年龄、体质指数、视障程度及运动自我效能对其 PA 的影响作用，为视障学生 PA 干预和促进提供依据。

一、残疾学生的一般资料

本研究选取东部某市盲人学校 7~12 年级和中专班的视障青少年,视力残疾诊断根据残疾人残疾分类和分级标准(GB/T 26341—2010)。参与标准:①年龄 13~18 岁;②无认知障碍;③无其他明显生理缺陷,能在家长、老师的帮助下配合完成测试;④自愿参与本研究并提供了家长知情同意回执。本研究共纳入 98 名研究对象。剔除与脱落标准:①因仪器故障未获得 PA 数据者有 4 人;②加速度计测量 PA 数据无效者(有效佩戴天数少于 2 个上学日和 1 个周末日或每日佩戴时间共计小于 8 小时)有 12 人;③提供了有效 PA 数据者中运动自我效能问卷无效者有 3 人。最终有 79 人被纳入数据分析,其中男生 46 人,女生 33 人。

测试学校提供了研究对象的出生日期、性别、年级、残疾等级、课程表等基本信息。本研究经南京体育学院伦理委员会批准备案 RT-2022-10,测试、调查工作在 2022 年 10~12 月由课题组 2 名成员、盲校 3 名体育老师和各班级班主任协助下在研究对象的学校内完成。视障学生基本情况和加速度计佩戴时间见表 5-1。

表 5-1 视障学生基本情况

参数	总样本($n=79$)	男生($n=46$)	女生($n=33$)
年龄/岁	15.39±1.30	15.30±1.26	15.52±1.35
其中,13~15 岁	40	25	15
16~18 岁	39	21	18
身高/cm	169.68±8.77	174.83±6.64	162.52±5.85
体重/kg	59.68±11.78	64.78±11.77	52.58±7.34
BMI/(kg/m^2)	20.60±2.95	21.11±3.22	19.88±2.41
其中,正常	66	35	31
超重肥胖	12	10	2
低体重	1	1	0
B1—B2 人数/%	55(69.62)	30(65.22)	25(75.76)
B3—B4 人数/%	24(30.38)	16(34.78)	8(24.24)
一周有效佩戴时间/min	3 376.88±582.19	3 252.32±655.64	3 550.52±410.22
其中,周末日/min	876.13±260.07	830.29±252.79	940.02±260.32
上学日/min	2 556.48±404.82	2 505.33±478.25	2 627.77±262.33

二、身体形态与体力活动的测量

(一) 身体形态指标测量

身体形态指标包括体重、身高和体重指数。根据《国家学生体质健康标准》测量方法,采用校正后的电子身高体重计测量身高、体重,体重指数以 BMI＝体重(kg)/身高的平方(m^2)进行计算。

(二) PA 测量

采用 ActiGraph GT3X＋加速度计测量 PA 水平。测试流程如下:测试前对加速度计初始化设置,录入研究对象的基本信息,组织研究对象集中讲解加速度计佩戴方法和注意事项,于第 1 日早操 8 点前到盲人学校发放给对应学生,然后由研究人员现场指导佩戴,体育老师和班主任协助,使用弹性腰带固定在右髋部,要求连续佩戴仪器 7 d(包括 5 个上学日和 2 个周末日),洗澡、游泳时摘除。为保障数据有效性,测试学校体育老师和班主任每天监督学生佩戴加速度计情况,学生家长监督周末佩戴情况,以保证学生按时进行佩戴。于第 8 日清晨早操时由体育老师统一收回加速度计转交课题组工作人员。

加速度计数据以 ActiLife 软件导出并进行有效性筛选:一个有效的佩戴日至少要包括 8 h 以上;一个有效数据至少要包括 2 个有效上学佩戴日和 1 个有效周末佩戴日。依据 Evenson children(2008)切点值方案[①](ST＜100 cpm,LPA 101-2 295 cpm,MVPA≥2 296 cpm)获得加速度计数据结果,计算平均每天 ST、轻体力活动(Light physical activity,LPA)及 MVPA 时间,该切值方案有效性已在之前有关残疾青少年 PA 测量研究中得到验证[②]。考虑到由每日监测时间和监测天数所导致的 PA 累计时长误差,ST、LPA 和 MVPA 时间采用活动时间在总佩戴时间中的占比(%ST、%LPA、%MVPA)表示。

(三) 运动自我效能评估

采用"运动自我效能量表",该量表在青少年人群 15 日间隔重测信度为 0.68

---

① Evenson K R, Catellier D J, Gill K, et al. Calibration of two objective measures of physical activity for children [J]. Journal of Sports Science, 2008, 26(14):1557-1565.

② Sit C H P, Huang W Y, Yu J J, et al. Accelerometer-assessed physical activity and sedentary time at school for children with disabilities: Seasonal variation[J]. International Journal of Environmental Research and Public Health, 2019, 16(17):3163.

(Pearson 相关)①。量表共包含 6 个题目,主要考察个人对能够进行定期锻炼的信心和个人在锻炼中感受到的障碍。视障学生在教师的辅助下回答 6 个问题:① 在情绪低落时依然能够坚持进行运动的自信程度;② 在每周的多数日子能够坚持进行运动的自信程度;③ 在家人和朋友要求做其他事时依然能够坚持进行运动的自信程度;④ 需要早起时依然能够坚持进行运动的自信程度;⑤ 有很多功课要做时依然能够坚持进行运动的自信程度;⑥ 天气不好时依然能够坚持进行运动的自信程度。采用 5 级 Likert 量表进行评估,答案选项包括由"非常没信心"(1 分)到"非常有信心"(5 分)共 5 个等级。在获取每个题目评分基础上,依据 6 个题目的评分总和计算运动自我效能平均分值。"有=4"或"非常=5"(自信或积极)的回答被分为高自我效能或积极性,而"有点=3""一点点=2""非常低=1"被认为是低自我效能或积极性。

(四) 统计学分析

所有统计分析使用 SPSS 24.0 软件进行,基于人口统计变量的视障青少年平均每天静坐时间(ST)、轻体力活动(LPA)、中等至高强度体力活动(MVPA)分布情况和运动自我效能得分采用描述性统计分析。计量资料以($\bar{x}\pm s$)表示。不同性别、年级、BMI 和视障程度青少年间 PA 水平、运动自我效能各指标差异比较采用 ANOVA 分析。PA 水平与运动自我效能的相关性采用 Pearson 相关分析,并控制可能的因素。采用多元线性回归分析,将 MVPA 作为因变量,性别、年龄、视障程度、BMI、运动自我效能为自变量,分析运动自我效能得分及人口学因素对 PA 的影响。显著性水平 $\alpha=0.05$。

三、视力残疾学生轻体力活动、中高强度体力活动、静坐水平

(一) 总体 PA 水平

由表 5-2 可知,学生总体 80% 的时间处于静坐(ST)状态,轻体力活动(LPA)平均每日时间为 82.35 min,占总时间的 15.45%;中高强度活动(MVPA)时间平均每日仅 24.16 min,远低于 WHO 推荐的青少年包括特殊青少年每日 60 min 的标准。

---

① Pirasteh A, Hidarnia A, Asghari A, et al. Development and validation of psychosocial determinants measures of physical activity among Iranian adolescent girls[J]. BMC Public Health, 2008, 8:150.

表 5-2 加速度计测量的视障学生体力活动和静坐时间(% time)

参数	总样本	性别		年龄		视障程度	
		女	男	13～15 岁	16～18 岁	B1－B2	B3－B4
一周							
% ST	80.00± 6.99	82.16± 5.44	78.45± 7.59*	77.85± 7.05	82.80± 6.27&&	82.80± 6.27	79.06± 7.04
% LPA	15.45± 5.99	13.66± 4.53	16.73± 6.60*	16.46± 6.06	14.41± 5.82	14.41± 5.82	15.73± 6.07
% MVPA	4.55± 2.15	4.18± 1.98	4.82± 2.25	5.69± 2.17	3.39± 1.39&&	3.39± 1.39	5.21± 2.76
周末日							
% ST	80.96± 8.26	83.08± 7.26	79.44± 8.67	78.91± 8.60	83.05± 7.44&	83.05± 7.44	80.66± 8.82
% LPA	15.31± 7.16	13.61± 6.34	16.52± 7.52	16.21± 7.46	14.38± 6.81	14.38± 6.81	15.05± 7.40
%MVPA	3.74± 2.51	3.32± 2.21	4.05± 2.68	4.88± 2.66	2.57± 1.70&&	2.57± 1.70	4.28± 3.03
上学日							
% ST	79.59± 7.31#	81.77± 5.27	78.03± 8.81*	77.47± 7.55	81.77± 6.45&&	81.77± 6.45	78.45± 7.67
% LPA	15.57± 6.20	13.69± 4.25	16.91± 7.03*	16.56± 6.35	14.56± 5.96	14.56± 5.96	16.05± 6.58
% MVPA	4.84± 2.30##	4.53± 2.15	5.06± 2.40	5.98± 2.34	3.67± 1.57&&	3.67± 1.57	5.51± 3.03

*:男生与女生比较 $p<0.05$，**:男生与女生比较 $p<0.01$，#上学时与周末日比较 $p<0.05$，##:上学时与周末日比较 $p<0.01$。&:13～15 岁与 16～18 岁比较 $p<0.05$，&&:13～15 岁与 16～18 岁比较 $p<0.01$。ST:静坐，LPA:轻体力活动，MVPA:中高强度体力活动。M(min/d)±SD(标准差)，%time:时间比。

不同性别的独立样本 t 检验结果显示，男女生在% ST($F(1,77)=1.907, p=0.019$)和% LPA($F(1,77)=2.811, p=0.024$)之间，有显著性差异，男生 LPA 显著高于女生，ST 显著低于女生。虽男生% MVPA 高于女生，但未见统计学差异($F(1,77)=0.116, p=0.193$)。

不同年龄段的独立样本 t 检验结果显示，13～15 岁视障学生% ST($F(1,77)=0.023, p=0.005$)和% MVPA($F(1,77)=4.286, p=0.000$)有显著性差

异,％LPA 未见显著的年龄差异。

不同视障程度的独立样本 t 检验结果显示,盲生(B1－B2)％ST 高于低视力(B3－B4),％LPA 和％MVPA 低于低视力学生,但均未见统计学差异。

(二) 周末日与上学日 PA 分析结果

由表 5-2、5-3 可见,配对 t 检验分析上学日和周末日的 PA 分布,上学日％ST 显著低于周末日(79.59 ± 7.31 和 80.96 ± 8.26,$t=-2.061$,$p=0.043$),％MVPA 显著高于周末日(4.84 ± 2.30 vs 3.74 ± 2.51,$t=4.561$,$p=0.000$),Cohen 值显示较高的效应量,$d=0.51$。％LPA 略高于周末日,但未见显著性差异($t=0.493$,$p=0.623$)。在周末日,男女生的 PA 未见显著性差异,但不同年龄的视障学生 PA 有差异,其中,13～15 岁视障学生％ST($F(1,77)=0.147$,$p=0.025$)显著低于％MVPA($F(1,77)=11464$,$p=0.00$),但显著高于 16～18 岁视障学生％ST 和％MPA。说明视障学生闲暇时间的 PA 受年龄因素的影响。在上学日,视障学生 PA 呈现性别和年龄的差异,男女生的％ST($F(1,77)=5.110$,$p=0.024$)和％LPA($F(1,77)=6.120$,$p=0.022$)有显著性差异,但％MVPA($F(1,77)=0.090$,$p=0.313$)未见性别差异。说明在学校 PA 中,视障学生 MVPA 受性别影响较小。13～15 岁视障生％ST($F(1,77)=0.168$,$p=0.008$),显著低于 16～18 岁学生,而％MVPA($F(1,77)=3.061$,$p=0.000$),显著高于 16～18 岁学生。说明在学校 PA 中,视障学生 MVPA 受到年龄的影响。

表 5-3 上学日与周末日视障学生 PA 和静坐时间百分比的 t 检验结果

参数	配对差值					t	自由度	显著性(双尾)	d
	平均值	标准差	标准误差平均值	差值 95% 置信区间					
				下限	上限				
％ST	-1.37%	5.89%	0.66%	-2.69%	-0.05%	-2.061	78	0.043	0.23
％LPA	0.26%	4.77%	0.54%	-0.80%	1.33%	0.493	78	0.623	0.05
％MVPA	1.10%	2.15%	0.24%	0.62%	1.58%	4.561	78	0.000	0.51

四、视力残疾学生中高强度体力活动水平与运动自我效能的相关性

(一) 视障学生运动自我效能

由表 5-4 可见,运动自我效能所有题目平均分为 2.68 ± 0.92。男女生的运动自我效能平均分比较未见显著性差异($F(1,77)=0.014$,$p=0.540$)。13～15 岁

视障学生的运动自我效能显著高于 16～18 岁学生,($F(1,77)=1.789, p=0.016$)。从各个题目的得分可知,13～15 岁视障学生在感到悲伤或压力时($F(1,77)=2.55, p=0.002$)、即使有很多家庭作业时($F(1,77)=0.408, p=0.021$)进行运动的效能得分均显著高于 16～18 岁学生。

表 5-4 视障学生的运动自我效能

参数	总样本	性别			年龄		
		女生	男生	p	13～15 岁	16～18 岁	p
题目 1	3.00±1.20	3.00±1.23	3.00±1.19	1.0	3.40±1.26	2.59±0.99	**0.002**
题目 2	2.84±1.11	3.70±1.00	2.93±1.12	0.353	3.03±1.14	2.64±1.06	0.127
题目 3	2.66±1.02	2.61±1.00	2.70±1.05	0.704	2.83±1.20	2.49±0.79	0.142
题目 4	2.49±1.02	2.42±1.09	2.54±0.98	0.613	2.68±1.07	2.31±0.95	0.111
题目 5	2.59±1.10	2.52±1.06	2.65±1.14	0.590	2.88±1.56	2.31±0.98	**0.021**
题目 6	2.49±1.23	2.36±1.14	2.59±1.29	0.429	2.75±1.35	2.23±1.04	0.059
均分	2.68±0.92	2.61±0.91	2.74±0.93	0.540	2.93±1.00	2.43±0.76	**0.016**

(二) 视障学生体力活动水平与运动自我效能的偏相关分析

由表 5-5 可知,控制 BMI、年龄、性别、残疾程度 4 因素的偏相关分析显示,总体、上学日的 MVPA、LPA 与自我效能均分相关性未见统计学差异,但题目 2,在每周的多数日子能够坚持进行运动的自信程度与每日 MVPA 和上学日的 LPA 均显著相关。周末日 MVPA 与运动自我效能均分显著正相关。由图 5-1 可知,比较高、低运动自我效能水平视障学生的周末日体力活动水平,结果显示高运动自我效能视障学生的周末日 MVPA 显著高于低运动自我效能学生($p<0.01$)。

表 5-5 视障学生自我效能与体力活动的相关分析

参数	总体平均				上学日平均				周末日平均			
	MVPA		LPA		MVPA		LPA		MVPA		LPA	
	r	p	r	p	r	p	r	p	r	p	r	p
题目 1	0.136	0.246	0.094	0.425	0.027	0.816	0.177	0.513	0.489	**0.000**	0.209	0.072
题目 2	0.239	**0.039**	0.228	**0.049**	0.161	0.169	0.228	**0.049**	0.394	**0.000**	0.244	**0.035**
题目 3	0.227	0.050	0.148	0.205	0.156	0.182	0.150	0.198	0.356	**0.003**	0.174	0.136
题目 4	0.143	0.219	0.162	0.166	0.062	0.599	0.151	0.196	0.353	**0.002**	0.192	0.100

(续表)

参数	总体平均				上学日平均				周末日平均			
	MVPA		LPA		MVPA		LPA		MVPA		LPA	
	r	p	r	p	r	p	r	p	r	p	r	p
题目5	0.213	0.066	0.130	0.266	0.131	0.264	0.140	0.231	0.349	**0.002**	0.145	0.213
题目6	0.102	0.385	0.124	0.290	0.041	0.725	0.246	0.318	0.267	**0.021**	0.105	0.370
效能均分	0.214	0.065	0.179	0.104	0.114	0.328	0.178	0.126	0.445	**0.000**	0.2161	0.062

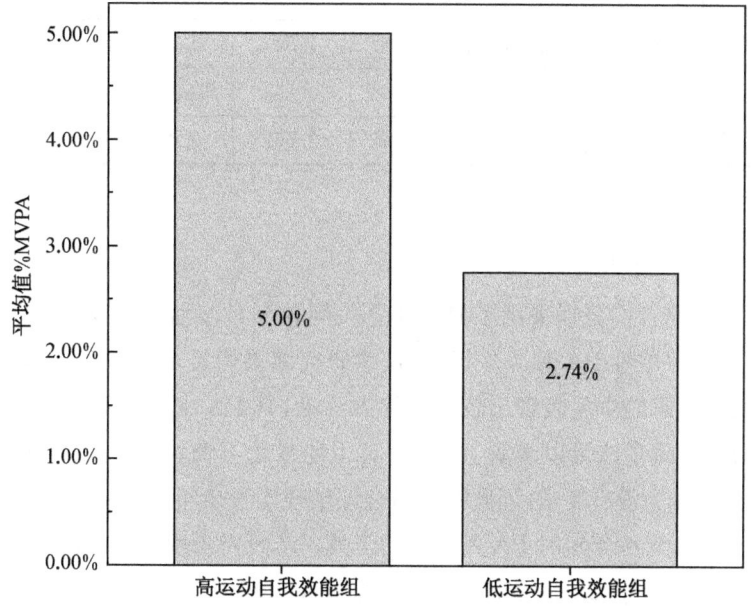

图 5-1　不同自我效能水平视障学生周末日 MVPA

（三）视障学生体力活动水平的多元回归分析

调整年龄、性别、视障程度，将％MVPA作为因变量，将年龄、性别、BMI、视障程度和运动自我效能得分作为自变量，进行多元回归分析，建立一般线性模型，以考察运动自我效能和人口统计学变量在多大程度上可以影响和预测视障青少年的％MVPA。总体而言，模型在视障青少年％MVPA的方差中占39.8％，调整后占34.7％，德宾-沃森系数为1.955，数据满足独立性，ANOVA分析显示 $F=9.287, p=0.000<0.05$，具有统计学意义，说明该模型可以较好地解释各自变量对％MVPA的影响。由表5-6可知，随着年龄的增加，视障青少年的每日平均

%MVPA 显著减少（$\beta=-0.495, p<001$）；随着运动自我效能得分的增加，视障青少年的每日平均 %MVPA 显著增加（$\beta=0.224, p=0.013$）；性别、视障程度、BMI 水平对 %MVPA 的影响不显著。

表 5-6 影响和预测 % MVPA 的多元线性回归分析

自变量	因变易% MVPA						
	B	SE	β	t	p	F	调整 R^2
男	0.249	0.418	0.057	0.597	0.552	9.287	0.347
年龄	−2.116	0.432	−0.495	−4.897	**0.000**		
低视力	0.69	0.448	0.148	1.541	0.128		
BMI	0.065	0.075	0.089	0.865	0.390		
运动自我效能	0.587	0.23	0.244	2.552	**0.013**		

（四）讨论与分析

近年来研究者们分别采用了 PA 日记[1]、问卷[2]、计步器[3]、加速度计[4]等方法确定残疾青少年习惯性 PA 和久坐行为，这些研究结果均显示，与视力正常的同龄人相比，有视力障碍的学生表现出较少的体力活动，其 PA 水平较低。在各种可用的方法中，加速度测量法可以客观、可靠和实用地量化习惯性 PA 和久坐时间[5]。加速度计对认知能力没有要求，因此特别适合评估残疾青少年的 PA 和久坐时间，是目前测量视障儿童青少年短时 PA 最有效的工具。本研究采用三维加速度计客观测量视障学生的 PA 水平，结果发现视障学生的 PA 水平严重不足，总体 % MVPA 为 4.55%±2.15%，平均为 24.16±11.59 min/d，视障学生 80% 的时间处于静坐状

---

[1] Aslan U B, Calik B B, Kitis A. The effect of gender and level of vision on the physical activity level of children and adolescents with visual impairment [J]. Research in Developmental Disabilities, 2012, 33(6): 1799-1804.

[2] Demirturk F, Kaya M. Physical education lessons and activity status of visually impaired and sighted adolescents[J]. Medical Science Monitor, 2015, 21: 3521-3527.

[3] Suzuki M, Saitoh S, Tasaki Y, et al. Nutritional status and daily physical activity of handicapped students in Tokyo Metropolitan schools for deaf, blind, mentally retarded, and physically handicapped individuals[J]. American Journal of Clinical Nutrition, 1991, 54(6):1101-1111.

[4] Teigland C, Glese M, Gieing J, et al. Physical activity, body composition and mental well-being of visually impaired and blind children in Germany[J]. British Journal of Visual Impairment, 2017, 35(2): 120-129.

[5] 王超，陈佩杰，庄洁，等. 加速度计以不同采样间隔测量儿童青少年日常体力活动时间的一致性研究[J]. 中国运动医学杂志，2012,31(9):759-765,771.

态,周末日 MVPA 水平(3.74%±2.51%)显著低于上学日(4.84%±2.30%),与以往部分研究结果相似。美国一项关于 12~19 岁视障青少年的 PA 研究显示,加速度计测量的每周 MVPA 为 156.1 min,平均 22.3 min/d[1]。中国香港地区的一项残疾青少年包括视障学生的 PA 研究显示[2],70% 的残疾学生处于静坐状态,MVPA 仅有 17±4.2 min,进一步的追踪研究显示,学校日残疾学生加速度计测量的 MVPA 在冬季时平均为 4.5%,在夏季时平均为 4.0%[3]。但 2 项我国西部地区某特殊学校的视障学生 PA 调查研究显示[4][5],视障学生 MVPA 达到 146.79 min/d。这些研究仅仅说明学校有可能设置了较多专门针对视障学生的体育活动来发展他们的运动技能或职业技能,因此,大大增加了学生参与 PA 的机会,但并未详细调查该地区视障青少年拥有较高水平日均 MVPA 的促成因素。而本研究开展时正处于国内新冠疫情防控时期,不提倡组织聚集性活动,这是否影响 PA 水平,需要进一步重复测试的对比。此外,本研究选择的地点为中国东部地区,与西部地区存在地理、文化等差异,因此,我国视障学生 PA 水平现状仍需进一步扩大样本进行调查研究。WHO 发布的全球健身指南指出,即使体力活动低于每天 60 min(儿童和青少年)或每周 150 min(成人)的阈值,也能带来有意义的健康益处[6]。体育活动对健康的益处是有等级的,当完全不运动的人稍微增加体育活动时,即使是轻度的体育活动,也能达到最大的益处[7]。由于较多的残疾人完全不活动,即使过渡到

---

① Smith L, Jackson S E, Pardhan S, et al. Visual impairment and objectively measured physical activity and sedentary behaviour in US adolescents and adults: A cross-sectional study[J]. BMJ Open, 2019, 9(4): e027267.

② Sit C H P, Mckenzie T L, Cerin E, et al. Physical activity and sedentary time among children with disabilities at school[J]. Medicine and Science in Sports and Exercise, 2017, 49(2): 292-297.

③ Sit C H P, Huang W Y, Yu J J, et al. Accelerometer-assessed physical activity and sedentary time at school for children with disabilities: Seasonal variation[J]. International Journal of Environmental Research and Public Health, 2019, 16(17): 3163.

④ 徐文红,王丽娟. 视障青少年体力活动水平和久坐时间调查[J]. 中国学校卫生,2020,41(2): 190-193.

⑤ Qi J, Xu W H, Wang L J, et al. Accelerometer-assessed habitual physical activity and sedentary time of Chinese children and adolescents with visual impairments: [J]. Journal of Visual Impairment and Blindness, 2020, 114(5): 421-431.

⑥ Martin Ginis K A, Latimer-Cheung A E, West C R. Commentary on "the first global physical activity and sedentary behavior guidelines for people living with disability"[J]. Journal of Physical Activity and Health, 2021, 18(4): 348-349.

⑦ Carty C, van der Ploeg H P, Biddle S J H, et al. The first global physical activity and sedentary behavior guidelines for people living with disability[J]. Journal of Physical Activity and Health, 2021, 18(1): 86-93.

低水平的体育活动也可能对这一人群产生重大的积极健康影响。本研究结果显示,80%视障学生处于静坐水平,每日 LPA 为 15.45%±5.99%,因此鼓励视障学生增加 LPA,这会将让他们的健康大大受益。

针对视障青少年 PA 严重不足的情况,多数学者对影响视障学生参加 PA 的因素如年龄、性别、残疾程度等进行了分析,探讨如何有效地促进视障学生的 PA 水平。几项关于视障青少年 PA 的系统综述显示[1][2][3],随着年龄的增长,其体力活动减少,但对不同性别、年龄和不同视障程度的学生 PA 水平是否存在差异,尚存在分歧。本研究结果显示,16~18 岁视障学生静坐时间显著高于 13~15 岁学生,其 MVPA 时间显著下降,LPA 未出现显著的年龄差异。这与以往大部分研究结果一致[4]。随着年龄的增长,视障青少年有可能因为缺乏活动动机和极度害怕受到伤害而限制了其积极参与体力活动。对不同性别的视障学生进行独立样本 t 检验,结果显示总体男生静坐时间显著少于女生,LPA 水平显著高于女生 Aslan 等[5]研究发现,视障男女生 PA 水平存在显著差异。本研究结果显示 MVPA 未见显著的性别差异,产生该结果的原因可能是男女两组受试者比例相差较大,差别较大的样本量有可能影响统计推断的结果。未来研究应尽可能纳入样本量相当的不同性别受试者。Houwen 等[6]研究发现,视障青少年 PA 水平降低与其视力水平相关。本研究结果显示,B1—B2 等级的学生 LPA 和 MVPA 均低于 B3—B4 学生,但并没有统计学差异,与 Kozub 等[7]研究报道一致。本研究结果显示,视障学生 PA 水平受视障等级或程度影响不大,性别对视障学生的 LPA 和静坐水平影响较大,年龄对视障学生的 MVPA 和静坐水平影响较大。该结果对于研究人员开发和完善干预

---

[1] Augestad L B, Jiang L. Physical activity, physical fitness, and body composition among children and young adults with visual impairments: A systematic review[J]. British Journal of Visual Impairment, 2015, 33(3): 167-182.

[2] Haegele J A, Porretta D. Physical activity and school-age individuals with visual impairments: A literature review[J]. Adapted Physical Activity Quarterly, 2015, 32(1): 68-82.

[3] Li Q D, Kuang X M, Qi J. Correlates of physical activity of children and adolescents with visual impairments: A systematic review[J]. Current Pharmaceutical Design, 2020, 26(39): 5002-5011.

[4] Ayvazoglu N R, Oh H K, Kozub F M. Explaining physical activity in children with visual impairments: A family systems approach[J]. Exceptional Children, 2006, 72(2): 235-248.

[5] Aslan U B, Calik B B, Kitis A. The effect of gender and level of vision on the physical activity level of children and adolescents with visual impairment [J]. Research in Developmental Disabilities, 2012(6): 1799-1804.

[6] Houwen S, Hartman E, Visscher C. Physical activity and motor skills in children with and without visual impairments[J]. Medicine and Science in Sports and Exercise, 2009, 41(1): 103-109.

[7] Kozub F M, Oh H K. An exploratory study of physical activity levels in children and adolescents with visual impairments[J]. Clinical Kinesiology, 2004, 58(3): 1-7.

措施、以增加残疾青少年的 PA 和减少久坐时间非常重要,对于学校教师或运动康复领导者可以根据学生年龄和性别最大限度地一天中设计提高其参与 PA 的机会。

上学日和周末日的 PA 分析结果显示,视障学生在上学日更加积极地活动,静坐时间显著少于周末日,MVPA 时间显著高于周末日,说明学校是促进和干预视障学生 PA 的重要场所。进一步分析上学日不同性别和年级的学生发现,静坐时间和 LPA 呈现性别差异,静坐时间和 MVPA 呈现年级差异,说明学校在设置体力活动和体育活动需充分考虑视障学生的性别差异,为女生视障者提供更多的体力活动参与机会或体育活动项目,促进女生的 PA 水平。在周末日,视障学生 PA 水平未见性别差异,ST 和 MVPA 呈现年龄差异,可见,影响视障学生周末 PA 减少的因素值得探讨。

一项近期发表的系统综述显示,心理因素是影响残疾儿童青少年参与 PA 的重要而稳定的因素[1]。运动自我效能可反映个体对于克服各种困难继续坚持规律运动的自信心。本研究结果显示视障学生的平均运动自我效能得分为 2.68 分,处于较低水平。视觉是个体感知信息的主要条件,视障青少年由于行动受限制,又不能看到自身行为的结果,加上不能通过视觉进行有效的学习和模仿,易出现不自信乃至自卑心理。同时由于视觉障碍,感知事物不完整,接触事物不充分、不准确,他们在进行体力活动时支配不了自己,从而表现出对运动的自我效能信心不足[2]。本研究结果显示,年龄越大,运动自我效能的得分越低,16~18 岁组运动自我效能显著低于 13~15 岁组,随着视障学生自我意识的不断提高,可能其运动参与的自信心进一步下降,周末日 16~18 岁组的 MVPA 水平显著低于 13~15 岁组,可能与其较低的运动自我效能相关。Motl 等[3]的追踪研究表明残疾人自我报告及客观测量的 PA 水平变化均与其自我效能的改变呈正相关。Cairney 等[4]以问卷法调查了 590 名发育协调障碍的儿童,发现儿童的一般自我效能与其 PA 水平有明确的相关性。

---

[1] Ginis K, Ploeg H, Charlie F, et al. Participation of people living with disabilities in physical activity: A global perspective[J]. Lancet, 2021, 398(10298): 443-455.

[2] Engel-Yeger B, Hanna Kasis A. The relationship between developmental co-ordination disorders, child's perceived self-efficacy and preference to participate in daily activities[J]. Child: Care Health and Development, 2010, 36(5): 670-677.

[3] Motl R W, Mcauley E, Sandroff B M. Longitudinal change in physical activity and its correlates in relapsing-remitting multiple sclerosis[J]. Physical Therapy, 2013, 93(8): 1037-1048.

[4] Cairney J, Hay J A, Faught B E, et al. Developmental coordination disorder, generalized self-efficacy toward physical activity, and participation in organized and free play activities[J]. The Journal of Pediatrics, 2005, 147(4):515-520.

国内学者研究显示,特殊学生参与体育活动现状与活动条件、自我效能和社会支持存在显著正相关[1],即特殊学生参与体育活动的外部环境条件越好、社会支持越大、自我效能感强,其活动状况就越好。本研究在控制了年龄、性别、残疾程度等因素后的偏相关分析结果显示,视障学生的运动自我效能总平均分与上学日 PA 水平无关,与视障学生周末日 MVPA 呈正相关。进一步分析表明,自我运动效能得分高的视障学生在周末日 MVPA 显著高于得分低的视障学生,这说明了运动自我效能对视障学生周末参加 PA 具有积极的作用。有研究证实自我效能在社会支持因素对 PA 的影响中发挥重要的中介作用[2]。在上学日,视障学生参加学校统一组织的体力活动,运动自我效能与 PA 未出现显著相关性;在周末日,视障学生体力活动受到自我运动效能的影响更大,表现为高 MVPA,自我效能高的学生能更积极地参加各种强度的体力活动。本研究在调整了年龄、性别、残疾程度等因素后的多元线性回归分析结果显示,运动自我效能对视障青少年的%MVPA 影响作用显著($\beta=0.224, p=0.013$),即运动自我效能得分高的视障青少年,其 MVPA 时间较多,模型可以较好地(调整后 $R^2=34.7\%$)预测视障青少年的 MVPA 水平。运动自我效能对视障青少年 PA 促进有帮助。这提示学校教师或家长在平时教学和生活中应有意识提高视障学生的运动自我效能。

本研究以加速度计对我国东部某市盲人学校的学生 PA 水平进行客观描述,从个体因素(包括年龄、性别、残疾程度)分析影响视障学生 PA 水平的可能原因,并初步证实运动自我效能与视障学生 PA 水平的关系。但本研究仍存在一些局限,因视障学生特殊性和样本有限,视障女生人数与男生悬殊,可能影响了视障学生 PA 的性别差异的分析结果,本研究纳入的视障学生 PA 影响因素指标仅限于个体因素,其他心理、社会乃至环境因素对视障学生 PA 的影响有待今后的研究进一步阐明。

本研究发现我国东部某市盲人学校视障学生 PA 水平极低,80%的视障学生处于静坐状态,女生静坐时间显著多于男生,年龄越大视障学生 MVPA 越不活跃,周末日 MVPA 显著低于上学日,因而急需发展有效的干预手段促进其体力活动参与水平。运动自我效能与视障学生周末日 PA 水平密切相关,针对学生 PA 干预方案在设计时可考虑纳入提升运动自我效能的成分,并考虑学生的不同性别和年级

---

[1] 杜熙茹.广东省特殊学生体育活动参与的制约因素与对策研究[C].第十一届全国体育科学大会,南京:2019.

[2] Peterson J J, Lowe J B, Peterson N A, et al. Paths to leisure physical activity among adults with intellectual disabilities: Self-efficacy and social support[J]. American Journal of Health Promotion, 2008, 23(1): 35-42.

差异。鉴于本研究的局限性,建议今后的研究扩大样本量,并综合探究心理、社会及环境等因素对视障学生 PA 的影响。

—— 第二节 ——
我国残疾学生个体认知与体力活动需求

残疾学生对体力活动的益处、体力活动每日推荐量的认知水平、残疾学生对运动项目的掌握情况以及残疾学生体力活动水平和需求可以从侧面反映残疾学生体力活动促进的现状。就此展开调研,可了解和分析残疾学生体力活动促进现状的认知、现存问题及其形成原因,从而为残疾学生体力活动促进的实施寻找有效的解决途径,进而为残疾学生体力活动促进模型构建提供科学的决策依据。

一、受测残疾学生一般资料与调研过程

① 残疾学生一般资料

本研究调查对象为 7~18 岁残疾学生 420 人,地域分布在江苏、安徽、湖南、四川、湖北、贵州、广东,其中视力障碍 140 人、智力障碍 140 人和聋哑学生 140 人。

② 调查问卷编制

残疾学生体力活动促进现状的调查问卷(学生问卷),问卷均经过严格的信效度检验,具有较高的信效度。在问卷正式实施调研前,通过对 40 名学生、家长以及体育教师进行相隔 2 周的重复调查,最后得出 $r=0.769$、α 为 0.813。

③ 调查过程

由课题组主要负责人培训盲人学校、聋人学校和培智学校的 3 名教师。在发放问卷的过程中,要求负责教师首先向受试者解释研究目的,并告知调查结果被完全保密,仅用于科学研究。为了便于填写,部分残疾学生由教师当面帮助和辅导后帮助填写。回收的学生问卷中有效问卷为 328 份,有效回收率为 78.1%。问卷发放时间为 2022 年 3 月至 2023 年 3 月。

④ 数据分析

对回收的问卷进行筛选。无效问卷剔除标准如下:①问卷中超过 5% 题目没有作答。②所有题目选项全部一致。③选项有明显填写规律,如单选均为一个选项或多选全部 ABCD 等。运用 IBM SPSS 中的描述性统计、卡方检验、均值比较、非参数检验等统计方法,分析残疾学生体力活动促进现状,$p<0.05$ 表示具有统计学意义。

二、残疾学生对体力活动的个体认知

(一) 残疾学生对体力活动益处的认知水平

残疾学生对体育的认识直接影响体育意识的养成,而体育意识的强弱与体育参与程度有着较为密切的联系。

1. 残疾学生对体力活动益处的认知较好

残疾学生对"我认为参加体育活动帮助我保持健康"的调查结果如表5-7所示,43.91%的学生非常同意,50.96%的残疾学生同意,仅有3.53%的学生不太同意。从表中可知,不同意和非常不同意的学生主要是女生,男生认为"非常不同意、不同意"的人数为0。不同意和非常不同意的学生主要是视障和智障的学生,聋哑学生认为"非常不同意、不同意"的人数为0。总体而言,残疾学生对体力活动益处的认知情况较好。

表5-7 残疾学生对体力活动益处的认知($n=328$)

类别		非常不同意	不同意	不太同意	同意	非常同意	χ^2/U	p
总体		0.96%	0.64%	3.53%	50.96%	43.91%		
性别	男			30.8%	44.8%	57.9%	11 069	0.002
	女	1.8%	1.2%	5.4%	54.8%	36.7%		
残疾类型	聋哑			4.13%	50.41%	45.45%	2.859	0.239
	视障	1.82%	0.91%	1.82%	49.09%	46.36%		
	智障	1.23%	1.23%	4.94%	54.32%	38.27%		

2. 不同性别和类型残疾学生对体力活动益处的认知略有差异

不同性别和残疾类型学生对体力活动益处认知的秩均值如表5-8所示。从性别来分析,98.66%男生均赞同或非常赞同体力活动的健康益处,女生的比例为91.41%,Mann-Whitney 检验结果显示,男生对体力活动益处的认知(秩平均值=179.17)高于女生的认知(秩平均值=150.18),$U=11\ 069$,$p=0.002<0.05$,不同性别学生对体力活动益处的认知表现存在显著差异,说明男生对体力活动益处的认识更加深刻,这可能部分解释了男生体育运动参与率和喜欢率普遍高于女生的原因。

从残疾类型来分析,Kruskal-Wallis 检验结果显示,视障学生对体力活动益处的认知(秩平均值=171.75)高于聋哑学生(秩平均值=166.36)和智障学生(秩平均值＝151.82)，K 值＝2.859，p＝0.239＞0.05，说明不同残疾类型学生体力活动益处的认知情况并不存在差异性。

表 5-8 残疾学生对体力活动益处认知的秩均值(n＝328)

类别		个案数	秩平均值
性别	男	162	179.17
	女	166	150.18
残疾类型	聋哑	127	166.36
	视障	116	171.75
	智障	85	151.82

(二) 残疾学生对每日体力活动推荐量的认知水平

1998年教育部发布的《特殊教育学校暂行规程》中规定，特殊教育学校要结合学生实际，积极开展多种形式的体育活动，增强学生的体质[①]。学校应保证学生每天不少于 60 min 的体育活动时间。2007年，我国中央7号文件再次提出了"学生每天参与体育锻炼1小时"的要求[②]。WHO在全球体力活动建议中提出"儿童青少年每天至少参与中等到大强度体力活动 60 min，每周至少 3 次"，残疾青少年也建议达到此推荐量。2017年《中国儿童青少年体力活动指南》[③]的推荐量为每天不少于 60 min 的中高强度体力活动，其中包含不少于 3 d 的高强度体力活动和抗阻训练，也就是说每周的体力活动量不得低于 30 METy·h。因此，"每天锻炼1小时"已经列入众多国家的国民体力活动指南。通过对学生每日活动量需求的认知水平的调查，可从侧面了解学校在体力活动促进方面的执行情况。

从表 5-9、表 5-10 的分析结果显示，残疾学生对每日体力活动推荐量的认知水平一般。71%学生对"每日 PA 推荐量"不了解，由此可见，残疾学生对每日体力活动量的认知水平较差。进一步分析显示，不同性别和残疾类型学生略有差异。男生对每日锻炼 60 min 推荐量的了解比例为 35.8%，高于女生的 22.3%，Mann-Whitney检验结果显示，男生对每日体力活动推荐量的认知(秩平均值＝176.04)高于女生的认知(秩平均值＝153.24)，U＝11 577，p＝0.006＜0.05，不同性别学生

[①] 中华人民共和国教育部.特殊教育学校暂行规程[J].中华人民共和国国务院公报,1998(35):1313-1322.
[②] 中共中央国务院.关于加强青少年体育增强青少年体质的意见[J].中华人民共和国教育部公报,2007(S2):25-28.
[③] 张云婷,马生霞,陈畅,等.中国儿童青少年体力活动指南[J].中国循证儿科杂志,2017,12(6):401-409.

对每日体力活动推荐量的认知表现存在显著差异,说明男生对每日体力活动推荐量的认识更加深刻。从残疾类型来分析,Kruskal-Wallis检验结果显示,视障学生对每日体力活动推荐量的认知(秩平均值=169.65)高于聋哑学生(秩平均值=166.42)和智障学生(秩平均值=166.42),K值=2.859,p=0.239,说明不同残疾类型学生每日体力活动推荐量情况并不存在差异性。

表 5-9 残疾学生对每日体力活动推荐量的认知(n=328)

类别		了解	不了解	χ^2/U	p
总体		29%	71%		
性别	男	35.8%	64.20%	11 577	0.006
	女	22.3%	77.70%		
残疾类型	聋哑	29.9%	70.10%	2.124	0.346
	视障	31.9%	68.10%		
	智障	23.5%	76.50%		

表 5-10 残疾学生对每日体力活动推荐量认知的秩均值(n=328)

类别		个案数	秩平均值
性别	男	162	176.04
	女	166	153.24
残疾类型	聋哑	127	166.42
	视障	116	169.65
	智障	85	166.42

由此可见,针对残疾学生群体,除了积极宣传体力活动的益处外,还要对体力活动的运动量进行宣传教育,尤其是为什么要达到每日 60 min 的运动时间。这对于提高和促进残疾群体积极参加参与体育活动将具有重要的意义。

三、残疾学生对运动技能的掌握

《国务院办公厅关于强化学校体育 促进学生身心健康全面发展的意见》中明确要求青少年应该熟练掌握 1 项以上体育运动技能[①]。残疾学生"掌握几项运动项

---

① 国务院办公厅.国务院办公厅关于强化学校体育 促进学生身心健康全面发展的意见[J].中华人民共和国教育部公报,2016(6):8-12.

目技能"可以从侧面反映体力活动促进的情况。

本次调查结果如表5-11显示,超过5/6的残疾学生均能较好地掌握至少1项及以上的运动项目,说明特殊学校的学校体育教育开展得较好,但是值得关注的是仍有超过10%的残疾学生没有较好地掌握1项运动技能。87.8%的残疾学生掌握了至少1项运动项目技能,掌握2项及以上的比例为45.7%。总体男生掌握运动技能的程度(至少掌握1项的学生比例89.3%)略高于女生(至少掌握1项的学生比例85.8%),不同性别残疾学生掌握运动项目的Mann-Whitney检验结果显示,男女生间未见显著性差异。聋哑学生至少掌握1项运动技能的人数比例最高,达到88.8%,其次是视障为88.2%,智障的比例为86.6%,不同残疾类型掌握运动项目的Kruskal-Wallis检验结果显示,聋哑、视障和智障学生间未见显著性差异。70.8%的视障学生表明,他们能够掌握1~2项运动项目,如跑步、跳绳等。68.7%的聋哑学生表示,他们能够掌握1~2项运动项目,如乒乓球、羽毛球等。62.4%的智障学生表示,他们能够掌握1~2项运动项目,如游戏、特奥运动等。但是,针对残疾学生的特殊体育项目的普及较低,尤其是视障学生,如盲人门球、板铃球等适合盲人运动的项目,在学校的开展并不乐观,尽管有些学校有这些项目,但可能只是作为校级运动队训练的项目小范围开展。

表 5-11 残疾学生掌握几项运动项目的调查统计($n=328$)

类别		0项	1项	2项	3项及以上	χ^2/U	p
总体		12.2%	42.1%	25.6%	20.1%		
性别	男	10.2%	46.4%	19.9%	23.5%	13172.000	0.736
	女	14.2%	37.7%	31.5%	16.7%		
残疾类型	聋哑	11.2%	37.1%	33.6%	18.1%	1.974	0.373
	视障	11.8%	42.4%	20.0%	25.9%		
	智障	13.4%	46.5%	22.0%	18.1%		

四、残疾学生参与体育活动的频率和时间

参加体育活动的时间和频率是决定体力活动健康效益的重要指标,对于青少年每周至少3次每次60 min的中等强度训练才能产生一定的健康效益,要想运动的健康效益更佳,则要每周锻炼5次,每次60 min。本次调查结果如表5-12所示,残疾学生参与体育锻炼的人数比例相对较高,达到88.4%。但每周锻炼3次及以上的比例却非常低,仅为8.8%,每次锻炼达到60 min及以上的比例为33.2%。

如果把每周体育课的时间再减去,则达到每日 60 min 以上的残疾学生比例将更低。由此可见,虽然残疾学生能积极参与体育锻炼,但是其运动强度并没有达到有益健康的推荐量。

表 5-12 残疾学生每周参与体育锻炼的频率和时间($n=328$)

每周锻炼次数	人数	比例/%	每次运动持续时间	人数	比例/%
0 次	38	11.6	30 min 以下	61	18.6
1 次	179	54.6	30~60 min	158	48.2
2 次	82	25.0	60~120 min	90	27.4
3 次及以上	29	8.8	120 min 以上	19	5.8

不同性别残疾学生参与体育锻炼的频率见图 5-2,总体而言,女生每周参加体育锻炼的次数要高于男生,1 次都不参加体育锻炼的男生比例高于女生,每周锻炼 2 次的女生比例高于男生,而每周锻炼 3 次及以上锻炼的男生比例高于女生。

图 5-3 显示了不同残疾类型学生参与体育活动频率情况,70%的聋哑学生每周参加 1 次或更少的体育锻炼,30%的聋哑学生每周参加 2 次或更多的体育锻炼。66%的视障学生每周参加 1 次或更少的体育锻炼,34%的视障学生每周参加 2 次或更多的体育锻炼。60%的智障学生每周参加 1 次或更少的体育锻炼,40%的智障学生每周参加 2 次或更多的体育锻炼。

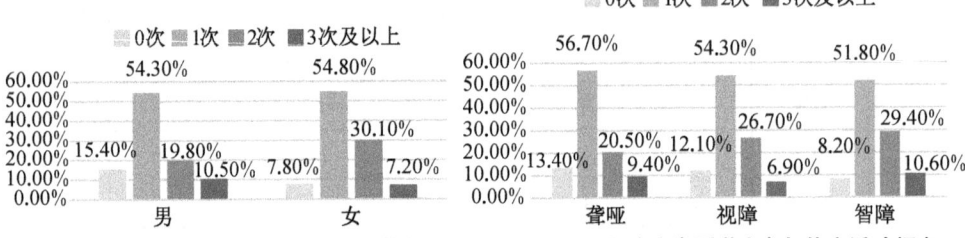

图 5-2 不同性别残疾学生参与体育锻炼频率　　图 5-3 不同残疾类型学生参与体育活动频率

五、残疾学生体育需求

借鉴先前的研究成果,本研究主要对残疾青少年体育需求的程度进行调研分析,主要包括对体育的喜欢程度、对课外体育活动的意愿程度、对参加体育比赛的态度以及参加体育活动的目的 4 个方面。此外,还从以下 6 个方面(表 5-13)对体育需求的具体内容进行调查分析。

表 5-13 体育需求的具体内容

分类	主要内容
体育活动项目	包括体育课和课外体育活动的开展项目
体育活动指导	体现在对体育教师的需求
体育活动时间	体现在学生对体育课、课外体育活动时间、次数的需求
体育活动形式	体现在体育课、课外体育活动以及日常生活中对体育活动的组织形式、参与形式的需求
体育场地用品	主要体现在公共体育场地、器材和个人运动、服装、器材等方面
体育知识和信息	主要体现在对体育知识和信息的内容以及获取途径的需求

(一)残疾学生体育需求程度的调查结果

1. 不同类型残疾学生对体育的喜欢程度

不同类型残疾学生对体育的喜欢程度如图 5-4 所示,聋哑学生有 35.19% 非常喜欢体育,在 3 类残疾学生中比例最高,而智障学生的比例最低。相反,智障学生非常不喜欢体育的人数最多,但也仅占调查人数的 8%。这个数字表明体育是受到残疾学生欢迎的,喜欢体育的学生占绝对优势,而不喜欢体育的学生所占的比例较小。另一方面,还可看出,在对体育的喜欢程度上,不同残疾类型学生存在一些差异,总体上视障和聋哑学生对体育的喜欢程度高于智障学生。尤其表现在他们对"非常喜欢"这个程度的选项上,这与残疾程度差异、性格差异是分不开的。从以上的分析可知,大多数残疾学生比较喜欢体育,而且不同残疾类型学生对体育的喜欢程度有差别,视障和聋哑学生对体育的喜欢程度高于智障学生。

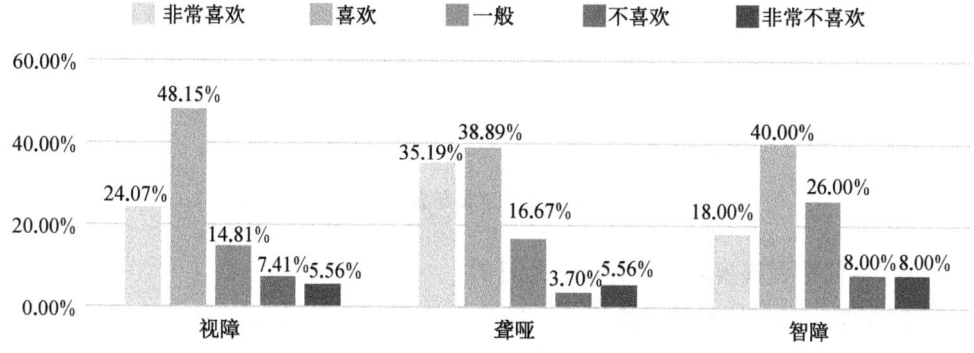

图 5-4 不同类型残疾学生喜欢体育的程度

2. 不同类型残疾学生对参加课外体育活动的意愿

课外体育活动是学校体育的一个重要组成部分，丰富多彩的课外体育活动能很好地满足学生对体育活动的需求，还能弥补学生参加体育活动不足的现状。调查结果如图 5-5 显示，大部分残疾学生愿意参加课外体育活动，仅有极少的学生不愿意参加。

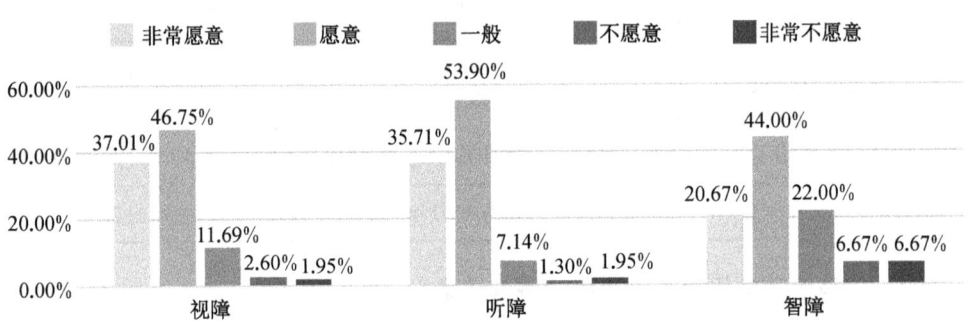

图 5-5　不同残疾学生参加课外体育活动的意愿

3. 不同类型残疾学生参与各类体育比赛的态度

调查显示 75% 的学生愿意参加体育比赛，13.3% 的学生不愿意参加比赛，还有 11.7% 的学生持无所谓的态度。由此可见，大部分残疾学生有意愿参加体育比赛。图 5-6 显示，85% 的聋哑学生愿意参加比赛，其比例最高，其次是视障学生为 80%，而智障学生愿意参加比赛的比例为 60%。具体原因是否与残疾类型有关，尚待更多的样本调查。

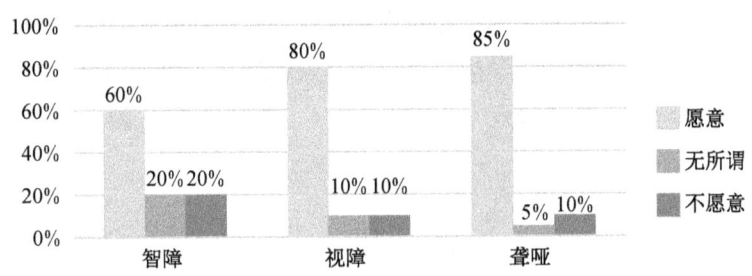

图 5-6　不同类型残疾学生参与各类体育比赛的态度

4. 不同类型残疾学生体育活动的目的

残疾学生参加体育活动的目的选择频次排在前 3 位的是增强体质、交朋友增进友谊、使自己更加坚强。学校体育课可以使他们的各项身体素质得到提高并改善各器官系统的机能，从而促进身体正常的发展，使身体变得更强壮。智障学生参加体育活动的目的频率排在前3项的是增强体质、增进与同学的友谊与交往、消遣娱乐。而对于掌握运动技能选择频次仅为45%。由此可见,智障学生参与体育活动最为主要的需求就是能够通过体育锻炼使身体素质得到发展,其次是满足同伴交往、愉悦身心、使自己更坚强的心理需求。视障学生参加体育活动的目的选择频次百分比排在前3项的是增强体质、交朋友增进友谊、使自己更加坚强。视障学生选择娱乐消遣的最低为80%。聋哑学生参加体育活动的目的选择频次最高的是交朋友增进友谊达到100%,其次是使自己更加坚强,为95%,增强体质、娱乐消遣、掌握运动技能均为90%。在3类残疾学生中,对掌握运动技能、养成运动习惯和使自己更坚强这3个目的选项存在显著差异,与视障和聋哑学生相比,智障学生认为自己参加体育获得的目的与是否掌握运动技能、是否养成运动习惯以及是否能使自己更加坚强关系不大。

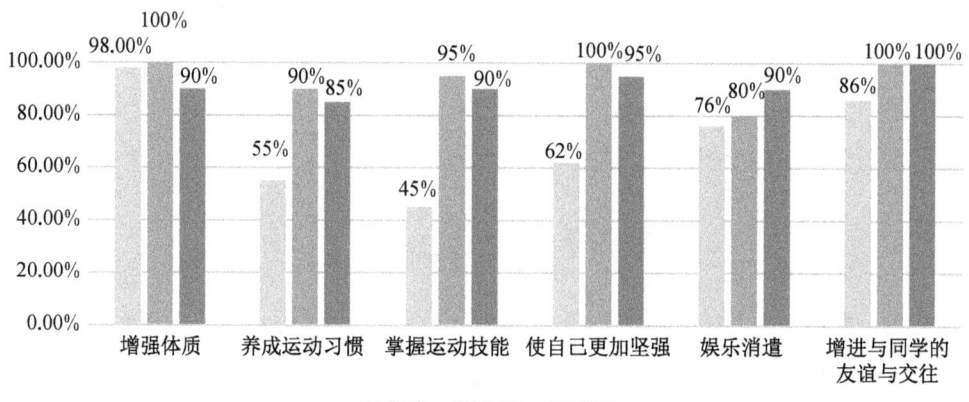

图 5-7 不同类型残疾学生参加体育活动目的人数百分比

(二) 残疾青少年体育需求具体内容的调查结果

1. 体育活动项目需求

聋哑学生适宜参加的体育活动与健全人基本相同,有篮球、排球、足球、乒乓球、网球、羽毛球、跑步、游泳等。本次调查结果显示,男生排在前3位的项目分别是羽毛球、篮球和足球;女生排在前3位的项目分别是羽毛球、健身操、跑步。

视障学生适宜参加的体育活动有健身操、棋类、跑步、跳绳、游泳、盲人门球、板铃球等。本次调查结果显示,男生排在前3位的项目分别是跑步、跳绳、盲人门球;女生排在前3位的项目分别是健身操、跑步和跳绳。

智障学生适宜参加舞蹈韵律操、体育游戏、跑步、游泳、乒乓球、网球、羽毛球、篮球、足球等运动。本次调查结果显示,男生排在前3位的项目分别是体育游戏、篮球和足球;女生排在前3位的项目分别是舞蹈韵律操、体育游戏和跑步。

不同类型残疾学生所能进行的运动项目略有不同。因此,根据残疾类型、残疾等级创编出更适合残疾人身体功能康复、运动的适应体育、健身活动项目十分重要。

2. 体育活动指导的需求

体育活动指导需求主要体现在对体育教师的需求。教师在残疾学生进行体育活动及运动兴趣等方面起着重要的引导与促进作用。调查显示,体育活动对残疾儿童的健康是非常重要的,只有让他们参与体育活动才能更好地培养他们的运动兴趣,才能更好地让他们享受到体育活动的快乐。本次调查结果显示(图5-8),56.50%的女生需要体育活动的指导,男生选择需要指导的比例为48.84%,女生高于男生。仅15%左右的残疾学生选择不需要体育活动指导,可能这部分学生经常处于静坐状态,不能积极参加活动。不同类型残疾学生对体育活动指导的需求如图5-9所示,智障和视障生对体育活动指导的需求高于聋哑学生。

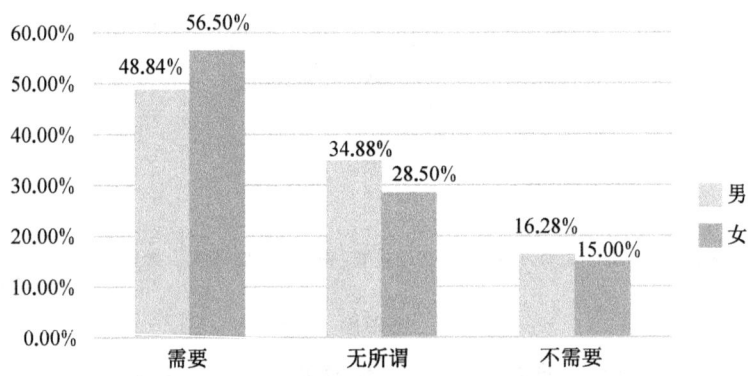

图5-8　不同性别残疾学生对体育活动指导的需求

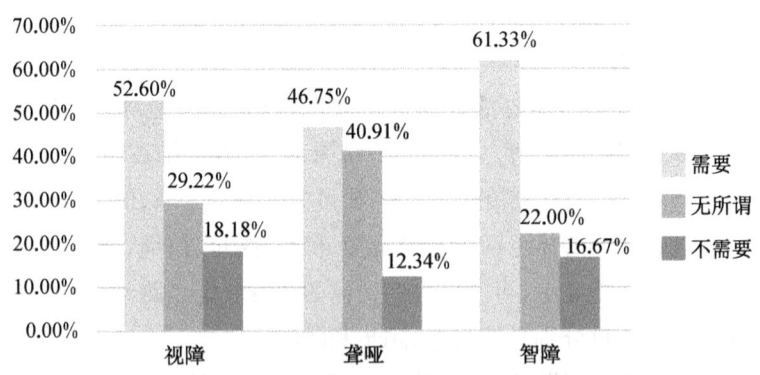

图5-9　不同类型残疾学生对体育活动指导的需求

3. 体育活动时间的需求

调查显示(图 5-10),有 39.30% 的残疾学生选择期望每周 3 节体育课,27.95% 的残疾学生期望每周 4 节体育课,15.50% 残疾学生期望每周 5 节体育课。

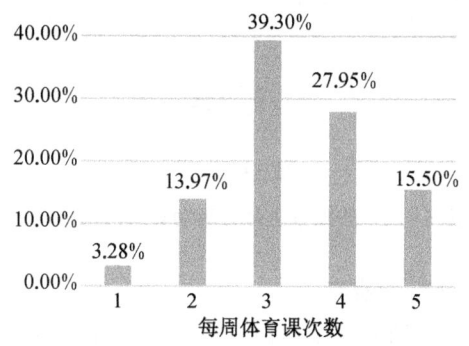

图 5-10 每周体育课次数的需求

4. 体育活动形式的需求

对体育活动形式的需求主要体现在残疾学生对体育课、课外体育活动以及日常生活中对体育活动的组织形式、参与形式的需求。本次对智障学生喜欢的体育活动形式调查中发现(图 5-11),43.33% 的学生希望自己自由活动,说明他们有比较强的个性,41.33% 的学生希望老师安排和自由活动相结合。学生一方面渴望得到一定的自由空间,另一方面也想从老师那里学到一些体育知识技术和技能。视障和聋哑学生更希望老师安排和自由活动相结合的形式,视障学生比聋哑学生和智障学生更喜欢体育老师安排的体育活动形式。

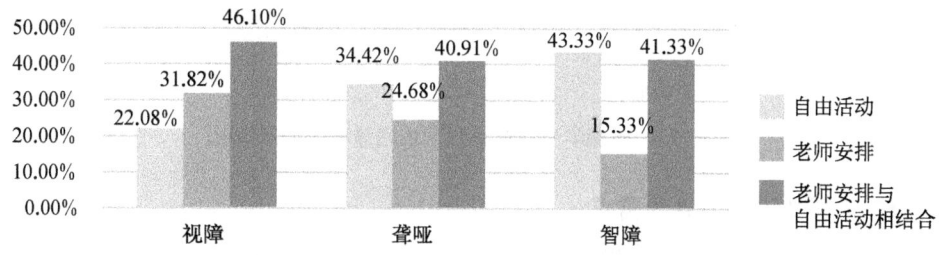

图 5-11 残疾学生体育活动组织形式的需求

视障学生比其他残疾学生更希望能与同学朋友一起参加体育活动,智障学生比其他残疾学生更希望能与家人一起参加体育活动(图 5-12)。

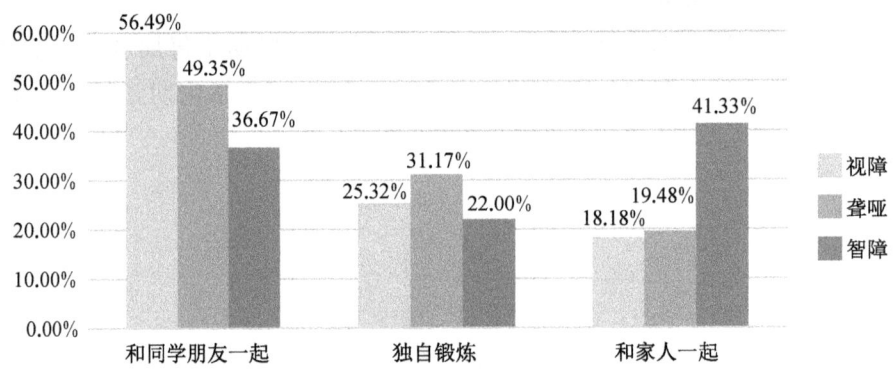

图 5-12　残疾学生体育活动参与形式的需求

5. 体育活动场地器材的需求

对体育活动场地器材的需求主要体现在公共体育场地、器材以及个人运动、服装、器材等方面。学校的体育场地和器材对于残疾儿童的体育参与起着重要的作用。残疾学校的体育场地较小,学生的运动范围受限,将大大影响残疾儿童体育课的顺利开展及学生体育活动的进行。调查显示(图 5-13),完全满足的比例不足20%,基本满足的比例不足50%。这个数字说明残疾学生体育活动场地器材需要进一步改善。

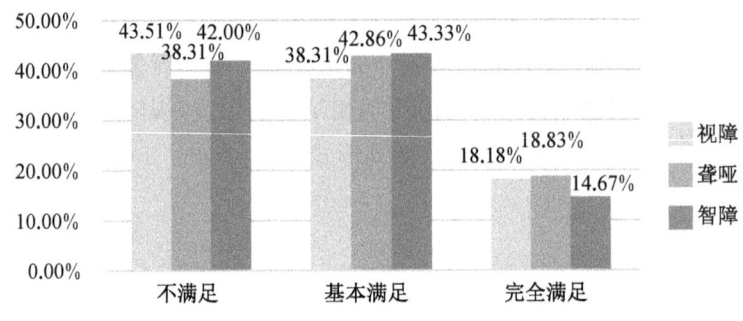

图 5-13　残疾学生对体育活动场地器材的满足情况

6. 体育知识和信息的需求

作为参加体育活动必不可少的条件之一,对体育知识和信息的需求主要体现在对体育知识和信息的内容以及获取途径的需求。残疾学生获取体育知识的途径依次是体育课本,家长、老师和同学的聊天,网络等媒介以及观看电视(图 5-14)。可见,残疾学生主要通过学校体育课获得体育知识。体育知识与信息的了解程度影响着学生体育活动的参与情况。通过体育知识与信息,学生对体育有了进一步的了解。体育知识与信息是促进学生参与体育活动的重要因素。本次调查了残疾学生对体育信息和知识的主要内容需求(图5-15),在体育比赛知识上男生的需求显著高于女生,其他几个方面的内容均无差异。男生对体育知识内容的需求排在前3位的分别是体育比赛知识、健康知识和健美与减肥。女生对体育知识内容的需求排在前3位的是健康知识、残疾人体育基本常识和科学健身方法。

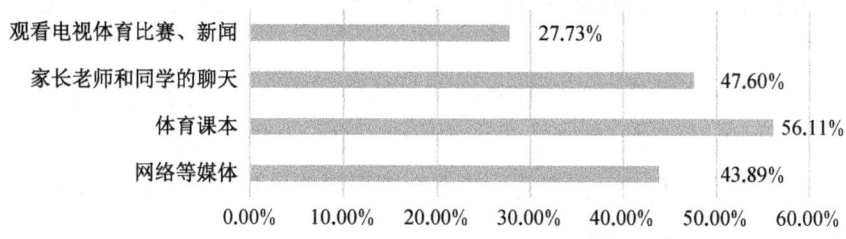

图 5-14 残疾学生获取体育知识的途径需求

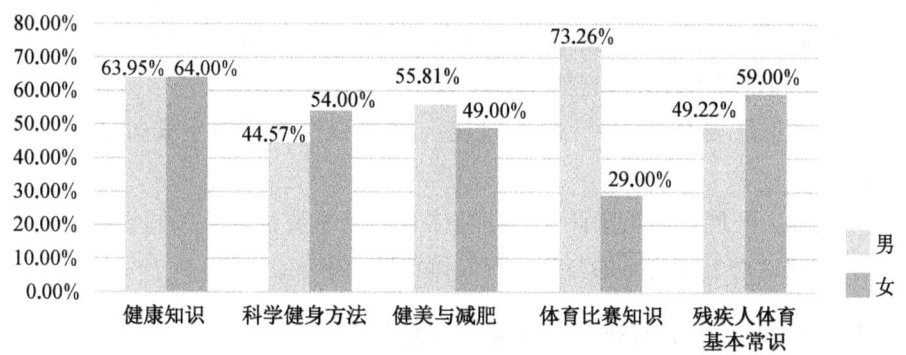

图 5-15 残疾学生获取体育知识的内容需求

根据残疾学生体育需求调查得出如下结论:

① 不同残疾类型学生对体育的喜欢程度上有差别,视障和聋哑学生对体育的喜欢程度高于智障学生。

② 各个类型的残疾学生大多愿意参加课外体育活动和体育比赛,聋哑学生不愿意参加课外活动和比赛的比例最低。

③ 不同类型的残疾学生参与体育活动的目的不同,智障学生的目的是增强身体素质;视障学生的目的是改善其心理状态;聋哑学生的目的是提高社会交往能力。

④ 不同类型的残疾学生喜欢的体育项目也不相同:智障学生喜欢高强度运动;视障学生喜欢能够改善其心理状态的运动;聋哑学生喜欢集体性体育项目。

⑤ 不同类型的残疾学生急切需要体育指导，其中智障和视障学生需要的比例高于聋哑学生。

⑥ 超过80%的残疾学生对一周体育课的需求是3～5节课，视障学生比其他残疾学生更希望能与同学朋友一起参加体育活动，智障学生比其他类型的残疾学生更希望能与家人一起参加体育活动。

⑦ 残疾学生对体育场地和器材有需求的超过50%，认为完全满足自己需求的不足20%。

⑧ 残疾学生主要通过学校体育课获得体育知识，迫切需求健康知识、残疾人体育常识和健美与减肥的方法。男生对体育比赛知识的需求远远高于女生。

⑨ 大多数残疾儿童对体育的认知态度表现出积极情景，但是身心障碍特点却是他们参与体育活动的重要制约因素。

针对以上结果提出以下建议：

① 树立"健康第一"的指导思想，针对不同残疾学生的体育需求，对场地、器材和活动范围等进行适当的调整，应充分考虑到残疾学生的基本情况，根据他们的身体条件和兴趣爱好等设计体育活动形式。

② 体育锻炼要分层次，针对不同残疾类型和程度的学生安排适当的教学内容。

③ 应加大开展残疾儿童青少年参加体育活动重要性和相关知识的宣传和教育力度，积极呼吁社会力量参与到残疾人体育活动中来。

六、残疾学生体力活动参与的阻碍因素

调查结果显示，阻碍残疾学生参与体育活动的因素包括家人支持程度、个人因素、学校环境以及社区与政策环境等方面（表5-14）。不了解残疾人体育运动的政策、学校缺乏专业教师指导体育活动、学校可参与活动内容单一、担心自己缺乏体育运动知识技能、缺乏适合的设施和设备、缺乏同伴支持以及缺乏无障碍运动场地和训练器材是残疾学生在运动项目中常见的困难。针对残疾学生的运动项目，我们应该提供适宜的设施和设备，增加同伴支持，建设无障碍运动场地。加强对残疾学生的运动培训将有助于他们更好地掌握和参与运动项目，提高他们的身体健康和心理发展水平。

表 5-14 残疾学生体力活动参与的阻碍因素(总人数 $n=328$)

阻碍因素	人数	频率
A-1 父母对自己的体育活动缺乏关心鼓励和支持	81	24.8%
A-2 父母工作忙,没有时间陪伴参加体育活动	120	36.6%
A-3 父母认为运动可能会出现受伤,过度自我保护	117	35.7%
A-4 家人没有经常运动的习惯	123	37.6%
A-5 我不能获得足够的钱来支持我的体育活动消费	94	28.7%
B-1 担心自己不能很好地完成动作,暴露缺陷,被别人笑话	143	43.5%
B-2 自己缺乏体育运动知识技能	140	42.6%
B-3 自身残疾因素加之身体素质较差,行动不便	130	39.6%
B-4 习惯静坐少动的生活	113	34.6%
B-5 对体育活动不感兴趣	117	35.7%
C-1 学校缺乏专业教师指导体育活动	143	43.6%
C-2 学校活动场地不适合残疾学生自主活动	117	35.6%
C-3 学校没有每天组织大课间体育活动	143	43.6%
C-4 学校体育课程内容单一,不喜欢	137	41.65
C-5 学校很少举行校园运动会	97	29.7%
D-1 没有同伴或朋友一起参加体力活动	133	40.6%
D-2 社区缺乏残疾者使用的运动设备或场地	104	31.7%
D-3 社区缺乏无障碍通道,自主到达运动场所不便	111	33.7%
D-4 寒冷、炎热、雨天或雾霾天气影响体育活动的开展	124	37.7%
D-5 不了解有关残疾人体育运动的政策法规	149	45.5%

第三节
特殊教育学校体力活动促进现状

残疾学生处于受教育阶段,毋庸置疑,学校发挥着体育教育的主要职能。学生体育运动知识的获得、体育认知水平、对体育活动的态度、价值观、运动技能的获得以及体育锻炼习惯的养成,受到学校师资力量、体育课程、体育活动、体育设施、体育器材、体育场地等软、硬件环境的影响。高质量的健康教育和支持性的学校环境可以为长期健康、积极的生活方式提供身体和健康素养。体育课作为一门侧重于运动技能的课程,在实际教学中,通常是实践练习多于理论教学。残疾学生因其自身的特殊性,对课程内容的选择有了更多的限制因素,涉及安全、趣味、学习难度等。高质量的体育与健康教育和支持性的学校环境可以为长期健康、积极的生活方式提供身体和健康素养。本书主要通过对体育教师进行访谈和问卷调查,从体育课程、体育课、课外体育活动、体育教师课堂管理、体育资源器材配置等方面展现学校体力活动促进现状。

一、特殊教育学校体育课质量有待进一步改善

(一) 各学段开设体育课整体情况

体育课是学校教育的必修课程。体育课堂是学生接受体育知识、学习体育技能的主要阵地,周课时量是每个教学班级体育教学实际情况的基本指标。体育课开设的基本数量可以反映体育课程开展的基本情况。

调查结果显示,特殊教育学校都开设了体育课,开课率达到了100%,说明各特殊教育学校对体育课都是非常重视的。3类特殊教育学校义务教育体育与健康课程标准对体育课时做了明确要求[1][2][3]:小学1～2年级每周4节课、小学3～6年级和初中7～9年级每周3节课、高中每周2节课。调查显示,设有学前教育的特殊学校,平均每周开设3节体育课,每次30 min;1～9年级所有学段的体育课时长均为40 min每节课。小学每周开设2节体育课的学校比例为100%,其中有1所学校小学每周4节体育课。初中和高中体育课平均为2节。设有中专学校每周2节体育课的比例为87.5%,设有大学的学校每周开设1节体育课。可见,小学(四年级以上)、初中、高中尚未能够开足开齐体育课。高中体育与健康课程的开设情况略好于义务教育阶段,但整体不尽如人意。1～2年级的体育课时数没有达到4节,3～9年级没有达到3节,不符合国家的相关规定和要求,这也直接影响学校落实在校学生每天运动1小时的国家要求。

(二) 特殊教育学校的体育课程标准实施情况

特殊教育学校的体育教育课程发展从20世纪80年代开始,历经课程计划征

---

[1] 高理敬.《盲校义务教育体育与健康课程标准》解读[J].现代特殊教育,2018(19):34-36.
[2] 李磊.《聋校义务教育体育与健康课程标准》解读[J].现代特殊教育,2018(15):23-25.
[3] 陆瑾,黄建中.《培智学校义务教育运动与保健课程标准》解读[J].现代特殊教育,2018(13):13-16.

求意见稿、课程实验方案,到 2016 年课程标准正式颁布,用了 30 多年的时间,使特殊教育学校的体育教育逐渐成为特殊儿童功能康复、健康成长和全面发展的支持与辅助,同时也引领了特殊体育教育的进步与发展[①](表 5-15)。

表 5-15　特殊学校体育课程发展历程

1987 年,原国家教委正式发布《全日制弱智学校(班)教学计划(征求意见稿)》对课程的目标和课时进行了说明,对教学内容和开展过程没有做出说明 目标:通过体育活动和教学过程,培训学生的活动能力、反应能力和协调能力,刺激大脑机制的发展,使学生养成锻炼习惯和卫生习惯 课时的规定:1~4 年级为 3 课时/周,4~9 年级为 2 课时/周
1990 年,原国家教委出版了《全日制智力落后学校的体育课程教学大纲(征求意见稿)》
1993 年,原国家教委出版了《体育》(全日制培智学校教师用书试用本),该书作为特教学校的体育教学大纲一直沿用至今
1994 年,教育部颁布了中度智力残疾儿童学生教育训练纲要,对中度智力残疾学生如何进行体育训练做出了说明
2002 年,教育部正式开始了特教学校课程方案标准研究工作
2007 年,教育部颁布实施了《特殊教育学校义务教育课程设置方案》,包括《盲校义务教育课程设置实验方案》《聋校义务教育课程设置方案》和《启智学校义务教育课程设置实验方案》这 3 类学校的"体育与健康"课程,其中培智学校为"运动与保健",低年级(1~2 年级)开设"综合康复"课程,中年级(3~4 年级)开设"定向行走"课程,高年级(5~6 年级)开设"社会适应"课程
2014 年,《特殊教育提升计划(2014—2016 年)》颁布
2016 年,教育部制定颁布针对聋校、盲校义务教育的《体育与健康课程标准》和针对培智学校义务教育的《运动与保健课程标准》

调查显示,自 2016 版特殊教育学校义务教育课程标准颁布以来,3 类特殊教育学校分别参照课程标准开设体育类课程,实施体育教学活动。培智学校为"运动与保健",盲校和聋校为"体育与健康"。课程目标主要包括运动参与、运动技能、身体健康、心理健康 4 个领域,对于义务教育阶段残疾学生的体育教育具有引领性作用。

2016 版特殊教育学校义务教育课程标准中体育课程内容具有运动性、功能性和递进性,并按照 3~4 个学段分别设计与课程目标相对应的课程大纲内容,支撑课程目标螺旋递进。调查显示,3 类特殊教育学校能按照学段水平(1~2 年级为水平一,3~4 年级为水平二,5~6 年级为水平三,7~9 年级为水平四)进行教学,但

---

① 金梅,沈剑辉,胡滨.我国特殊教育学校体育与健康课程标准的研制[J].课程、教材、教法,2017,37(6):75-79.

是体育课程大纲实施和执行情况一般(图5-16)。完全实施占16.67%,基本实施占41.67%,部分实施占25.00%,没有实施占8.33%。80%以上的体育老师基本或部分实施课程标准,说明我国特殊体育教育的规范化实施仍需要进一步强化。部分体育教师并没有接受特殊教育系统化学习,他们刚刚入职不久,对特殊体育教育现状的了解较为模糊,还有一些比较年长的体育老师,缘于2016年以前特殊教育学校并没有统一的适合残疾学生的体育与健康的课程标准,因此他们更倾向于自己长期执教一线的经验实施教学,对国家新出台的标准没有及时跟进学习。此外,另一方面也说明,特殊学校体育课程标准的宣传和推广力度不够,有待进一步提高实施的效果。影响课程标准执行的可能原因与相关部门没有具体要求、学校条件受限等有关。

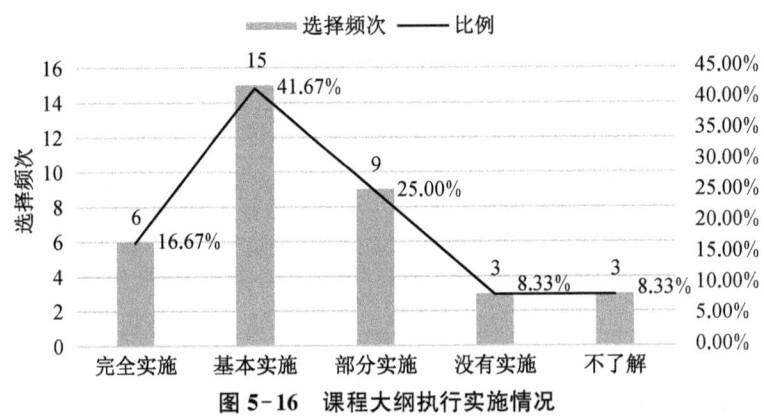

图5-16 课程大纲执行实施情况

体育教材是体育教学的重要依据,对保障体育教学合理起着重要的作用。调查显示(图5-17),特殊学校体育教材的持有与使用情况较为复杂,主要有3种情况:第一种情况是体育教师在进行体育教学时没有把体育教材作为上体育课的依据;第二种情况是有特殊学校把自编的体育教材作为上体育课的依据;第三种是体育教师使用中小学统一编写的体育教材。普通学校的体育与健康教材在教学内容、原则和要求等方面均存在巨大差异,这样沿用普通学校教材进行授课势必大大降低教学效果,建议在结合国家教材的基础上根据不同残疾类型和程度的学生开发校本教材。

调查显示,体育教师都强调了"健康第一"的课程理念,注重体育课程内容具有运动性、功能性和递进性,能按照不同学段分别设计与课程目标相对应的课程内容,支撑课程目标螺旋递进,在教学实施方式与方法上考虑学生残疾现状具有差异性、多样性、灵活性和丰富性特点,教学过程注重残疾学生的学习效果与评价。

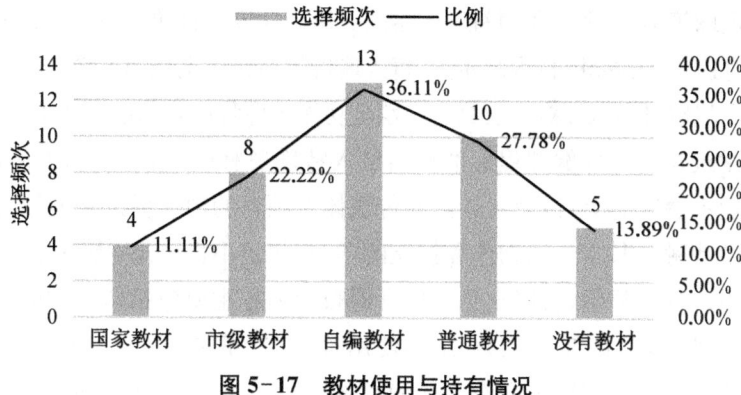

图 5-17 教材使用与持有情况

(三) 残疾学生体育课主要内容开设现状的调查

教育部颁布的《特殊教育学校暂行规程》[①]指出,特殊教育学校要使学生"掌握锻炼身体的基本方法,具有较好的个人卫生习惯,身体素质和健康水平得到提高;初步掌握补偿身心缺陷的基本方法,身心缺陷得到一定程度的补偿"。2016 版特殊教育学校义务教育课程标准提出"功能补偿、潜能开发"的理念。特殊教育的目的之一是"补偿",即通过良好的教育手段和方式使得残疾学生被损害的肌体机能可以不同程度地恢复、弥补、改善或者替代。从调查中发现,特殊教育教师在体育教学中的指导思想较为明确,多数体育教师将"传授体育知识、技术和保健知识""提高身体素质和健康水平""增进功能缺陷补偿与恢复"放在重要位置,但特殊学校体育课具有医疗疾患、康复功能的体育项目较少,不足总数的 1/3,尚不能满足功能缺陷补偿与康复的教学目标,更谈不上潜能开发。

2016 版 3 类特殊教育学校体育与健康课程标准指出,聋校可根据学校实际情况选用攀岩、街舞、轮滑、独轮车、滑板、软式足球、软式排球、软式橄榄球等新兴项目,引导聋生积极参加体育锻炼。调查中聋哑学生的体育课内容基本与健全学生的体育课内容相似,但课程标准中建议的新兴体育项目的开展并不广泛,残疾人排舞在聋哑学校有一定推广,有部分教师选择该内容进行教学。

盲校的体育课程强调其"补偿性",即通过体育课程学习和练习,替代、改善、促进或恢复因障碍造成的功能损伤,以弥补视觉缺陷,促进潜能开发,增强其适应社会的能力,如增强矫正盲态、发展平衡能力和协调性的教学内容,发展盲人门球、盲人乒乓

---

① 中华人民共和国教育部.特殊教育学校暂行规程[J].中华人民共和国国务院公报,1998(35):1313-1322.

球和盲人足球等项目,弱化了对视障学生的灵敏和速度的评价。盲校可以根据实际,开展板鞋竞速、盲人网球、盲人高尔夫、盲人瑜伽等新兴运动项目。调查中,部分盲校开设了盲人门球、盲人足球,以及具有补偿性功能的课程内容如沿直线走。

培智学校运动与保健课程标准提出融入特殊奥林匹克运动(以下简称特奥运动)、融合运动、社区体育以及民族民间传统体育项目的内容促进功能康复和补偿;通过体育游戏融入基本运动动作和技能的学习,纠正不良姿态,提高身体素质和社会适应能力。调查显示,智障学生的体育课教学内容主要包括两个方面:其一是进行精细动作的练习,如抓放能力、工具使用等;其二是进行粗大动作的练习,如扔球、滚球、跑、跳等。此外,还会有一些简单的体操练习,主要是简单的队列队形练习以及特奥项目的练习。

从本次调研结果看(表5-16),残疾学生体育课缺少特色体育教学项目,常见的体育内容主要是田径、身体素质、体操(队列队形)、篮球、跳绳等。究其原因可能是这些项目易于操作和普及,所需器材和场地一般学校都能达到标准。所调查教师均选择田径项目,具有一定的普遍性,广泛开展的内容为跑、跳、投。篮球作为一个大众化的体育项目,受到绝大多数人的喜欢,因其有激烈的竞争性、团结合作的精神,同时还可以磨炼学生意志。舞蹈有氧操需跟随音乐节奏,对学生的平衡协调有一定的提升,其康复效果也不错。开设乒乓球课程对场地的要求较小,便于开展,也可以提升学生的兴趣度。视障和智障学生的体育课内容选择受到较多的限制,教学内容和形式相对单一。

表5-16 残疾学生体育课主要内容($n=36$)

体育课教学内容	选择频数	比例	排序
身体素质	30	83.33%	2
游戏	28	77.78%	3
篮球	26	72.22%	4
田径	36	100.00%	1
跳绳	36	100.00%	1
舞蹈有氧操	25	69.44%	5
特奥项目	10	27.78%	8
功能性补偿与康复内容	11	30.56%	7
盲人门球	6	16.67%	10
盲人乒乓球	8	22.22%	9
武术	16	44.44%	6

二、特殊教育学校课外体育活动开展内容和形式单一

对于残疾学生而言,学校是提供体力活动最为重要的场所,从周一到周五,学生平均每天在学校的时间长达 10 h,有部分残疾学生还是住校。《中国儿童青少年体力活动指南》中要求青少年每日应该至少进行 60 min 的中高强度体力活动(MVPA),而特殊学校每周 2~3 次、每次 40 min 的体育课显然无法满足学生获得足够的 MVPA 运动时长。因此,课外体育活动是对学校体育活动的必要补充,是残疾学生获得体力活动重要的途径。而课外活动开展形式、内容与覆盖面会影响残疾学生的体育参与,从而反映学校体力活动促进情况。

(一)课外体育活动形式单一

在体育课之外,特殊学校组织的课外体育活动形式比较单一。从对体育教师的访谈了解到,所有的学校都有早操和课间操,这说明所有的特殊教育学校对早操和课间操都比较重视。早操和大课间是主要的课外活动形式,要求全体学生参与。学校体育俱乐部和校运动队也是特殊学校的课外体育活动组成部分,均是放学后选修内容,但只有部分学生选择参加,运动队训练面向的学生则更少。而适应性体育活动(具有保健康复的体育课外活动)、课外体育竞赛等形式的课外体育活动形式在特殊教育学校的开展并不普遍。图 5-18 显示了学生参加课外体育活动的项目的调查结果,大部分学生选择大课间和早操。

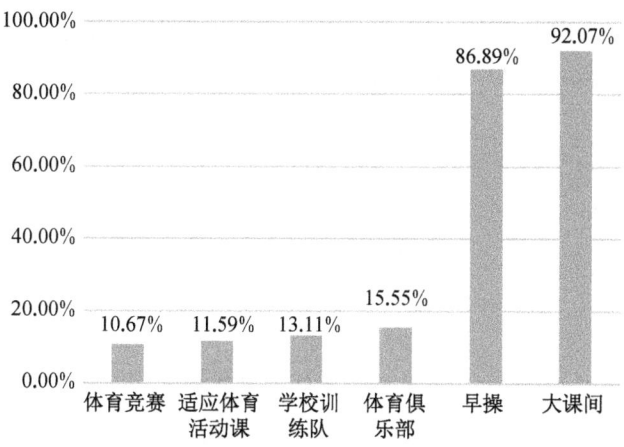

图 5-18 残疾学生参加课外体育活动形式的调查统计

(二) 大课间活动内容陈旧，运动量偏小

从对体育教师"您所在学校开展体育大课间的活动内容主要有哪些，(可多选)"的访谈结果可知，作为学生参与比例最高的大课间活动，其内容和形式相对陈旧，依旧保持着几十年如一日的"操"化内容，大多仍然是以传统意义上的广播操和跑操为主。残疾学生选择的项目以全国统一编制的中小学广播体操、集体跑步为主，有一部分学校在条件允许的情况下根据残疾学生的特点开展了一些有针对性的活动内容，如智障学生开展了保健操、形体练习等，视障学生开展了跳绳、功能训练等，聋哑学生开展了游戏、体能训练等更具趣味性的项目。另外，还有一部分教师认为学校大课间活动内容应以学生自由活动和球类活动为主，然而，这种活动形式和内容，早已不能激发学生课外体育活动参与的动机和兴趣。大多数特殊教育学校的课间操选择了相对运动量小、简单易行的项目，现阶段学校课外体育活动正面临着单一形式包裹下单一内容的僵化局面。

通过对体育教师"您所在学校开展的体育大课间的活动时间"的访谈结果可知，体育大课间的时间，所有学校均达到 20 min，还有部分学校在上下午各安排一次体育大课间。

(三) 放学后体育活动面向群体范围小

通过对体育教师"您所在的学校在放学后或者周末或假期期间组织过哪些体育活动(可多选)"的访谈(图 5-19)可知，选择"校队体育训练"的最多，占比 100%。说明大部分学校重视体育的发展，但不是面向全体学生，而是重点关注体育突出的学生。选择俱乐部(63.89%)和趣味运动会(52.78%)超过半数，而更有特色的课

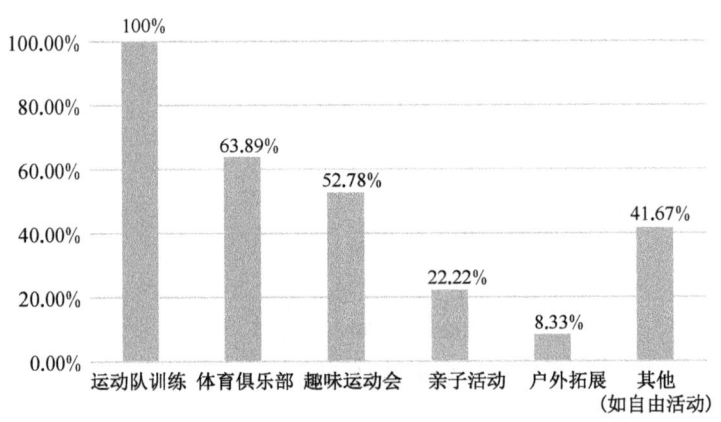

图 5-19 教师对放学后体育活动的选择调查结果统计

外亲子活动(22.22%)、户外拓展活动(8.33%)频率均不足四分之一,说明这些活动的开展仅存在于少数学校,尚未广泛普及。"其他"选项的选择比例达41.67%,表明部分学校对残疾学生日常体育活动(如课间锻炼、兴趣小组)的投入存在明显不足。综合调查结果分析,特殊学校更倾向于优先支持校队的专业化训练,残疾学生课后参与体育锻炼的机会相对匮乏。

(四) 小结

特殊教育学校在课外体育活动形式上单一、内容陈旧、放学后体育活动面向群体范围小的现状可能有以下3个原因:① 资源限制。特殊教育学校面临的资源限制包括师资、设施和经费等方面。由于资源有限,学校只能提供一种或有限种类的体育活动,导致活动形式单一。② 缺乏专业知识和经验。特殊教育学校的教职人员可能缺乏相关的专业知识和经验,无法设计和实施多样化的体育活动,只能提供单一形式的教学活动。③ 学生需求不同。特殊教育学校的学生身体条件和能力水平不同,需要不同形式的体育活动来满足他们的需求。但由于资源限制和教职人员的限制,学校只能提供少数适用于大多数学生的体育活动形式。

为了改善特殊教育学校在课外体育活动形式上单一的现状,可以采取以下措施:① 加大资源投入。增加对学校的师资、设施和经费等投入,为学校提供更多元化的体育活动选择。② 提供专业培训。为教职人员提供专业的体育教育培训,使他们能够设计和实施符合学生需求的多样化体育活动。③ 关注个体差异。了解学生的身体条件和能力水平,提供个性化的体育活动方案,满足不同学生的需求。通过以上措施的实施,可以帮助特殊教育学校提供更多元化的课外体育活动,满足学生的不同需求,促进他们的身心健康发展。

三、特殊教育学校体育资源器材配置不足

体育场地与器材是开展体育教学和活动的重要基础和保障,充足的体育场地设施与器材是实现素质教育、提高体育与健康教学质量、改善学生身心健康的关键。《"健康中国2030"规划纲要》中将"确保学校的体育场地器材配置"作为其目标指标之一。《三类特殊教育学校、义务教育体育与健康课程标准》中也明确规定,学校应按照国家课程实施的基本要求,结合本校的课程实施计划,根据教育部制定的《中学体育器材设施配备目录》和《国家学校体育卫生条件试行基本标准》建设和配备体育场地与器材。

(一) 特殊教育学校的场地不足存在"一场多用"现象

对体育教师"您所在学校的体育场地是否能满足日常教学训练"的调查结果显

示(图 5-20 所示),大部分特殊教育学校占地面积较小。现有的体育场地基本能满足日常教学,占比为 67.6%。体育教学场地建设主要集中在室内运动康复和室外固定器械方面,缺少学生活动、游戏、运动健身的体育场地,场地类型也不够丰富,所有体育活动和体育课均在这里进行,存在"一场多用"现象。室内运动康复场地被用于俱乐部或运动队训练。仅 19.80% 的学校场地完全满足日常教学训练。

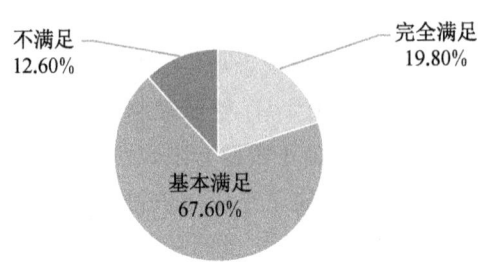

图 5-20 体育场地满足教学情况

造成这种现象的原因如下:① 特殊教育学校往往规模较小,而且多数场地被用来建设教室、办公室等基础设施,导致可用于体育活动的场地很有限。② 学校为了尽可能充分利用现有的场地,把不同用途的活动安排在同一个场地上进行。例如,操场既用于体育锻炼,还被用作集会、演出等不同活动。③ 特殊教育学校通常面临经费的限制,无法轻易进行场地扩建或改建。因此,学校只能通过合理规划和管理现有的场地来满足不同活动的需求。④ 特殊教育学校的学生通常存在不同的身体和智力特点,需要开展各种类型的活动以满足他们的需求。这就要求学校在有限的场地资源上设置不同的活动区域,如适应各类运动、游戏和冥想的区域等,教学目标多样。

为了应对"一场多用"的困局,特殊教育学校可以采取以下措施:① 积极争取场地资源。与相关部门协商,争取获得更多的场地资源用于体育活动,例如增加操场面积、建设多功能活动室等。② 合理规划和分配场地。制定有效的场地管理计划,并根据不同活动的需求进行合理的分配。教师和学校管理人员需要密切合作,确保场地的有效利用。③ 制定灵活的活动计划。学校可以根据不同的时间段和需求,安排不同类型的活动。例如,上午用于体育活动,下午用于集会或演出等。④ 寻求社区资源的支持。特殊教育学校可以与社区合作,利用社区内的场地资源,如社区体育馆、公园等,来丰富学生的体育活动。

(二)残疾学生专门使用的体育器材普遍匮乏

通过对体育教师"您所在学校的体育器材是否能满足日常教学训练,有哪些器材"的调查和访谈,发现主要存在以下 3 个问题:一是特殊教育学校体育器械种类不丰富,缺乏针对特殊群体的专业器材,使得学校仅仅能勉强开展基本的体育教学活动;二是器材更新缓慢,部分器械过于陈旧;三是特殊型的体育设施较少,不利于特教学生的保健康成长和社会能力的提高[①]。

学校体育硬件设施主要由足球、篮球、排球、跳绳等器材构成,缺乏针对特殊教育学生的组合型运动康复器材。由于大部分体育相关设施都和传统普通学校类似,导致特教体育教学难以正常开展,特教学生运动风险居高不下。部分学校配备了特殊体育器材,如盲人学校的板铃球、门球等,培智学校也配备了特奥运动的一些器材,但数量有限,不能满足全校学生的体育需求,不利于学生兴趣的培养。

四、残疾学生体育活动健康效益的评价标准有待完善

残疾学生参与体育活动对于其身心健康和社交能力的培养具有重要意义。然而,目前我国缺乏对残疾学生体育活动健康效益的评价标准,导致相关工作缺乏科学性和系统性。本次调研发现,目前各地普遍开展残疾学生体育活动,但缺乏统一的评价标准和体系化的监管。

(一) 体育课教学评价

对体育老师"您所在学校对体育课教学评价的内容有哪些组成"的调查结果显示,特殊教育学校的体育课更注重学生在教学过程中出勤情况、进步幅度、合作与友谊等表现(表 5-17)。因此在评价内容的选择上,主要以态度与参与以及情意表现与合作精神为主。体育教师考虑到了特教学生有其特殊的生理特征,关注更多的是学生学习的过程性。鉴于知识与技能以及身体素质对于部分学生学习难度大的实际情况,整体来看这种选择较为合理。

表 5-17 残疾学生体育课教学评价($n=36$)

评价内容	选择人数	比例
基础知识掌握	9	25.00%
运动技能水平	4	11.11%
身体素质	5	13.89%
出勤率	13	36.11%
进步幅度	25	69.44%

[①] 赵志荣.河南省特殊教育学校体育经费、场地设施现状调查[J].山西师大体育学院学报,2008(2):89-90.

(续表)

评价内容	选择人数	比例
合作与友谊	16	44.44%
运动参与及态度	30	83.33%

(二) 迫切需要建立残疾学生体质健康评价标准

近年来,随着社会对教育公平的日益重视,建立残疾学生体质健康评价标准成为亟待解决的问题。调研发现,当前针对残疾学生的体质健康评价标准存在明显缺失。现有的《国家学生体质健康标准》等文件并未专门针对残疾学生制定相应的评估体系,这导致残疾学生的体质健康状况难以被科学、系统地监测和评价。调研结果显示,残疾学生因身体条件限制,无法完成部分常规体质测试项目,如长跑、立定跳远等。因此,需要开发适合残疾学生的替代测试指标。例如,对于视力残疾学生,可采用60 s蹲起次数替代台阶试验,以评估其心肺功能;对于肢体残疾学生,可设计特定器械上的力量测试,以反映其肌肉力量与耐力。此外,调研还发现,残疾学生的体质健康受多种因素影响,涉及残疾类型、程度、康复状况及日常锻炼习惯等,因此制定评价标准时,应充分考虑这些因素,确保评价结果的客观性和准确性。

综上所述,缺乏残疾学生体质健康评价标准已成为制约其体质健康监测与提升的重要因素。目前国内对残疾学生体育活动健康效益的评价标准研究尚处于萌芽阶段,未来应加快研究步伐,尽早制定科学合理的评价标准。相关标准应包括身体素质、心理健康和社交能力等方面的指标,并建立相关数据收集和分析体系,为残疾学生的健康成长提供有力保障。

第四节
残疾学生家庭体力活动促进现状

父母的观念、态度、家庭的环境氛围等对残疾学生的影响是非常大的。WHO在国际健康促进大会上反复提及家庭体育,尤其是父母对青少年体育锻炼的促进作用[1]。家庭因素的物理环境(体育设施、器材等)、成员结构、经济收入、父母学历、家庭环境等与青少年体育锻炼息息相关。对青少年PA更直接、更具影响力和

---

[1] World Health Organization Organization. Global strategy on diet, physical activity and health [EB/OL]. [2023-09-22]. https://www.who.int/dietphysicalactivity/pa/en/.

代表性的家庭因素则是父母的言传身教[1]。尤其在社会化成长关键期,青少年的行为决策和表达方式往往与父母的自主支持和锻炼习惯有关。本书从残疾学生家长(父母)的体育价值观、体育素养水平、父母对 PA 的主观支持和客观表率、家庭经济水平以及父母学历教育程度五个方面进行调查,分析残疾学生家庭 PA 促进的现状。

一、残疾学生家长体育素养整体发展薄弱

(一) 残疾学生家长有良好的体育价值观

研究发现,父母体育价值观与家庭支持($r=0.250, p<0.01$)和儿童 MVPA($r=0.128, p<0.01$)呈显著相关[2]。父母双方都积极参与体育运动,其子女运动的机会将是其他孩子的 5.8 倍。相反,父母不爱运动的孩子,其自身不活跃的程度要高出其他孩子 6 倍[3]。有研究用具体的数字证实了这一观点,父母的 MVPA 每增加 20 min,孩子的 MVPA 就会增加 5~10 min;父母久坐行为每增加 1 h,孩子的久坐时间就会增加 8~15 min[4]。

"家长的体育价值观问卷"共计 15 道题目,包括 5 个维度,分别是体育的健身、教育、休闲、精神、人际交往价值观。问卷均采用 5 点李克特法(Likert Style Scale)的计分方法,即 1 代表"完全不赞同",2 代表"不赞同",3 代表"一般",4 代表"赞同"、5 代表"完全赞同"。图 5-21 中家长的体育价值观表明,残疾学生家长对体育的健身价值赞同度最高,紧跟其后的是体育的人际交往价值,第三是体育的娱乐价值,这说明家长的整体体育价值观是积极的。虽然残疾学生家长有较积极的体育价值观,但是在实际访谈中了解到,家长仍然因为自己孩子的残疾问题对体育活动有一定的恐惧。这种恐惧源于不仅担心自己孩子在活动中的安全,也担心自己孩子在活动中伤害到其他孩子,还担心自己孩子受其他人的嘲笑,对其带来打击。

---

[1] Cleland V, Timperio A, Salmon J, et al. A longitudinal study of the family physical activity environment and physical activity among youth [J]. American Journal of Health Promotion, 2011, 25(3): 159-167.

[2] 董宝林,毛丽娟.父母自主支持与青少年锻炼坚持性:控制信念、锻炼投入的多重中介[J]. 天津体育学院学报,2018,33(1):44-51.

[3] Adamo K B, Langlois K A, Brett K E, et al. Young children and parental physical activity levels: Findings from the canadian health measures survey [J]. American Journal of Preventive Medicine, 2012, 43(2): 168-175.

[4] 胡月英,唐炎,张加林,等.父母因素对青少年中到大强度体力活动的影响研究[J].中国体育科技,2017,53(3):14-21.

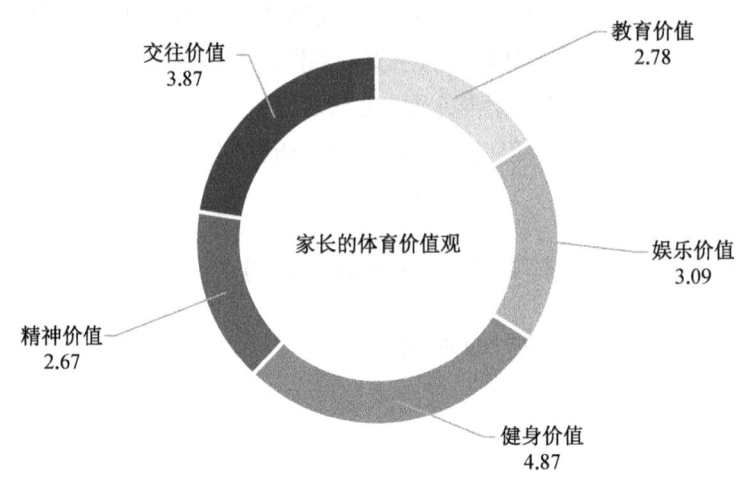

图 5-21　家长的体育价值观

(二) 残疾学生家长体育素养整体发展薄弱

家长体育素养发展水平主要包括体育知识、运动技能和体育兴趣 3 个方面。家长自身的体育素养很大程度上反映出家庭体育开展情况,也从侧面反映了家庭体力活动促进的现状。调查结果显示,33.33%的家长体育知识的掌握水平为"不太好"或"不好",77.78%的家长并未具备日常体育锻炼需要的运动技能,不足 1/2 的残疾学生家长有非常好或比较好的运动兴趣(表 5-18)。因此,家长体育素养整体呈现出运动知识匮乏、运动技能欠缺、运动参与不足的不良趋势,这从根本上直接制约了家庭体育的开展。

表 5-18　残疾学生家长体育素养调查($n=297$)

体育素养	非常好 n(百分比)	比较好 n(百分比)	一般 n(百分比)	不太好 n(百分比)	不好 n(百分比)
体育知识	22(7.41%)	63(21.21%)	113(38.05%)	76(25.59%)	23(7.74%)
运动兴趣	48(16.16%)	88(29.63%)	142(47.81%)	15(5.05%)	4(1.35%)
运动技能	19(6.40%)	47(15.82%)	131(44.11%)	65(21.89%)	35(11.78%)

二、残疾学生家长主观支持高于客观表率

家长的体力活动支持是残疾学生体育参与的强力引擎,从侧面反映家庭体力活动促进状况。研究表明,家长主观支持孩子参加体育活动与残疾学生体力活动

水平积极相关,是残疾学生体力活动的促进因素,同时家长的客观表率也是影响和促进残疾学生积极运动和形成运动习惯重要促进因子。还有研究发现,家长身体力行参加体育活动的客观表率促进作用要高于鼓励、告诉等主观支持的促进作用。本调查从"主观支持"和"客观行为"2方面了解家长对孩子的体力活动支持现状。其中"主观支持"包括"鼓励、观看、告诉、关心、认知"5个题项;"客观行为"包括共同、组织、陪伴、经费、身教5个题项。

调查研究结果显示(表5-19),残疾学生家长主观支持高于客观表率。在主观支持方面,家长鼓励和告诉孩子体育活动的益处比例较高,说明家长的体育锻炼意识是良好的,但是在关心孩子活动情况和认知体育活动或比赛的重要程度上比例显著减少,只有53.54%的家长观看孩子参加体育活动。在客观表率方面,81.14%的家长为孩子提供体育活动交通、经费等支持,比例较高,家长自身参加体育活动的比例为65.99%,而与孩子共同或组织、陪伴孩子一起参与体育活动的比例则显著下降。可见,家长对残疾学生参加体育活动的益处表达方法有待改进,家长自身体育活动行为有待改善,家长对残疾学生体力活动在"创造环境"和"陪伴参与"方面有待加强。

表5-19 残疾学生家长对PA的主观支持与客观表率($n=297$)

调查领域		调查内容	频次	比例
主观支持 (65.66%)	鼓励	家长鼓励孩子参加体育活动	224	75.42%
	观看	家长观看孩子参加体育活动	159	53.54%
	告诉	家长告诉孩子参加体育活动的益处	214	72.05%
	关心	家长关心孩子的体育锻炼和学习情况	195	65.66%
	认知	家长认为孩子参加体育活动或比赛等很重要	182	61.28%
客观表率 (60.2%)	共同	家长与孩子共同参加体育活动	159	53.54%
	陪伴	家长陪伴孩子参加体育活动	152	51.18%
	组织	家长组织家庭成员一起参加体育活动	145	48.82%
	经费	家长为孩子的体育活动提供交通与经费支持	241	81.14%
	身教	家长通过身体力行鼓励孩子参加体育活动	196	65.99%

家长的情感支持和鼓励对孩子的体育活动水平有积极影响,同时,家长与孩子共同进行体育锻炼的家庭,孩子的体育意识及行为显著优于不共同进行体育锻炼的家庭。可见,家长的言传身教对儿童青少年体育锻炼习惯和健康生活方式的养

成具有至关重要的作用。目前,体育运动对儿童青少年健康成长的重要性已成为共识。绝大多数家长对于孩子参与体育运动持积极态度并密切关注,但由于受到时间、经济等因素制约,少有家长能真正做到切实陪伴孩子共同运动,更甚少主动创设环境促进孩子未来的体育发展。整体而言,家长陪伴孩子共同运动的行为支持较为匮乏,"言传重于身教,陪伴行为缺失"的现状亟待改观。

三、残疾学生家庭经济与体力活动

家庭经济条件,如家长职业以及家庭月收入是制约家庭体育消费的重要因素。研究表明,中层家庭是对全民健康投资认同度最高的人群[①]。其中,家庭收入水平是影响青少年体育活动的重要预测因素[②③],一个家庭的收入水平越高,其在孩子家庭体育锻炼中提供的支持越多,包括给予孩子更多的物质保障,给孩子报名收费的体育训练培训班等。

(一) 不同学历残疾学生家长对体育喜爱程度

家长的文化程度(学历)对儿童青少年体育参与程度有一定影响,为此本研究对家长的文化程度与体育喜爱程度进行了调查,发现学历高的家长对于体育运动的喜爱程度比例高于学历低的家长(图5-22)。

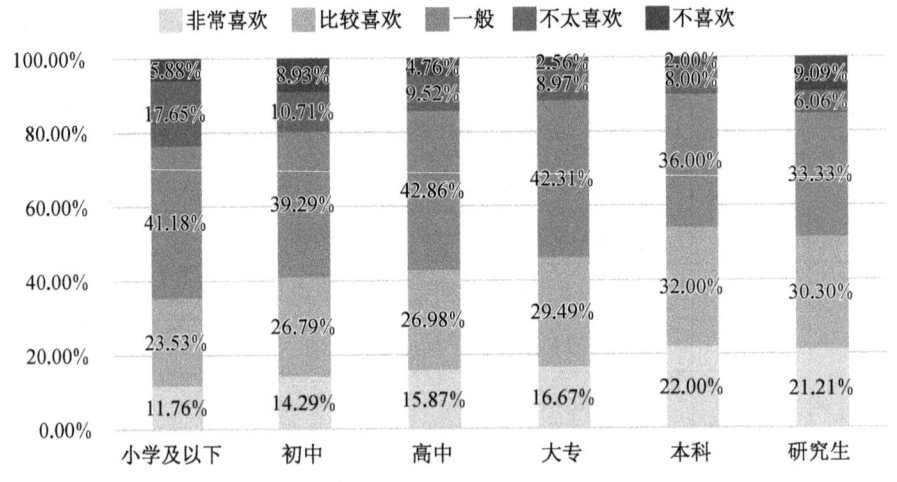

图5-22 不同学历残疾学生家长对体育的喜爱程度

---

① 赵胜国,金涛,邰崇禧.社会分层视角下中小城市新市民体育锻炼与消费特征分析[J].中国体育科技,2015,51(6):10-16,75.
② 高泳.我国青少年体育参与动力机制研究:以河南省为例[D].北京:北京体育大学,2013.
③ 胡俊杰,陈玉忠.上海市中学生体育与家庭关联性的研究[J].体育文化导刊,2016(8):157-162.

结果显示,非常喜欢体育和比较喜欢体育的残疾学生家长比例随着学历的升高而增加。家长学历从小学及以下到本科中不太喜欢和不喜欢体育的比例随学历增高而减少,但是研究生学历的家长选择不喜欢和不太喜欢的比例较本科学历家长有所增加,可能是受专业影响,当更多的时间用于专业学习之后这部分家长体育运动的时间随之减少,体育技能水平下降,导致其喜爱程度下降。不太喜欢和不喜欢的家长比例最高的是小学及以下学历者,比例为23.53%。本科及以下学历中,文化程度越低其体育运动的喜爱程度越低,这可能与学历低的家长对于体育的认知程度低,未能充分了解体育运动对于人体的重要程度有关。此外,低学历的家长大多经济实力不足,只能将多数精力投入维持生计当中,难以对生活及生命质量予以太多关注。

(二) 残疾学生家庭经济收入与体力活动参与

调查显示,家庭经济收入与家长PA参与度之间存在关联,收入水平越高其PA参与度水平越高(图5-23)。家长每周运动参与频次与家庭经济的趋势图显示,随着家庭经济收入的增高,家长每周运动参与6次及以上的比例也增高,同样,从未参与运动的家长比例随着家庭收入的增加而逐渐减少。由此推测,生活和工作压力或许是低收入家庭体育参与频率低的重要原因之一。

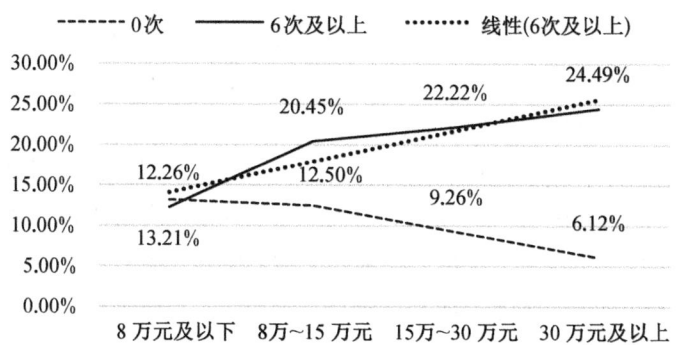

图5-23 家庭经济收入与体育参与关联度

第五节
社区残疾学生体力活动促进现状

社区是青少年的主要居住与生活环境之一，也是青少年非上学时间内最主要的休闲娱乐场所，更是残疾青少年体育活动参与和康复的基本平台。社区或居住环境是影响青少年体力活动的一个重要因素。良好的、可持续发展的环境，不仅有利于课外时间青少年开展室外活动，而且对青少年积极性交通会产生很大的影响。因此，在社区提高青少年体力活动水平是青少年体力活动促进的重要举措之一。社区体育活动的开展对促进残疾人体力活动具有重要作用。社区体育的构成要素包括社区成员、社区体育组织、必要的场地设施、一定数量的体育指导员、社区体育活动、经费等。对于残疾青少年，在生活社区内可能有机会接触较为丰富的适应体育课程以及其他各类的社会支持（如康复服务人员、康体课程），这对残疾青少年体力活动促进有重要影响。

借鉴美国和新西兰等国外发达国家社区促进青少年体力活动的有益经验，社区层面的促进青少年体力活动的方法主要有以下3种。①为青少年提供更多的体力活动环境与场地，增加青少年体力活动的机会。②通过各种形式的宣传与培训，提高他们有关体力活动的知识与技能及对体力活动的认识。③举办社区体育活动，激发青少年参与体力活动的兴趣等。

本节主要针对残疾青少年在社区环境中参加正式和非正式的日常体育活动，从社区体育场地设施配备情况和便利程度、社区举办残疾人体育活动情况等方面开展调查。同时残疾学生的父母被要求说明他们的孩子参加各种正式和非正式体育活动的频率以及对社区体力活动促进的优先建议，从而了解社区层面对残疾学生体力活动的促进状况。

一、社区无障碍体育设施和场地的缺乏和可达性低

（一）社区无障碍体育设施和场地的缺乏和不完善

体育场地和设施是开展残疾人体育活动不可缺少的物质基础和必要的外部条件，也是制约和影响残疾人参加体育健身的质量和积极性的重要影响因素。随着国民经济的迅速发展，《全民健身计划纲要》实施后，国家和各级地方政府在群众性体育设施建设上加大投入，群众体育场馆和设施不断增加，然而残疾人在这方面受

益却并不多。有学者调查了我国社区儿童青少年体育设施发现,相较于不少发达国家的人均体育场地面积超过 15 m^2 的配置,目前我国人均 1.66 m^2 的体育场地面积可谓捉襟见肘,由此可见,社区儿童青少年场馆和设置发展还不够完备,对于残疾青少年则更是如此。

从此次调研结果也可看出,缺少适合残疾人的体育场地设施,社区儿童青少年活动场所的建设情况不容乐观。近 85% 的社区残疾青少年活动中心建设整体情况不佳,只有约 15% 的被调查者认为社区体育活动场地数量"比较多或非常多"(图 5-24),社区对残疾群体的体育设施的配置不均衡、不充分。

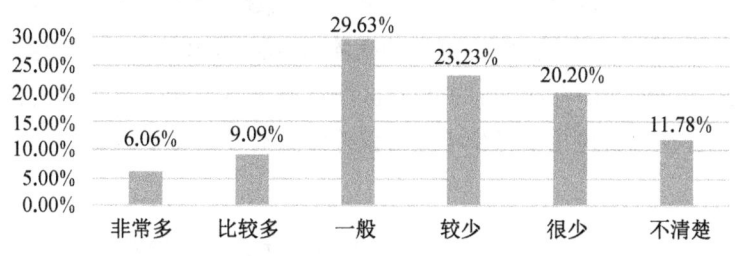

图 5-24 社区残疾青少年体育活动场所

有研究发现,学生们的体育运动时间与家庭附近运动空间息息相关[①],家庭附近运动空间较为充足的学生相较于家庭附近运动空间少的学生参与运动的机会和时间更多,家庭附近运动空间较好的学生,其运动时间倾向更好,这对青少年参与体力活动有积极影响。

从家长访谈中也了解到,有些社区没有足够的活动场地,缺少残疾人使用的健身器材。尽管社区内建设了全民健身的公共体育户外绿地,并配备一定的运动器械,但是残疾人可用的较少。增加社区体育活动的空间包括场地和可用设施是社区层面促进残疾学生体力活动的必要基础环节。随着近几年国家关于残疾人体育相关政策的颁布,社区残疾人文体活动娱乐健身场所有所增加,残疾人体育工作有所推进,但力度不够。

(二) 社区体育场所的可达性、便利程度低

残疾人由于身体不便利(自身视力、智力、肢体残缺等不利因素)而与环境存在较多的障碍,这就使得他们对参与社区体育活动的环境提出了更高的要求。残疾人不仅需要有适合残疾人的社区公共体育场地和设施,更需要保障场地和设施的

---

① 候幸福.基于社会生态学模型观的小学生运动行为研究[D].金华:浙江师范大学,2017.

安全性和适应性。因此,到达社区健身场所的便利性也成为制约其体力活动的重要因素。

本研究调查结果显示,约15.81%的被调查者认为社区体育设施是"非常便利"和"比较便利",21.89%的被调查者认为社区体育场所便利情况"一般",而29.97%被调查者认为社区体育设施建设不太便利,33.33%被调查者认为社区建设不便利(图5-25)。通过访谈了解到,虽然部分城市残疾人可以通过地铁或者无障碍出租车到达体育中心,并且体育中心也配备了残疾人电梯等通道直达健身场馆,但这只占很小的比例,尚未形成普惠性局面,很多残疾青少年所在小区的无障碍设施不到位。尽管目前全国已经开展社区和家庭的无障碍建设,但是这项活动才刚刚起步,相信在不久的将来,更多的残疾人无障碍出行将成为现实。可见,残疾青少年日益增长的体育活动需求与社区场地设施不完善以及到达的便利程度较低之间的矛盾成为制约儿童青少年进行校外体力活动的主要因素。

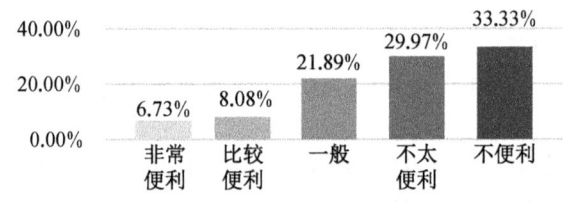

图5-25　社区体育场所到达便利性

随着《"健康中国2030"规划纲要》《体育强国建设纲要》《全民健身计划(2021—2025年)》等国家战略规划出台,我国群众体育事业进入高速发展阶段。社区体育公园、社区健身房等惠民工程的建设带动了全民健身热潮。自2000年以来,我国逐年加大对残疾人体育的投入,各个省、市、区县乃至社区都在不同程度上兴建了残疾人文体活动中心、全民助残健身示范点,但适用于残疾居民使用的康复健身器材少之又少,残疾人社会体育指导员的数量也无法满足庞大的残疾人体育健身需求,面向残疾学生的普惠性体育助残健身活动尚少。残疾人无障碍设施改造不完全,也在一定程度上阻碍了残疾人社区体育活动的开展。

二、缺乏对残疾人体育活动的专业指导

残疾人社区体育对促进残疾人康复与发展有着重要作用,是衡量残疾人事业发展状况的重要指标之一。国家高度重视残疾人的社区体育发展,如建设残疾人社区健身示范点、培养残疾人健身指导员,有效提升全国经常参加体育健身活动的

残疾人比例,使得残疾人参与群众体育活动次数与人次逐年增加。青少年残疾学生群体虽然大部分时间均在学校,但社区也是他们进行校外体育活动和康复保健的主要阵地,然而社区对残疾人体育活动的指导仍存在一些问题。参与学生群体体育与健康工作的各区县教育、体育卫生等政府工作部门和社会体育协会、妇联等社会组织也缺乏对残疾学生的健康和体育的相关服务。

(一) 缺乏专业的残疾人体育指导人员

残疾人规范的健身活动离不开体育健身指导员的专业指导。对残疾学生家长的调查显示,社区缺乏专业的残疾人体育指导人员,导致残疾人无法得到专业的指导和支持。体育指导员对残疾人进行健身指导,帮助残疾人克服生理、心理、经济以及社会障碍。一名合格的残疾人体育健身活动指导员,除了具备专业体育锻炼指导能力和体育教学能力外,还需要具备语言沟通与心理疏导能力、接受和处理意外事件能力、组织动员能力、残疾人辅具识别和使用能力、特殊服务礼仪能力和开发生活体育资源能力。此外,很多俱乐部、健身中心的教练员缺乏对残疾青少年进行体育指导的知识和能力,体育活动中的不少教练员尤其是青年教练员,即便对志愿服务充满热情,却由于不懂得如何去发现残疾青少年在体育活动中的需求,更不懂怎么去满足这些需求,只能将残疾青少年拒之门外。

(二) 缺乏足够的关注宣传和资源投入

通过对家长的访谈和部分残联工作人员的访谈了解到,社区对残疾人体育活动的宣传和推广不足,缺乏足够的关注和资源投入。缺少残疾人使用的健身器材、社区不能提供足够的健身场地、对残疾人体育的重视程度和经费支持有限、社区对残疾人体育活动的宣传推广力度不够、社区残疾人体育缺乏专业人员指导、社区对国家关于残疾人体育相关政策的落实力度不够,成为在社区开展残疾人体育活动中的障碍因素。有研究证明媒体宣传对大学生体育活动产生间接正向影响[①],主要通过对大学生的自我效能产生直接影响,再作用于体育兴趣,从而影响其体育行为。可见,加强对残疾群体的体育活动的宣传,加大资源投入,也是促进残疾群体体育活动参与的重要举措。

三、社区残疾青少年体育活动覆盖率不高

除家庭外,社区是残疾人服务的主要提供者。国家将残疾人体育作为社区的

---

① 黄美蓉,张艳平,等.基于社会生态模型的我国大学生体育生活化促进机制研究[J].天津体育学院学报,2019(1):14-22.

一项公共服务内容,正式纳入社区建设和发展中,通过社区体育活动实现健康中国和全民健身等相关目标。社区体育活动对残疾人的覆盖程度直接反映了社区残疾人体育活动开展的水平。对2015年和2021年的中国残疾人事业发展统计公报数据分析可知,全国残疾人社区文体活动参与率由2015年的6.8%持续升至2021年的23.9%。可见,残疾人社区体育开展的广泛性在逐年提升。

本次调查显示,社区有组织的体育活动对残疾青少年的覆盖率不高,儿童青少年社区体育活动组织情况不尽如人意(图5-26)。参加社区体育活动的残疾学生比例偏低,仅17.07%人曾参与过社区有组织的体育活动,有78.66%残疾学生表示没有参加过社区体育活动。残疾青少年的社区体育活动参与率低于全国残疾人参与水平。

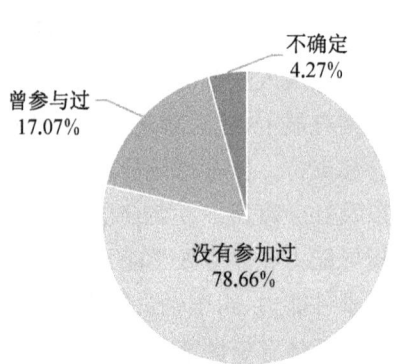

图5-26 残疾学生参加社区体育活动比例

对残疾学生家长"您所在社区开展残疾人体育活动情况"的调查结果如图5-27,超过50%的被调查者所在社区从未举办过任何面向残疾学生的体育活动;平均每月1次及更多相关活动的更是寥寥无几,仅占被调查者总数的3.7%。这也说明社区残疾人体育活动开展虽有所推进,但是社区整体开展体育活动频次较低,对残疾人员覆盖率较低,并不能满足广大残疾学生对参与社区体育活动的需求。2011年全国集中开展"残疾人健身周"活动,各地残联举办残疾人飞镖、跳绳、轮椅舞蹈、轮椅太极拳、柔力球、盲人足球等健身运动项目的全国推广活动,但针对残疾学生的普及性社区群众性体育活动却仍然不足。因此,应加大宣传力度,不断增加面向基层、机构、家庭、个人的体育服务,并提高服务水平,让更多的残疾人,尤其是残疾青少年群体参与社区体育活动,促进终身体育和体育康复的目标。

增加体力活动机会是增加体力活动水平的前提,从社区环境、出行等各个方面为青少年提供体力活动机会是促进其体力活动水平提高的前提。社区体育活动场地设施是儿童青少年校外体育活动开展的重要依托。社区体育活动是儿童青少年校外体育活动的重要组成部分,更是残疾学生获得体力活动和促进其体力活动水平的重要途径。社区体育场地设施的可达性及便利程度,也是增加残疾青少年体力活动的前提。而目前社区开展残疾学生群体的体育活动和社区体育设施场地等建设均供给不足。促进社区残疾学生的体力活动首先需进行社区体育环境建设,

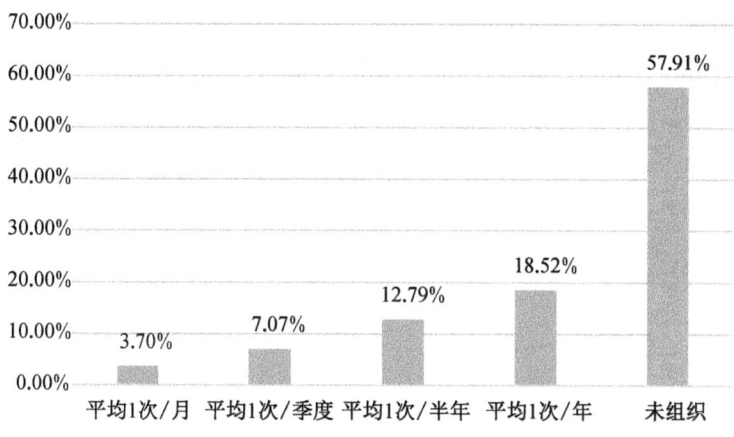

图 5-27　社区开展残疾学生体育活动频次

这是社区体育发展主要抓手。只有满足残疾学生体育活动的硬件需求,才能实施开展体育活动。

在调查问卷中,残疾学生家长在回答"你对所在社区开展体育活动的建议"(选择最重要的一项)这问题时,认为社区应该首先在儿童青少年的运动场地、器材建设和活动组织方面进行完善和提高(图 5-28)。排在前 3 位的建议分别是"增加适合残疾人的运动器材"(28.96%)、"运动场地无障碍改善"(25.25%)和"组织残疾青少年参与体育活动"(21.89%)。此外,17.17%的家长认为社区应提供残疾体育运动相关的培训或者指导,6.73%的家长认为"社区成立残疾青少年体育与健康促进组织"可更好地满足残疾青少年校外体育活动需求。但就目前的调研情况,无论是社区体育活动还是社区体育活动中心建设,均呈现出供给乏力的状态。在这种情况下,"保证儿童青少年校外 1 小时活动时间"的政策要求也形同虚设。最新的证据表明,与非残疾儿童相比,残疾儿童参加活动的频率更低,参与程度也更低。与家庭或学校环境相比,残疾儿童在社区参与方面受到更大的限制。本研究调查也显示,残疾学生社区体育活动参与甚少。

在探讨我国残疾学生体质健康促进的当前状况时,我们不难发现,这一领域正逐步受到社会各界的关注与重视,但在实施过程中仍面临诸多挑战。

首先,从残疾学生个体认知层面来看,随着社会对残疾人群体的关注增加,越来越多的残疾学生开始意识到体质健康的重要性。他们通过学校教育、家庭教育以及社会媒体的传播,逐渐认识到积极参与体育活动对于改善身体机能、提升生活质量的重要意义。然而,由于身体条件的限制,部分残疾学生在参与体育活动时仍

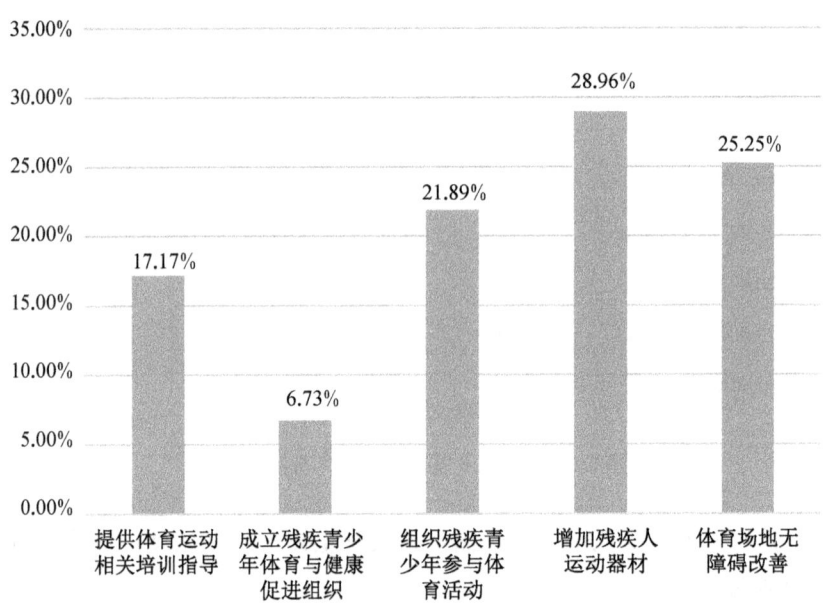

图 5-28 残疾学生家长对社区开展体育活动的建议

存在一定的心理障碍和自卑情绪，需要进一步的引导和鼓励。

其次，学校作为残疾学生体质健康促进的重要阵地，近年来在体力活动促进方面取得了显著进展。学校通过开设适合残疾学生的体育课程、提供必要的体育设施和辅助器具、组织多样化的体育活动和竞赛等方式，努力为残疾学生创造良好的体育锻炼环境。同时，学校还加强了对体育教师的培训，提高他们指导残疾学生进行体育锻炼的专业能力和水平。然而，由于资源有限、师资不足等问题，学校在残疾学生体质健康促进方面仍存在一定的局限性。

再次，家庭作为残疾学生成长的第一环境，在体力活动促进方面也发挥着不可替代的作用。越来越多的家长开始意识到家庭体育锻炼对于残疾孩子健康成长的重要性。他们积极参与孩子的体育锻炼过程，并提供必要的支持和帮助。家庭体育锻炼不仅有助于残疾孩子增强体质、改善身体机能，还能增进亲子关系、促进家庭和谐。然而，由于家长对残疾孩子体育锻炼的认知水平和指导能力参差不齐，家庭在体力活动促进方面的作用仍有待进一步提升。

最后，社区作为残疾学生生活的重要场所，在体力活动促进方面也发挥着积极的作用。社区通过建设适合残疾人的体育设施、组织残疾人体育活动和比赛、提供体育健身指导服务等方式，为残疾学生提供了更多的体育锻炼机会和平台。同时，社区还加强了与学校、家庭之间的合作与联动，共同推动残疾学生体质健康促进工作的深入开展。然而,由于社区资源有限、服务能力不足等问题,社区在体力活动促进方面的作用仍有待进一步挖掘和发挥。

综上所述,我国残疾学生体质健康促进工作已经取得了一定的成绩,但仍面临诸多挑战。未来,我们需要进一步加强残疾学生个体认知的引导、学校体力活动促进的深化、家庭体力活动促进的强化以及社区体力活动促进的拓展,共同为残疾学生营造一个更加健康、积极的成长环境。

第六章
残疾学生体力活动与体质健康促进的社会生态模型构建与验证

体育活动对残疾学生的体质健康有重要促进作用,残疾学生的体力活动与体质健康促进是一项复杂的系统工程,需要在综合考虑众多影响因素的基础上,结合一定理论框架进行综合设计。本章基于社会生态学的理论框架,在综合分析国内外有关残疾学生体力活动水平影响因素的基础上,从个体、社会支持和学校社区环境层面设计残疾学生个体感知体力活动影响因素问卷,通过调查获取数据,统计分析建模,试图通过实证手段探索多层次因子之间的交互作用,分析残疾学生体力活动的促进和障碍因素,构建残疾学生体力活动与体质健康促进的社会生态学模式,为更有效地促进我国残疾学生体力活动研究提供依据。

第一节
残疾学生体力活动影响因子研究假设与概念模型

一、模型建构步骤

体力活动(PA)对身体、精神和心理健康的好处已在文献中有详细记载。WHO建议青少年每天至少进行60 min的中度至高强度体力活动(MVPA)。然而,对于残疾儿童来说,达到每日PA量可能很困难。为有效促进残疾青少年进行体力活动,弄清楚有哪些因素影响他们参与体力活动,哪些因素促进他们体力活动是非常重要的。社会生态理论提供了一个好的框架,但是社会生态理论框架内的各影响因素错综复杂,各个层面之间的因素是如何影响残疾青少年的体力活动的,相互作用如何？同一个层面的因素之间又是如何作用的？结构方程模型可以厘清影响体力活动的各个层面的因素之间错综复杂的关系，提供一个比较清晰的影响路径，呈现哪些因素是直接影响体力活动，哪些因素是间接影响体力活动，哪些因素发挥调节或中介的作用，这样将有利于制定一些残疾青少年体力活动的政策和手段，从而有效促进残疾青少年体力活动的水平和体质健康水平。

根据模型构建理论，模型建构的步骤如图6-1。首先建立模型假设，然后对模型进行识别检验，包括测量模型的识别和结构模型的识别，经过识别后还需要进行模型的修正和验证，最后才形成最终模型。为此，本书在归纳概括现有的残疾青少年体力活动影响因素的成果的基础上，形成研究假设并构建影响因素的概念模型。

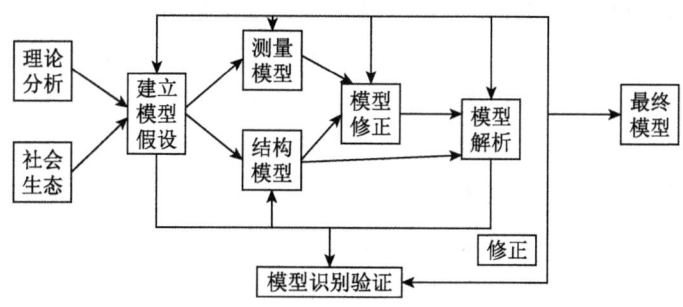

图6-1 模型构建步骤

二、社会生态变量构念

通过梳理文献，归纳出影响残疾青少年PA的影响因素，包括时间不足、残疾类型、性别和年龄、PA水平、知识和技能不足、偏好、恐惧、父母风格、耻辱、设施和项目不足、成本高和缺乏便利的交通[1][2][3][4]。促进残疾儿童青少年的PA水平因素包括参与PA的意愿，家庭、同伴和老师的支持，看护者的教育背景和对PA的喜爱程度，可用设施，位置的邻近性，称职的工作人员，足够的信息，残疾形式和积极的

---

[1] Columna L, Prieto L, Elias-Revolledo G, et al. The perspectives of parents of youth with disabilities toward physical activity: A systematic review[J]. Disability and Health Journal, 2020, 13(2): 100851.

[2] Shields N, Synnot A J, Barr M. Perceived barriers and facilitators to physical activity for children with disability: A systematic review[J]. British Journal of Sports Medicine, 2012, 46(14): 989-997.

[3] Gorton G E. Social and ecological determinants of physical activity for youth with cerebral palsy[D]. Minneapolis: Walden University, 2020.

[4] Longmuir P E, Bar-Or O. Factors influencing the physical activity levels of youths with physical and sensory disabilities[J]. Adapted Physical Activity Quarterly, 2000, 17(1): 40-53.

文化观点①②③。

个性心理是构成残疾青少年参与 PA 的主观因素的基础，客观因素包括社会支持、学校环境。这些因素之间交互影响，共同影响 PA 水平。研究者普遍认为各因素中运动意愿，体育价值观，家庭经济条件，学校、朋友、社区的影响较为重要④。在众多因素之间的交互作用研究中，有学者运用结构方程模型探讨了青少年学校体育活动感知环境支持和自我效能的关系⑤。学校体育器材设备直接影响青少年在学校午休时的 PA 水平。感知器材的安全性和可用性间接影响午休 PA，其途径是通过自我效能、朋友同伴支持间接影响午休 PA。对于放学后 PA 的影响，父母支持和同伴支持直接影响其水平，同伴支持影响大于父母支持。在环境方面，感知器材的安全性和可用性间接影响放学后 PA，其途径是通过自我效能、朋友同伴父母支持间接影响放学后 PA。但实证的研究并不多见，尤其是涉及残疾青少年群体，尚未见讨论各因素之间的关系及其重要性差异的相关报道。

根据社会生态理论，本书主要从个体水平、人际间水平和组织水平归纳了残疾青少年体力活动影响因素，认为个体水平包括自我效能、乐趣和主观障碍；人际间水平主要包括父母支持、同伴支持、教师支持或保健服务人员支持；组织水平包括学校运动场地无障碍设施、场地可达性、安全性、适宜的课程（表 6-1）。通过文献回顾进一步厘清研究变量与 PA 的关系，构建不同层面的残疾青少年 PA 影响因素的社会生态理论模型。

---

① Lin J D, Lin P Y, Lin L P, et al. Physical activity and its determinants among adolescents with intellectual disabilities[J]. Research in Developmental Disabilities, 2010, 31(1): 263-269.

② Mogaka E, Bukhala P, Nguka G. Determinants of participation in physical activity among school going adolescents with disabilities in Kakamega county, Kenya[J]. Journal of Sports and Physical Education, 2017, (4)4:42-52.

③ Sutherland L, McGarty A M, Melville C A, et al. Correlates of physical activity in children and adolescents with intellectual disabilities: A systematic review[J]. Journal of Intellectual Disability Research, 2021, 65(5): 405-436.

④ Alghamdi S, Alsaigh R. Determinants of physical activity among children with disabilities[J]. Healthcare, 2023, 11(4): 494.

⑤ He L, Ishii K, Shibata A, et al. Mediation effects of social support on relationships of perceived environment and self-efficacy with school-based physical activity: A structural equation model tailored for Japanese adolescent girls[J]. Open Journal of Preventive Medicine, 2013, 3(1): 42-50.

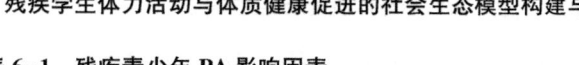

表 6-1　残疾青少年 PA 影响因素

人口统计和生物变量	性别、种族、父母婚姻、BMI 或其他人体学测量指标
社会心理变量	能力知觉、自我效能、态度、感知行为控制、价值、运动障碍
社会文化变量	父母角色、父母的活动、父母或家庭体力活动支持
环境因素变量	学校运动场地无障碍设施、场地可达性、安全性、适宜的课程

(一) 个性心理因素

迄今为止,已发表的关于体力活动行为预测因素或相关因素的研究主要集中在个人层面的因素上。个人层面的因素主要包括身体功能和结构(个人障碍)、自我效能、体育兴趣和体育价值认同。与 PA 参与相关的心理因素变量的作用都有强有力的理论支持,这些心理因素被认为是行为的先决条件和行为改变的机制。例如,Schwarzer 的健康行动过程方法(HAPA)模型包括对行为潜在风险的担忧(即风险感知)、对体育活动的态度(即结果预期)、自我感知(即自我效能)和行为改变策略(即行动计划)的结构等因素[1]。Bandura 的社会认知理论(SCT)也通过障碍和促进因素、结果预期、自我效能和自我调节的结构捕获了这些变量[2]。基于Welk 研制的青少年体力活动促进模型(YPAP),发现个体在 PA 前,有 2 个心理决定因素,"值得做吗"是乐趣变量,"我行吗"是体育价值认同和自我效能感[3]。身体锻炼行为是以个体认为的价值期盼为基础,兴趣、文化等因素都影响着青少年体育价值认同。King 等[4]研究结果表明,社会心理变量对残疾儿童青少年运动身体强度和社会活动享受的预测作用超出了家庭收入、儿童年龄和性别以及身体功能的影响。残疾特有的决定因素包括社会接受度、情感功能和同伴困难(仅对残疾儿童有意义)。

1. 自我效能

自我效能感是社会认知理论的一个重要概念[5],它代表了个体对自己参与某

---

[1] Schwarzer R. Some burning issues in research on health behavior change[J]. Applied Psychology, 2008, 57(1): 84-93.

[2] Bandura A. Self-efficacy: The exercise of control[M]. New York: Worth Publishers, 1977.

[3] Welk G J. The youth physical activity promotion model: A conceptual bridge between theory and practice[J]. Quest, 1999, 51(1): 5-23.

[4] King G, Law M, Petrenchik T, et al. Psychosocial determinants of out of school activity participation for children with and without physical disabilities[J]. Physical and Occupational Therapy in Pediatrics, 2013, 33(4): 384-404.

[5] Bandura A. Social foundations of thought and action: A social cognitive theory[M]. London: Prentice Hall, 1985.

种特定行为的能力的信心（例如，"你对自己能积极运动有多自信？"）。在体育活动研究领域，经常研究个体的运动自我效能感（即个体对自己参与定期运动和体育活动能力的判断）和障碍自我效能感（即在恶劣天气、日程冲突、缺乏时间和支持等困难情况下参与运动和体育活动能力的信心）。有研究发现[1][2]，与运动自我效能相比，障碍自我效能是体育活动更重要的预测因子，与体力活动水平具有正向显著的相关性。身体功能和结构因素对参与的阻碍程度是一个重要的考虑因素[3]。例如，残疾青少年继发性健康问题和症状（如感染、皮肤破裂）可能需要完全避免PA，而有氧适应度、力量、功能限制可能会限制PA的类型或强度。其他阻碍残疾儿童PA水平的个人层面的障碍包括时间不足、残疾类型、性别和年龄、PA水平、知识和技能不足、偏好、恐惧等[4]。通过感知运动障碍量表，可以测量残疾青少年对于活动的障碍[5]。自我效能感与青少年健康行为和体力活动水平呈正相关关系，即自我效能感较高的个体能够充分利用他们的认知资源来更好地制定计划、做出决策，参与体育活动，有信心克服缺乏时间、精力不足、害怕围观、运动水平差等体力活动障碍，积极有效地消除障碍，达到目的。自我效能感还作为中介因子和调节因子在社会支持和环境因素与体力活动中发挥作用[6][7]。自我效能感对青少年学生的体力活动水平的影响作用具有性别差异，女生的影响显著大于男生[8]。运动自我效能感在视力残疾青少年中存在年龄差异。随着年龄的增长，克服障碍的运动

---

[1] Sallis J F, Conway T L, Prochaska J J, et al. The association of proximity to physical activity facilities with physical activity among residents of the United States[J]. American Journal of Preventive Medicine, 2000, 18(1):90-96.

[2] Trost S G, Sallis J F, Pate R R, et al. Evaluating a model of parental influence on youth physical activity[J]. American Journal of Preventive Medicine, 2003, 25(4): 277-282.

[3] Taylor R S, Taylor L, Pethick S J. Factors affecting the physical activity levels of children and adolescents with disabilities: A systematic review[J]. Journal of Sports Sciences, 2015,33(11): 1135-1149.

[4] van der Lee J H, Hendriks E M, BakkerI, et al. Barriers and facilitators for physical activity among children with disabilities: A literature review[J]. Developmental Medicine and Child Neurology, 2012, 54(8):701-712.

[5] Chen S, Liu M, Wang Y. Validation of the Chinese version of the perceived motor ability scale in children with disabilities [J]. Research in Developmental Disabilities,2014, 35(10):2452-2461.

[6] Engel-Yeger B, Hanna Kasis A. The relationship between developmental co-ordination disorders, child's perceived self-efficacy and preference to participate in daily activities[J]. Child: Care, Health and Development, 2010, 36(5): 670-677.

[7] Dishman R K, Saunders R P, Motl R W, et al. Self-efficacy moderates the relation between declines in physical activity and perceived social support in high school girls[J]. Journal of Pediatric Psychology, 2009, 34(4): 441-451.

[8] 张林. 青少年自尊结构、发展特点及其影响因素的研究[D]. 长春：东北师范大学，2004.

自我效能感下降,部分解释了随着年龄增长视力残疾青少年 MVPA 水平下降[①]。要提高青少年的自我效能感,可以通过自身成功经验、参考他人的成功经历、他人的引导与口头说服等途径来实现。因此,本研究假设 H1:残疾青少年学生的运动自我效能可直接影响其体力活动水平,也可能作为中介因素间接影响其体力活动水平。

2. 体育认知与乐趣

兴趣或乐趣可以作为内部动机的评估,如体力活动本身具有一定的趣味性,则可以进一步激发青少年的兴趣。个体是否有体育兴趣也是影响其参与体力活动的重要因素。研究指出,在影响中国 8 所城市青少年课外体育锻炼的众多因素中,锻炼兴趣位居首位[②]。这一发现进一步强调了体育兴趣在推动青少年参与体育活动中的核心作用。不仅如此,体育兴趣也被证实是影响亚洲学生参加身体锻炼的重要因素[③]。黄美蓉等[④]基于社会生态理论模型的研究发现体育兴趣直接正向影响青少年体育生活化,也是自我效能感、人际因素等众多因素的中介因子,是青少年体育活动关键影响因子。这些研究结果表明,无论在中国还是更广泛的亚洲地区,激发和维持青少年的体育兴趣,对于促进他们的体育锻炼习惯和健康生活方式至关重要。

个体对体力活动的认知水平是影响体力活动参与和维持的重要个体因素[⑤][⑥],这种认知包括对体力活动的认知和对自身水平的认知。一方面,对参与体力活动的价值认知,是进行体力活动的先决条件,对体力活动的实用性、享受性和重要性等价值的认知程度越高,其参与的积极性和频率也越高。另一方面,对自身能力的认知在很大程度上影响了其对体力活动的选择和持久性,只有在体力活动中展现了自身能力并取得一定的成绩后,才会有继续参与的兴趣。有研究表明,个体的身

---

① 窦丽,陈华卫,卢恩杰,等. 视力残疾青少年体力活动及其与运动自我效能的相关性[J]. 中国康复理论与实践,2023,29(3):349-355.

② 章建成,张绍礼,罗炯,等. 中国青少年课外体育锻炼现状及影响因素研究报告[J]. 体育科学,2012,32(11):3-18.

③ Mingchuan C. Behavioral and sociocultural influences on physical activity among Asian-American youth[D]. Ann Arbor:University of Michigan,2004.

④ 黄美蓉,张艳平,Sun Haichun,等. 基于社会生态模型的我国大学生体育生活化促进机制研究[J]. 天津体育学院学报,2019,34(1):14-22.

⑤ Welk G J. The youth physical activity promotion model:A conceptual bridge between theory and practice[J]. Quest,1999,51(1):5-23.

⑥ 刘建秀,尚博睿,尹懿,等. 社会认知理论视角下青少年体力活动影响因素分析[J]. 上海体育学院学报,2020,44(5):70-80.

体锻炼行为是基于其内在的价值期待而形成的,在这一背景下,研究者们针对学生的体育文化价值认知、体育体验价值认知、体育课价值认知和体育锻炼价值认知等现状进行了深入的考察①。

一项发表在《运动与锻炼心理学》杂志上的研究成果探讨了运动认知和乐趣如何影响青少年的锻炼自我效能,并进而影响他们的体力活动水平。研究结果表明,青少年对运动的认知和感受到的乐趣在塑造他们的锻炼自我效能方面起着重要作用。该研究还发现,锻炼自我效能的提升与青少年体力活动水平的增加之间存在显著关联。那些对自己运动能力有信心的青少年更可能积极参与体力活动,并且在活动中表现出更高的坚持性和努力程度。

因此,本研究假设 H2:残疾青少年体育认知和乐趣可直接影响其体力活动水平。H3:残疾青少年体育认知和乐趣可通过锻炼自我效能间接影响其体力活动水平。

(二) 社会支持因素

此前研究发现,个体层面的因素,如障碍自我效能感是体力活动参与的重要相关因素,但个体层面的方法往往忽略了个体进行体力活动的更广泛的环境背景。鉴于大多数体育活动行为发生在社会和身体环境中,社会相互作用和人际关系也是影响残疾青少年体力活动参与的重要影响因素,人际层面研究最多的是社会支持。Welk②认为,社会支持因素是影响 PA 的强化因子。根据 Caplan③ 提出的社会支持的定义"帮助个体完成期望目标的行为",社会支持有多种来源,包括父母、同伴、朋友、兄弟姐妹、教师等。社会支持有多种形式,它可能是工具性的和直接的(如交通、资金),可能是情感的和激励的(如鼓励、表扬),或者是观察性的。国外学者对家庭、老师以及同伴等主要社会群体的支持研究较为成熟,而对于青少年间接接触的社会群体研究则相对较少。大部分研究结果显示,来自父母和朋友的支持是青少年 PA 的重要影响因素④。最近的一项涉及 74 个国家 250 317 名 11~17 岁青少年(48.8%为女孩)的全球学校学生 PA 的荟萃分析显示,父母或同伴支持程

---

① 陈开梅,董磊,杜雨,等. 大学生体育价值观影响机制模型研究[J]. 首都体育学院学报,2012,24(2):177-180.

② Welk G J. The youth physical activity promotion model: A conceptual bridge between theory and practice[J]. Quest,1999,51(1):5-23.

③ Caplan G. The family as a support system[M]//Caplan G. Support systems and community mental health. New York: Basic Books,1997.

④ King K A, Tergerson J L, Wilson B R. Effect of social support on adolescents' perceptions of and engagement in physical activity[J]. Journal of Physical Activity and Health,2008,5(3):374-384.

度高的青少年获得足够 PA 的概率较高[比值比:1.40,95％置信区间(CI):1.34~1.46;比值比:1.57,95％置信区间:1.49~1.65][1]。而体育教师的支持对其影响,学界对此尚有分歧。

1. 父母支持

父母支持可被细分为有形支持和无形支持 2 大类[2]。一方面,在有形支持中,工具性支持和条件性支持是其核心组成部分。具体而言,工具性支持是指父母为儿童青少年提供的实质性帮助,如交通工具、购买运动器材和装备,以及支付子女参与体育俱乐部的费用等。而条件性支持则体现在父母与孩子的共同参与上,如陪伴孩子参加体育活动,或在孩子参与体育运动时作为观众给予支持和鼓励。另一方面,无形支持则主要体现在动机性支持和信息性支持上。动机性支持指的是父母通过鼓励和赞扬来激发孩子参与体育活动的积极性。而信息性支持则涉及父母与孩子探讨参与体育活动的价值,帮助孩子更好地理解和欣赏体育的多元意义。总的来说,父母支持在孩子成长和发展中起到了至关重要的作用,不仅包括物质层面的支持,更涵盖了情感、动机和信息等多方面的支持,为孩子的全面成长提供了坚实的支撑。

父母和家庭在促进孩子参与体育活动方面具有不可或缺的作用。父母是孩子的主要支持者,包括提供财政支持或交通、寻找合适的活动和鼓励。已有较多的研究检验了父母支持对青少年体力活动有重要预测作用,即获得父母支持越多的青少年,体力活动的水平越高,越有可能积极地参与体力活动[3][4]。对于残疾青少年,父母支持尤为重要,来自家庭的支持是其参加体力活动的一个重要的动力来源[5]。在一项针对视障儿童及其父母的研究中,Stuart 等[6]发现,随着孩子视力丧失程度的增加,对孩子参加体力活动的期望越低。孩子的残疾程度越严重,父母对 PA 的

---

[1] Khan S R, Uddin R, Mandic S, et al. Parental and peer support are associated with physical activity in adolescents: Evidence from 74 countries[J]. International Journal of Environmental Research and Public Health, 2020, 17(12): 4435.

[2] Trost S G, Loprinzi P D. Parental influences on physical activity behavior in children and adolescents: A brief review[J]. American Journal of Lifestyle Medicine, 2011, 5(2): 171-181.

[3] Beets M W, Cardinal B J, Alderman B L. Parental social support and the physical activity-related behaviors of youth: A review[J]. Health Education and Behavior, 2010, 37(5): 621-644.

[4] Trost S G, Loprinzi P D. Parental influences on physical activity behavior in children and adolescents: A brief review[J]. American Journal of Lifestyle Medicine, 2011, 5(2): 171-181.

[5] Columna L, Prieto L, Elias-Revolledo G, et al. The perspectives of parents of youth with disabilities toward physical activity: A systematic review[J]. Disability and Health Journal, 2020, 13(2): 100851.

[6] Stuart M E, Dixon M G. Parental perspectives on physical activity for children with visual impairments[J]. Journal of Visual Impairment and Blindness, 2009, 103(4): 218-227.

可能性和益处的信念就越低,因此,孩子练习 PA 的积极性和动力就越低。父母对 PA 的负面信念会导致 VI 儿童的久坐行为,并可能持续一生,因此父母的作用对于实现视力残疾青少年体力活动的长期改变至关重要[1]。基于国外的几项调查研究,在 VI 儿童中成功促进 PA 的关键因素之一是父母的参与和支持[2][3]、提供交通和安全[4]。母亲的存在与肢体残疾学生在学校上课前的 MVPA⑤呈正相关,而在晚餐前,当父亲在场时,肢体残疾孩子更有可能进行体力活动[5],父亲的存在与孩子在家中的 MVPA 有关[6]。

在发育正常的青少年研究中,父母社会支持对青少年 PA 的影响已被证明是通过几个社会心理变量介导的,如父母的支持通过儿童青少年的自我效能感和自尊来调节[7],还有对体育活动的能力和主观价值的感知[8]以及青春期前女孩的负重运动知识等[9]。所有这些过程都可能增加他们对体育活动的参与和满意度。支持行为也可以预测成年后的活动水平,这进一步证实了支持行为在保持参与活动方面的重要性。

有研究发现,父母支持对于提高孩子运动自我效能感显著,从而激发其锻炼动

---

① Jeong M, Kim S Y, Lee E. Parents' beliefs and intentions toward supporting physical activity participation for their children with disabilities[J]. Adapted Physical Activity Quarterly, 2015, 32(2): 93-105.

② Perkins K, Columna L, Lieberman L, et al. Parents' perceptions of physical activity for their children with visual impairments[J]. Journal of Visual Impairment and Blindness, 2013, 107(2): 131-142.

③ Columna L, Rocco Dillon S, Norris M L, et al. Parents' perceptions of physical activity experiences for their families and children with visual impairments[J]. British Journal of Visual Impairment, 2017, 35(2): 88-102.

④ Ayvazoglu N R, Oh H K, Kozub F M. Explaining physical activity in children with visual impairments: A family systems approach[J]. Exceptional Children, 2006, 72(2): 235-248.

⑤ Sit C, Li R, McKenzie T L, et al. Physical activity of children with physical disabilities: Associations with environmental and behavioral variables at home and school[J]. International Journal of Environmental Research and Public Health, 2019, 16(8): 1394.

⑥ Määttä S, Ray C, Roos E. Associations of parental influence and 10-11-year-old children's physical activity: Are they mediated by children's perceived competence and attraction to physical activity? [J]. Scandinavian Journal of Public Health, 2014, 42(1): 45-51.

⑦ Ornelas I J, Perreira K M, Ayala G X. Parental influences on adolescent physical activity: A longitudinal study[J]. International Journal of Behavioral Nutrition and Physical Activity, 2007, 4(1): 3.

⑧ Sharma S V, Hoelscher D M, Kelder S H, et al. Psychosocial, environmental and behavioral factors associated with bone health in middle-school girls[J]. Health Education Research, 2009, 24(2): 173-184.

⑨ Ievers-Landis C E, Burant C, Drotar D, et al. Social support, knowledge, and self-efficacy as correlates of osteoporosis preventive behaviors among preadolescent females[J]. Journal of Pediatric Psychology, 2003, 28(5): 335-345.

机,孩子有更多的 PA 行为①。父母支持通过内部调节动机激发青少年的锻炼积极性间接影响青少年 PA,进而可以促进其锻炼坚持性②,青少年自主动机与其内在的运动认知和价值感及兴趣密切相关。Lillo-Navarro 等③在对 393 名残疾儿童家长进行研究时发现,父母对将锻炼融入日常生活的障碍的认知和自我效能感显著促进了儿童青少年锻炼的坚持。Silva 等④在葡萄牙青少年样本基础上的研究表明,儿童归因于父母的参与和刺激与其对体育活动实践的感知乐趣和自我效能保持着积极的关系。一项发表在《美国健康心理学杂志》上的研究指出,父母的积极参与和工具性社会支持能够显著通过青少年的运动认知和自我效能间接影响其体力活动,特别是当父母与孩子一起参与运动时,孩子们更可能对运动持有积极态度,增加运动的投入,并提高总体 PA 水平⑤。还有研究探讨了父母支持如何影响青少年的锻炼自我效能以及随后的 PA 水平⑥。以上这些研究表明,当父母提供情感支持、鼓励孩子参与 PA,并相信他们有能力成功时,青少年的锻炼自我效能会得到提高。这种自我效能的提升是一种内部动机,它激励青少年更加积极地参与PA,并克服可能遇到的挑战和障碍。父母的参与和支持不仅直接影响青少年的锻炼自我效能,还通过提高青少年的自我效能感来间接影响他们的 PA 水平,表明父母的支持不仅为青少年提供了参与 PA 的机会,还通过增强他们的自信心和动力,促使他们更加积极地参与 PA。

因此,本研究假设 H4:残疾青少年父母支持可直接影响其体力活动水平。H5:父母支持可通过运动自我效能间接影响其体力活动。H6:父母支持可通过体育认知与乐趣间接影响其体力活动。

---

① Trost S G, Sallis J F, Pate R R, et al. Evaluating a model of parental influence on youth physical activity[J]. American Journal of Preventive Medicine,2003,25(4):277-282.

② 阳家鹏,向春玉,刘小明. 整合理论视角:父母支持促进青少年体力活动的路径[J]. 体育与科学,2019,40(2):115-120.

③ Lillo-Navarro C, Montilla-Herrador J, Escolar-Reina P, et al. Factors associated with parents' adherence to different types of exercises in home programs for children with disabilities[J]. Journal of Clinical Medicine,2019,8(4):456.

④ Silva P, Lott R, Mota J, et al. Direct and indirect effects of social support on youth physical activity behavior[J]. Pediatric Exercise Science,2014,26(1):86-94.

⑤ Peterson M S, Lawman H G, Wilson D K, et al. The association of self-efficacy and parent social support on physical activity in male and female adolescents[J]. Health Psychology,2013,32(6):666-674.

⑥ Motl R W, Dishman R K, Saunders R P, et al. Perceptions of physical and social environment variables and self-efficacy as correlates of self-reported physical activity among adolescent girls[J]. Journal of Pediatric Psychology,2007,32(1):6-12.

2. 同伴(同学、朋友、兄弟姐妹等)支持

学术界早在20世纪90年代就开始关注同伴支持与青少年PA的关联性,我国学者近些年也对同伴支持对青少年PA行为的影响进行了积极的探索。随着年龄的增加,青少年大部分时间处于学校环境中,因此他们与同辈之间的交往互动更甚密切,同伴和朋友自然成为与他们分享价值观和偏好的人,极大地影响着青少年的态度和行为。研究认为同伴支持与青少年的体力活动密切相关。国外基于同辈影响的相关研究较多,在学校环境中,来自同伴的支持与青少年PA显著相关。已有的研究分别从同伴的PA参与、同伴行为模式、友谊质量、同伴接纳及同伴侵害等方面探讨同伴支持对残疾青少年PA的影响[1][2]。有研究发现,一对要好的朋友在PA水平和久坐行为上呈现高度的相似性,高质量的友谊和高水平的同伴接纳能够增强青少年的运动动机和过程享受[3]。还有研究发现,受到同伴侵害的青少年可能减少参与PA的意愿,因为他们可能感到不安全或不被接受[4]。这种减少可能导致其体能下降和心理健康问题。一项来自香港的研究发现,与同伴的互动直接影响残疾儿童在直接环境中的活动相关行为[5],来自同伴的激励提示与课间休息和午休时MVPA%的增加有关。同伴支持可为青少年的健康行为提供情境助力和人际场域,它有利于青少年缓解孤独感、提升环境适应性、保持目标行为,并使青少年在与同伴共享快乐、分享经验的同时建立广泛而稳定的社会人际,进而表现出积极的体育锻炼行为。一项质性访谈研究发现,同伴的参与和接受是残疾儿童参与的强大动力。与同龄人一起运动可以提供社会支持,并激励个人获得更大的功能独立性。有实验研究,每周2天,连续15周,以基督教青年会为基础的同伴指导运动训练方案结合了对智障青少年的社会和教学支持,可以鼓励他们在社区环

---

[1] Fitzgerald A, Fitzgerald N, Aherne C. Do peers matter? A review of peer and/or friends' influence on physical activity among American adolescents[J]. Journal of Adolescence, 2012, 35(4): 941-958.

[2] Bloemen M A T, Backx F J G, Takken T, et al. Factors associated with physical activity in children and adolescents with a physical disability: A systematic review[J]. Developmental Medicine and Child Neurology, 2015, 57(2): 137-148.

[3] Duncan S C. The role of cognitive appraisal and friendship provisions in adolescents' affect and motivation toward activity in physical education[J]. Research Quarterly for Exercise and Sport, 1993, 64(3): 314-323.

[4] Salvy S J, Roemmich J N, Bowker J C, et al. Effect of peers and friends on youth physical activity and motivation to be physically active[J]. Journal of Pediatric Psychology, 2009, 34(2): 217-225.

[5] Sit C, Li R, McKenzie T L, et al. Physical activity of children with physical disabilities: Associations with environmental and behavioral variables at home and school[J]. International Journal of Environmental Research and Public Health, 2019, 16(8): 1394.

境中参与运动,他们的锻炼出勤率很高,健康相关体适能显著提高①。

一项以国内 9～12 年级学生为样本的研究采用结构方程模型探索自我效能感和愉悦感在同伴支持和青少年体力活动(PA)之间的中介作用,结果发现同伴支持不会直接影响 PA。相反,同伴支持通过自我效能感或愉悦感间接影响 PA,其中自我效能感表现出更强的中介作用②。此外,研究还发现快乐和自我效能在同伴支持和 PA 的关系中存在显著的序列中介效应。最近一项有关社会支持与青少年 PA 荟萃研究表明③,同伴支持直接影响残疾青少年 PA,残疾青少年个体的认知、态度、动机和自我效能间接影响 PA。同伴支持可直接或间接作用于青少年 PA④。国内有关残疾青少年 PA 与同伴支持的研究几乎空白。

因此,本研究假设 H7:同伴支持可直接影响残疾青少年体力活动水平。H8:同伴支持通过运动自我效能间接影响残疾青少年体力活动。H9:同伴支持通过体育认知与乐趣间接影响残疾青少年体力活动。

3. 教师支持

促进体育活动参与的关键人员还有教练、指导员和体育教师。体育教师的研究较多见,且大部分研究显示教师支持的青少年 PA 水平或运动参与成正相关,体育教师支持包括自身形象榜样的作用,还有鼓励、激励、包容和教学的支持等方面⑤。虽然有研究表明体育教师支持对学生 PA 的影响作用要小于父母支持⑥,但另有研究表明,老师和同学的支持水平是刺激青少年 PA 的重要因素,与女孩相比,体重正常、老师支持度较高、同学支持度中等或较高的男孩的 PA 更加活跃⑦。

---

① Stanish H I, Temple V A. Efficacy of a peer-guided exercise programme for adolescents with intellectual disability[J]. Journal of Applied Research in Intellectual Disabilities, 2012, 25(4): 319-328.

② Chen H, Sun H C, Dai J. Peer support and adolescents' physical activity: The mediating roles of self-efficacy and enjoyment[J]. Journal of Pediatric Psychology, 2017, 42(5): 569-577.

③ Lin H, Chen H D, Liu Q Z, et al. A meta-analysis of the relationship between social support and physical activity in adolescents: The mediating role of self-efficacy[J]. Frontiers in Psychology, 2024, 14: 1305425.

④ Silva P, Lott R, Mota J, et al. Direct and indirect effects of social support on youth physical activity behavior[J]. Pediatric Exercise Science, 2014, 26(1): 86-94.

⑤ Osifeko O R, Naidoo R, Chetty V. The effects of a school-based physical activity teacher intervention on the physical activity attitudes and practices of adolescent students in Lagos, Nigeria[J]. African Journal of Teacher Education, 2021, 10(1): 307-324.

⑥ Olivares P R, Cossio-Bolaños M A, Gomez-Campos R, et al. Influence of parents and physical education teachers in adolescent physical activity[J]. International Journal of Clinical and Health Psychology, 2015, 15(2): 113-120.

⑦ Bronikowski M, Bronikowska M, Laudańska-Krzemińska I, et al. PE teacher and classmate support in level of physical activity: The role of sex and BMI status in adolescents from Kosovo[J]. BioMed Research International, 2015, 2015(1): 290349.

还有研究发现,低年级学生 PA 与教师支持成正相关[1],教师支持与学生休闲 PA 和校内非正式 PA 有更强的相关性,教师支持与特定地点的 PA 相关。相反,体育教师的控制行为或恐吓尽管存在局限性,学生认为体育老师在课堂上与他们交流时控制欲强,会挫败学生基本的心理需求,他们在闲暇时间的 PA 就越少[2]。教师支持对残疾青少年 PA 参与具有显著影响[3]。教师的积极态度、专业指导、适应性教学策略以及持续的鼓励和支持,都有助于提高残疾青少年对 PA 的参与意愿和频率。此外,教师对残疾青少年的理解和包容,以及对其个体差异的尊重和适应,对残疾青少年的 PA 参与也有积极影响[4]。

学校教师支持在促进青少年休闲体育活动方面的作用尚不清楚。体育活动的动机是教师支持与青少年 PA 之间的中介因子[5]。一项混合研究的系统回顾指出[6],教师行为和以掌握为导向的动机气候是影响青少年 PA 和久坐行为的重要因素。体育教师改进教学策略以获得有效的动机对于实现更高的 PA 水平至关重要[7]。一项来自 4 个国家的高中生感知体育老师支持的调查结果显示,体育教师的感知支持与高中生业余体育活动的动机具有独特的预测作用[8]。一项来自西班牙的研究分析了体育教师对 604 名中学生 PA 动机、困窘和意愿的影响,结果表明,教师自主支

---

[1] Ommundsen Y, Klasson-Heggebø L, Anderssen S A. Psycho-social and environmental correlates of location-specific physical activity among 9- and 15-year-old Norwegian boys and girls: The European youth heart study[J]. The International Journal of Behavioral Nutrition and Physical Activity, 2006, 3: 32.

[2] Koka A, Tilga H, Kalajas-Tilga H, et al. Perceived controlling behaviors of physical education teachers and objectively measured leisure-time physical activity in adolescents[J]. International Journal of Environmental Research and Public Health, 2019, 16(15): 2709.

[3] Boucher T Q, McIntyre C L, Iarocci G. Facilitators and barriers to physical activity involvement as described by autistic youth with mild intellectual disability[J]. Advances in Neurodevelopmental Disorders, 2022: 1-13.

[4] Morley D, Bailey R, Tan J, et al. Inclusive physical education: Teachers' views of including pupils with special educational needs and disabilities in Physical Education[J]. European Physical Education Review, 2005, 11(1): 84-107.

[5] Jankauskiene R, Urmanavicius D, Baceviciene M. Associations between perceived teacher autonomy support, self-determined motivation, physical activity habits and non-participation in physical education in a sample of Lithuanian adolescents[J]. Behavioral Sciences, 2022, 12(9): 314.

[6] Morton K, Atkin A, Corder K, et al. The school environment and adolescent physical activity and sedentary behaviour: A mixed-studies systematic review [J]. Obesity Reviews, 2015, 17: 142-158.

[7] Rosenkranz R R, Lubans D R, Peralta L R, et al. A cluster-randomized controlled trial of strategies to increase adolescents' physical activity and motivation during physical education lessons: The motivating active learning in physical education (MALP) trial[J]. BMC Public Health, 2012, 12(1): 834.

[8] Hagger M, Chatzisarantis N L D, Hein V, et al. Teacher, peer and parent autonomy support in physical education and leisure-time physical activity: A trans-contextual model of motivation in four nations [J]. Psychology and Health, 2009, 24(6): 689-711.

持与学生基本心理需求满足呈显著正相关,与基本心理需求挫败感呈显著负相关[1]。这些研究表明,教师的行为、支持性的教学环境,以及他们在学校和课余时间对青少年的激励作用,都是通过满足心理需求和提高内在动机来间接影响残疾青少年 PA 的重要因素。增强学生的自主动机可以增加 PA 的参与,甚至在未来保持 PA 的意愿[2]。根据动机的认知理论,动机部分归因于对体育运动的兴趣、锻炼价值认知和自我效能感。

他人的评价、态度和期望等会影响自我效能感,而自身自我效能感的高低与内部动机密切相关,自我效能感的个体更愿意采取行动和追求目标。一项针对残疾青少年 PA 影响因素的访谈结果显示,家长和孩子们认为,教师的接纳能力、意愿以及修改活动以适应残疾学生需要的能力,是学生参与 PA 成功或失败的关键因素[3]。这项研究旨在探讨残疾学生在学校环境中参与 PA 的经历,特别是教师在这一过程中的作用,结果表明教师的支持对于增强残疾学生的 PA 参与和自我效能感至关重要。

因此,本研究假设 H10:教师支持可直接影响残疾青少年体力活动水平。H11:教师支持对自我效能有显著正影响进而影响残疾青少年体力活动水平。H12:教师支持对运动认知有显著正影响进而影响残疾青少年体力活动水平。

(三) 环境因素

环境因素是影响 PA 行为的能动因子,影响青少年 PA 行为的环境因素主要包括地理因素、气候条件、社区环境、学校环境,且这些因素之间的关系有待进一步研究。其中学校环境是青少年 PA 的重要影响因素。青少年大部分时间均在学校度过,学校给青少年提供了较多的 PA 机会,如体育课、课间和课外锻炼。同时,学校环境也深刻影响着青少年的体育认知、体育态度、体育参与及其观念和习惯的保持。

1. 学校体育环境

学校体育是学校教育的一个组成部分,学校体育环境课直接或间接影响学生

---

① Trigueros R, Aguilar-Parra J M, Cangas A J, et al. Influence of physical education teachers on motivation, embarrassment and the intention of being physically active during adolescence[J]. International Journal of Environmental Research and Public Health, 2019, 16(13): 2295.

② Castillo I, Molina-García J, Estevan I, et al. Transformational teaching in physical education and students' leisure-time physical activity: The mediating role of learning climate, passion and self-determined motivation[J]. International Journal of Environmental Research and Public Health, 2020, 17(13): 4844.

③ Hutzler Y, Meier S, Reuker S, et al. Attitudes and self-efficacy of physical education teachers toward inclusion of children with disabilities: A narrative review of international literature[J]. Physical Education and Sport Pedagogy, 2019, 24(3): 249-266.

的体育参与,包括场地器材、学校体育氛围、体育课、体育师资等方面,可归纳为3个维度,分别是学校体育自然环境、学校体育规范环境和学校体育社会环境。①学校体育自然环境,如学校建筑、体育建筑及其采光、照明、运动场地场馆、器材设备、地理因素等,是学校体育生存和发展的物质基础,是学生进行体育锻炼的基本条件。②学校体育规范环境则更多地通过行为规范、活动准则等制度性的设置和要求来保证学校体育相关活动的开展,以保证学生能够有效地获得应有的体育知识,接受科学的体育训练。③学校体育的社会环境对学生的直接影响主要体现在同伴群体、师生关系、校风、班风、教学气氛等方面。一个积极、包容的人文环境能够为残疾青少年提供情感支持,帮助他们克服心理障碍,增强自信,从而更愿意参与体力活动。教师、同伴等角色在人文环境中发挥着重要作用。他们的积极参与和良好表现能够为残疾青少年树立榜样,激励他们更积极地参与PA。

一项针对肢体残疾学生的研究发现,特定的环境和行为因素与其PA密切相关,来自他人的积极提示与学校课前、课间和午休期间的MVPA%有很大帮助。肢体残疾学生参与PA的动机每增加一个单位,肢体残疾学生与他人一起活跃增加,其中课前MVPA%增加0.4%,课间MVPA%增加0.46%,午间MVPA%则增加0.56%[1]。有研究表明,学校体育课程质量、课外体育活动的开展以及场地器材这些因素可直接影响学生的PA水平[2]。良好的物理环境(场地器材)能够激发残疾青少年参与PA的兴趣和意愿。学校对PA采取政策性支持、督促管理是有效促进青少年学生PA行为的途径[3],这些因素作为外部因素可间接影响学生的PA行为。此外,体育设施的可及性和距离远近对青少年PA有积极影响[4],住在适合步行的社区、安全的社区有利于青少年PA行为。此外,天气、气候等因素也影响PA行为。对于残疾青少年来说,有合适的PA活动内容和形式[5]、训练有素的体育

---

[1] Sit C, Li R, McKenzie T L, et al. Physical activity of children with physical disabilities: Associations with environmental and behavioral variables at home and school[J]. International Journal of Environmental Research and Public Health, 2019, 16(8): 1394.

[2] Morton K L, Atkin A J, Corder K, et al. The school environment and adolescent physical activity and sedentary behaviour: A mixed-studies systematic review[J]. Obesity Reviews, 2016, 17(2): 142-158.

[3] Bocarro J N, Kanters M A, Cerin E, et al. School sport policy and school-based physical activity environments and their association with observed physical activity in middle school children[J]. Health & Place, 2012, 18(1): 31-38.

[4] Xu F R, Chepyator-Thomson J, Liu W H, et al. Association between social and environmental factors and physical activity opportunities in middle schools[J]. European Physical Education Review, 2010, 16(2): 183-194.

[5] Shields N, Synnot A. Perceived barriers and facilitators to participation in physical activity for children with disability: A qualitative study[J]. BMC Pediatrics, 2016, 16: 9.

活动指导者[①]、提供锻炼的机会是 PA 的重要促进因素[②]。一项采用混合方法进行的基于不同学校的 15 个案例研究显示,影响残疾年轻人积极生活方式的 4 个主要因素为适应环境和普遍可达性、帮助和支持、社交互动以及体验质量[③]。从以上研究发现,在组织层面上,学者们对学校因素的探讨比较全面,学校的物理环境、政策环境和人文环境之间存在相互依存、相互促进的关系。例如,完善的物理环境为残疾青少年提供了参与 PA 的物质基础,而积极的政策环境和人文环境则进一步激发了他们的活动热情。同时,这些环境因素之间的协同作用也能够产生更好的效果,促进残疾青少年 PA 的全面发展。但较多的研究仅仅是横向调查分析或简单的线性回归分析,并没有就学校环境各因素对体力活动的影响作用大小及路径做深入探讨。

目前我国残疾青少年绝大部分是在特殊教育学校就读,因此本研究就学校体育制度、体育师资、学校体育活动这几个方面来反映学校环境因素。假设 H13:学校体育环境直接影响 PA。H14:学校环境对自我效能有显著正影响。H15:学校环境对父母支持有显著正影响。H16:学校环境对同伴支持有显著正影响。H17:学校环境对教师支持有显著正影响。

2. 建成环境

建成环境对青少年 PA 水平具有重要影响[④]。良好的邻里环境特征,如安全性高的步行和骑行环境、丰富的公园和娱乐设施以及便捷的交通网络,可以促进青少年的 PA。相反,不良的建成环境特征,如交通拥堵、缺乏步行和骑行设施等,可能导致青少年 PA 的减少。建成环境的可达性和便利性是影响青少年 PA 的关键因素。例如,如果社区内有足够的公园、运动设施、自行车道和人行道,青少年就可以更容易地到达这些地方进行 PA。相反,如果环境缺乏这些设施,或者道路设计不利于步行和骑行,那么青少年可能就会减少 PA。安全性是另一个重要的影响机制。如果社区环境安全,道路设计合理,交通流量适中,那么青少年就会更愿意进

---

① Rimmer J H. Getting beyond the plateau: Bridging the gap between rehabilitation and community-based exercise[J]. Physical Medicine and Rehabilitation, 2012, 4(11): 857-861.

② Li C X, Chen S H. Exploring experiences of physical activity in special school students with cerebral palsy: A qualitative perspective[J]. European Journal of Adapted Physical Activity, 2012, 5(1): 7-17.

③ Carbonneau H, Roult R, Duquette M, et al. The determining factors in school contexts which lead to active lifestyles among young people with disabilities[J]. International Journal of Applied Sports Sciences, 2017, 29(1): 13-30.

④ 张健,孙辉,张建华,等. 儿童青少年体力活动建成环境研究热点解析、前瞻与启示[J]. 中国体育科技,2020,56(4): 11-19,37.

行步行、骑行等PA。相反,如果环境存在安全隐患,如交通拥堵、道路设计不合理等,那么青少年可能会避免进行这些活动。

残障人士在参与PA时可能会遇到各种障碍,这些障碍可能限制他们的活动水平和健康。Smith等[1]基于问卷调查、访谈、观察或现有研究数据的分析,对不同类型的残障人士如轮椅使用者、视力障碍者进行研究,结果发现无障碍设计能够显著提高残障人士的PA参与水平。不同类型的残疾(如视觉障碍、运动障碍等)可能对不同类型的无障碍设施有不同的需求。无障碍设计不仅可以促进残障人士的体力活动参与,还有助于提高他们的生活质量和社会融入感。国内学者也讨论了无障碍环境建设对残障人士参与PA的具体影响[2],如提供便捷的通行环境、确保体育设施的可访问性,以及提高残障人参与PA的积极性和自信心。

建成环境与父母支持的交互作用主要有协同作用和互补作用[3][4]:在某些情况下,建成环境与父母支持可以产生协同作用,共同促进儿童的发展。例如,一个安全、方便的社区环境可以鼓励父母更多地陪伴孩子参与户外活动,从而增强亲子关系并促进孩子的身心健康。而建成环境和父母支持可能会产生互补作用。例如,当社区环境缺乏适合儿童活动的设施时,父母可以通过其他方式(如组织家庭活动或参加亲子课程)来补充和支持儿童的发展。建成环境和同伴支持之间也可以产生协同作用[5][6],共同促进儿童青少年的PA。一个安全、有趣、设施完备的社区环境,结合同伴的鼓励和支持,可以激发儿童青少年对PA的兴趣和参与度。例如,社区内的运动场或公园可以成为儿童和青少年与同伴一起进行体育锻炼、户外游戏或团队运动的场所,从而促进他们的PA和社交互动。建成环境和体育教师支持对儿童青少年PA的影响,某些学校通过改善校园运动设施、增加课外体育活动时间、提升体育教师的教学质量等措施,成功地提高了学生的PA水平。这些案例

---

[1] Smith K R, MacIntosh A M. The role of accessibility in physical activity participation among individuals with disabilities [J]. Journal of Physical Activity and Health,2014,11(10):1956-1963.

[2] 李佳音. 城市无障碍环境建设对残疾人参与体育活动的影响[J]. 残疾人研究,2021(2):58-63.

[3] Anderson C L, Mustillo S A, Jebb S A. Parental and built environment factors associated with children's physical activity: A review and research agenda[J]. International Journal of Behavioral Nutrition and Physical Activity,2014,11(1):68.

[4] Larson N I, Verma S. Do neighborhoods and parents matter? Associations with overweight and obesity among low-income preschool children[J]. Social Science and Medicine,2009,68(7):1239-1246.

[5] Garcia C, Ding D, Sjöström M, et al. Interactive effects of perceived neighborhood environmental attributes and social support on children's and adolescents' physical activity and sedentary behavior: A meta-analysis [J]. International Journal of Behavioral Nutrition and Physical Activity,2018,15(1):27.

[6] Veitch J, Ball K, Salmon J, et al. Neighbourhood play spaces and physical activity: A study of associations with young children's play and travel [J]. Health and Place,2012,18(3):571-579.

为我们提供了宝贵的经验和启示，有助于我们更好地理解和应用建成环境和体育教师支持在儿童青少年 PA 中的作用。假设 H18：建成环境对 PA 有显著正影响。H19：建成环境对父母支持有显著正影响。H20：建成环境对同伴支持有显著正影响。H21：建成环境对教师支持有显著正影响。

三、社会生态各变量与体力活动的理论模型与假设

基于以上文献的分析，本研究主要从 3 个层面、7 个因素构建残疾青少年体力活动的影响因素模型，从而探讨这些因素之间的相互关系和作用路径（图 6-2）。其中 3 个层面包括组织机构因素层、人际因素层和个体心理因素层；7 个因素包括锻炼自我效能、体育认知与乐趣、父母支持、同伴支持、教师支持、学校体育环境和建成环境。对于残疾人群，国内外研究者从这些社会生态因子层面分别探讨了它们对 PA 参与或 PA 水平的影响，也有国外学者构建了青少年 PA 的影响因子理论模型，但从实证的角度验证这些影响因子对残疾青少年 PA 的影响的研究不多见。

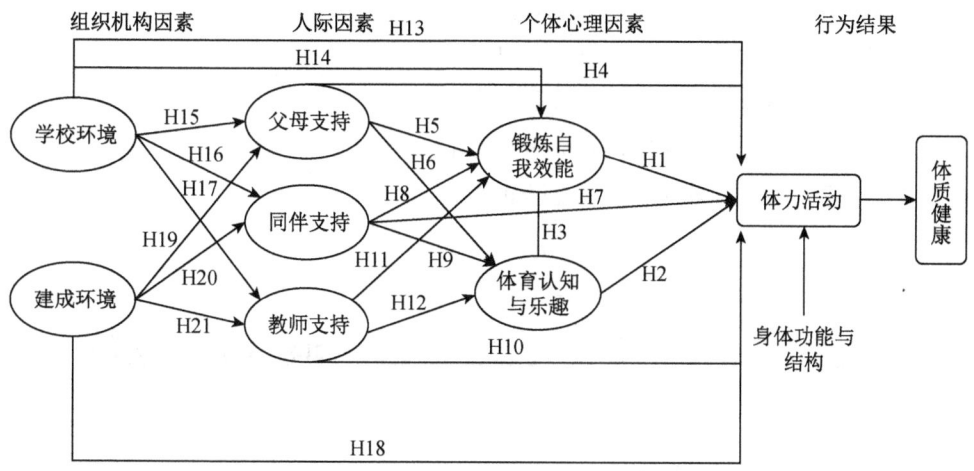

图 6-2 社会生态各变量与 PA 的理论模型

1. 个体因素层

H1：运动自我效能直接影响体力活动水平。

H2：体育认知与乐趣直接影响体力活动水平。

H3：体育认知和乐趣可通过锻炼自我效能间接影响其体力活动水平。

2. 人际因素层

H4：父母支持直接影响体力活动水平。

H5：父母支持通过锻炼自我效能间接影响体力活动水平。

H6：父母支持通过运动认知与乐趣间接影响体力活动水平。

H7：同伴支持直接影响体力活动水平。

H8：同伴支持通过锻炼自我效能影响体力活动水平。

H9：同伴支持通过运动认知与乐趣间接影响体力活动水平。

H10：教师支持直接影响体力活动水平。

H11：教师支持通过锻炼自我效能间接影响体力活动水平。

H12：教师支持通过运动认知与乐趣间接影响体力活动水平。

组织机构因素层

H13：学校体育环境直接影响PA。

H14：学校环境对自我效能有显著正影响。

H15：学校环境对父母支持有显著正影响。

H16：学校环境对同伴支持有显著正影响。

H17：学校环境对教师支持有显著正影响。

H18：建成环境对PA有显著正影响。

H19：建成环境对父母支持有显著正影响。

H20：建成环境对同伴支持有显著正影响。

H21：建成环境对教师支持有显著正影响。

第二节
残疾学生体力活动的社会生态因子问卷设计与检验

一、初始问卷条目设计

为验证所构建的残疾学生PA影响因素模型的相关假设是否成立，本研究将采用结构方程模型法（SEM）进行理论模型中各潜在变量之间的假设关系验证。结构方程模型是一种将因子分析与路径分析相结合的统计方法，能够较好地分析和处理研究中无法直接测量的变量及其之间的因果关系。由于理论模型中的潜在变量无法直接测量，便需要对潜在变量进行可操作化处理，用可直接测量的问题获取所需的样本数据。

为确保能有效地达到对各潜在变量的测量，本研究主要采用了文献回顾和焦点小组演绎方法。首先回顾了前人有关残疾青少年 PA 影响因素的研究成果，根据社会生态学理论，梳理了与理论模型中各潜在变量相关的成熟测度量表，在参考国内外 Ward、Motl、Robbins、Ishii、Prochaska、Craig、Sallis、Chen、陈培友、代俊、向剑锋等学者相关研究的已被证实有效的成熟问卷的基础上，对部分测量问项进行了情境化调整，从个体、社会支持、学校社区环境初步设计残疾学生感知 PA 影响因素问卷。问卷的测量内容主要包含运动自我效能、运动认知与乐趣、父母支持、同伴支持、体育教师支持、学校体育环境和建成环境共 7 个分量表，覆盖了残疾青少年 PA 促进社会生态系统的理论模型中的宏观-中观-微观 3 个层面。

在完成初步测量量表开发后，邀请 3 名曾做过类似实证研究的博士研究生和 2 位来自残疾青少年体力活动行业专家，组成了测量量表设计专家小组，结合现有测量题目、各潜在变量的概念定义和测量指标应涵盖的范围，就初始量表的测度内容、用词及问题表述进行了讨论，根据专家小组反馈的意见，修改了部分表述有歧义的问题项，删除了部分不能有效反映潜在变量构念的题项，最终形成了包含 7 个潜在变量和 37 个问题的测量量表。各潜在变量与测量题项的对应关系见表 6-2。

表 6-2　残疾青少年体力活动社会生态影响因子题项

潜在变量	指标编码	测量题项
F1 运动自我效能	ESE1	在每周多数日子我会锻炼身体
	ESE2	即使我可以看电视或玩游戏，我仍然在每周多数日子的空余时间锻炼身体
	ESE3	天气不好时我依然会在每周大部分天数中锻炼身体
	ESE4	心情不好时我依然会在每周大部分天数中锻炼身体
	ESE5	不管我有多忙，我仍然可以在每周大部分天数中锻炼身体
F2 运动认知与乐趣	EN1	我对体育活动很感兴趣
	EN2	体育活动和锻炼使我感到愉快（我有动力参加体育活动）
	EN3	我喜欢参加体育活动
	EN4	我喜欢我的身体在运动时的样子和感觉
	EN5	参加体育活动使我开朗、快乐和自信
	EN6	参加体育活动使我认识了很多朋友
	EN7	我认为参加体育活动帮助我保持健康

(续表)

潜在变量	指标编码	测量题项
F3 父母支持	PS1	我的父母经常鼓励我参加体育活动
	PS2	我的父母常进行体育活动
	PS3	我的父母有时间和我一起做体育活动
	PS4	我的父母有时间接送我参加体育活动
F4 教师支持	SS1	班主任(辅导员)经常鼓励和支持我们参加体育活动
	SS2	班主任(辅导员)经常与我们一起参加体育活动
	SS3	体育老师经常鼓励我参加课外体育活动
	SS4	在我的体育课上,老师公平对待每个学生,鼓励我做到最好
	SS5	在我的体育课上,老师对我们参与课堂活动给予表扬
	SS6	在我的体育课上,老师根据每个学生的需要提供帮助,倾听学生的意见或担忧
F5 同伴支持	CS1	同学或者好朋友鼓励我参加体育活动
	CS2	同学或好朋友认为体育活动很重要,经常参加体育活动
	CS3	同学或好朋友经常与我一起参加体育活动
F6 学校体育环境	PA1	在过去的一年里,我参加了一个学校体育活动兴趣班/俱乐部/社团
	PA2	学校体育课程适合残疾人,我喜欢上体育课
	PA3	学校有多个体育社团或俱乐部
	PA4	学校网站、广播台、校园标语等宣传身体锻炼,能促进我参加体育活动
	PA5	学校有专业的体育课教师
	PA6	学校每年至少组织一次全校运动会
	PA7	学校每天都组织学生参加课外活动
	PA8	学校活动场地器材满足自主活动
	PA9	学校体育场地很容易就能到达
F7 体育建成环境	BN1	我家附近有操场、公园或健身房满足我课余体育锻炼
	BN2	去我家附近的运动场所、公园很方便
	BN3	家里/宿舍有足够的体育器材用于我体育活动的需要

采用李克特 5 点计分法,赋值标签分别为:1 表示"完全不同意";2 表示"不同意";3 表示"不太同意";4 表示"同意";5 表示"非常同意"。

二、问卷初测与修订

(一) 问卷设计与修订流程

在完成各潜在变量测量指标设计工作后,采用 5 点 Likert 量表形式对各测量指标进行调研问卷的设计。为了确保学生能更好地理解问题,分别请小学、初中及高中各一位语文教师对问题进行润色。问卷的第一部分包括人口统计变量信息,为了确定本研究参与者的特征,从问卷中获得自我报告的年级、年龄、性别、残疾类型和残疾等级等个人信息,该部分要求学生据实填写。第二部分为残疾学生体力活动的影响因素部分。第三部分为残疾学生体力活动问卷。体力活动问卷直接采用 13~18 岁青少年体力活动量表。

为确保最终调研数据的有效性,在正式调研之前就所设计的初始问卷进行了预调查,主要对南京市几所特殊教育学校的学生(年龄在 13 岁以上)进行预调查,共收回 164 份有效问卷。在预调查后,首先对部分调研对象反馈的题目描述、顺序设置等问题进行了优化,然后使用 SPSS 24.0 对预调查数据进行了探索性因子分析和可靠性检验,确保最终调研问卷的信度和效度。

(二) 初测问卷的信度检验

信度检验主要用于评价问卷测量工具的稳定性和可靠性,大多数研究者都采用内部一致性检验(inter consistency reliability test),克隆巴赫 α 系数(Cronbach's α)的大小通常被用来反映测量量表的内部一致性。Cronbach's α 一般为 0~1,数字越接近 1,代表信度越高;数字越接近 0,代表信度越低。依据大多数学者的共识,Cronbach's α 在 0.9 以上时,则表示量表的信度非常高;Cronbach's α 在 0.8 以上,则表示量表的信度较高;Cronbach's α 在 0.7 以上,则表示量表的信度可以接受;而当 Cronbach's α 低于 0.7 时,则表示量表的信度低,需要考虑对量表进行修改。除此之外,还需要查看每个测量题项修正后和总体的相关系数(corrected item-total correlation, CITC)。CITC 值通常为 0~1。吴明隆[1]认为,当 CITC 值低于 0.4 时,则考虑将该题项删除,以用来对问卷进行精简。基于上述分析,本研究借助 SPSS 24.0 对各个维度的题项进行信度检验。

1. 运动自我效能

运动自我效能题项的 CITC 值均大于 0.4,且 Cronbach's α 系数大于 0.8,说明整体信度较好,不需要删除题项(表 6-3)。

---

[1] 吴明隆. 社会科学论文写作与量化研究[M]. 重庆:重庆大学出版社,2022.

表 6-3　运动自我效能的信度分析

测量题项	删除项后的标度平均值	删除项后的标度方差	修正后的项与总计相关性	删除项后的 Cronbach's α	Cronbach's α
在每周多数日子我会锻炼身体	15.92	8.584	0.666	0.861	0.876
即使我可以看电视或玩游戏,我仍然在每周多数日子的空余时间锻炼身体	15.79	9.235	0.692	0.855	
天气不好时我依然会在每周大部分天数中锻炼身体	15.89	8.377	0.778	0.833	
心情不好时我依然会在每周大部分天数中锻炼身体	15.88	8.763	0.708	0.850	
不管我有多忙,我仍然可以在每周大部分天数中锻炼身体	16.01	8.257	0.704	0.852	

2. 运动认知与乐趣

运动认知与乐趣各题项的 CITC 值均大于 0.4,且 Cronbach's α 系数大于 0.8,说明整体信度较好(表 6-4)。

表 6-4　运动认知与乐趣的信度分析

测量题项	删除项后的标度平均值	删除项后的标度方差	修正后的项与总计相关性	删除项后的 Cronbach's α	Cronbach's α
我对体育活动很感兴趣	23.94	17.706	0.748	0.874	0.895
体育活动和锻炼使我感到愉快(我有动力参加体育活动)	24.34	17.545	0.626	0.893	
我喜欢参加体育运动	23.75	18.072	0.797	0.868	
我喜欢我的身体在运动时的样子和感觉	23.55	18.811	0.788	0.870	
参加体育运动使我开朗、快乐和自信	23.58	18.918	0.772	0.872	
参加体育运动使我认识了很多朋友	23.72	19.525	0.668	0.883	
我认为参加体育活动帮助我保持健康	23.34	21.228	0.562	0.894	

3. 父母支持

父母支持题项的 CITC 值均大于 0.4,且 Cronbach's α 系数大于 0.8,说明整体信度较好。题项"我的父母有时间接送我参加体育活动"删除后的 Cronbach's α 系数大于整体 Cronbach's α 系数,对该题项进行删减(表 6-5)。

表 6-5 父母支持的信度分析

测量题项	删除项后的标度平均值	删除项后的标度方差	修正后的项与总计相关性	删除项后的 Cronbach's α	Cronbach's α
我的父母经常鼓励我参加体育活动	18.40	16.527	0.525	0.851	0.855
我的父母有时间和我一起进行体力活动	19.39	13.420	0.688	0.823	
我的父母常进行体力活动	19.16	13.893	0.654	0.829	
我的父母有时间接送我参加体育活动	18.11	16.582	0.504	0.867	

4. 同伴支持

同伴支持题项的 CITC 值均大于 0.4,且 Cronbach's α 系数大于 0.8,说明整体信度较好,不需要删除题项(表 6-6)。

表 6-6 同伴支持的信度分析

测量题项	删除项后的标度平均值	删除项后的标度方差	修正后的项与总计相关性	删除项后的 Cronbach's α	Cronbach's α
同学或好朋友鼓励我参加体育活动	18.82	14.631	0.698	0.821	0.843
同学或好朋友认为体育活动很重要,经常参加体育活动	18.84	14.937	0.625	0.834	
同学或好朋友经常与我一起参加体育活动	18.99	13.969	0.683	0.823	

5. 教师支持

教师支持各题项的 CITC 值均大于 0.4,且 Cronbach's α 系数大于 0.8,说明整体信度良好,题项"班主任(辅导员)经常与我们一起参加体育活动"删除后的 Cronbach's α 系数大于整体 Cronbach's α 系数,对该题项进行删减(表 6-7)。

表 6-7 教师支持的信度分析

测量题项	删除项后的标度平均值	删除项后的标度方差	修正后的项与总计相关性	删除项后的 Cronbach's α	Cronbach's α
班主任（辅导员）经常鼓励和支持我们参加体育活动	21.28	8.336	0.579	0.801	0.826
班主任（辅导员）经常与我们一起参加体育活动	21.99	7.505	0.430	0.873	
体育老师经常鼓励我参加课外体育活动	20.98	8.406	0.687	0.782	
在我的体育课上，老师公平对待每个学生，鼓励我做到最好	20.89	8.793	0.703	0.786	
在我的体育课上，老师对我们参与课堂活动给予表扬	20.99	8.404	0.727	0.777	
在我的体育课上，老师根据每个学生的需要提供帮助，倾听学生的意见或担忧	20.98	8.452	0.711	0.779	

6. 学校体育环境

学校体育环境各题项的 CITC 值均大于 0.4，且 Cronbach's α 系数大于 0.8，说明整体信度良好，题项"在过去的一年里，我参加了一个学校体育活动兴趣班/俱乐部/社团"删除后的 Cronbach's α 系数大于整体 Cronbach's α 系数，对该题项进行删减（表 6-8）。

表 6-8 学校因素的信度分析

测量题项	删除项后的标度平均值	删除项后的标度方差	修正后的项与总计相关性	删除项后的 Cronbach's α	Cronbach's α
在过去的一年里，我参加了一个学校体育活动兴趣班/俱乐部/社团	25.28	12.323	0.485	0.835	0.824
学校体育课程适合残疾人，我喜欢上体育课	24.72	13.218	0.731	0.773	

(续表)

测量题项	删除项后的标度平均值	删除项后的标度方差	修正后的项与总计相关性	删除项后的Cronbach's α	Cronbach's α
学校有多个体育社团或俱乐部	24.49	14.342	0.679	0.788	0.824
学校网站、广播台、校园标语等宣传身体锻炼,能促进我参加体育活动	24.66	13.129	0.702	0.777	
学校有专业的体育课教师	24.27	15.655	0.533	0.811	
学校每年至少组织一次全校运动会	24.34	15.417	0.447	0.818	
学校每天都组织学生参加课外活动	24.90	13.066	0.591	0.797	
学校活动场地器材满足自主活动	20.41	11.612	0.611	0.820	
学校体育场地很容易就能到达	20.41	11.644	0.628	0.818	

7. 社区建成环境

社区建成环境题项的CITC值均大于0.4,且Cronbach's α系数大于0.8,说明整体信度较好,不需要删除题项(表6-9)。

表6-9 建成环境的信度分析

测量题项	删除项后的标度平均值	删除项后的标度方差	修正后的项与总计相关性	删除项后的Cronbach's α	Cronbach's α
我家附近有操场公园或健身房满足我课余体育锻炼	20.59	10.341	0.706	0.800	0.843
去我家附近的运动场所、公园很方便	20.64	10.611	0.658	0.810	
家里/宿舍有足够的体育器材用于我体育活动的需要	20.97	9.892	0.612	0.827	

经过上述的信度检验之后,本研究对问卷的观测变量(题项)进行了调整,将对应题项删除后的Cronbach's α系数高于总Cronbach's α系数的观察变量进行剔

除,共剔除 3 题,从而确定问卷题目数为 34 题。

(三) 初测问卷的效度检验

评价问卷测量工具的有效性就是效度检验,主要包括内容效度和结构效度的检验。在内容效度上,本问卷的题项是根据已有的文献以及有关青少年包括残疾青少年相关的成熟量表的基础上,结合调查结果改编完成,因此可以认为问卷题项的内容效度尚可。在结构效度上,采用探索性因子分析(exploratory factor analysis, EFA)来检验,应用软件 SPSS 24.0 进行统计分析。

运用 SPSS 24.0 主成分分析法,提取主因子和筛选题目。采用 KMO(Kaiser-Meyer-Olkin)系数和 Bartlett 球形检验检验指标和主成分分析的适当度。采用方差最大化正交旋转,寻找独立潜在因子。剔除题目的原则有以下 3 个:因子载荷值小于 0.5;主成分题项小于 3 题;有 2 个以上主成分因子载荷值偏高几乎接近 1。

1. KMO 和 Bartlett 球形检验

由表 6-10 可知,KMO 度量值为 0.944,大于 0.8,Bartlett 球形检验结果 $\chi^2 =$ 1 045.766, df=780, $p<0.001$,说明各题相关矩阵有共同因子,比较适合做因子分析。

表 6-10 KMO 和 Bartlett 球形检验

取足够度的 Kaiser-Meyer-Olkin 度量		0.944
Bartlett 的球形检验	近似卡方	1 045.766
	df	780
	Sig	0.000

2. 主成分提取

在探索性因子分析中,运用主成分分析法,抽取特征值大于 1 的公因子,累计解释方差达到 70.586%,说明所提取的 7 个公因子能较好地解释整体问卷数据所包含的信息。各题项、因子及因子载荷的方差见表 6-11。

表 6-11 总方差解释

成分	初始特征值			提取载荷平方和			旋转载荷平方和		
	总计	方差百分比	累积/%	总计	方差百分比	累积/%	总计	方差百分比	累积/%
1	16.685	41.712	41.712	16.685	41.712	41.712	7.869	19.673	19.673
2	3.902	9.756	51.467	3.902	9.756	51.467	5.840	14.601	34.274

(续表)

成分	初始特征值			提取载荷平方和			旋转载荷平方和		
	总计	方差百分比	累积/%	总计	方差百分比	累积/%	总计	方差百分比	累积/%
3	2.606	6.516	57.984	2.606	6.516	57.984	4.386	10.964	45.239
4	1.707	4.267	62.250	1.707	4.267	62.250	3.087	7.718	52.957
5	1.217	3.043	65.294	1.217	3.043	65.294	2.560	6.401	59.358
6	1.116	2.789	68.083	1.116	2.789	68.083	2.495	6.237	65.594
7	1.001	2.503	70.586	1.001	2.503	70.586	1.997	4.991	70.586

提取方法：主成分分析法。

3. 因子负荷矩阵

旋转后的因子载荷及解释方差如表6-12所示。探索性因子分析结果显示，测量同一维度的各指标可以聚合在一起并按照因子负荷量的大小排列，且各测量指标的因子载荷量均大于0.6，说明优化后的问卷通过效度检验，具有良好的结构效度。

成分1是F2运动认知与乐趣；成分2是F1运动自我效能；成分3是F6学校体育环境；成分4是F4教师支持；成分5是F3父母支持；成分6是F5同伴支持；成分7是F7建成环境。

表6-12 旋转后的成分矩阵[a]

	成分						
	1	2	3	4	5	6	7
EN3	0.881						
EN1	0.858						
EN5	0.854						
EN2	0.816						
EN4	0.689						
EN6	0.652						
EN7	0.527			0.629			
ESE1		0.686					
ESE3		0.681					
ESE2		0.608					

（续表）

	成分						
	1	2	3	4	5	6	7
ESE4		0.604					
ESE5		0.565					
PA4			0.704				
PA2			0.679				
PA6			0.644				
PA8			0.640				
PA3			0.589				
PA9			0.588				
PA7			0.555				
PA5			0.523				
SS5				0.845			
SS6				0.844			
SS4				0.831			
SS3				0.728			
SS1				0.605	0.506		
PS2					0.843		
PS3					0.755		
PS1					0.754		
CS2						0.603	
CS1						0.562	
CS3						0.502	
BN2							0.844
BN1							0.796
BN3							0.537

提取方法：主成分分析法。
旋转方法：凯撒正态化最大方差法。　　a. 旋转在 13 次迭代后已收敛。

以上分析结果显示，34 个测量项被抽取出 7 个公共因子，7 个因子的可靠性检验 Cronbach's 系数均大于化 0.5，其中有 2 题跨因子，将其删除，说明该问卷有良好的信度和效度。经过初测问卷的信效度检验之后,共删除2个题项,保留32个题项,加入个人信息和体力活动调查部分形成正式问卷。

第三节
残疾学生体力活动影响因子结构方程模型分析

国外学者在体力活动研究领域已经取得了丰硕的成果,社会生态系统理论、人口健康促进模型、青少年PA促进模型等相关理论为该领域提供了丰富的研究视角。Bronfenbrenner[①]的生态系统理论采用"俄罗斯套娃"的方式,系统地分析个体行为受到的各个层级的社会生态系统的影响。但社会生态系统理论只是一个关于个体行为发展的普适性理论,不同的群体、不同的行为涉及的社会生态肯定是存在区别的(比如青少年和残疾青少年、PA行为和吸毒行为),特别是在人际关系这一层面的区别尤为明显。鉴于此,对于残疾青少年体力活动的研究,必须明晰残疾青少年这一群体以及其PA行为如何受到社会生态系统各个层次系统的影响,才能有效地为残疾青少年学生PA促进提供切实有效的指导。

结构方程模型分析法是一种适用于多个变量对因变量影响的研究方法。运用结构方程模型分析能够更加准确地计算出各个潜在变量和因变量之间的关系。从社会生态学视角来看,残疾学生久坐行为和体力活动水平与体质健康水平低的问题不是单方面的问题,而是一个涉及残疾学生、学校、家庭和社会等多方面、多系统的综合性的社会及生态问题。也就是说,影响残疾学生PA水平既有微观系统,也有中观系统以及宏观系统因子,且它们之间相互作用,呈现多层次性和动态复杂性。在制定残疾学生体质健康和PA促进的方案和政策时考虑全部的因素分析作用机制,显然是不现实的。结构方程模型则可以较准确地了解残疾学生体力活动的多重因素及其影响的路径关系,从而进一步探讨这些影响因素之间的因果关系。这种影响既可能是直接的,也可能是间接的。

所以,本研究构建了一个影响因素的假设模型,在此基础上通过问卷和量表对潜在变量进行测量,通过结构方程模型的方法,考察影响因素分布与权重,找出关

---

① Bronfenbrenner U. The ecology of human development: Experiments by nature and design[M]. Cambridge, Massachusetts: Harvard University Press, 1979.

键的制约因素,并探索这些不同层次系统因素之间的作用及其对 PA 水平的影响。考虑到政策层面的因素比较宏观,目前也缺乏相应的量表进行测试,因此主要从代表个体层面的心理因素、人际层面的社会支持以及代表组织层的学校因素 3 个层面选取自变量和相应的量表,通过结构方程模型分析,进一步探讨各层次因素的影响路径,分析模型中各层次和因素之间的交互关系,从而为有效干预残疾青少年体力活动行为提供理论与实践的依据。

一、调研对象与样本数据获取

(一) 调研对象

按照视障、智障和聋哑 3 类残疾,从江苏省 13 个设区市选取 13 所特殊教育学校,学校分布于苏南地区 5 所、苏中地区 4 所和苏北地区 4 所,按照不同类型残疾学生,分别从小学(六年级)、初中各年级、高中各年级共抽取 350 名学生,视障、智障和聋哑参与者年龄在 13~20 岁,总计发放问卷 350 份。吴明隆[①]认为,初测样本数的下限是题项最多的分量表中观测变量数的 3 到 5 倍。本研究设计的观测变量数与总调查问卷数符合统计学要求。

(二) 样本数据获取

课题负责人培训南京市盲人学校的数名体育老师,说明问卷填写的注意事项和要求,然后由课题组成员和盲人学校体育老师组成调研小组,分别联系江苏省 13 所特殊教育学校相关老师,对接调研对象以及问卷填写事宜。调研共持续 2 个月,共回收问卷 328 份,对回收的 328 份问卷的原始数据进行了不适用样本数据的清洗,以确保用于实证分析的样本数据有较高的质量。有 49 份样本数据填写质量不高,被视为无效问卷删除。最终经过对样本数据的清洗,从 328 份答卷中获得用于实证分析的 279 份有效数据样本,有效回收率为 79.71%。具体流程见图 6-3。

(三) 调研对象体力活动数据获取

青少年体力活动问卷(physical activity questionnaire for adolescents, PAQ-A)[②],修订后的 PAQ-A 中文版具有可接受的信度和效度,可以用于大样本

[①] 吴明隆. 社会科学论文写作与量化研究[M]. 重庆:重庆大学出版社,2022.
[②] Kowalski K C, Crocker P R E, Donen R M. The physical activity questionnaire for older children (PAQ-C) and adolescents (PAQ-A) manual [M]. Saskatoon:University of Saskatchewan,2004.

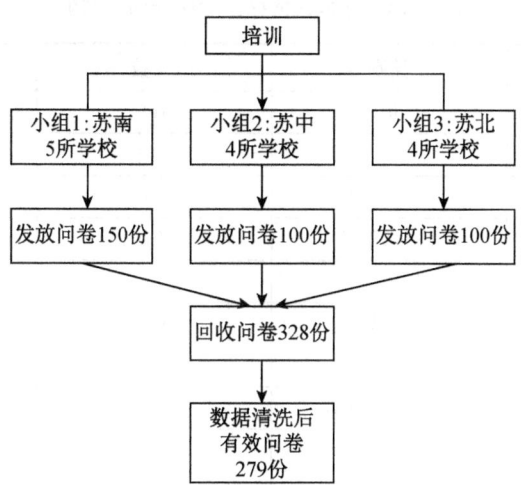

图 6-3 样本数据的调查与获取流程

的中国青少年体力活动评估研究[①]。PAQ-A 问卷共 9 题,每个题目设计 5 个选项,按照整体活动量由低到高分别赋值 1~5 分。总分为前 8 个问题的平均分,总分越高表明体力活动水平越高。该问卷同时设计第 9 题(Q9),询问受试者过去 7 天中是否存在某种特殊情况影响其正常参与体育活动。调查问卷由经过培训的研究人员进入教室统一发放,现场回收。

(四) 样本数据描述统计

对 279 份样本数据的受访者基本信息进行描述性统计分析,结果显示(表 6-13):(1)从性别结构来看,男性有 165 人(59.14%),女性 114 人(40.86%),男生多于女生;(2)从年龄结构来看,比例分布均衡,13~15 岁学生和 16~18 岁学生比例均占 35.13%,18 岁以上学生占 29.75%;(3)从残疾类型来看,视力残疾者最多(36.2%),其次是聋哑言语类残疾学生(35.84%),智力残疾学生(27.96%),说明纳入调查的 3 类残疾学生分布相对均衡;(4)从调查对象的来源来看,来自苏南地区的学生居多(49.82%),其次为苏中地区(30.47%),说明本次调查面向的学生人群分布在整个江苏地区,以苏南地区为主。

---

① 李新,王艳,李晓彤,等. 青少年体力活动问卷(PAQ-A)中文版的修订及信效度研究[J]. 北京体育大学学报,2015,38(5):63-67.

表 6-13　样本数据描述性统计($n=279$)

统计项	类别	人数	百分比/%
性别	男	165	59.14
	女	114	40.86
年龄	13～15 岁	98	35.13
	16～18 岁	98	35.13
	18 岁以上	83	29.75
残疾类型	视力残疾	101	36.20
	智力残疾	78	27.96
	听力语言残疾	100	35.84
来源	苏南	139	49.82
	苏中	85	30.47
	苏北	55	19.71

二、调研问卷的信度与效度分析

(一) 调研问卷数据的信度分析

为检验调研问卷的信度,使用 SPSS 24.0 工具的"可靠性分析"功能来检测问卷数据的内部一致性的 Cronbach's α 信度系数(即克隆巴哈系数)。一般认为,Cronbach's α 系数在 0.7 以上时,表明问卷具有良好的内部一致性。表 6-14 的 Cronbach's α 信度系数的检测结果显示,残疾学生 PA 影响因素模型中的 7 个潜在变量共有 32 个有效测量问项,整体的 Cronbach's α 信度系数值为 0.908,远大于 0.7 的临界值,具有较理想的信度水平。而 7 个 PA 的潜在影响因素的测量量表的 Cronbach's α 信度系数均大于 0.729,都在 0.7 临界值之上,说明该模型测量问卷中各潜在变量的测量信度都比较良好。

表 6-14　可靠性统计量:Cronbach's α 值

潜在变量	指标编码	题项数量	Cronbach's α
运动自我效能	ESE1	5	0.855
	ESE2		
	ESE3		
	ESE4		
	ESE5		

（续表）

潜在变量	指标编码	题项数量	Cronbach's α
运动认知与乐趣	EN1	6	0.913
	EN2		
	EN3		
	EN4		
	EN5		
	EN6		
父母支持	PS1	3	0.729
	PS2		
	PS3		
同伴支持	CS1	3	0.788
	CS2		
	CS3		
教师支持	SS3	4	0.885
	SS4		
	SS5		
	SS6		
学校体育环境	PA2	8	0.891
	PA3		
	PA4		
	PA5		
	PA6		
	PA7		
	PA8		
	PA9		
建成环境	BN1	3	0.802
	BN2		
	BN3		
整体可靠性统计量		32	0.908

(二) 调研问卷数据的效度分析

1. 残疾学生 PA 影响因素问卷的 KMO 和 Bartlett 球形检验

采用探索性因子分析方法(exploratory factor analysis,EFA)来检验调研问卷的特征效度。EFA 能够将具有错综复杂关系的变量综合为少数几个核心因子,来达到多元观测变量降维目的,找出影响观测变量的因子个数,以及各个因子和各个观测变量之间的相关程度,试图揭示一套相对比较大的变量的内在结构。在因子分析之前,需要先对问卷数据进行 Bartlett 球形检验,并度量 KMO 值。一般认为 KMO 值达到 0.7 以上,且球形检验的显著性水平达到双尾检验的显著性要求,才能表明问卷数据适合进行因子分析。

利用 SPSS 24.0 对残疾学生 PA 影响因素模型的调研问卷的 32 个测量题项进行探索性因子分析,表 6-15 的 KMO 和 Bartlett 球形检验结果显示:KMO 为 0.908(大于 0.7),Bartlett 球形检验的近似卡方值为 5 633.523,自由度(df)为 496,显著性(sig)为 0.000(非常显著),说明各变量独立的假设不成立,问卷所测量的数据集中度较好,适合进行因子分析。

表 6-15 残疾学生 PA 影响因素问卷的 KMO 和 Bartlett 球形检验

KMO 取样适切性量数		0.908
巴特利特球形度检验	近似卡方	5 633.523
	自由度	496
	显著性	0.000

2. 残疾学生 PA 影响因素因子分析

采用 SPSS 24.0 的"因子分析"功能,对所获得的 32 个题项数据进行因子分析,抽取方法为"主成分"(取特征值大于 1),旋转方法为"最大方差法",输出系数显示格式为"按大小排序""取消小系数"(绝对值<0.40)。

正交旋转后的矩阵成分显示,问卷数据的 32 个测量指标被提取出 7 个特征值大于 1 的公因子,累积解释方差达到 75.094%,表明这 7 个因子能够反映 32 个题项 75.094% 的信息,说明所提取的 7 个公因子能较好地解释整体问卷数据所含的信息。解释方差情况见表 6-16。

表 6-16　总方差解释

成分	初始特征值			提取载荷平方和			旋转载荷平方和		
	总计	方差百分比	累积/%	总计	方差百分比	累积/%	总计	方差百分比	累积/%
1	13.021	38.296	38.296	13.021	38.296	38.296	6.184	18.188	18.188
2	4.522	13.300	51.596	4.522	13.300	51.596	4.557	13.402	31.590
3	2.199	6.469	58.065	2.199	6.469	58.065	3.984	11.719	43.309
4	1.872	5.507	63.573	1.872	5.507	63.573	3.794	11.158	54.467
5	1.499	4.410	67.982	1.499	4.410	67.982	3.105	9.133	63.600
6	1.397	4.110	72.092	1.397	4.110	72.092	2.792	8.212	71.812
7	1.021	3.002	75.094	1.021	3.002	75.094	1.116	3.282	75.094

提取方法：主成分分析法。

一般认为，测量同一维度的各指标聚合在一起，其因子负荷量越大（大于 0.5），而在其他维度因子负荷越小（小于 0.5），则表明该测验数据的内部结构越清晰，整体特征消毒越高。由表 6-17 旋转后的因子载荷可知，对应因子最大的因子数与预设问卷的结构一致，表明问卷结构设计合理。测量同一潜变量的各个测量值指标在其对应维度上的因子载荷值均大于 0.6，表明本研究所使用的调查问卷具有较好的结构效度。

表 6-17　旋转后的成分矩阵[a]

指标编码	成分						
	1	2	3	4	5	6	7
EN3	0.885						
EN1	0.861						
EN5	0.846						
EN2	0.809						
EN4	0.668						
EN6	0.624						
ESE1		0.686					
ESE4		0.675					
ESE3		0.603					

(续表)

指标编码	成分						
	1	2	3	4	5	6	7
ESE5		0.593					
ESE2		0.542					
PA5			0.770				
PA4			0.721				
PA9			0.720				
PA2			0.692				
PA6			0.657				
PA7			0.621				
PA3			0.586				
PA8			0.567				
SS4				0.849			
SS5				0.828			
SS6				0.805			
SS3				0.722			
PS2					0.863		
PS3					0.775		
PS1					0.685		
BN2						0.877	
BN1						0.829	
BN3						0.600	
CS3							0.644
CS1							0.619
CS2							0.600

提取方法：主成分分析法。
旋转方法：凯撒正态化最大方差法。
a. 旋转在7次迭代后已收敛。

(三) 测量模型的信效度检验(CFA)

1. 测量模型的适配度

为进一步检验探索性因子分析结果中各观测变量的因素负荷量在结构方程模型中的参数估计是否显著,同时为检验潜在变量的测量模型信度和效度,采用 AMOS 24.0 对测量模型的数据进行了验证性因子分析(confirmatory factor analysis,CFA),用于检验和验证已经构建残疾学生 PA 影响因素量表的因子结构和因子载荷是否与预测一致。在 AMOS 中绘制各潜在变量的测量模型,并设定各个因子与测量变量之间的关系,然后通过最大似然估计方法,根据数据对模型的适配度进行统计检验,判断模型是否能够很好地解释数据。AMOS 24.0 输出的模型适配参数见表 6-18。与模型适配标准进行对比,综合各模型适配指标结果,本测量模型的整体适配度良好。

表 6-18 测量模型适配度

统计检验量	绝对适配度指数			增值适配度指数			简约适配度指数		
	χ^2/df	RMSEA	GFI	NFI	IFI	CFI	PNFI	PCFI	PGFI
适配标准	<3	<0.08	>0.8	>0.8	>0.8	>0.8	>0.5	>0.5	>0.5
本模型参数	2.661	0.077	0.786	0.799	0.865	0.863	0.714	0.771	0.659

其他参数:样本数=279;卡方值 χ^2=1178.825;p=0.000;自由度 df=443

2. 测量模型的信效度检验

结合验证性因子分析相关输出结果,对测量模型中潜在变量测量的效度与信度进行检验。基于测量模型验证性因子分析结果,分别检验指标变量的标准化因素负荷、标准化因素负荷平方(SMC)、潜在变量的组合信度(CR)和平均方差抽取量(AVE),以及潜在变量间的相关系数,其中标准化因素负荷和 SMC 检验题目的信度,CR、AVE 和潜在变量间的相关系数绝对值检验效度,结果见表 6-19。测量模型见图 6-4。

表 6-19 测量模型的因素负荷量、CR 值、AVE 值

潜在变量	观察变量	标准化因素负荷	显著性水平(p)	SMC	组合信度值(CR)	平均方差抽取量(AVE)
运动自我效能	ESE3	0.730	***	0.533	0.847	0.527
	ESE4	0.750	***	0.563		
	ESE5	0.659	***	0.434		

(续表)

潜在变量	观察变量	标准化因素负荷	显著性水平(p)	SMC	组合信度值(CR)	平均方差抽取量(AVE)
	ESE2	0.669	***	0.448		
	ESE1	0.811	***	0.658		
运动认知与乐趣	EN1	0.632	***	0.399	0.906	0.620
	EN2	0.857	***	0.734		
	EN3	0.688	***	0.473		
	EN4	0.850	***	0.723		
	EN5	0.834	***	0.696		
	EN6	0.834	***	0.696		
父母支持	PS1	0.679	***	0.461	0.742	0.502
	PS2	0.739	***	0.546		
	PS3	0.855	***	0.731		
同伴支持	CS1	0.795	***	0.632	0.784	0.549
	CS2	0.684	***	0.468		
	CS3	0.739	***	0.546		
教师支持	SS3	0.905	***	0.819	0.892	0.676
	SS4	0.831	***	0.691		
	SS5	0.673	***	0.453		
	SS6	0.859	***	0.738		
学校体育环境	PA2	0.771	***	0.594	0.889	0.502
	PA3	0.724	***	0.524		
	PA4	0.743	***	0.552		
	PA5	0.713	***	0.508		
	PA6	0.722	***	0.521		
	PA7	0.732	***	0.536		
	PA8	0.643	***	0.413		
	PA9	0.607	***	0.368		
社区建成环境	BN1	0.596	***	0.355	0.830	0.627
	BN2	0.857	***	0.734		
	BN3	0.889	***	0.790		

注：*** 表示 $p<0.001$。

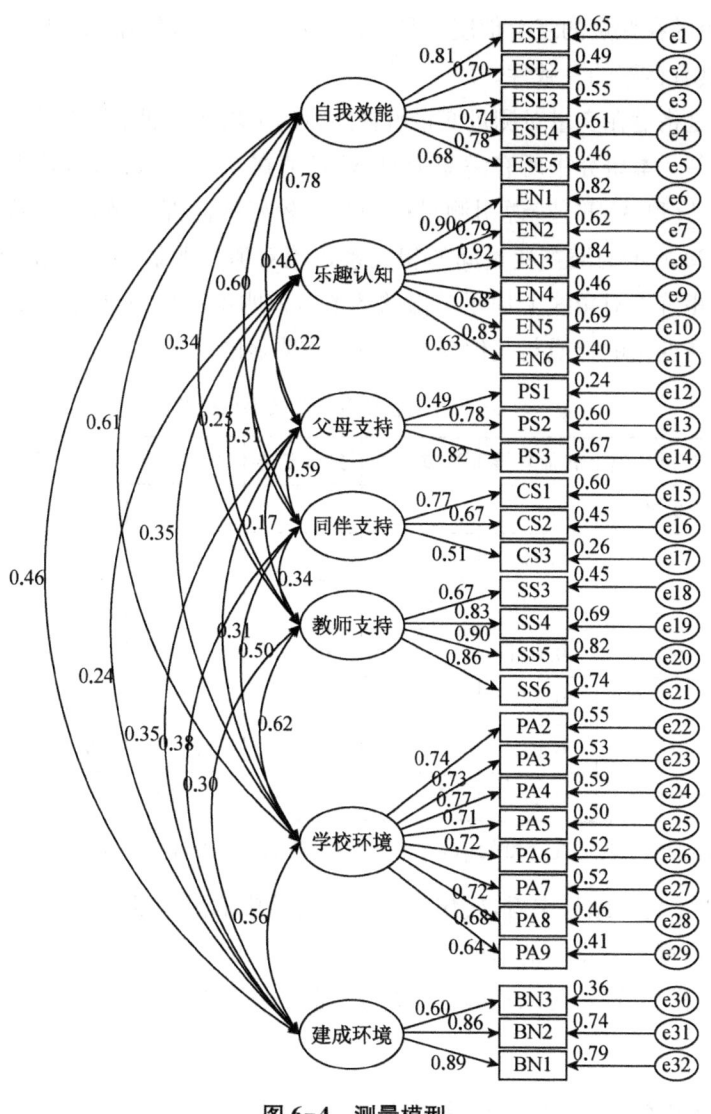

图 6-4 测量模型

标准化因素负荷、SMC值反映了测量变量受到潜在变量影响的程度,可以衡量题目的信度。该测量模型中,7个潜在变量的测量指标的标准化因素负荷均大于0.5,因子系数均非常显著($p=0.000$),说明测量模型具有较好的解释能力;CR值代表了构面指标的内部一致性,根据Fornell等[①]建议,CR值需在0.7以上。本

---

① Fornell C, Larcker D F. Evaluating structural equation models with unobservable variables and measurement error[J]. Journal of Marketing Research, 1981, 18(1): 39-50.

研究中 7 个潜在变量的组合信度(CR)在 0.742~0.906,均在 0.7 以上,表明各观测变量间具有良好的一致性。

AVE 是指潜在变量对测量变量解释能力的平均数。通常所有构面的 AVE 值需大于 0.5[①]。本研究中所有潜变量的 AVE 值在 0.502~0.676,均大于 0.5。结合以上 CR 值和 AVE 值,说明测量模型具有较好的内部一致性(信度)和聚合效度。表 6-20 所示的潜在变量间的相关系数绝对值均明显小于潜在变量的 AVE 平方根值(矩阵中对角线上加粗标出的数值),说明本测量模型具有良好的区别效度,即各潜在变量的特质与其他潜在变量存在明显的差异。

表 6-20 潜在变量间相关系致矩阵

潜变量	建成环境	教师支持	学校环境	父母支持	同伴支持	运动认知	自我效能
建成环境	**0.792**						
教师支持	0.113	**0.822**					
学校环境	0.255	0.242	**0.709**				
父母支持	0.094	0.044	0.089	**0.709**			
同伴支持	0.201	0.147	0.285	0.062	**0.741**		
运动认知	0.088	0.078	0.149	0.042	0.093	**0.787**	
自我效能	0.194	0.145	0.279	0.128	0.319	0.325	**0.726**

粗体标出的数字为潜在变量的 AVE 平方根值,其他数字为潜在变量间的相关系数。

综合以上检验结果来看,残疾学生体力活动影响因素的测量模型的拟合度较好,且测量模型具有良好的信度和效度,因此基于此测量模型和样本数据进行理论假设的结构模型分析,可以检验各潜在变量间的路径关系,并验证所提出的理论假设是否成立。

三、残疾学生体力活动水平及其与各因素的相关性分析

(一)残疾学生 PA 水平

残疾学生总体 PA 水平为 2.73±0.64,不同性别、学段的残疾学生 PA 水平无显著差异,聋哑学生 PA 水平显著高于视障和智障学生 PA 水平(表 6-21)。

[①] Fornell C, Larcker D F. Evaluating structural equation models with unobservable variables and measurement error[J]. Journal of Marketing Research, 1981, 18(1): 39-50.

表 6-21　残疾学生 PA 水平（$n=279$）

统计项	类别	人数	PA 平均值	F 值	p 值
性别	男	165	2.69±0.65	0.002	0.962
	女	114	2.79±0.63		
年龄	初中	98	2.75±0.62	2.684	0.07
	高中及以上	181	2.72±0.63		
残疾类型	视障	101	2.69±0.56	1.153	0.284
	智障	78	2.66±0.53	0.574	0.449
	聋哑	100	2.84±0.74	8.748	0.000
总体		279	2.73±0.64		

（二）残疾学生 PA 水平与各因素的相关性

残疾学生 PA 水平与父母支持、同伴支持、教师支持、学校环境、建成环境、自我效能、运动认知与乐趣各自变量均存在显著的相关性（相关系数为 0.14～0.71，$p<0.05$）。

表 6-22　变量间的相关性（$n=279$）

变量	平均值	标准差	PA 平均	父母支持	同伴支持	教师支持	学校环境	建成环境	自我效能	运动认知与乐趣
PA 平均	2.73	0.64	1							
父母支持	3.60	0.78	0.409**	1						
同伴支持	3.71	0.80	0.494**	0.484**	1					
教师支持	4.45	0.54	0.177*	0.185**	0.241**	1				
学校环境	4.10	0.61	0.148*	0.275**	0.372**	0.564**	1			
建成环境	3.84	0.84	0.152*	0.313**	0.313**	0.279**	0.522**	1		
自我效能	3.72	0.76	0.145*	0.386**	0.556**	0.300**	0.531**	0.473**	1	
运动认知与乐趣	3.93	0.73	0.142*	0.221**	0.523**	0.292**	0.368**	0.311**	0.717**	1

**：$p<0.01$，*：$p<0.05$

四、残疾学生体力活动影响因素结构模型分析结果

(一) 残疾学生体力活动影响因素结构模型适配度检验

首先基于理论模型的路径假设,绘制残疾学生体力活动影响因素的结构模型,而后通过 AMOS 软件,导入 279 份有效样本数据,将所有变量导入后运行 AMOS 软件进行计算。由表 6-23 可知,残疾学生体力活动影响因素的结构模型各拟合度指标均达到标准,这表明样本与模型间拟合良好,理论假设的路径关系与实际测量数据比较符合,结构模型的构建与假设比较理想。

表 6-23 结构方程模型适配度

统计检验量	绝对适配度指数			增值适配度指数			简约适配度指数		
	χ^2/df	RMSEA	GFI	NFI	IFI	CFI	PNFI	PCFI	PGFI
适配标准	<3	<0.08	>0.8	>0.8	>0.8	>0.8	>0.5	>0.5	>0.5
本模型参数	2.761	0.071	0.785	0.782	0.849	0.847	0.699	0.757	0.652

其他参数:样本数=279;卡方值 χ^2=1 034.084;p=0.000;自由度 df=472

(二) 各因子的路径关系

从结构方程模型图(图 6-5)及各因子的路径关系分析表(表 6-24)可以看出,模型中处于组织层的学校环境对残疾学生 PA 产生影响,影响效应为 0.306,p=0.011,并且学校环境还能够通过影响人际层面的父母支持、同伴支持和个体层面的自我效能对残疾学生 PA 产生间接影响,其影响效应分别为 0.191(p=0.025)、0.436 和 0.351(p<0.001)。而建成环境对残疾学生 PA 没有产生直接影响,但建成环境通过对教师支持、父母支持、同伴支持这 3 个因素对残疾学生 PA 产生间接影响,其影响效应分别为 0.324(p<0.001)、0.274(p=0.002)、0.189(p=0.028)。

模型中的人际层面父母支持对残疾学生 PA 产生影响,影响效应为 0.598(p<0.001)s,并且父母支持还可以通过个体因素的自我效能对残疾学生的 PA 产生间接影响,其影响效应为 0.195(p=0.001)。同伴支持对 PA 并未产生直接影响,但同伴支持通过个体因素的运动认知对残疾学生的 PA 产生间接影响,其影响效应为 0.428(p<0.001)。教师支持对 PA 并未产生直接影响,但同伴支持通过学校环境对残疾学生的 PA 产生间接影响,其影响效应为 0.638(p<0.001)。

模型中个体因素自我效能对残疾学生 PA 产生显著影响,影响效应为 0.589

第六章
残疾学生体力活动与体质健康促进的社会生态模型构建与验证

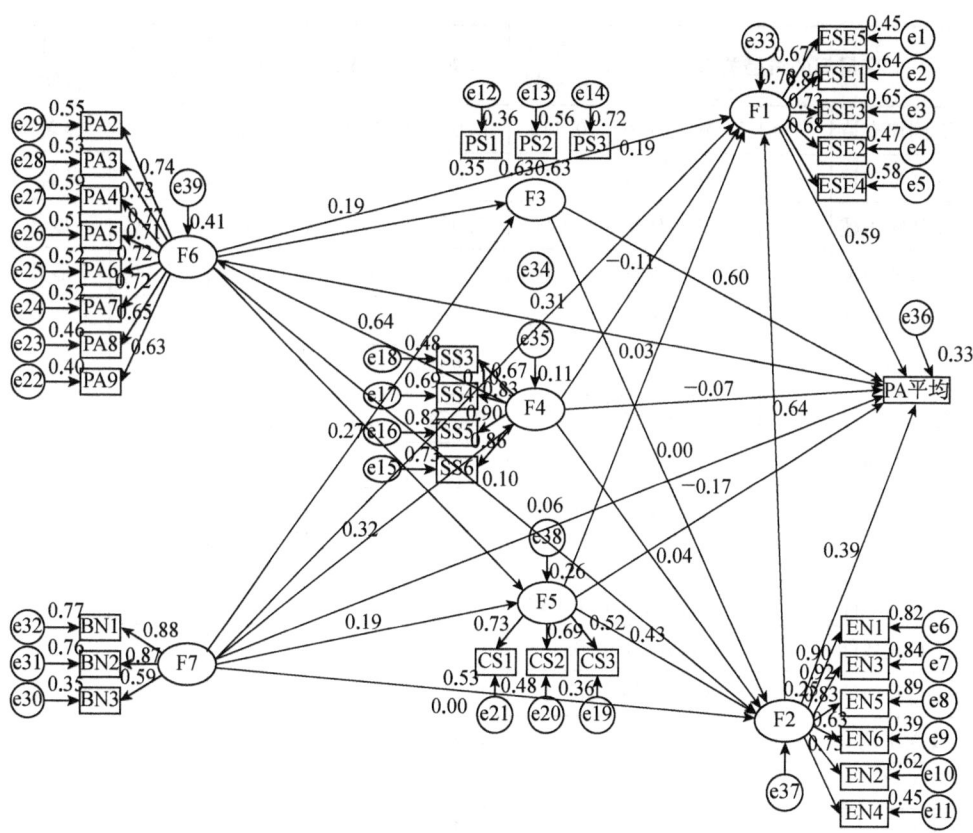

图 6-5 残疾学生 PA 影响因素结构模型分析结果图

($p<0.001$)。运动认知对残疾学生 PA 产生显著影响,影响效应为 0.395($p=0.004$),并且运动认知还可以通过个体因素的自我效能对残疾学生的 PA 产生间接影响,其影响效应为 0.639($p<0.001$)。

表 6-24 结构方程模型的各因子路径关系

变量间的路径关系			非标准化系数	S. E.	C. R.	p	标准化系数	显著性检验
F4 教师支持	←	F7 建成环境	0.271	0.059	4.592	***	0.324	显著
F6 学校环境	←	F4 教师支持	0.551	0.066	8.359	***	0.638	显著
F3 父母支持	←	F6 学校环境	0.148	0.066	2.235	0.025	0.191	显著
F5 同伴支持	←	F6 学校环境	0.368	0.09	4.087	***	0.436	显著

(续表)

变量间的路径关系			非标准化系数	S.E.	C.R.	p	标准化系数	显著性检验
F5 同伴支持	←	F7 建成环境	0.115	0.052	2.199	0.028	0.189	显著
F3 父母支持	←	F7 建成环境	0.153	0.049	3.111	0.002	0.274	显著
F2 认知乐趣	←	F7 建成环境	−0.003	0.095	−0.032	0.974	−0.002	不显著
F2 认知乐趣	←	F3 父母支持	−0.007	0.17	−0.041	0.967	−0.003	不显著
F2 认知乐趣	←	F4 教师支持	0.065	0.123	0.532	0.595	0.043	不显著
F2 认知乐趣	←	F5 同伴支持	0.886	0.221	4.000	***	0.428	显著
F2 认知乐趣	←	F6 学校环境	0.178	0.174	1.023	0.306	0.102	不显著
F1 自我效能	←	F6 学校环境	0.454	0.102	4.459	***	0.351	显著
F1 自我效能	←	F3 父母支持	0.326	0.099	3.277	0.001	0.195	显著
F1 自我效能	←	F4 教师支持	−0.118	0.066	−1.78	0.075	−0.106	不显著
F1 自我效能	←	F5 同伴支持	0.042	0.108	0.388	0.698	0.027	不显著
F1 自我效能	←	F2 认知乐趣	0.473	0.050	9.370	***	0.639	显著
F1 自我效能	←	F7 建成环境	0.093	0.050	1.861	0.063	0.099	不显著
PA 平均	←	F1 自我效能	0.623	0.186	3.341	***	0.589	显著
PA 平均	←	F2 认知乐趣	0.309	0.108	2.869	0.004	0.395	显著
PA 平均	←	F3 父母支持	1.059	0.188	5.627	***	0.598	显著
PA 平均	←	F4 教师支持	−0.088	0.098	−0.891	0.373	−0.074	不显著
PA 平均	←	F5 同伴支持	−0.281	0.159	−1.764	0.078	−0.173	不显著
PA 平均	←	F6 学校环境	0.418	0.165	2.541	0.011	0.305	显著
PA 平均	←	F7 建成环境	0.059	0.074	0.798	0.425	0.06	不显著

表 6-25 整理了各题项标准化回归系数。

表 6-25 各题项标准化回归系数

题项	因子	标准化系数	未标准化系数	S.E.	C.R.	p
ESE3	自我效能	0.73	1			
ESE4	自我效能	0.75	0.777	0.063	12.303	***
ESE5	自我效能	0.659	0.743	0.067	11.085	***

(续表)

题项	因子	标准化系数	未标准化系数	S.E.	C.R.	p
ESE2	自我效能	0.669	0.609	0.055	11.061	***
ESE1	自我效能	0.811	0.97	0.068	14.177	***
EN6	运动认知与乐趣	0.632	1			
EN5	运动认知与乐趣	0.857	1.368	0.121	11.305	***
EN4	运动认知与乐趣	0.688	1.121	0.082	13.646	***
EN3	运动认知与乐趣	0.85	1.567	0.139	11.314	***
EN2	运动认知与乐趣	0.834	1.332	0.118	11.242	***
EN1	运动认知与乐趣	0.834	1.473	0.132	11.148	***
PS1	父母支持	0.479	1			
PS2	父母支持	0.739	2.107	0.293	7.19	***
PS3	父母支持	0.855	2.438	0.352	6.925	***
CS3	同伴支持	0.795	1			
CS1	同伴支持	0.684	0.759	0.075	10.139	***
CS2	同伴支持	0.739	0.843	0.079	10.737	***
SS5	体育教师支持	0.905	1			
SS4	体育教师支持	0.831	0.804	0.044	18.297	***
SS3	体育教师支持	0.673	0.782	0.061	12.826	***
SS6	体育教师支持	0.859	0.95	0.048	19.795	***
PA4	学校环境	0.771	1			
PA3	学校环境	0.724	0.721	0.058	12.336	***
PA2	学校环境	0.743	0.905	0.071	12.686	***
PA5	学校环境	0.713	0.909	0.075	12.174	***
PA6	学校环境	0.722	0.937	0.075	12.43	***
PA7	学校环境	0.732	0.861	0.069	12.415	***
PA8	学校环境	0.643	0.737	0.068	10.764	***
PA9	学校环境	0.607	0.669	0.066	10.128	***
BN3	建成环境	0.596	1			
BN2	建成环境	0.857	1.185	0.115	10.3	***
BN1	建成环境	0.889	1.243	0.123	10.067	***

(三) 残疾学生体力活动影响因素结构模型的假设检验

结合 21 个假设的内容和结构模型分析结果,进一步检验本研究中所提出的 21 个潜在变量间的关系假设是否成立,研究假设的检验结果见表 6-26。检验结果表明,假设 H6、H7、H8、H10、H11、H12、H18 假设不显著,因而假设被拒绝,其他 14 个影响关系假设的路径系数均大于 0,且在不同显著性水平上都达到显著性要求(T 值绝对值>1.96,$p<0.05$),假设成立。

表 6-26 研究假设的检验结果

研究假设	路径系数 (B)	C. R.	p	假设检验结果
H1 运动自我效能对 PA 有显著正影响	0.589	3.341	***	支持
H2 运动认知和乐趣对 PA 有显著正影响	0.395	2.869	0.004	支持
H3 运动认知和乐趣对自我效能有正影响	0.639	9.370	***	支持
H4 父母支持对 PA 有显著正影响	0.598	5.627	***	支持
H5 父母支持对自我效能有显著正影响	0.195	3.277	0.001	支持
H6 父母支持对运动认知有显著正影响	−0.003	−0.041	0.967	不支持
H7 同伴支持对 PA 有显著正影响	−0.173	−1.764	0.078	不支持
H8 同伴支持对自我效能有显著正影响	0.027	0.388	0.698	不支持
H9 同伴支持对运动认知有显著正影响	0.428	4.000	***	支持
H10 教师支持对 PA 有显著正影响	−0.074	−0.891	0.373	不支持
H11 教师支持对自我效能有显著正影响	−0.106	−1.78	0.075	不支持
H12 教师支持对运动认知有显著正影响	0.043	0.532	0.595	不支持
H13 学校环境对 PA 有显著正影响	0.351	4.459	***	支持
H14 学校环境对自我效能有显著正影响	0.305	2.541	0.011	支持
H15 学校环境对父母支持有显著正影响	0.191	2.235	0.025	支持
H16 学校环境对同伴支持有显著正影响	0.436	4.087	***	支持
H17 学校环境对教师支持有显著正影响	0.638	8.359	***	支持
H18 建成环境对 PA 有显著正影响	0.425	0.060	0.798	不支持
H19 建成环境对父母支持有显著正影响	0.274	3.111	0.002	支持
H20 建成环境对同伴支持有显著正影响	0.189	2.199	0.028	支持
H21 建成环境对教师支持有显著正影响	0.324	4.592	***	支持

1) 运动自我效能($B=0.589, p=0.000$)、运动认知($B=0.395, p=0.004$)、父母支持($B=0.598, p=0.000$)、学校环境($B=0.351, p=0.000$)对 PA 有显著正影响,是残疾学生 PA 的关键影响因素。

2) 运动认知和乐趣($B=0.639, p=0.000$)、父母支持($B=0.195, p=0.001$)、学校环境($B=0.305, p=0.011$)对运动自我效能有显著正影响。也就是残疾学生的运动认知、感知的父母支持越高,学生克服运动障碍的自我效能感则越高,同样,学生感知到学校合适参与的体育活动和各项有利的制度,则效能感提高,从而促进其参与 PA。

3) 学校环境对教师支持($B=0.638, p=0.000$)、同伴支持($B=0.436, p=0.000$)、父母支持($B=0.191, v=0.025$)有显著正影响。

4) 建成环境对教师支持($B=0.324, p=0.000$)、同伴支持($B=0.189, p=0.028$)、父母支持($B=0.274, p=0.002$)有显著正影响。

5) 同伴支持($B=0.428, p=0.000$)对运动认知有显著正影响。

根据路径分析结果,绘制了残疾学生 PA 影响因素的结构模型如图 6-6。

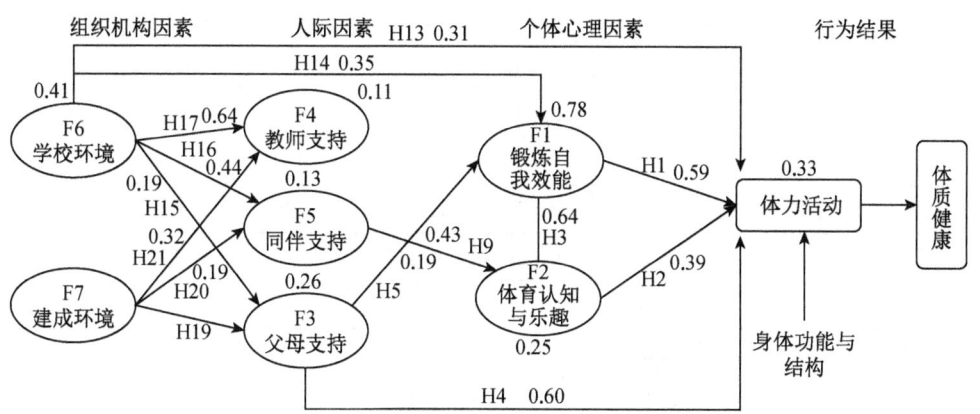

图 6-6 模型假设检验及路径系数结果

第四节 残疾学生体力活动的影响因素及交互关系

结构方程模型分析结果显示,无论是距离个体比较远端的组织层,还是相对近端的人际层和个体最近端水平的个体层,每层因素对残疾青少年体力活动都产生直接或间接影响。从表 6-27 的分析结果来看，依据影响效果大小排序，对残疾学生 PA 有直接影响作用的潜在因素依次为：父母支持（$\beta=0.598$）、运动自我效能（$\beta=0.589$）、运动认知（$\beta=0.395$）、学校环境（$\beta=0.305$）。其中父母支持的影响作用最大，表明父母的支持包括父母的鼓励、父母的陪同、父母提供交通和经费支持是残疾学生 PA 影响的关键因子，其效应最为明显。而个体心理因素包括克服障碍的信息、对体育运动的价值认知、运动兴趣、外部学校环境、学校的体育活动、制度政策等影响因素也对残疾学生 PA 有显著作用，表明残疾学生在决定是否 PA 或进行 PA 的行为时，不仅会受到个体心理等内部因素的影响，还会受到学校体育环境与外部环境和氛围的影响。

表 6-27 直接效应和间接效应

路径	点值	S.E.	Z	Bootstrap Lower 95%	Bootstrap upper 95%	p
直接效应						
自我效能-PA	0.589	0.214	2.752	1.077	0.237	0.001
运动认知-PA	0.395	0.165	2.394	0.124	0.791	0.006
运动认知-自我效能	0.639	0.067	9.537	0.498	0.766	0.001
父母支持-PA	0.598	0.083	7.205	0.445	0.771	0.001
父母支持-自我效能	0.195	0.066	2.955	0.078	0.337	0.002
教师支持-学校环境	0.638	0.055	11.600	0.521	0.739	0.001
同伴支持-运动认知	0.428	0.136	3.147	0.15	0.689	0.003
学校环境-PA	0.305	0.128	2.383	0.087	0.59	0.006
学校环境-自我效能	0.351	0.09	3.900	0.185	0.531	0
学校环境-父母支持	0.191	0.079	2.418	0.04	0.356	0.007
学校环境-同伴支持	0.436	0.101	4.317	0.223	0.636	0.001
建成环境-父母支持	0.274	0.085	3.224	0.089	0.43	0.008
建成环境-同伴支持	0.324	0.073	4.438	0.184	0.466	0.001
间接效应						
运动认知-PA	−0.376	0.148	−2.541	−0.752	−0.158	0.001
父母支持-PA	−0.115	0.065	−1.769	−0.293	−0.028	0.004
同伴支持-自我效能	0.273	0.089	3.067	0.109	0.471	0.002

(续表)

路径	点值	S.E.	Z	Bootstrap Lower 95%	Bootstrap upper 95%	p
教师支持-PA	0.136	0.07	1.943	0.01	0.285	0.03
教师支持-自我效能	0.4	0.074	5.405	0.256	0.548	0.001
教师支持-运动认知	0.183	0.077	2.377	0.027	0.331	0.026
教师支持-父母支持	0.122	0.052	2.346	0.028	0.23	0.006
教师支持-同伴支持	0.278	0.074	3.757	0.14	0.441	0.001
学校环境-PA	−0.191	0.108	−1.769	−0.453	−0.026	0.019
学校环境-自我效能	0.233	0.082	2.841	0.047	0.375	0.008
学校环境-运动认知	0.186	0.082	2.268	0.066	0.4	0.001
建成环境-自我效能	0.203	0.068	2.985	0.073	0.338	0.004
建成环境-运动认知	0.153	0.063	2.429	0.04	0.287	0.009
建成环境-父母支持	0.04	0.021	1.905	0.009	0.095	0.004
建成环境-同伴支持	0.09	0.038	2.368	0.034	0.187	0.001
建成环境-学校环境	0.207	0.057	3.632	0.108	0.332	0.001

一、个体层面影响因素

从个体层看,自我效能和运动认知2个指标均对残疾青少年体力活动产生显著影响,即自我效能感越高、运动认知水平越高的残疾青少年体力活动量就越大。从路径系数分析,自我效能($\beta=0.589$)对PA的影响作用大于运动认知水平($\beta=0.395$)。由此可见,残疾学生克服运动障碍的自我效能是直接影响其体力活动行为的重要个体因素。这与先前一些研究结果相一致[1][2]。个体的行为是与外界环境交互形成的,并伴随着个体对行为认知程度的变化而改变。行为的维持和改变受到个体效能期待的影响,通常自我效能越高,行为改变效果的显著性和新行为的持续性就越好[3]。自我效能感高的个体在运动认知方面表现出更高的水平,包括更好的运动知觉、记忆和思维。这是因为自我效能感高的个体更有可能积极参与

---

[1] 窦丽,陈华卫,卢恩杰,等. 视力残疾青少年体力活动及其与运动自我效能的相关性[J]. 中国康复理论与实践,2023,29(3):349-355.

[2] Deci E L, Ryan R M. The "what" and "why" of goal pursuits: Human needs and the self-determination of behavior[J]. Psychological Inquiry,2000,11(4):227-268.

[3] Bandura A. Self-efficacy: The exercise of control[M]. New York: Worth Publishers,1997.

运动训练,通过不断的练习和训练,提高运动技能水平,进而提升运动认知能力[1]。

二、人际关系层影响因素

从人际关系层看,家人的支持对于塑造青少年积极的体力活动行为起到至关重要的作用[2]。几乎所有的青少年都受到来自父母体力活动信念和价值观的传输,并影响其体力活动行为[3]。易军等[4]通过实证研究发现,父母的支持对青少年体育锻炼行为具有正向的影响。本研究的模型结果显示,父母支持($\beta=0.598$)对残疾学生 PA 产生显著的直接影响,即感知到父母支持越高的残疾学生的 PA 则越高。并且从路径分析可以看出,父母支持($\beta=0.195$)也可以通过自我效能对青少年校内体力活动行为产生影响,即父母支持因素对残疾青少年体力活动产生直接和间接双重影响。

来自同伴的社会支持在青少年中同样重要。这是因为青少年正处于青春发育的关键期,他们通常更希望得到朋友及同伴的肯定和鼓励。有研究显示,同伴体力活动参与情况会直接影响青少年个体的体力活动参与水平[5]。本研究模型结果显示,虽然同伴支持并没有对残疾学生 PA 产生显著的直接影响,但是从路径系数分析结果可知,同伴支持($\beta=0.273$)对运动自我效能产生非常显著的间接作用,同伴支持($\beta=0.428$)对残疾学生的运动认知产生非常显著的直接作用。可见,同伴支持虽然并没有直接影响残疾学生的 PA,但通过直接或间接的作用影响了残疾学生个性心理因素,使残疾学生克服障碍的运动效能以及运动认知能力提升,从而影响 PA。同伴的支持、鼓励和理解可以帮助他们克服参与体育活动的障碍,提高他们的运动技能和自信心,并减少社会孤立和心理障碍。

教师支持从路径系数分析结果可知,教师支持($\beta=0.136$)对残疾学生的 PA 产生非常显著的间接影响,教师支持对自我效能($\beta=0.4$)、运动认知($\beta=0.183$)、父母支持($\beta=0.122$)和同伴支持($\beta=0.278$)产生非常显著的间接影响作用。由此

---

① Dishman R K, Motl R W, Saunders R P, et al. Enjoyment mediates the relationship between perceived competence and physical activity among adolescent girls[J]. Preventive Medicine,2006,43(5):398-403.

② Motl R W, Dishman R K, Saunders R P, et al. Parental support and adolescents' physical activity: A review[J]. Journal of Sports Sciences,2007,25(13):1409-1425.

③ Dishman R K, Saunders R P, Motl R W, et al. Parental support and adolescents' self-efficacy in physical activity[J]. Journal of Adolescent Health,2008,43(3):247-254.

④ 易军,张静,陈晨.父母支持对青少年体育锻炼行为的影响:基于结构方程模型的实证分析[J].中国体育科技,2018,54(1):10-16.

⑤ McDonald L, Smith A. Peer support in physical activity for children and adolescents with disabilities: A scoping review[J]. Journal of Sports Sciences,2014,32(12):1117-1128.

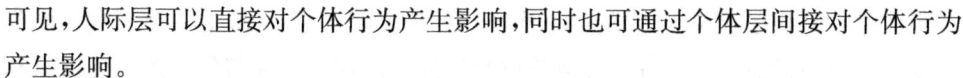

可见,人际层可以直接对个体行为产生影响,同时也可通过个体层间接对个体行为产生影响。

三、组织层影响因素

相较人际层,组织层在社会生态模型中属于相对较远端的层次,离个体相对较远。从理论上而言,组织层的因素对个体的影响力可能不够直接。有研究发现,学校环境对青少年学生锻炼行为的预测作用要小于家庭环境。本研究建立的模型发现,学校环境($\beta=0.305$)直接预测残疾学生 PA 的作用小于父母支持($\beta=0.598$),学校环境对残疾学生的体力活动行为不仅具有直接的显著影响($\beta=0.305$),而且还有间接的显著影响($\beta=0.191$)。此外,从路径分析发现,组织层的学校因素还会对相邻层级的人际层的家庭支持($\beta=0.191$)和同伴支持($\beta=0.436$)产生直接影响,并通过这些中介变量对个体行为产生影响。学校的场地设施、体育课质量、课外活动安排和相关体育政策制度等都是重要的影响因素,因此,有效改善学校设施条件、提高体育课堂教学质量及加强适应性体育课程对残疾学生体力活动行为的促进具有重要意义。

建成环境作为社会生态物理环境的核心要素,与青少年体力活动行为之间存在密切关联[①]。特别是家附近的免费公园和体育场所的可达性,以及无障碍设施的设置,对于残疾学生的 PA 水平具有显著影响。尽管残疾学生家附近可能有公园或体育场所,但如果没有适合他们使用的器材或无障碍设施,他们将难以进行体育锻炼[②③]。

本研究模型结果显示,建成环境并没有直接对残疾学生 PA 行为产生显著的直接影响作用,但是建成环境对人际关系层的父母支持($\beta=0.274$)和教师支持($\beta=0.324$)均产生非常显著的直接影响作用,而父母支持是影响残疾学生 PA 的最重要因素。已有的研究也证实了建成环境对社会支持的正向影响,进而影响和促进青少年的 PA 行为。

本研究构建的模型结果显示,建成环境虽未对残疾学生的体力活动(PA)行为产生直接的显著影响,但对人际关系层面中的父母支持($\beta=0.274$)和教师支持

---

① 张健,孙辉,张建华,等. 儿童青少年体力活动建成环境研究热点解析、前瞻与启示[J]. 中国体育科技,2020,56(4):11-19,37.

② Smith K R, MacIntosh A M. The role of accessibility in physical activity participation among individuals with disabilities[J]. Journal of Physical Activity and Health,2014,11(10):1956-1963.

③ 李佳音. 城市无障碍环境建设对残疾人参与体育活动的影响[J]. 残疾人研究,2021(2):58-63.

($\beta=0.324$)产生了极为显著的直接影响。值得注意的是,父母支持在影响残疾学生 PA 行为的诸多因素中占据着至关重要的地位。这一发现与先前的研究结果相契合,即建成环境对社会支持具有积极的促进作用,进而间接推动青少年的 PA 行为[①]。该结果为社会生态学理论提供了实证支持,特别是关于不同等级层次间影响方式的观点。建成环境作为外层因素,通过增强内层系统中的人际支持(如父母支持和教师支持),间接地促进了残疾学生的 PA。这一发现对于制定和优化旨在提升残疾学生 PA 水平的干预策略具有重要的指导意义。在未来的研究中,可进一步探讨建成环境如何具体影响父母和教师的支持行为,以及如何将这些发现转化为具体的实践措施,从而更好地促进残疾学生的 PA 参与。

基于以上讨论,我们可以合理推断,残疾学生所在社区若具备良好的建成环境,特别是提供适合残疾人活动的场所和设备,会积极影响孩子父母对 PA 的鼓励支持和陪伴行为。这种支持行为的增加,无疑会让孩子感受到更多的家庭支持,从而间接促进残疾学生参与 PA 的积极性。同样地,学校或学校周边的建成环境也会对教师对残疾学生 PA 的支持产生积极影响。当学校的体育设施和环境更加包容和适应残疾学生的需求时,教师更有可能鼓励和支持他们参与 PA。这种来自教师的支持,同样会在很大程度上间接影响残疾学生的 PA 行为。通过本研究的深入分析,我们验证了社会生态学理论中关于等级层次间影响方式的观点。具体来说,即外层环境因素(如社区和学校的建成环境)通过内层系统(如家庭和学校支持系统)中的某些关键因素间接影响个体的行为(如残疾学生的 PA 行为)。这一发现为我们进一步优化残疾学生的 PA 环境提供了重要的理论依据和实践指导。在优化建成环境以促进青少年 PA 方面,需要进一步关注公园和体育场所的无障碍设施建设,以提高残疾学生的参与度。同时,通过改善社区环境和人行道设计,可以鼓励更多的青少年参与户外活动。此外,合理规划社区内的运动场地和限制汽车数量,也有助于提高青少年的活动水平。

四、研究展望

从以上对各层次影响因素的传递路径的分析可以看出,社会生态系统各个层次与维度中的因素对青少年校外 PA 行为产生不同的影响。这些因素和层次间也会相互作用、相互影响,且同一层级内的不同因素还会根据与个体的关系亲疏对个

---

① Garcia C, Ding D, Sjöström M, et al. Interactive effects of perceived neighborhood environmental attributes and social support on children's and adolescents' physical activity and sedentary behavior: A meta-analysis[J]. International Journal of Behavioral Nutrition and Physical Activity, 2018, 15(1):27.

体行为产生直接或者间接的影响。青少年缺乏 PA 的问题并非某一单方面的问题，如何改变青少年 PA 行为需要从多层面、多视角进行全方位的审视。在实际应用中，相对于单一层面或某一两个水平的干预，利用社会生态系统中多个水平不同维度的干预可能具有更加广泛而持久的效果。

第五节
残疾学生体力活动影响因素的中介效应

一、运动自我效能的中介效应

自我效能是指个体对自己能否在一定程度上完成某项活动所具备的能力判断、信念及主体自我的把握与感受[1][2]。作为社会认知理论的核心概念，自我效能主要探讨个体对于情境需求与个人能力之间的感知，是人们动因的关键，常被用来分析从事行为改变的重要变量，在人们获得各种技能、知识、经验与随后行为之间的关系起到了重要的中介作用，对青少年的 PA 行为产生重要的预测作用[3]。

采用 Bollen-Stine Bootstrap 方法（$n = 2\,000$ 次重复抽样）对中介路径进行验证，并设置 95% 的置信区间。若 Bootstrap 置信区间的下限与上限均不包含 0，则表明中介变量的效应显著存在；反之，若包含 0，则中介效应不显著。根据表 6-15 的结果，锻炼自我效能作为中介变量，在父母支持对 PA 的影响、运动认知对 PA 的影响，以及学校环境对 PA 的影响中，均发挥了重要的部分中介作用。具体而言，父母支持、运动认知和学校环境 3 个因素共同解释了锻炼自我效能 78% 的方差变异。因此，在制定针对性的干预策略时，应优先考虑加强父母支持、提升运动认知和改善学校环境，以有效提升个体的锻炼自我效能，进而促进 PA 的参与。

运动认知和父母支持分别通过自我效能间接影响残疾学生 PA 行为。尽管大量的研究都认为父母支持是孩子 PA 的重要因素，但具体的作用路径有哪些，在国内视障青少年人群中尚未有相关报道。本书通过构建 PA 与父母支持和锻

---

[1] Bandura A. Social foundations of thought and action: A social cognitive theory[M]. Upper Saddle River: Prentice-Hall Inc, 1986.

[2] Bandura A. Self-efficacy: The exercise of control[R]. W. H. Freeman and Company, 1997.

[3] Dishman R K, Saunders R P, Motl R W, et al. Self-efficacy moderates the relation between declines in physical activity and perceived social support in high school girls[J]. Journal of Pediatric Psychology, 2009, 34: 441-451.

炼自我效能的结构方程模型,进一步探讨父母支持影响视障青少年 PA 的作用路径,结果发现,父母支持能够直接预测青少年 PA 水平(直接效应值为 0.598),也可以通过自我效能对 PA 水平产生影响,自我效能在父母支持和锻炼坚持性之间存在部分中介效应(效应值为 0.115),即青少年父母支持程度越高,自我效能感越强,进而有更高水平的 MVPA。自我效能作为社会支持和行为之间关系的中介已经得到较多文献的证实,本研究在视障青少年中进一步支持和验证了这一观点,视障青少年锻炼自我效能对 PA 有直接预测作用($p<0.01$)。父母支持与 PA 之间的关系,部分是由锻炼自我效能介导的。对于处在青春期的青少年来说,父母支持为其提供了有利的外部环境因素,可以增加视障青少年克服障碍的信心,使其获得参与锻炼的动机,从而为青少年参与 PA 提供了可靠的内部动力,进而促进其 MVPA 水平。与父母支持对 PA 的直接效应相比,自我效能起到的中介作用占到了总效应的 23.5%,这说明在提升青少年锻炼坚持性问题上,除了加强父母支持外,提升青少年的锻炼自我效能也是必不可少的。这也进一步验证了自我效能在社会生态模型的人际关系层和个体层中所起到的重要的中介作用。

二、父母支持的中介效应

学校环境对残疾学生 PA 的影响作用路径有 2 条,其一是通过作用于锻炼自我效能,其二是通过影响父母支持。可见,社会层面的影响因素既可以直接作用于个体层面,也可以直接影响人际层面的因素,进而对个体的 PA 产生影响(表 6-28、图 6-7)。这提示,在制定残疾青少年 PA 促进政策和干预方案中,应该综合考虑不同层面的影响因素的作用。

表 6-28　父母支持的中介效应

路径	效应	点估计值	S.E.	Z	Bootstrap Lower 95%	Bootstrap Upper 95%
运动认知-自我效能-PA	间接效应	0.376	0.149	2.523	0.155	0.755
	直接效应	0.395	0.165	2.394	0.124	0.791
	总效应	0.711	0.275	2.585	0.219	0.978
父母支持-自我效能-PA	间接效应	0.115	0.057	1.983	0.082	0.293
	直接效应	0.598	0.083	7.205	0.445	0.771
	总效应	0.713	0.071	10.042	0.336	0.813

(续表)

路径	效应	点估计值	S.E.	Z	Bootstrap Lower 95%	Bootstrap Upper 95%
学校环境-自我效能（父母支持）-PA	间接效应	0.191	0.098	1.969	0.026	0.453
	直接效应	0.305	0.128	2.383	0.087	0.59
	总效应	0.496	0.186	2.667	0.052	0.286

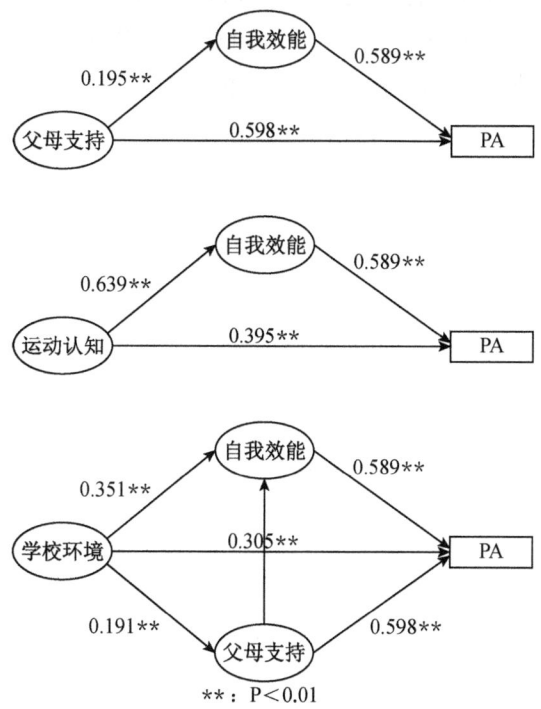

图 6-7 不同层面的影响因素的作用

三、研究展望

结构方程模型揭示了社会生态因素之间复杂的相互作用及其对残疾青少年 PA 行为的影响机制。研究结果显示，自我效能、运动认知和兴趣、父母支持和学校环境对残疾青少年 PA 行为产生直接影响，凸显了这 4 个因素在促进青少年 PA 行为中的关键性。进一步分析表明，同伴支持、教师支持以及建成环境因素通过直接和间接的方式作用于自我效能、运动认知、父母支持等关键因素，进而对 PA 行为产生间接影响。

值得注意的是，自我效能作为一个核心中介因素，在人际关系和组织层面与PA行为之间发挥了重要的桥梁作用。这意味着提升残疾青少年的自我效能有助于增强他们参与PA的动力。此外，父母支持在组织层面与PA行为之间也发挥了中介作用，突显了家庭环境在青少年PA促进中的重要性。

综上所述，本研究强调了利用社会生态系统中多层面、多系统的共同干预是改变残疾青少年PA行为、促进他们体质健康的有效方式。未来研究可进一步探索如何通过综合干预策略，整合家庭、学校、社区等多方资源，以提高残疾青少年的PA水平，进而提升他们的整体健康水平。同时，关注残疾青少年的心理社会因素，如自我效能和父母支持等，也是未来研究的重要方向。

第七章
社会生态视域下残疾学生体力活动和体质健康促进策略

以 PA 水平为切入点探究青少年的体质健康问题是当前相关研究领域的关注焦点，也是促进青少年体质健康水平的重要干预手段。既往研究已证实了 PA 不足是影响健康的重要危险因素之一，它与各类慢性疾病的发生密切关联。体质作为健康状况的反映，受到了 PA 水平的影响。一个人的 PA 水平并不能代表其体质健康水平，但体质健康则离不开 PA。PA 是促进体质健康的基础和前提，对处于生长发育期的青少年体质健康的影响极为重要。最佳的 PA 促进模式需要从多视角进行全方位审视，利用社会生态系统中多个水平的共同干预才具有更加广泛持续的效果。不同层面协同运作，才是实施干预的最佳途径。不同的社会生态元素通过社会生态系统的搭建来实现各种社会资源的有效配置，以此达到对残疾学生 PA 的"善治"。本书在研究我国青少年 PA 的现实状况与困境以及国外先进经验的基础上，基于社会生态系统理论和社会支持理论，关注多层次、多维度共同影响，并结合实证研究结果，提出政府、学校、社区、家庭多元主体支持残疾学生 PA 促进的干预策略。

第一节
残疾学生体质健康综合促进策略

综合干预策略的提出是基于社会生态视角下的残疾学生参与校内外 PA 的个体、人际、组织系统影响因素的研究上，突出个体生态特征，把人际互动作为外部驱动，强调组织引领的青少年参与校内外 PA 干预策略思路。

一、PA 促进是提升残疾青少年体质健康水平的根本

实现残疾青少年体质健康促进是一个综合过程，是一个系统性工程，是一个社会性公共卫生问题，需要个体、群体、环境等诸多因素共同参与。社会生态模型仍是青少年体育健康促进综合干预策略制定、检验、实施过程中的重要理论基础。体质健康促进需要考虑宏观、中观至微观层之间互动、联动的方法学基础。

早在 1986 年首届国际健康促进大会上颁布的《渥太华宪章》中便深刻指出："维护健康之基石与愿景，非卫生部门一己之力所能及，它呼唤着跨部门的紧密协作——政府各层级、卫生系统与其他社会经济部门、非政府组织及志愿者群体、地方行政实体、工商业界乃至传媒界的共同参与。这一愿景强调，社会各界的成员，作为独立的个体、家庭单元及社区的一分子，均应积极融入其中。而各专业领域及社会团体，尤其是医疗卫生工作者，其核心使命在于桥梁作用，协调各方力量，共筑健康防线。"这一远见卓识，提前揭示了社会生态系统中从宏观到微观的多元层面及其构成要素在体质健康增进过程中协同并进的关键性。

基于此，将残疾青少年群体的 PA 促进策略无缝融入更广泛的体质健康促进框架中，旨在显著提升这一群体的 PA 参与度，已成为全球健康领域的重要议题。这一趋势不仅要求聚焦个体层面的需求满足，更强调在整个社会生态系统中实现包括政府政策制定、教育资源整合、社区环境优化、家庭支持强化以及商业与媒体正面引导等在内的全方位、多层次协同合作。未来，全球体质健康促进的蓝图，将更加鲜明地展现出这种跨部门、跨领域的深度整合与协同努力，共同为包括残疾青少年在内的所有群体构建一个更加健康、包容的生活环境。

二、政府、社区、学校和家庭"四位一体"综合促进策略

构建政府、社区、学校与家庭"四位一体"的残疾青少年体质健康综合促进策略，是一项高度系统化与协同性的工程，其终极目标在于全面且多维度地增进残疾青少年的身心健康状况。此策略的核心，在于构筑一个紧密协作、资源高效整合、优势互补的综合性支持体系（图 7-1），该体系旨在通过优化各类环境因素，促进残疾青少年积极参与校内外的 PA。

在制定此综合促进策略时，我们需深刻把握影响残疾学生青少年参与校内外 PA 的多维度决定因素。具体而言，个体层面聚焦于自我效能感的提升与积极态度的培养；人际层面则强调家庭与朋友间社会支持网络的构建与强化；而组织层面，则涵盖了学校体育环境的优化、体育政策的完善、教师社会支持的增强，以及社区

环境的积极塑造等多个方面。

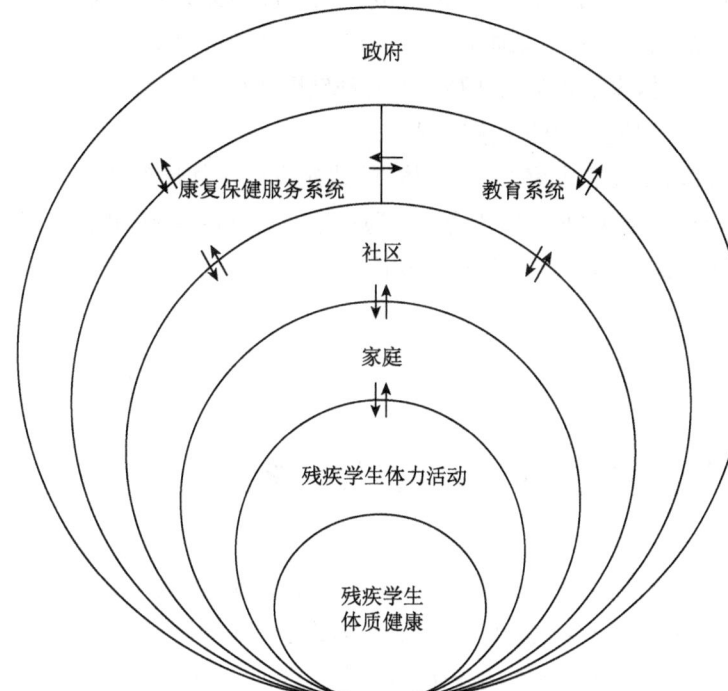

图 7-1 残疾学生 PA 与体质健康促进综合策略与建议

首先,政府作为主导力量,需制定和完善相关政策法规,为残疾青少年体质健康促进提供法律保障和制度支持。政府应加大对特殊体育、康复医疗、无障碍环境建设等领域的投入,确保资源合理配置。同时,通过政策引导和激励机制,鼓励社会各界参与残疾青少年体质健康事业,形成全社会共同关注和支持的良好氛围。

其次,社区作为连接政府与家庭的桥梁,应充分发挥其服务功能和平台优势。社区应建立健全残疾青少年体质健康服务体系,包括提高保健服务人员的业务水平,开展适合残疾青少年的体育活动、康复训练、健康讲座等,丰富他们的业余生活,提升他们的身体素质。同时,社区还应加强无障碍设施建设,为残疾青少年创造便利的生活环境,促进他们更好地融入社会。

学校作为残疾青少年接受教育的主要场所,应将体质健康教育纳入教学计划,开设适合残疾学生的体育课程和课外锻炼活动。学校应配备专业的体育教师和康复师,为残疾学生提供个性化的指导和帮助。此外,学校还应加强与家庭、社区的沟通联系,形成家庭、学校、社区共育的良好机制,共同关注和支持残疾青少年的体质健康发展。

最后,家庭作为残疾青少年成长的第一环境,应树立正确的健康观念,积极参与孩子的体质健康促进活动。家长应鼓励孩子参与体育锻炼和康复训练,培养他们的运动兴趣和习惯。同时,家长还应关注孩子的心理健康状况,给予他们足够的关爱和支持,帮助他们树立积极向上的生活态度。

综上所述,政府、社区、学校和家庭"四位一体"的残疾青少年体质健康综合促进策略,需要各方共同努力、密切配合,形成合力。通过这一策略的实施,我们可以为残疾青少年创造一个更加健康、包容、友好的成长环境,助力他们实现全面发展和社会融入。

第二节
残疾学生体力活动促进的优化路径

残疾学生 PA 促进的优化路径中学校是关键,青少年个体是纽带,家庭是核心。通过政府的引领,不断完善政策法规,建立持续监测与评估机制,通过学校的驱动,聚焦核心促体质,教研融合育健康,加强社会融合与宣传,引入科技创新与智能化应用,加强家庭参与和家校合作以及社会支持与资源整合等措施的实施,有效促进残疾学生 PA 的广泛开展和深入发展。

一、政府引领:细化政策,匹配需求,强化实施

现有的青少年 PA 促进政策和指南均从宏观上提出指导意见,缺乏具体的可操作的实践性的干预措施,存在宏观指导与微观实践之间的断层,而有关残疾青少年群体的提升政策和指南尚很缺乏,最近的一项跨国研究表明:研究对象中,92%的国家有正式的 PA 书面政策,63%的国家有 PA 指南[①];与中低收入国家相比,高收入国家的 PA 政策更为发达;与其他地区相比,欧洲和西太平洋地区的 PA 政策更为发达;与其他人群相比,国家公共管理局针对残疾人的指南制定得不够完善。我国当前政策与残疾学生挂钩较少,具体的干预性政策更少。为了提升残疾青少年的 PA 干预措施,需要从制定专项政策、加强跨部门合作、细化实施措施、强化师

---

① Sit C, Aubert S, Carty C, et al. Promoting physical activity among children and adolescents with disabilities: The translation of policy to practice internationally[J]. Journal of Physical Activity and Health, 2022, 19(11): 758-768.

资培训、鼓励社会参与、加强监测评估、推动技术创新以及提供无障碍设施与资金支持等多方面入手,全面提升政策的实用性和针对性。

1. 制定专项政策与指南

针对残疾青少年制定专门的 PA 指南。这些指南应基于科学研究和实证数据,明确不同残疾类型青少年的 PA 需求,以及适宜的活动类型、强度及频率。例如,可以参照英国发布的《残疾儿童青少年 PA 指南》,设定具体的活动目标和建议。

2. 加强跨部门合作与协调

促进教育、卫生、体育等部门以及残疾人组织之间的紧密合作。通过建立跨部门协作机制,确保政策制定、实施和评估过程中的信息共享、资源整合和协同行动,这有助于形成一致的政策导向和实施方案,减少政策执行中的障碍。

3. 细化政策实施措施

在宏观指导的基础上,细化政策实施的具体措施和实施步骤。例如,可以制定详细的操作手册或实施方案,指导学校、社区和家庭如何根据残疾青少年的具体情况开展 PA,包括提供适合的活动设施、培训专业的指导人员和设计个性化的活动方案等。

4. 强化师资培训与专业支持

加强对教师、体育指导员和康复师等相关人员的专业培训。通过定期举办培训班、研讨会等形式,提高他们的专业素养和技能水平,使他们能够更好地理解和执行相关政策,为残疾青少年提供科学、有效的 PA 指导。

5. 鼓励社会参与资源整合

鼓励社会各界积极参与残疾青少年 PA 促进工作。通过政府购买服务、社会捐赠等方式,整合社会资源,为残疾青少年提供更多的活动机会和支持。同时,加强社会宣传和教育,提高公众对残疾青少年 PA 重要性的认识,营造良好的社会氛围。

6. 加强监测与评估

建立健全残疾青少年 PA 监测与评估体系。定期对政策执行情况进行检查和评估,及时发现问题和不足,并采取相应的改进措施。同时,收集和分析相关数据,为政策调整和完善提供科学依据。

7. 推动技术创新与应用

利用现代科技手段推动残疾青少年 PA 促进工作。例如,开发适合残疾青少年的健身 App、智能穿戴设备等,提供个性化的运动处方和实时监测服务。通过科技手段降低活动门槛,提高活动效果,让残疾青少年更加便捷地参与 PA。

8. 无障碍设施与资金支持

根据《残疾人权利公约》(CRPD),公共体育设施应遵循无障碍设计原则,加强公共场所无障碍设施建设,包括轮椅通道、盲文指示牌、听力辅助设备等。政府和相关机构应提供资金支持,用于体育设施的改造和特殊体育器材的购置。

9. 全民健身服务体系面向残疾者提供特殊保障

将残疾人群体纳入全民健身服务体系,提供个性化、适应性体育服务。如开设残疾人专属健身时段与课程、培养专业适应性体育指导员、建立残疾人运动健康档案跟踪系统、提供普惠性残疾人运动保险保障。

二、学校驱动:聚焦活动促体质,教研融合育健康

以学校为载体开展的体育活动是目前能督促或吸引残疾青少年参与体育活动的主要路径。学校是执行、宣传以及对中观、宏观体质健康促进相关策略实施教育的关键驱动。学校内部软硬件条件、各级各类人员,都发挥着重要的影响作用。学校层面提出的残疾儿童青少年 PA 促进策略应围绕个性化、安全性、多学科协作等原则展开,通过课程设计、师资培训、环境优化、家校合作以及评估反馈等多个方面的努力,确保策略的科学性、系统性和可操作性。

1. 校园环境与设施优化

① 无障碍环境建设

确保校园内道路、楼梯、操场等区域的无障碍设计,为残疾学生提供安全便捷的通行环境。

② 适应性体育设施

增设或改造适合残疾学生使用的体育设施,如轮椅坡道、低位篮球架、盲人跑道等。

③ 环境适应性评估

定期对校园环境进行适应性评估,确保所有设施均能满足残疾学生的使用需求。

2. 师资培训与专业发展

我国应加快特殊教育体系改革,推进适应体育学科的建设和发展,推进体育教育学科、特殊教育学科和康复医学学科体系的融合发展。

① 特殊教育师资培训

加强体育教师对特殊教育理论和方法的培训,提升其指导残疾学生进行 PA 的能力。

② 康复医学知识普及

组织体育教师学习基本的康复医学知识,以便在 PA 中更好地关注残疾学生的健康状况。

③ 持续专业发展

鼓励和支持体育教师参加相关学术会议、工作坊和在线课程学习，不断更新教育理念和教学方法。通过大力引进特殊体育教学的专门教师，为在职的体育教师提供培训和进修的机会等方式，增强特殊体育教师的能力和水平，改善体育教师整体结构。学校应制定明确的政策，支持和鼓励残疾青少年参与体育活动，还可以建立一个支持体系，包括专门的体育辅导员和心理咨询服务，帮助残疾学生克服参与体育活动的障碍，增强他们的自信心和自我效能感。

3. PA 课程与教学设计

① 差异化课程设计

根据残疾学生的具体需求，开发或改编适合其身心特点的体育课程和教学内容，如轮椅篮球、盲人足球、适应性体操等，旨在提高残疾学生的身体素质和运动技能。

② 融合教育策略

在普通体育课程中融入适应性元素，鼓励残疾学生与健全学生共同参与，促进相互理解和尊重。

③ 个性化教学方案设计

采用多元化、个性化的教学方法和手段，为残疾学生提供最适合其需求和发展水平的体育健康教育，激发学生的学习兴趣和动力，同时培养他们的创新思维和实践能力。

④ 技术辅助工具应用

利用现代科技手段，如智能穿戴设备、虚拟现实技术等，为残疾学生提供个性化的运动反馈和训练支持。

4. 强化自我效能与 PA 认知的多维策略

研究发现，我国残疾儿童青少年自我效能与 PA 总体表现呈正相关，且青少年的认知能力与其 PA 水平呈正相关。因此，针对残疾青少年的体育与健康课程、学校宣传等，应以增强残疾学生个体参与校内外 PA 的自我效能感，培养他们积极参与 PA 的态度、认知和兴趣为重点。有效增加青少年自我效能感的途径有强化成功体验、增加替代经验、发挥重要他人的作用，以及教会青少年正确、科学认知和评价自身身心健康状态等。提高残疾学生 PA 认知的途径有开展专门的体育课程与活动、引入多样化的运动项目、利用科技辅助手段、营造积极的运动氛围、加强家校合作以及提供个性化指导与支持等多个方面。这些途径的有机结合将有助于提高残疾学生对 PA 的认识和兴趣，促进他们身心健康的全面发展。

5. 建立科学的评估测试和个性化评估体系

为每位残疾青少年进行全面的体能评估，包括但不限于身体功能、运动能力、心肺功能、柔韧性、平衡感等多个维度,了解他们的身体状况、运动能力和兴趣偏好。基于评估结果,为他们量身定制适合的体育活动计划,并定期进行复评,以便跟踪学生的进步情况并适时调整运动方案,确保活动的安全性和有效性。在可能的情况下,推动残疾学生与非残疾学生的融合体育活动,通过团队合作和相互支持,增强残疾学生的社交能力和自信心。

6. 建立多样化俱乐部和专业康复指导

成立针对不同残疾类型和兴趣爱好的运动俱乐部,如轮椅篮球、坐式排球、盲人门球、聋人篮球等,让学生根据自己的兴趣和能力选择加入。每个俱乐部配备专业教练或导师,负责学生的技能训练、战术指导和心理辅导,确保学生在安全和专业的环境中进行训练。组建由专业康复师、体育教师和志愿者组成的指导团队,为残疾学生提供专业的指导和陪练服务。他们应具备丰富的残疾体育知识和教学经验,能够根据学生的实际情况调整教学策略。对于需要特别关注的学生,提供一对一的体育辅导服务,帮助他们克服运动中的困难和挑战,逐步提高他们的体能和技能水平。设立心理咨询服务点,为残疾学生提供心理咨询和情绪支持。帮助他们建立积极的自我认知,克服因身体残疾而产生的自卑、焦虑等负面情绪。通过讲座、工作坊等形式,向残疾学生传授运动心理学知识,教会他们如何在运动中调整心态、应对压力、享受运动的乐趣。

7. 重视课间适应性活动和校园 PA 氛围

根据残疾学生的特点和需求,设计适合他们的课间活动,如轮椅接力、坐姿体操、平衡游戏等,确保活动既有趣味性,又能达到一定的锻炼效果。确保课间活动区域的无障碍设施完善,如坡道、扶手、轮椅停放区等,为残疾学生提供便利。教师和管理人员应积极参与 PA,为学生树立积极向上的榜样。通过自身行动,激发学生的运动兴趣和动力。学校应定期组织全校性的 PA,如运动会、健身操比赛、徒步旅行等,鼓励全员包括师生员工共同参与。这些活动不仅可以锻炼学生的体质,还能增强学校的凝聚力和向心力。建立奖励机制,对积极参与 PA 并取得优异成绩的师生员工进行表彰和奖励。通过物质奖励和精神激励相结合的方式,激发全校师生的运动热情,营造整个校园积极的 PA 氛围。

8. 形成家校社区联动和创造包容支持的 PA 环境

① 建立家校沟通机制,定期安排家访与召开家长会

学校应定期安排教师家访,特别是针对残疾学生的家庭,了解学生在家的生活和学习情况,同时向家长介绍学校的体育教学计划和活动安排,听取家长的意见和建议。此外,定期召开家长会,增强家校之间的沟通和理解。利用现代信息技术,

如微信群、学校网站等,建立家校信息交流平台。家长可以随时了解学校的体育活动安排、学生的参与情况及进步表现,同时也能及时反馈学生在家的身体状况和需求,以便学校及时调整教学计划和活动安排。

② 加强社区合作资源共享

学校应积极与社区沟通,利用社区内的体育设施、场地等资源,为残疾学生提供更多的运动选择和机会。同时,学校也可以向社区开放自己的体育设施,促进资源的共享和互补。

③ 联合举办活动

学校可以与社区联合举办各类体育活动、健康讲座等,邀请残疾学生参与其中,提高他们的社会参与度和归属感。通过共同组织活动,学校与社区之间可以建立更加紧密的联系和合作关系。

④ 社会倡导与宣传

通过媒体宣传、公益活动等方式,提高社会对残疾儿童青少年 PA 重要性的认识,营造支持性的社会环境。

三、家庭支持:家庭榜样促健康,行为引导强体质

社会生态模型近端生态系统的水平决定因素之间存在互动,最重要的影响水平是人际水平,其次是个体水平和组织水平。家庭环境对儿童青少年的 PA 行为养成具有极其重要的影响。相较于健全同龄人,残疾儿童青少年的自主性和独立性较低,因此其健康行为方式的形成更依赖于家庭[①]。家庭是实施残疾学生青少年体质健康促进综合干预策略的核心。家庭层面提出的残疾儿童青少年 PA 促进策略应基于家庭生态系统理论和特殊需求教育理论,从家庭环境营造、家庭成员参与与支持、个性化 PA 计划、教育与指导、外部资源利用以及反馈与调整等方面入手,制定科学、合理且具有实用性的策略。通过这些策略的实施,可以有效提升残疾儿童青少年的 PA 水平,促进其身心健康发展。

1. 家庭环境营造

对家庭环境进行无障碍改造,确保残疾儿童能够自由移动和参与 PA,如安装扶手、调整家具高度等。根据残疾儿童的实际情况,分配适当的家务任务,如扫地、整理玩具等,以此作为 PA 的一部分。

---

① 黄家富,邓羽洋,李春晓.残疾儿童青少年 PA 行为的家庭影响因素:基于定量和定性研究的混合系统综述[J].中国体育科技,2024,60(2):43-52.

2. 教育与指导

家长应学习基本的体育知识和康复技巧，以便在 PA 中给予孩子正确的指导和支持。加强安全教育，教导残疾儿童在 PA 中如何保护自己，预防意外事故的发生。父母对体育健康促进的态度、认知水平，母亲的受教育程度，对学生个体参与 PA 的实际情况、态度端正与否、自信心水平的高低等，均产生重要的影响。父母理解 PA 的健康价值，并且认可 PA 对残疾子女身心健康的促进作用，有助于父母促进和鼓励残疾子女参与 PA[1][2]。通过健康教育，帮助父母获得残疾孩子 PA 的知识、方法和技巧，从而进一步消除残疾儿童青少年父母对残疾子女在进行 PA 时受伤或遭遇欺凌的担心，提高父母对孩子参与 PA 能力的自我效能感，有助于父母对残疾子女 PA 的支持程度。此外，家庭应该主动了解学校和社区等领域内开展的青少年体育活动及场地、设施情况，主动带领或和青少年一起参加体育活动。

3. 家庭成员参与与支持

家长应成为残疾儿童青少年 PA 的积极参与者和支持者，通过自身的行动示范和鼓励，激发孩子的运动兴趣。发挥家长和家庭成员的榜样与监督作用，家庭成员共同参与，鼓励其他家庭成员一起参与 PA，如家庭运动会、户外徒步等，可以营造积极向上的家庭氛围。残疾儿童青少年参与 PA 面临更多困难和挑战，因此相较于健全同龄人，父母支持对残疾儿童青少年的影响可能更为凸显[3]。父母自主支持、锻炼认同、内部动机、锻炼承诺能够影响学校自然环境对青少年体育锻炼行为的影响[4]，也从另一个侧面反映了家庭在个体、家庭、学校联动实现青少年体育健康促进过程中的重要性。家长或家庭成员要给残疾孩子灌输身体健康的重要性及参加 PA 的必要性，帮助他们树立正确健康理念，这有助于残疾儿童青少年体育活动的积极动机和意识。父母、兄弟姐妹等家庭成员积极参与残疾儿童青少年的 PA，可营造良好的家庭活动环境和氛围，从而有助于残疾儿童青少年形成稳定的 PA 习惯。

---

[1] Esentürk O K. Parents' perceptions on physical activity for their children with autism spectrum disorders during the novel coro-navirus outbreak[J]. International Journal of Developmental Disabilities, 2020, 67(6): 446-457.

[2] Neyroud M C, Newman C J. Parents' perspectives on adaptive sports in children with profound intellectual and multiple disabilities[J]. Children, 2021, 8(9): 815.

[3] Ku B, Rhodes R E. Physical activity behaviors in parents of children with disabilities: A systematic review[J]. Researchin Developmental Disabilities, 2020, 107(12): 103787.

[4] 董宝林. 个体、家庭及学校因素对青少年体育锻炼行为的交互影响研究[D]. 上海:上海体育学院, 2021.

4. 发展家庭项目

发展家庭项目提高对各种可以在家里完成的运动的认识。考虑其他可以用来锻炼身体的空间和设备,指导家庭最大化利用有限空间,如利用客厅、卧室角落设置简单的锻炼区域。让专业人士亲自或使用技术来监督和激励客户进行在家锻炼。推荐适合家庭使用的低成本或自制运动器材,如瑜伽垫、弹力带、小哑铃、平衡球等,这些设备易于获取且适合多种锻炼需求。创建一个工具包,帮助人们在没有教练指导训练的情况下进行适应性运动。整理一系列针对不同身体条件、年龄和兴趣爱好的适应性运动视频教程,涵盖全身锻炼、康复训练、柔韧性提升等多个方面。编制详细的安全操作指南,包括如何正确使用设备、避免常见伤害、紧急情况下的应对措施等。

5. 外部资源利用,建立有效的家庭教育机制,提供各种支持和保障

通过与社区、学校和保健服务机构合作,建立有效的家庭教育机制,社区作为桥梁,提供各种支持和保障,促进资源共享与信息流通;学校提供专业的教学与康复计划,助力学业与技能发展;保健服务机构则关注孩子的身心健康,提供必要的医疗与心理支持。这样的合作机制,不仅强化了家庭教育的效果,更为残疾青少年铺设了一条通往独立与自信的道路,让爱与关怀伴随他们成长的每一步。父母应采用包含多方面的综合策略来促进残疾儿童青少年子女的PA。从物质支持到情感陪伴,再到行为示范,全方位、多角度地为子女提供坚实的保障和支持。支持方式包括提供参与PA的交通工具和经费,共同进行PA以及鼓励子女、父母获取活动信息的途径,父母的PA行为的榜样作用等。首先,物质层面的支持是基础。父母应积极为残疾子女提供便捷的交通工具,确保他们能够无障碍地到达各类体育活动场所;同时,合理规划并投入必要的经费,让子女能够参与丰富多样的PA,无论是专业的康复训练还是兴趣导向的体育项目,都应是他们可触及的选项。其次,情感与陪伴的力量不可小觑。父母应主动参与子女的PA,成为他们最坚实的伙伴和观众。共同锻炼的时光不仅能增进亲子关系,还能通过正面反馈和鼓励,激发子女的参与热情和自信心。此外,父母还应积极为子女探索并提供多样化的活动信息渠道,如关注相关公众号、加入兴趣小组等,让子女能够及时了解并参与适合自己的活动。更为关键的是,父母自身的PA行为是对子女最直接的榜样示范。通过展现积极健康的生活方式,父母能够潜移默化地影响子女,让他们意识到PA的重要性,并自觉地将其融入日常生活中。这种无声的引导,往往比任何言语都更具力量。

四、社区参与:加强融合与宣传,鼓励参与和支持

社区环境具有巨大的潜力,可以通过塑造青少年生活、学习和玩耍的社会文化

和物理环境来增加青少年的 PA。社区层面提出的残疾儿童青少年 PA 促进策略基于社区参与理论和包容性发展原则，通过资源整合与规划、专业指导与培训、多元化活动设计、家庭与社区联动、宣传与倡导以及监测与评估等措施，为残疾儿童青少年提供安全、便捷、科学的 PA 环境，促进其身心健康发展。

1. 社区资源整合与规划

对社区内的体育设施进行无障碍改造，确保残疾儿童青少年能够安全、便捷地使用，包括安装坡道、扶手、调整器械高度等。增加适应设备和程序的可用性，以确保每个社区都能获得这些设备。在社区内规划专门的区域或时段，用于残疾儿童青少年的 PA，避免与正常人群的活动冲突。从青少年（包括残疾青少年）心理与服务需求来看，青少年 PA 更偏好就近、便捷，更倾向于从所居住的社区中获得持续、稳定的服务，这样也便于家长的陪伴、引导与督促。社区是有效连接家庭与学校、家庭与政府的关键环节，是青少年 PA 开展的重要场所，是促进青少年就近参与 PA 的主要因素。应本着普适性、实用性、科学性、低成本的原则，根据青少年身心发展的规律，在社区公园、住宅小区房前屋后修建适合青少年 PA 的场地，配建相应设施，让青少年出门就有地方活动，下楼就有设施锻炼。

2. 专业健身指导与培训

与康复中心、体育院校等机构合作，引入专业的康复师、体育教师等人才，为残疾儿童青少年提供科学的 PA 指导和培训。加强残疾人社会指导员队伍培养，对社区内的志愿者或工作人员进行专业培训，提升他们在残疾儿童青少年 PA 促进方面的知识和技能。

3. 定期开展针对性体育活动

社区应经常提供传统学校以外的体育活动机会，组织定期的社区运动会、康复体育活动日等，为残疾儿童青少年提供展示自我、交流互动的平台。个别化家庭服务计划，办好"残疾人健身周""全国特奥日""残疾人冰雪运动季"等全国性残疾人活动。围绕社区、康复中心、托养等残疾人身边活跃基层机构开展日常残疾人康复健身活动，推动残疾人康复健身身边化服务。联合社会力量开展参加健身活动，研发和创编普及残疾人的运动项目和方法，根据不同残疾类型，创编适合残疾人的排舞。

4. 宣传与倡导营造平等融合的社区文化环境

利用社区公告栏、微信群等渠道，宣传残疾儿童青少年 PA 的重要性，提高社区居民的认识和支持。积极参与社会公益活动，倡导社会各界关注残疾儿童青少年的健康问题，争取更多的政策支持和资源投入。通过媒体宣传、公益活动等多种形式，广泛宣传残疾人体育事业的重要性和意义，营造关爱残疾青少年的社会氛围,营造平等融合的社区文化环境,提高公众对残疾人体育的关注和支持,提高社会对残疾青少年的认知度和包容度,消除社会对残疾青少年参与体育活动的误解和偏见,强调他们的能力和参与体育的权利。

5. 搭建家校社区服务平台,社会组织积极参与

建立残疾人家校社区体育服务平台,为残疾青少年提供体育健身、竞赛交流、信息咨询等全方位的服务。建立残疾青少年家庭运动的线上社群,鼓励成员分享经验、交流心得、相互激励。在条件允许的情况下,组织线下小型聚会或比赛,增加互动性和趣味性,让参与者感受到归属感和成就感。学校可以派遣专业教师为残疾青少年提供教育辅导和康复训练,同时也可以利用学校的场地和设施为教育辅导和康复训练提供支持。家长应积极参与平台的活动,与政府和学校保持密切联系,共同为残疾青少年的成长提供支持。同时,通过税收优惠、政策扶持等多种方式,鼓励社会各界如企业和社会组织积极参与残疾人体育志愿服务活动,为残疾青少年提供更多体育活动的资金支持和物质保障。

6. 社区背景下的社会支持干预,通过创建或加强社交网络来增强 PA

进入青春期的青少年,自我意识增强,情绪容易出现两极分化,急需获得家长、教师对其成熟、独立、自主能力和意识的肯定。而生理快速成熟、心理成熟相对缓慢是这一特殊年龄阶段的显著特征。发挥好朋友、同伴在青少年参与校内课外 PA 时提供的情感性、工具性、信息性等社会支持,将对其行为、动机、情绪和认知多方面产生积极影响。社区残疾人活动俱乐部等组织有助于他们形成同伴友谊,发挥青春期青少年朋友、同伴社会支持作用,促进其 PA 参与,增强其体质。社区资源也是促进残疾学生体质健康的重要组成部分。社区中心、体育俱乐部和公共设施应提供包容性的 PA 项目、适应性体育训练、康复性体能训练等确保残疾学生能够无障碍地参与。提供适当的辅助设备和调整活动形式,以适应不同残疾类型和程度的学生辅助设备和调整活动形式。此外,还应注重体育知识的普及与指导,提升他们的体育素养与技能水平。

五、研究展望

总之,残疾儿童青少年 PA 促进中,政府制定的公共政策虽然对儿童青少年个体的直接影响较小,但其深远影响却不容忽视,它通过塑造社区氛围、优化学校环境及增强家庭意识,间接作用于儿童青少年 PA 的促成、倾向及强化 3 大核心要素。具体而言,社区内精心策划的各类计划与政策的促成和倾向因素,如同催化剂,直接激发了儿童青少年参与体育活动的意愿与行为倾向。而学校体育教育,作为基石,不仅奠定了促成与倾向因素的基础,还通过完善设施、优化环境,为体育活动提供了坚实的物质保障。体育教师及工作人员的积极引导,虽作用有限但至关重要,他们的鼓励与指导如同强化剂,增强了儿童青少年持续锻炼的动力。由于受到教育程度、工作时间等因素影响,家庭主要是对儿童青少年 PA 促进起直接的强化作用,在一定程度上起倾向与促成作用。通过社区与学校的联合宣传教育,以及对家长的有效动员,可使家庭在儿童青少年 PA 促进中发挥更大作用。因此,学校是驱动关键,残疾青少年个体是纽带,家庭是核心,社区是依托。构建一个以政府为引领、社区为依托、学校为驱动、家庭为核心的"四位一体"协同体系,是残疾儿童青少年 PA 促进的一种最理想模式。这一模式强调"整体性"与"协同性",它拒绝孤立与片面的视角,倡导从宏观政策的顶层设计到微观执行的每一个环节都紧密相连,形成强大的合力。在此框架下,政府提供方向指引与政策支持,学校负责具体实施与个性化教学,社区整合资源营造良好环境,家庭则作为坚实的后盾提供情感与物质上的双重支持。这种跨越界限、融合多方的合作模式,不仅能够有效弥补单一层面的不足,更能激发各系统间的协同效应,共同为残疾儿童青少年构建一个全方位、多层次和立体化的健康成长空间。

在面对促进儿童青少年体育活动与体质健康的挑战时,若政府、学校、社区与家庭之间的协作因故受阻,应认识到,即便是两个或更多微观系统间的有限合作,其产生的积极效应亦能远超单一系统孤军奋战的成果。在强化儿童青少年体质健康的征途上,不宜采取孤立或片面的视角,将责任单一化地归咎于某一层面,如单纯依赖学校或政府的努力。相反,一个全面而协同的框架是不可或缺的,它要求从政府宏观政策的引导,到学校具体实施的执行,再到社区资源的整合与家庭支持的参与,每一个环节都需紧密配合,形成一股推动残疾儿童青少年健康成长的合力。这样的全方位协同,不仅能够有效克服单一层面可能存在的局限与不足,还能激发各系统间的互补优势,共同为残疾儿童青少年营造一个更加有利于身心发展的环境。因此,我们倡导的是一种跨越界限、融合多方的合作模式,它强调的是"整体大于部分之和"的理念,在残疾儿童青少年体质健康促进的实践中,鼓励并促进各微观系统之间的积极互动与有效衔接,以实现更广泛、更深远的社会影响。

附录

附录 1

1990—2022 年我国残疾学生体质健康状况的研究文献特征

序号	作者	地区	学校	残疾类型	评价指标	测试指标	测试标准/仪器/人员	主要结果/结论
1	孙耀鹏 (1990)	北京市	八区	轻度智力落后	身体形态,身体机能,身体素质	身高,体重,胸围,坐高,肩宽,肺活量,单腿站立,仰卧起坐,立定跳远,50 m 跑,10 m×4 往返跑,50 m×8 往返跑		智力落后男生的形态发育有部分年龄组低于正常男生,而机能与素质的发展水平始终落后于正常男生;智力落后女生的形态发育有部分年龄组低于正常男生,而机能与素质的发展水平始终落后于正常男生,女生。
2	戴梅竞 (1990)	江苏省	南京市聋哑学校	聋哑	生理、心理指标	智力,人格,情绪以及身高,体重,胸围,肺活量,身高体重指数,肺活量指数		聋哑学生的身高及综合发育评价水平较正常学生低,视力,智商低于同龄正常学生,但操作智商两组差异较小,聋哑学生精神质型和内向稳定型所占比例远高于正常学生,其抑郁,焦虑情绪明显增多

（续表）

序号	作者	样本信息	地区	学校	残疾类型	评价指标	测试指标	测试标准/仪器/人员	主要结果/结论
3	陈乃凤(1990)	聋哑生257人，盲生53人	甘肃省	兰州市盲聋哑学校	盲、聋哑	生长发育、营养	身高、体重	参考1985年本省学生体质调研资料，身高标准体重法	聋哑学生的营养不良，肥胖情况与城乡无关，既有肥胖现况又有营养不良发生，又有营养不良发生；营养不良与肥胖在男、女性别差别有一致性
4	周亚美(1992)	7～15岁，50人	江苏省	南京市培智学校	智障	体格检查、营养状况	身高、体重、上臂围、皮脂厚度、微量元素测定	以1985年江苏省学生体质健康调研资料为参考标准	与同年龄健康学生相比，弱智学生的身高、体重、上臂围均低于大部分学生，瘦弱者居多，身体发育较差，微量元素正常
5	王佩华(1993)	8～18岁，546人	河北省	张家口、唐山和保定4所盲聋哑学校	盲、聋哑	体格检查	身高、体重、身体畸形、视力及内科	按1985年《中国学生体质健康调查研究手册》细则进行	盲、聋哑学生身体发育水平比正常学生差；聋哑学生畸形和阳性体征检出率非常显著地高于正常学生
6	陈玉惠(1993)	9～16岁，105人	云南省	昆明市盲哑学校	聋哑	体格发育、智商测定、心理测试	身高、体重、胸围、坐高、肩宽、盆宽、肺活量	试前作培训及预试验，并参考本省1985年7～18岁儿童少年身体发育资料	13～16岁年龄段差异较明显，提示聋哑学生在形态、机能方面的发育水平低于正常学生，进入青春期后更为明显，聋哑学生性格更趋安静

278

(续表)

序号	作者	样本信息	地区	学校	残疾类型	评价指标	测试指标	测试标准/仪器/人员	主要结果/结论
7	韩淑峨(1994)	7~21岁,538人	甘肃省	盲聋哑学校	盲、聋哑	青春期生长发育健康状况	身高、坐高、体重、胸围、视力、沙眼、龋齿、血压、心脏以及青春期发育现状	按1985年全国学生体质健康调研的要求	身高、体重、胸围的发育基本符合生长发育一般规律,其身高发育水平低于本省正常学生,视力低下、龋齿、沙眼、心脏异常体征
8	陈蓉(1996)	8~18岁,253人	辽宁省	沈阳市聋哑学校	聋哑	体格检查、智力检查	身高、体重、胸围、坐高	按1991年全国学生监测标准,对其生长发育进行五等级评价	4项形态指标发育等级除坐高外均不呈正态分布;发育等级在中下等的人数所占比例较大
9	徐连珍(1997)	8~11岁,91人	安徽省	淮南市特殊学校	聋哑	形态、机能和健康检测	听力、视力、身高、体重、胸围、智力、人格、情绪、疾病、致聋原因	1985年《全国学生体质健康调查研究手册》	生长发育状况及心理健康状况均较正常儿童差
10	李世俊(1998)	8~18岁,436人	山东省	济南市聋哑学校	聋哑	形态、机能、视力、身体素质	身高、体重、胸围、肺活量、引体向上、斜身引体、仰卧起坐、50 m跑、50 m×8往返跑、800 m跑、1 000 m跑		身高、体重指标均低于健康学生;肺活量、身体素质略高于健康学生

(续表)

序号	作者	样本信息	地区	学校	残疾类型	评价指标	测试指标	测试标准/仪器/人员	主要结果/结论
11	何素勤(2000)	7~18岁,425人	安徽省	阜阳特殊教育类学校的阜阳市聋哑学校	聋哑	形态机能、健康检查、智力测试	身高、体重、胸围和肺活量	体检方法和诊断标准均为卫生部《全国学生体质调研技术方案》,问卷调查、体质测试	聋哑学生的形态和机能明显比普通学校的学生差;这除了与学生的膳食营养状况有关外,还与该校长期缺少体育教师和锻炼器材.聋哑学生得不到正常的体育锻炼有关
12	王雁(2004)	7~18岁,828人	北京市	12所培智学校	智力落后(轻度、中度、重度)	身体机能、心功能、肺功能	脉搏、血压、肺活量	北京市疾病控制中心统一检测	男性智力落后学生的肺活量、肺活量指数都显著低于同龄的正常学生;智力落后高于同龄的正常学生;智力落后学生的血压与正常学生没有显著性差异
13	刘艳红(2004)	8~16岁,91人	北京市	北京盲人学校	视力残疾	平衡能力	闭眼单腿站立、睁眼单腿站立		视力残疾儿童的平衡能力随着年龄的增长而提高,发展呈阶段性,但比普通儿童低
14	刘艳虹(2005)	7~18岁,812人	北京市	11所培智学校	智力落后(轻度、中度、重度)	身体素质	50 m跑、立定跳远、1 min仰卧起坐、握力	接受专门培训后测试,详述具体测试方法标准	总体趋势是各项身体素质各年龄指标的均值随年龄的增长而增长,13岁以前男女各年龄指标的增长趋势不平稳,13岁后男生各年龄段身体素质指标均明显高于女生,这些特点与青少年时期的发育有关

(续表)

序号	作者	样本信息	地区	学校	残疾类型	评价指标	测试指标	测试标准/仪器/人员	主要结果/结论
15	孙军玲（2005）	平均13.5岁，221人	天津市	6所培智学校	智力低下	体格发育水平、生理功能、血液生化	身高、体重、胸围、坐高及4项派生指数；脉搏、收缩压、舒张压、布兰奇心功指数、肺活量，血脂、血红蛋白		培智学校学生的体格发育状况较差；存在明显的双峰现象；生理功能水平偏低，脂代谢紊乱也比较多见
16	王雁（2006）	8~18岁，878人	北京市	12所培智学校	智力落后	体格发育水平、营养状况	身高、体重、胸围		北京市智力落后学生体型偏瘦的为48%，偏胖及肥胖的达到29.9%，"双峰现象"明显；智力落后学生各年龄段的体质指数及维尔克指数的均值高于普通学生
17	刘艳虹（2004）	7~18岁，924人	北京市	11所培智学校	智力落后（轻度、中度、重度）	体格发育指标	身高、坐高、体重、胸围、头围		总体趋势是智力落后学生各项体格发育指标的均值随年龄的增长而增长，头围增长不平稳，营养状况待进一步改善

(续表)

序号	作者	样本信息	地区	学校	残疾类型	评价指标	测试指标	测试标准/仪器/人员	主要结果/结论
18	黄杰(2008)	9~12岁，200人	安徽省	皖南地区	聋哑	身体形态、身体机能、身体素质	身高、体重、肺活量、50 m跑、坐位体前屈、立定跳远、50 m×8往返跑		健康学生（除毕业年级外）的身体形态、身体机能、身体素质好于聋哑学生，但随着年龄、受教育年限的增加，两者之间的差值逐渐减小；聋哑学生的心理健康状况低于健康学生，健康学生比聋哑学生表现出更高的学习焦虑和自责倾向
19	杨志勇(2008)	500人	河北省	张家口市特殊教育学校	聋哑	身体素质、身体健康状况	身高、体重、肺活量、50 m跑、坐位体前屈、立定跳远、400 m跑、垒球掷远	制定调研的操作细则；进行示范性演练，保证调研有效，测量器材有型号	聋哑人组在身体素质和身体健康指标方面比同龄的健康人组呈显著性偏低
20	戴昕(2009)	8~24岁，106人	北京市	3所培智学校	智力残疾	BMI	身高、体重	2003年中国肥胖问题工作组(WGOC)确定的中国学龄儿童青少年超重、肥胖筛查分类标准	智障者超重和肥胖的发生率很高，唐氏智障者比非唐氏智障者更易罹患肥胖症

(续表)

序号	作者	样本信息	地区	学校	残疾类型	评价指标	测试指标	测试标准/仪器/人员	主要结果/结论
21	戴昕(2010)	7~22岁，140人	北京市	盲校	视力残疾	身体形态、机能、素质	身高、体重、BMI、肺活量、握力、坐位体前屈、立定跳远、前抛实心球、1 600 m跑	2003年中国肥胖问题工作组（WGOC）确定的中国学龄儿童青少年超重、肥胖筛查分类标准	视力残疾青少年肥胖检出率显著高于视力正常青少年,且主要集中在青春发育前期及青春发育期,其中男生的肥胖检出率高于女生,10~13岁年龄段肥胖检出率为35.5%,高居各年龄段之首
22	朱卫东(2010)	8~12岁	江苏省	徐州特教中心	聋哑		身高、体重	《学生体质健康标准》中相关指标	徐州地区8~12岁聋哑学生的身高、体重均值近3年呈逐年上升趋势,表明这类学生的体质逐年增强,但是明显低于普通学校同类学生
23	蒋明(2011)	9~19岁，180人	新疆维吾尔自治区	乌鲁木齐聋哑学校	聋哑	身体形态、机能	身高、体重、肺活量、胸围、视力		低于全国正常水平
24	戴昕(2011)	10~21岁，170人	北京市	3所培智学校	智力残疾	BMI、体成分	身高、体重、皮褶厚度	2003年中国肥胖问题工作组（WGOC）确定的中国学龄儿童青少年超重、肥胖筛查分类标准	智力残疾青少年肥胖检出率显著高于普通青少年,且主要集中在青春发育前期及青春发育期;男生肥胖检出率高于女生

（续表）

序号	作者	样本信息	地区	学校	残疾类型	评价指标	测试指标	测试标准/仪器/人员	主要结果/结论
25	时元秋(2012)	8~16岁,184人		滁州市特殊教育中心,安庆市特殊教育学校	聋哑		身高、体重、胸围、肺活量、50 m跑、立定跳远、握力、坐位体前屈	《学生体质健康标准》中规定的方法	聋哑学生BMI指数与同龄正常学生无显著差异,肺活量明显比同年龄段的普通学生小;聋哑学生的身体素质指标50 m跑、握力、立定跳远会随着年龄的增长而有所提高,坐位体前屈随年龄增长而下降,同年龄段的聋哑学生与普通学生的身体素质基本相符合
26	刘丽林(2013)	6~18岁,139人	广州市	康复实验学校	脑性瘫痪		身高、体重、BMI	《6~18岁中国儿童青少年营养不良筛查标准》《中国学龄儿童超重、肥胖筛查BMI分类标准》	脑瘫学生生长迟滞率、消瘦率高于正常学生。生长迟滞率与粗大运动功能负相关;消瘦与年龄成负相关
27	骆意(2015)	7~17岁,1002人	广州市	特殊学校	智障、语言残疾、视障		身高、体重、胸围	国民体质监测	普通儿童青少年在身高、体重指标上一般优于残疾儿童青少年,不同类型的残疾儿童青少年身体形态存在差异

(续表)

序号	作者	样本信息	地区	学校	残疾类型	评价指标	测试指标	测试标准/仪器/人员	主要结果/结论
28	王贺茹(2015)	6~11岁,53人	北京市	首都儿科研究所附属儿童医院心理门诊	注意力缺陷多动障碍(ADHA)儿童		手腕骨龄	中国人手腕部骨发育评价标准	ADHA儿童的骨龄发育水平较早,体质指数偏高,不影响成年身高
29	何红娟(2016)	14~17岁,20人	珠三角	中山市特殊教育学校	智力障碍	有氧耐力水平	12 min 跑	库珀12 min跑测试评价	有氧耐力水平极差
30	王玉荣(2018)	中小学生836人	甘肃金塔县某农村	中小学	听力残疾、视力残疾、智力残疾、肢体残疾	身体素质调研	无	无	柔韧度、协调性低于正常学生
31	陈亚峰(2019)	9~14岁,20人	江苏省	扬州市特殊教育学校	聋哑		身高、体重、1 min仰卧起坐、1 min跳绳、立定跳远	国家学生体质健康标准	男生12.7~13.7岁,女生11.5~12.5岁身高年增长率最高,说明此年龄段为发育高潮期,与正常儿童的发育年龄基本一致;男生的腰腹肌力量发展较早,女生的腰腹肌力量发展较晚,而女子下肢爆发力的发展早于腰腹肌力量,负面情绪总体得分偏高

（续表）

序号	作者	样本信息	地区	学校	残疾类型	评价指标	测试指标	测试标准/仪器/人员	主要结果/结论
32	郝传萍(2019)	7～15岁，810人，男542人，女268人	北京市	19所培智学校	智力残疾：轻度(14.8%)、中度(44.4%)、重度和极重度(40.4%)，智力障碍(62%)，孤独症(27%)，多重残疾(11%)	身体形态、身体功能、身体素质	身高、体质量、肺活量、50 m跑、投沙包、立定跳远、30 s仰卧起坐、6/9 min跑/走、单脚平衡和坐位体前屈	编制测试规范/未说明	不同年龄学生的身体形态、功能和身体素质存在显著差异且身体项目随年龄增长而增长，整体落后于健全学生；性别、年龄和残疾程度对其有显著影响
33	王鑫(2019)	平均12.98岁，108人，男68人，女40人	广东省	佛山市顺德区智障学校	中度智力障碍(智商30～50)	身体素质	坐式手臂支撑、站立计时测试、半仰卧起坐、睁眼单腿站立、闭眼单腿站立、立交功能性前伸、腘绳肌群仰卧被动测试、改良托马斯测试、功能性肩部旋转测试	力量、平衡、柔韧匹克趣味健身(special Olympic sun fitness, SOSF)筛查量表/特殊教育学生	智障儿童的身体素质发育不均衡且总体水平低，腹部肌力、下肢力量较差
34	王晓茜(2021)	平均6.6岁，480人	上海市	康复机构	听力、视力、言语、肢体、智力、脑瘫、孤独症、多重残疾		身高、体重、BMI、问卷	国际肥胖工作组（International Obesity Task Force, IOTF）制定的标准	上海市残疾儿童营养不良问题发生率较高，肥胖比例远高于正常儿童；残疾类型、自身膳食摄入及家庭特征对残疾儿童营养状况的影响较大

附录 2　1990—2022 年我国残疾学生体质健康标准的研究文献

序号	作者	研究对象	研究内容
1	董晓虹（2008）	肢体残疾	体质监测替代指标有效性研究
2	陈明吉（2010）	残疾学生	体质指标研究现状与对策
3	陈明吉（2010）	聋哑人	体质测试指标的校标关联效度研究
4	孔芳（2014）	智力残疾	体质测试指标体系分析
5	段文义（2016）	肢残青少年	体质测试替代指标的选择及测试方法
6	赵亮（2016）	残疾学生	体质健康测试面临的若干问题
7	赵亮（2016）	残疾学生	美国 Brockport 体适能测试背景、内容、启示
8	原雅青（2017）	智障青少年	美国 Brockport 体适能测评标准解读
9	陈华卫（2017）	残疾青少年	美国残疾青少年健康体适能标准研究
10	陈华卫（2017）	智力障碍儿童	身体素质分析
11	王鑫（2019）	视障青少年	美国视障青少年体适能测评标准解读
12	陈华卫（2019）	残疾青少年	我国残疾青少年标准研制探索
13	陈华卫（2020）	脑瘫青少年	美国脑瘫青少年体质健康标准探究
14	陈华卫（2021）	听障青少年	体质健康评价模型研究
15	李华（2021）	视障青少年	美国 Brockport 体能测试在中国的应用研究
16	梁爽（2022）		

附录3 1990—2022年我国残疾学生体质健康干预的研究文献

序号	作者	样本信息	地区来源	残疾类型	研究方法	研究设计	测试指标	干预方案	主要结果
1	余玲(2006)	14~16岁,60人	长沙聋哑学校	聋哑	测试法、问卷法	量化、非随机对照	身体形态、生理功能、身体素质、平衡、反应、心理学指标	健身运动处方:3次/周,40 min/次,共8周,运动强度HRmax 60%~69%,内容:跳绳、健身跑、登楼梯、健身操、趣味球类游戏	无显著变化:形态、50 m跑、握力、坐位体前屈 显著提高:心肺、血压、肺活量、闭眼单足立定跳远、心理健康 显著降低:反应、焦虑心态
2	戴昕(2011)	16.84±2.68岁,平均智商(51.2±11.7),87人	北京3所培智学校	智力残疾	体质监测、文献资料、调研	量化、非随机对照	身体形态、生理功能、身体素质与平衡能力指标	5次/周,60 min/次,内容包括力量训练15 min、专项技术训练35 min、准备活动与放松10 min,历时12个月	无显著差异:身体形态、单足闭眼及单足睁眼时间 有显著差异:生理功能指标、握力及立定跳远
3	时元秋(2012)	8~16岁,184人	安徽滁州市特殊教育中心和安庆市特殊教育学校	聋哑	体质监测、文献资料、专家访谈	量化、前后对照	肺活量	健身运动处方:第一个月3~4次/周,之后5~6次/周,45 min/次,共3个月,运动强度中等(即心率在130次/min);内容:中长距离健身跑(折返跑和变速跑选其一)+篮球、跳皮筋、跳绳和广播体操选其一)	显著提高:肺活量

（续表）

序号	作者	样本信息	地区来源	残疾类型	研究方法	研究设计	测试指标	干预方案	主要结果
4	王强(2012)	8～12岁,40人	大连市中山区启智学校和大连市沙河口区培智学校	智力残疾	单盲法体育教学实验	量化,非随机对照	身体成分、协调反应、运动素质	跳绳：3次/周,45 min/次,共30周；内容：单人普通跳、单足交替跳、后摇跳、编花跳、单绳双人跳、车轮跳、牵捕长绳跳等单绳单人跳、双人跳、集体跳,8字追逐跳、叠加跳等辅助练习	显著提高：肺活量、双手握力、立定跳远、实心球、50 m跑、坐位体前屈、接反弹球；显著下降：脂肪百分比；无显著变化：6 m往返跑
5	孙琳芳(2012)	平均8.5岁,27人	济南市特殊教育中心	听障	实验对照法数理统计	量化,前后对照	身体形态、生理功能、身体素质、前庭功能	中国舞：4次/周,45 min/次,共24周	显著提高：仰卧起坐、肺活量、纵跳、立定跳远、坐位体前屈、桥、闭眼单足立、前庭功能；无显著变化：身高、体重、握力、俯卧撑
6	郑蔚(2014)	5～6岁,30人	未提供	轻度智障	实验对照法	量化,非随机对照	形态指标、素质指标	4次/周,30 min/次,共6周,以中等强度为主,剧烈活动为辅；内容：(1)快速跑、连续跳等方面的加强练习,如"小动物"搬家、跳跃的兔子、跳绳子、跑跳练习等内容。(2)协调性、平衡性的练习加强,如趣味独木桥、凸型平衡木行走、两人相对抛接球、搬运塑料球等。(3)身体敏捷性和柔软性的练习,如小呼啦圈、快乐的投、接游戏、跳跃沙包等。(4)跑跳结合、抛掷塑料球房取包和投塑料球等	显著提高：体重、10 m折返跑、双脚连续跳、立定跳远、坐位体前屈和走平衡木；无显著变化：身高和网球掷远

289

（续表）

序号	作者	样本信息	地区来源	残疾类型	研究方法	研究设计	测试指标	干预方案	主要结果
7	赵海（2013）	大学生，101人	北京联合大学特教学院	听力残疾	实验测试法、数理统计法	组间对比	身高、体重、肺活量、立定跳远、握力、台阶实验、长跑	选项课：爬山、健美操、篮球课	选项课的学生素质较好于整体残疾学生的身体素质、达标率高
8	张维珂（2014）	19.4±1.8岁，86人	山东科技大学	残疾大学生	访谈法、问卷调查、课程设计法	运动处方教学模式	握力、肺活量、SCL—90	运动处方：1次/周，60 min/次，共15周，运动强度心率大约在130～150次/min；内容：医疗体育+心肺功能+抗阻力量练习	显著提高：握力、肺活量；显著降低：焦虑、抑郁、恐怖、偏执、人际关系敏感、强迫症、敌对等情绪
9	郝佳萍（2014）	12～13岁，3人	北京市一培智学校	中度智障儿童	个案研究法	量化、前后对照	身高、体重、肺活量、投沙包、立定跳远、仰卧起坐、闭眼单脚站立、坐位体前屈、50 m或者25 m×2往返跑	体育游戏：2次/周，70 min/次，共24周，中等运动强度；内容：采用专门设计的体育游戏、训练中注意每个学生的个性化需求	体育游戏激发中度智障儿童的运动动机，改善心血管功能、肌肉力量、速度和柔韧性，可以作为中度智障儿童进行体质健康训练的手段
10	郭翠翠（2016）	16～18岁，65人	宁波市特殊教育中心学校	聋哑	实验法	量化、前后对照	国家学生体质健康标准测试项目	综合学校体育教育和活动方案，每周早锻炼20 min，课外活动30 min，课间25 min，1学年，32周；内容：身高、体重、50 m跑、立定跳远、引体向上/俯卧撑、肺活量的专门训练，课内外和体测运动会	干预后学生的肺活量、速度、力量等素质均呈现良好态势，尤其是反映心脏机能的800 m/1 000 m跑在一个学期的锻炼后有了较为明显的提升；速度、力量等项目提高幅度不是很大

（续表）

序号	作者	样本信息	地区来源	残疾类型	研究方法	研究设计	测试指标	干预方案	主要结果
11	王琳琳(2015)	平均为年龄15.4岁,56人	周口市示范性特殊学校	聋哑	实验法、调查法	量化、非随机对照	身体形态和机能、身体素质、体育兴趣和锻炼意向	软式排球健身方案:每周锻炼4次,每次1 h,共锻炼10周	身高、体重无显著变化,最大肺活量显著提高,男生的握力、10 m×4往返跑成绩提高显著,女生在坐位体前屈、立定跳远、10 m×4往返跑成绩提高显著;喜欢体育运动的学生比例由24%提高到了72%
12	贺波(2019)	17.23±2.10岁,26人	重庆铜梁区特殊教育学校	重度智力障碍	实验法、测试法	量化、非随机对照	身高、体重、身体组成、腿部肌力及心肺适能、20 s坐站、6 min行走测试	有氧运动处方:进行12周中低强度运动,频率为每周2次,每次介入35 min,奥委会健康运动趣味体适能手册(Special Olympics,2014)	12周训练对重度智力障碍学生的体力活动能力及健康适能具有辅助改善的作用
13	阮力(2018)	18~40岁,30人	浙江某特殊教育学校	脑瘫	文献资料法、实验法	量化、非随机对照	体质状况、粗大运动功能、日常生活活动能力、平衡能力和运动成就动机	有氧运动联合核心稳定训练:3次/周,90 min/次,共12周;内容:健步走、球类、仰卧桥式、俯卧支撑、抗阻髋外展、单腿站立骨盆控制,行进间抗阻步行	有氧运动联合核心稳定训练、单纯有氧运动和单纯核心稳定训练效果对康复重复学生康复存在明显差异,整体上有氧运动联合核心稳定训练好于其他2种方式影响用3种运动方式

（续表）

序号	作者	样本信息	地区来源	残疾类型	研究方法	研究设计	测试指标	干预方案	主要结果
14	金梅（2020）	3～7岁，12人	某幼儿园	学前智障儿童	实验法	量化，前后对照	智障儿童粗大动作评估	融合体育游戏活动YA Activity Guide Chinese 修订版：2次/周，30 min/次，共8周；内容：基本技巧、走和跑、平衡和跳跃、传送和接取、投掷、击打、踢，高级技巧；每周二、四上午10:30—11:00进行	奔跑的能力有了明显的提高，粗大动作的各项指标得到不同程度的提升，运动的能力和持久性得到提升；同时发现，融合体育游戏活动能有效地改善智障儿童的社会适应能力和社交能力
15	曾冬冬（2021）	11～13岁，23人	福州某特殊教育学校	中度智力障碍	实验法	量化，非随机对照	改进版火烈鸟平衡测试时间，"起一行"时间测试时间和Berg平衡量表得分	简化五步拳：3次/周，35 min/次，共12周	中度智力障碍学生的平衡能力显著提升，效果具有一定的跨时间稳定性。简化五步拳练习在特殊学校中兼具适配性和可推广价值
16	刘换霞（2021）	13～14岁，3人	中山市特殊教育学校	中度智障儿童	个案分析	量化，前后对照	身高、体重等形态指标，肺活量、8 min走/跑等机能指标，投沙包、立定跳远、100 m跑或返跑50 m×2往返跑等素质指标	校园阳光排舞：3次/周，70 min/次，共16周，中等运动强度，安排周二、三、四下午的兴趣课为训练时间，内容：采用专门设计的排舞基本步伐并容揉各种手臂动作和适合受试者的排舞套路	排舞运动有助于提高学生力量、速度、耐力、柔韧度、灵敏度等能力，能增强体质，提高身体素质水平